苏子语典

解脱篇

一位诗人　文学家　思想家　文化巨人之思想精粹

谈祖应　编著

苏轼翰墨推阐理势　东坡诗文天地奇观

儒释道禅熔铸成典　千载微言万世垂教

武汉大学出版社
WUHAN UNIVERSITY PRESS

图书在版编目(CIP)数据

苏子语典.解脱篇/谈祖应编著.—武汉:武汉大学出版社,2016.8
ISBN 978-7-307-18312-4

Ⅰ.苏… Ⅱ.谈… Ⅲ.苏轼(1036－1101)—语录 Ⅳ.K825.6

中国版本图书馆 CIP 数据核字(2016)第 165720 号

责任编辑:白绍华　　责任校对:李孟潇　　版式设计:韩闻锦

出版发行:**武汉大学出版社**　(430072　武昌　珞珈山)
(电子邮件:cbs22@whu.edu.cn 网址:www.wdp.com.cn)
印刷:武汉精一佳印刷有限公司
开本:787×1092　1/16　印张:27.25　字数:782 千字
版次:2016 年 8 月第 1 版　　2016 年 8 月第 1 次印刷
ISBN 978-7-307-18312-4　　定价:89.00 元

作者简介

谈祖应，湖北黄州人，1940年出生。文化学者，教授。中国苏轼研究学会会员，湖北省作家协会会员，黄冈市东坡文化研究会副会长，《文峰黄州》杂志主编。

先后在《中国文化报》、《中国科技人才》、《苏轼研究》、《人文科学》、《华中师范大学学报》、《黄冈师范学院学报》《乐山师范学院学报》、《黄冈职业学院学报》等发表论文20余篇。出版《苏东坡传奇》等著作多部，有的专著被选定为高等院校教材。近年来曾先后在北京、天津、广东、海南、云南、贵州、新疆等20多个省市和自治区进行专题为国学、管理、美育、苏学等内容的讲学。

鸣谢

黄冈师范学院鄂东教育与文化研究中心

黄冈市东坡赤壁管理处

黄冈市黄州区文化局

目录

解　脱

齐得丧，忘祸福，混贵贱，等贤愚，同乎万物，而与造物者游。

导　读

人，从出生来到这个世界上，作为一个生命体要生存，要发展，必定要经历一个漫长的，难以预测的，千磨万击，回肠百转，甘苦兼尝的人生过程。这里有成功有挫折，有喜悦有痛苦，而且往往更多的是彷徨、犹豫、茫然、无奈。更有甚者，突如其来的毁灭性打击，让人顿时似乎坠入万丈深渊，万劫不复。在这个时候，你是坚持还是放弃？是绝望还是坚守？人生此时此刻，不仅需要坚强，更需要智慧。如何从挫折中得到拯救？从痛苦中得到解脱？一位伟大的灵魂，一位文化巨人苏东坡，他从中国儒释道禅文化中，熔铸出非凡的人生智慧及应对人生挫折，走出人生苦难，超越自我，完善自我，安顿人生，顺应机缘的解脱之道。

明代思想家李贽在《与周友山书》中云："古人以有身为患，故欲出离，以求解脱。"李贽所言"解脱"，是从佛学教义中来的。佛教的解脱，是指摆脱烦恼业障的系缚而复归自在。东坡先生对人生有着清醒的思考，他指出"坎坷识天意，淹留见人情"(《和陶九日闲居》)。与此同时他对未来亦充满期待。他认为"养我岁寒枝，会有解脱年"（《和陶岁暮作和张常侍》)。

东坡先生如何从"乌台诗案"、三次贬谪的人生逆境中解脱出来？先生于元符元年(1098)九月十二日，作于儋州贬所的《试笔自书》提供了一种答案："吾始至海南，环视天水无际，凄然伤之，曰：'何时得出此岛耶？'"先生携幼子苏过"如两苦行僧"，被驱逐到天涯海角的儋州，面对人生地疏，上无片瓦，下无寸土的孤岛绝境，何人不为之战栗？

然而远识旷达的先生顿时智慧闪现灵光，他说："天地在积水中，九州在大瀛海中，中国在少海中，有生孰不在岛者？"意思是说，凡是有生命的谁不在岛上呢？接着他信手拈来一喻，说一只蚂蚁附在覆盆之水的小草上，茫然不知所措。少顷，水干了，蚂蚁幸运地离开了那块地方，见到同类感叹道："岂知俯仰之间，有方轨八达之路乎？"从"何时得出此岛耶"的绝望，到"俯仰之间，有方轨八达之路"的希望。这其中是何种神奇之念促成了这一惊天变化？简而言曰：自譬自解。在十二个年头的贬谪岁月里，先生每以"自譬"获得了精神上的"自解"。如"一如本是黄州人，元不出仕而已。""譬如元是惠州秀才，累举不用，有何不可。""我本海南民，寄生西蜀州。忽然跨海去，譬如事远游。"先生所说的"元是"，其"元"，"始也"，即元始。元本(根本)，元极(万物之本原)，意谓根源，根本。故可以诠释为"归根"(《老子今注今译·十六章》第134页，详细论述见本篇"某睹近事"章句)。

其次，先生"世事万端，皆不足介意"的内在核心思想是："美恶在我，何与于物。""君子可以寓意于物，而不可以留意于物。"这样便可以走进"齐得丧，忘祸福，混贵贱，等贤愚，同乎万物，而与造物者游"的超然齐物境界。便可以享受"出而应物，静以存性"，"任性逍遥，随缘放旷，但尽凡心，别无胜解”，乐得“几时归去，作个闲人。对一张琴，一壶酒，一溪云”的诗化审美人生。

再次，先生与方外儒僧交情笃厚，频繁交往，诗词唱和。他们经常结伴而行，投身大自然怀抱，忘情山水，游心于淡，让山水之美淡化人生不如意之烦恼。尤其在被贬谪“三州”的艰苦日子里，大德高僧们经常书信慰问，甚至千里奔向贬所客住陪伴。故先生感叹道：“以此知道德高风，果在世外也。”这种方外友情，成为先生渡过逆境人生的精神支柱之一。

又次，东坡先生晚年倾心于和咏陶诗。先生和陶诗，是企图在“陶写伊郁”的基础上求“得一适”，即求得心灵的适意和适趣。事实证明先生尽和陶诗的自遣活动，确实从陶诗中求得了弥笃珍贵的“安心药”，获得了难以言表的精神慰藉。先生以桑榆之末景，自托于渊明，借渊明之诗意，浇心中之块垒，为自己构建起应对人生挫折，消解心灵痛楚的精神家园。通过和陶，有缘触发，借助投射，获得顿悟，使自身融入一种静虑去欲，圆融无碍的审美人生境界。

另外，促成先生“此心安处是吾乡”的另一种有效的心理机制是“不妨熟歇”。这句话引出一则先生于日常生活中参悟人生哲理的故事：绍圣二年(1095)的一天，先生与爱妾朝云游嘉祐寺附近的松风亭。他们刚刚走到半山腰，先生便觉得双腿酸软，十分疲倦，于是就在路旁树边休息一会。当他们举目望去，松风亭似乎遥不可及，此时，二人不禁心里发愁，心忧何时能攀到山顶。可是先生转念一想：“此间有什么歇不得处?”能上则上，不能上就此停住，调头转身回去又有什么不可？想到这里，“如挂钩之鱼，急得解脱”。是的，换一种思路，海阔天空；换一个角度，就能换一种境界，换出一片新天地。这样便能把握当下，从自我设限中摆脱出来，获得心灵的完全自由。有道是：希望是半个生命，绝望是半个死亡。先生每在危难关头，总能自譬自解，在黑暗之中看到一线光明。这种不屈不挠，旷达乐观的胸襟，是为今人之所垂范。

诚然，帮助先生能够“萧然行脚僧，一身寄天涯”的人生哲理还有：“事已则心返”，“水到渠成”。事情已经成为事实，心就应返归本源。“水到渠成”，乃道家哲学，含有“船到桥头自然直”的人生哲理。

最后，让先生从不气馁，永不放弃“经世济民”理想的不竭动力是：“君命重，臣节在”而“心系魏阙”(魏阙，代指朝廷)。从童年时代母教学“范滂”(西汉名士)，父教学“太初”(三国魏名士，夏侯玄，字太初)；至青年时期的“奋厉有当世志”；到走上仕途，登上政治舞台的“有笔头千字，胸中万卷，致君尧舜，此事何难”的政治抱负，和儒家“知命者必尽人事，然后理足而无憾”的“兼济”使命感。直至三次被放逐，“不得签书公事”，他仍关注苍生黎民，尽心尽力为民造福。总之，无论宦海沉浮，无论穷达荣辱，先生执著地“入世”“用世”，虽百难而不改初衷。

这里不妨读读先生于元符二年(1099 年)，作于儋州贬所最后一首言志词《千秋岁·次韵少游⑪》：

> 岛边天外，未老身先退。珠泪溅，丹衷碎。声摇苍玉佩，色重黄金带。一万里，斜阳正与长安对。
>
> 道远谁云会，罪大天能盖。君命重，臣节在。新恩犹可觊，旧学终难改。吾已矣，乘桴且恁浮于海。

好一个“君命重，臣节在。新恩犹可觊，旧学终难改。”虽然身在万里天涯，仍然不忘君王的“新恩”；为臣的节操尚在，平生的理想难改。信哉斯言！年已六十四岁的先生，在遭受七年岭海放逐之后，虽“珠泪溅，丹衷碎”，一颗“经世济民”的入世之心，在“岛边天外”仍然勃勃跳动。也正是基于这一坚定的信念，先生终能建立起直面人生逆境，正面应对挫折，超越苦难，走出阴霾，自我解脱，完善自我的审美人生范式。这一人生智慧，对于风险与挑战并存，危机与机遇同在的当代人，有着不可忽视的借鉴作用和垂教意义。

语典

便为齐安[①]民，何必归故丘[②]。

——《子由自南来陈[③]三日而别》

（《苏轼诗集》(第四册)卷二十，第1018页）

注释

①齐安：即黄州。

②故丘：故乡。

③自南来陈：南，指南都，地在今河南商丘市南。陈，指陈州，治今河南淮阳。

今译

既然自己已成为黄州人，何必还想着回归故乡。

解析

本诗是元丰三年(1080年)正月，东坡先生于陈州作。是年正月一日，先生在儿子苏迈的陪伴下，由御史台狱卒押解贬所黄州。正月四日至陈州，与弟子由(时受牵连监筠州(今江西高安市)盐酒税)在陈州会面。这首诗便是记叙兄弟二人陈州惜别的情景。子由从江西筠州“奔驰二百里”来见兄一面，其目的是“径来宽我忧”。兄弟二人相见并未忧伤戚戚，因为在先生看来，“此别何足道，大江东西州”，故而“道眼清不流”。有了这种“纳之忧患场”的心理准备，所以即使还未到黄州，就有了“便为齐安民，何必归故丘”的打算。元丰五年(1082年)，他给赵晦之的信中表白自己“一如本是黄州人”，这是先生发自内心的声音。

语典

处患难不戚戚[1]，只是愚人无心肝尔，与鹿豕木石[2]何异！所谓道者，何曾梦见。(略)

某谪居既久，安土忘怀[3]，一如本是黄州人，元本不出仕[4]而已。

——《与赵晦之[5]四首》之三

(《苏轼文集》卷五十七，第 1711 页)

注释

①戚戚：忧伤的样子。

②鹿豕木石：鹿豕(lù shǐ)：鹿和猪，比喻山野无知之物。木石，原意指树木和山石，现比喻无知觉无感情之物。

③安土忘怀：安土，指安居本土。忘怀，不在意，不放在心上。

④出仕：出来做官。

⑤赵晦之：赵昶(chǎng)，名晦之，海州(今江苏连云港)人，曾为东武令，熙宁八年(1075 年)罢任。元丰三年复起知滕州(今广西滕县东北)。

今译

身处灾难之中而不忧虑，这只是无心无肝的愚蠢人，与鹿猪木石有什么区别！所谓得道的人，何时曾经在梦中看见。(略)

我在黄州谪居已经很久，如今已是安于本土，忘掉了忧愁，本就是黄州人，只是原来就没有外出做官罢了。

解析

本书信是元丰五年(1082 年)，东坡先生于黄州贬所作。先生在此前此后给友人的信中，对待患难有过这样的表述："困厄之中，何所不有，置之不足道，聊为一笑而已。"(《与程全父》)另有"平生厄滞，得丧毫末，本不足云"等。果真"不足道"，或"不足云"？设身处地想一想，先生因"乌台诗案"，从朝廷封疆大吏，被贬为穷乡陋邦的罪人，犹如从天堂坠入地狱。且不说名声扫地，更有全家饥饿之忧，岂是"皆不足道"能解决？先生于元丰五年(1082 年)给赵晦之的这封信，真实地说出了被贬谪后的内心感受。面对灾难"不足道"，那只是自我心理调适。否则，如同先生所言，岂不与"鹿豕木石"无异？值得庆幸的是，先生谪居黄州，"归诚佛僧"，且从老庄那里寻找到了人生智慧。故先生以"某谪居既久，安土忘怀，一如本是黄州人，元本不出仕而已"的"自譬自解"，"归根如一"，度过了那千磨百折的人生劫难。

语典

轼亦公之门人，谪居[1]于黄五年，治东坡、筑雪堂，盖将老焉，则亦黄人也。

——《书韩魏公[2]黄州诗后》

（《苏轼文集》卷六十八，第2155页）

注释

①谪居：古代官吏被贬官降职到偏远外地居住。

②韩魏公：韩琦(1008—1075年)，北宋名相，历仕仁宗、英宗、神宗三朝。后封魏国公，故称“韩魏公”。

今译

我也是韩魏公门下的门生，谪居黄州五个年头，在那里修治东坡、建筑雪堂，如今将老，但我也是黄州人。

解析

本文是元丰七年(1084年)十月二十六日，东坡先生于离黄州后途经扬州时作。先生从元丰三年二月一日携长子苏迈抵黄州贬所，至元丰七年四月一日离黄移汝，谪居于黄四年又两个月，计其整数为五个年头。在这五个年头里，先生仅列举了“治东坡、筑雪堂”两件事作为黄州谪居生活中的重大事件。这说明躬耕东坡，自种自食，自幸“我虽穷苦不如人”(《次韵孔毅父久旱已而甚而三首》之一、二)，却“力耕不受众目怜”。雪堂之筑，得“性之便，意之适”，悟“散人之道”(《雪堂记》)等。这些难忘的人生经历，使他对黄州产生了深厚的依恋之情，故而他深情地说：“盖将老焉，则亦黄人也。”

语典

某睹近事，已绝北归[①]之望，然中心甚安之。未说妙理达观，但譬如元是[②]惠州秀才，累举不第，有何不可。知之免忧。

——《与程正辅[③]七十一首》之十三

（《苏轼文集》卷五十四，第1593页）

注释

①北归：指从海南儋州被赦免回到广东大庾岭以北的地方。

②元是：即原是。

③程正辅：程之才，字正辅，眉山人，东坡先生表兄及姐夫，嘉祐年间进士，官至广东路提点刑狱公事。

今译

我观察近来的事态，已断绝北归的希望，然而心里却很平静。不敢说是明理达观，只好譬如原来自己本是惠州本地的一个秀才，屡考未中，做惠州人又有何不可。想到这一层，就会免除内心的忧思。

解析

此书是绍圣二年(1095年)十一月，东坡先生于惠州贬所作。先生所言“近事”，据《续资治通鉴》载，哲宗绍圣二年八月甲申，“诏：‘吕大防等永不得引用期数及赦恩叙复。’章惇期言：‘此数十人当终身勿徙。’故有是诏”。又据《苏轼佚文汇编》卷三《与程正辅》第一书：“轼近得子由书报，近有旨，去岁贬逐十五人永不叙复。”先生所指“近事”当指哲宗诏令。面对“已绝北归之望”的现实，先生以“譬如元是”的正念予以化解。先生贬谪黄州时，在《与赵晦之四首》之三中亦说：“某谪居既久，安土忘怀，一如本是黄州人，元不出仕而已。”他在《别海南黎民表》中亦吟诵曰：“我本海南民，寄生西蜀州。”武汉大学文学院教授王兆鹏先生在黄州的一次演讲中指出，苏东坡面对挫折，走出困境的心灵公式是“譬如当初”。诚哉斯言！信哉斯言！我们不妨按照王兆鹏教授指点的思路，对东坡先生的“元是”，尝试进行一番哲学思考。所谓“元”，《说文》释义“始也。”即元始、元本(根本)、元极(万物之本原)，意谓根源，根本。《老子·十六章》指出：“夫物芸芸，各复归其根。归根曰静，是曰复命。”大意是事物尽管变化纷纭，最后又各自回到它的原点。回归本原谓“归根”，复归本原称之为“复命”。故，先生自譬自喻的“元是”，亦可以诠译为“归根”。（以上参见陈鼓应注译《老子今注今译·十六章》，第134页）。何以能达到“静”呢？《大学》开宗明义曰：“知止而后有定，定而后能静，静而后能安。”(《四书五经·大学》，第1页)能够心安者乃“静”也。也就是说，先生所说的“中心甚安”的“安”，反推其心理图谱是：安—静—定—止。“知止”亦可理解为知其当止的元点，这个元点就是老子所讲的“归根”。由此，苏东坡面对挫折，走出困境，超越悲观，超然自适的心理动力场是：归根。

语典

譬如元是惠州秀才[①]，累[②]举不用，有何不可。知之免忧。

——《与程正辅[③]提刑》

(《苏轼文集》(第四册)卷五十四，第1593页)

注释

①秀才：原指才之秀者，唐宋间凡应举者皆称秀才。明清则称入府州县学生员为秀才。

②累：连续，多次。

③程正辅：见上。

今译

譬如自己原来本就是惠州的秀才，连续多次没有考中或被荐举，有什么不行，知道这个道理，就会免于幽怨。

解析

本书信是绍圣二年(1095年)十一月，东坡先生于惠州贬所作。先生从子由来信获悉，时宰相章惇曾言"此数十人当终身勿徙"，故哲宗皇帝下诏"吕大防等永不得引用"。先生闻此讯后给程正辅复书中云："某觏(睹)近事，已绝北归之望，然中心甚安之。"早在这年的三月二日，苏州定惠院和尚卓契顺，带来了老友佛印高僧的书信。信中以禅学临济宗的理论开示苏轼："子瞻中大科，登金门，上玉堂，远放寂寞之滨，权臣忌子瞻为宰相耳。人生一世间，如白驹之过隙，三十二年功名富贵，何不一笔勾断，寻求自家本来面目(略)子瞻胸中有万卷书，笔下无一点尘，到这地位，不知性命所在，一生聪明要做什么？三世诸佛，则是一个有血性汉子，子瞻若能脚上承当，把一二十年富贵功名、贱如泥土，努力向前，珍重珍重。"(周勋初主编《宋人轶事汇编》，第1703-1704页)高僧佛印一句"何不一笔勾断，寻求自家本来面目"，似醍醐灌顶，让先生豁然开朗，故有"化为黎母民"之愿。

语典

我本海南民，寄生西蜀州[①]。忽然跨海去，譬如事远游。
平生生死梦[②]，三者无劣优。知君[③]不再见，欲去且少留。

——《别海南黎民表》

(《苏轼诗集》(第七册)卷四十三，第2363页)

注释

①西蜀州：指四川眉州。
②生死梦：人生可归纳为生、死、梦三种人生体验。
③君：指黎子云。

今译

我本来就是儋州的百姓，只是寄生在西部的蜀地蜀州。忽然就跨过了大海，好比从事了一次远方旅游。人生生、死和梦，三者没有谁劣谁优。知道子云难以再见，我得离去不能多留。

解析

本诗是元符三年(1100年)五月东坡先生于昌化郡(即儋州)作。是年五月，吴复古再渡海，向先生传递内迁消息。后又接秦观书，告知先生将内迁廉州(今广西合浦廉州镇)，仍以琼州别驾，廉州安置，不得签书公事。六月先生离儋州，此诗为先生离儋州前留别黎子云之作。先生谪居儋州三载，诗中他以“儋州民”自居，只是当初寄居在“西蜀州”而已。如同他谪居黄州、惠州一样，把故乡当作“寄生”地，而把谪居地当作出生地。这既是先生“人生如寄”观念的体现，亦是先生与当地百姓亲如一家，感情真挚的生动写照。

语典

事已则心返，自不能废矣。

——《答秦太虚[①]七首》之四

（《苏轼文集》卷五十二，第1535页）

注释

①秦太虚：秦观，字少游，一字太虚，扬州高邮（今属江苏）人。《宋史》有传。

今译

事情已经成为事实，心就应返归本源，无论什么情况下不能中道而废。

解析

此书信作于元丰三年（1080年）十月，是东坡先生在贬所黄州给弟子秦观的回信。先生此时的家况不顺，胞弟子由"即丧一女子"，他自家"亦丧一老乳母"，不久"又得乡信，堂兄中舍九月中逝去"。他自己"异乡衰病，触目凄感"。这一切哀痛让他深感"人命脆弱"。学会调节、控制心灵，等于学会驾驭生命。尽管流年不利，但先生并未表现出颓唐绝望。反而告诫秦观面对人生挫折正确的态度是"事已则心返"，同时时刻警示自己"自不能废"。这意思是说，事已至此，又能如何？时过境迁，决不能钻牛角尖。

以自我完善与解脱为宗旨的小乘法门认为，我执，是人生一切痛苦的根源。所谓"我执"，是指以我为中心，对一切有形和无形的事物的执著，执著于我的想法、做法、活法。这里特指人类执著于自我的贪欲、愤懑、孤独、焦虑、忧郁、失意、自卑等人生弱点。破除我执，就是恢复人的原本清净的心，清净的自性，达到无我的境界。

现代心理学，针对有效管理情绪和调节心理压力，治疗心灵的荒漠化，调解心理失衡，创立了轰动心理学界的心灵自控术。如"当机立断，及时取舍"的情绪管理；"保持乐观，创造内心平衡感的应对紧张策略"；"注意分配、选择与指向"；"回避矛盾，转移思想法"；忘却烦恼、忘记苦涩、忘记自己，忘记昨天，忘记羞辱和挫折感的心理暗示法等。

心理调控方法，不妨可以用东坡先生"事已心返"的哲理一言以贯之。按照先生的说法，事已至此，又能如何？事过境迁，就不要再钻牛角尖。

这不就是儒家的"毋意、毋必、毋固、毋我"，老子的"无我、无欲、无争"，庄子的"无所待"而"无己、无功、无名"，佛家的"破除我执"吗？"事已"就应"放下"，放下就豁然开朗、重负顿释、云开雾散、阳光灿烂。人生遇到坎坷决不能气馁，要做到"自不能废"，为要"不废"，务应"事已而心返"，做到"不忘初心，方得始终"。

语典

我行无南北，适意乃所祈[①]。

——《发洪泽中途遇大风复还》

（《苏轼诗集》（第一册）卷六，第 293 页）

注释

①“适意”句：适意，指适合心意，称心，合意。祈，请求，祈求。

今译

我生宦游不分南北，适合心意就是我的祈求。

解析

本诗由东坡先生于熙宁四年（1071 年）十月作于赴杭州通判任途中。熙宁二年二月，王安石任参知政事（副宰相），开始他主导的熙宁变法。王安石为了排斥异论，将先生排挤出朝廷，以直史馆权开封推官。尽管如此，先生执著地连续两次上神宗皇帝书，对新法展开了全面批判。因为上书无效，他自请外任，出通判杭州。先生正是怀着政治失意的心情离开京城的，故宦游不管东西南北，只祈求“适意”而已。“适意”不仅是他诗词书画创作的原则，亦是他安顿人生的信条。

语典

尘心[1]消尽道心平。江南与塞北，何处不堪[2]行。

——《临江仙·我劝髯张归去好》

（《三苏全书》（第十册）词集卷四，第313页）

注释

①“尘心”句：尘心，指尘世间世俗之心念。道心，本指道德观念，此指追求世间法则至理之心，亦指道家修炼的虚寂（虚无寂静）之心。

②堪：能，可以。

今译

消尽世俗欲念，内心虚寂平静。无论江南与塞北，哪里不能行游。

解析

本词作于元祐六年（1091年）正月，时先生被罢杭州任，授吏部尚书，改翰林学士承旨召还入朝，三月离杭州北上。四月与同僚张弼（先生屡称“髯张”）同行抵润州（江苏镇江西南部）。在治杭政策上先生得到张弼的帮助和支持，二人至润州分手时，先生作词以谢。该词表达先生道心平静，自适其适的情怀以及“溪山好处便为家”的顺应机缘，随缘而处的人生态度。

语典

能得吾性[①]，不失其在己[②]，则何往而不适[③]哉！

——《江子静[④]字序》

（《三苏全书》（第十四册）文集卷一一四，第398页）

注释

①性：指人的本性。
②己：指自我。
③适：适意。
④江子静：名存而事迹不详。

今译

能够守住自己的本性，不失去自我，那么在什么环境下不能悠然闲适而自得其乐呢？

解析

本文作年不详。全文以“静”立意，指出“夫人之动，以静为主，神以静舍，心以静充，志以静宁，虑以静明”。得静，神才守舍，心才充盈，志则宁静，思则明晰。他还认为“其静有道”：得己则静，逐物则动。大意为，守住本性就能静，追逐外物就会浮躁。何谓“逐物而动”？先生说：“耳悦五声，目悦五色，口悦五味，鼻悦芬臭，是爱欲系于物矣。”也就是说，是“五声”“五色”“五味”“芬臭”等“爱欲”外物，让人“丧其所存”，也就是丧其本性。最后先生指出何以“得吾性”。其曰：“学以辨道，道以求性。正则静，静则定；定则虚，虚则明。”果能如此，就能做到“物之来也，吾无所谓；物之去也，吾无所亏。岂复为之欣喜爱恶而累其真欤”。最后先生总结曰：“静以存性，不可不念也。”至此，我们可以明白，何以“能得吾性”？一个字道其真谛：静。

语典

萧然行脚僧[①]，一身寄天涯。

——《次韵子由所居六咏》之四

（《三苏全书》(第九册)诗集卷四十，第268页）

注释

①“萧然”句：萧然，凄清、冷落的样子。行脚僧，行游四方求师问道的僧人。

今译

我似凄清冷落的行脚僧人，但将一身寄居在天涯四方。

解析

此诗由东坡先生于绍圣三年(1096年)十月为次韵子由《寓居六咏》诗于惠州作。先生于绍圣元年十月二日到达惠州贬所，初寓居合江楼。同年三月在白鹤观上，他在友人的帮助下，依地就势，建屋二十间，凿井四十来尺，并在周围空地上种上了花草果木，决定在此定居。同时，他还将宜兴的长子苏迈全家和第三子苏过的家眷一齐迁来同住。次子苏迨仍留宜兴准备应试科举。其弟子由的《寓居六咏》，是咏自家居室后种植的菊花、山丹、石榴，饲养的大鸡、小鸡，以及“邻家三亩竹”，“西邻分半井”等家居生活。先生次其韵，亦将自己新居的环境告诉弟弟，如“堂前种山丹”“堂后种秋菊”“东斋手植柏”“桤(qī)栽与笼竹”。另外，对子由“井水分西邻”与“竹阴借东家”的邻居情谊，赞美为“幽居有古意”。从兄弟二人的诗歌中，看不到他们对艰难的谪居生活的哀叹与抱怨，而是从咏诵诗文中，体悟到二位学士随缘旷达，自适自乐的宽广胸怀。

语典

借我三亩地，结茅为子邻[①]。

鴃舌[②]倘可学，化为黎母[②]民。

——《和陶田舍始春怀古二首》其二

(《苏轼诗集》(第七册)卷四十一，第2281页)

注释

①“结茅”句：结茅，编茅为屋。子，指黎子云。

②鴃舌：鴃(jué)，子规鸟名。鴃舌，形容语言难懂。

③黎母：山名。黎母山是海南绵延最长的一组山地。

今译

借我三亩土地，茅屋与您为邻。

黎语倘使可学，愿为海南之民。

解析

本诗是绍圣四年(1097年)十一月，东坡先生于儋州作。先生于绍圣二年七月二日到达儋州贬所。新任军使张中是开封人，熙宁初年进士。他一到任所，就亲往先生暂居的官屋扣门请见，从此他便成为苏家的常客。这年立冬，官屋破败不堪，张中派兵帮忙修整。后来城东南的黎子云兄弟俩也成为先生的好朋友。他感到自己似乎已成为黎族百姓中的一员，愿自己学用儋州的方言，并愿与黎家兄弟为邻，永远化作“黎母”之民。真个是“到处不妨闲卜筑”“底处人间是所欣”。先生顺应机缘，寄寓超越，真正达到了“坎坷识天意”“无往而不适”的人生境界。

语典

居杭积五岁[①]，自意本杭人。

故山归无家，欲卜西湖邻[②]。(略)

——《送襄阳从事李友谅归钱塘[③]》

(《苏轼诗集》(第六册)卷三十六，第1961页)

注释

①“居杭”句：东坡先生于熙宁四年(1071年)十一月底到杭州任通判，熙宁七年(1074年)九月离杭知密州，在杭州三年。元祐四年(1089年)七月至杭州任知州，元祐六年(1091年)三月离杭，在杭近两年。故云“积五岁”。

②“故山”二句：故山，犹言故乡。卜邻，卜，指选择，卜邻意谓择邻。

③“送襄阳”句：襄阳，湖北襄阳。从事，州刺史之佐吏。李友谅，字仲益，官阶至宣德郎。钱塘，指杭州。

今译

居杭共有五年，自认为本是杭州人。

故乡无家可归，曾想择西湖为邻。

解析

本诗是元祐八年(1093年)初，东坡先生于汴京(开封)作。元祐七年(1092年)八月，先生以兵部尚书兼充南郊卤簿使被召还，九月到任，兼侍读，十一月，迁端明殿学士兼翰林侍读，守礼部尚书。元祐八年初，李友谅归钱塘，先生以诗相赠。先生先后五年在杭州为官，不仅陶醉在湖光山色之中，而且以广博深厚的仁爱之心，为杭州人民造福。最使他感到难忘的是，他于杭州“三百六十寺，幽寻遂穷年”，与许多高僧结为至交，享受着佛道禅悦，获得了心灵的慰藉。故此，先生深情道出“自意本杭人”，梦想着“欲卜西湖邻”。

语典

溪山[①]好处便为家。谁知巴峡路，却见洛城花[②]。

——《临江仙·细马远驮双侍女》

（《三苏全书》（第十册）词集卷四，第311页）

注释

①溪山：泛指山水。

②“谁知”二句：巴峡，巴指古时巴郡地域，“峡”指三峡一带。洛城，指洛阳。

今译

山水好的地方便于安家，有谁知巴峡路上，却见到了从洛阳带来的侍女貌美如花。

解析

本词作于元丰三年（1080年）正月下旬。元丰三年正月二十五日，先生从京城开封被押解到黄州贬所，途经麻城岐亭，山上有一白马青盖迎面疾驰而来，原来此人系故人陈季常。先生随陈季常至“静庵”家中，见妻子奴婢皆有自得之意。先生走时题词留存，赞美故人隐居的生活风情。词中“溪山好处便为家”，浸透着佛理禅趣。北宋福建有一诗僧名士可，在其《送僧诗》中云：“一钵即生涯，随缘度岁华，是山皆有寺，何处不为家（略）。”（参见张志烈等主编《苏轼全集校注》词集卷一，第247页）由此可以窥见，先生所谓“家”的概念，深受佛家“随缘”思想的影响。

语典

买田阳羡吾将老，从来只为溪山好[①]。来往一虚舟，聊随物外游[②]。(略)

——《菩萨蛮·买田阳羡吾将老》

(《三苏全书》(词集)卷九，第414页)

注释

①“买田”二句：阳羡，今江苏宜兴市。老，指致仕，即退休。溪山，泛指山水。

②“来往”二句：虚舟，比喻胸怀恬淡旷达。聊，姑且。物外，物欲之外。

今译

我将要退休在阳羡买田，从来都是以山水好为安家之地的标准。我将虚己而行来往自由，姑且随缘游于物外。

解析

本词作于元丰七年(1084年)十月。先生于是年四月一日，自黄州移汝州。八月十九日，发仪真，至金山。十月至扬州，上《乞常州居住表》。先生在常州宜兴“买得一小庄子，岁可得百余硕，似可足食”(参见张志烈等主编《苏轼全集校注》词集卷二，第476页)。元丰八年正月，先生再上《乞常州居住表》。五月下旬举家至常州宜兴。因为原买田不够开资，又在滆湖边的塘头村买了一处田地。他看到独山峰峦如黛、清溪萦绕的山水景色，感慨地说“此山似蜀”，于是筑草堂以安家。六月，由司马光荐举，以复朝奉郎起知登州。十月二十日，以礼部郎中被召回朝廷，后任起居舍人。在该词的上片，表达了先生“溪山好处便为家”的思想，以及游于物外的庄子齐物观。

语典

应观法界性①，一切惟心造。

——《书破地狱偈②》

（《苏轼文集》卷六十六，第2070页）

注释

①法界性：佛教术语，单名法界，又名法性，和佛性实相，义一而名异。
②偈(jì)：出自《华严经》，又名觉林菩萨偈。

今译

应该看到宇宙一切事物的真相(实相)，都只是从自己的心念里创造出来。

解析

本文作年不祥。所谓“破地狱偈，即觉林菩萨偈：‘若人欲了知，三世一切佛，应观法界性，一切唯心造。’”。针对这偈谚，先生还讲了一个传奇故事：一个人将要死，正在焦急时，一个僧人自称是地藏菩萨，教他上面四句偈咒，并告诉他，如果诵此偈，就能闭地狱门，开净土道。结果真的得以解脱。这个故事为“一切惟心造”语作了简易的注解。《华严经·十地品》称：“三界所有，唯是一心。”《楞伽经》谓：“由自心执著，心似外境转。彼所见非有，是故说唯心。”这说明一切万法，唯依妄念而有差别。既可创造万德庄严的清净法，亦可以创造六道轮回的杂染法。总之“物随心转，境由心造，烦恼皆由心生”。用现时的话语来说就是“心态决定命运，心态决定一切”。

语典

世事万端[①]，皆不足介意[②]。

——《与子明[③]兄一首》黄州

（《苏轼文集》(第五册)卷六十，第1832页）

注释

①万端：端，指头绪。形容变化很多。

②不足介意：即不在意。

③子明：苏轼伯父苏涣第二子，即苏不疑。

今译

人世间的事情变化莫测，都不值得去在意。

解析

此信于元丰五年(1082年)，东坡先生作于黄州贬所。子明为先生堂兄，时为承议郎通判嘉州(今四川乐山市)。先生被贬黄州已三个年头，此时他四十七岁，应该说正处盛年，但他却言“吾兄弟俱老矣”。三年的贬谪生活，他把自己当成了“黄州人”。诚如在给伯父苏涣第三子苏子安兄信中所说的那样，“近于城中得荒地数十亩，躬耕其中，作草屋数间，谓之东坡雪堂，种蔬接果，聊以忘老”。他还劝子明兄“当以自娱”，所谓“自娱”，“亦非世俗之乐，但胸中廓然无一物，即天壤之内，山川草木虫鱼之类，皆是供吾家乐事也”(《与子明兄》)。这种心境，正是先生“世事万端，皆不足以介意”的真实写照。

语典

美恶[①]在我，何与于物[②]。

——《答毕仲举[③]二首》之黄州
（《苏轼文集》第四册卷五十六，第 1671 页）

注释

①美恶：美丑；好坏。
②物：物质。
③毕仲举：宋初宰相毕士安之曾孙。其兄仲游正任罗山令，毕仲举因其兄故而在罗山。

今译

是美是丑(是好是坏)，全在于我自身的感受，与外在的物质有什么关系呢？

解析

该文是元丰三年(1080 年)闰九月十九日，东坡先生于黄州贬所作。先生与毕仲举阔别“十余年”，以罪责之身得到朋友“存问甚厚”，自是“感慰不可言”。当时毕仲举在河南南部，大别山北麓、淮河南岸的罗山。先生反倒劝慰毕仲举身在“素号善地”的罗山，“不应有瘴疠”之苦。希望他在罗山能做到“齐宠辱、忘得丧”。对于他自己，是因为“任意直前不用长者所教以触罪罟(法网)”。如今既然已成事实，“祸福要不可推避”，要像《战国策》中记载的战国齐人，隐居不仕的处士颜斶(zhú)那样，“晚食以当肉，安步以当车，无罪以当贵，清静贞正以自虞(自以为乐)”。最后先生颇有感慨地道出了人生至理名言：美恶在我，何与于物。这如同唐代大诗人杜甫在《春望》诗中所吟诵的那样：“感时花溅泪，恨别鸟惊心。”杜甫的诗告诉我们，花儿为何“溅泪”？是因为观花的人此时无比感慨忧伤。鸟儿的鸣叫为何“惊心”？是因为听鸟鸣的人此时正陷入离别的痛苦之中。这进一步说明，同样还是那花那鸟，为何突然感到它在“溅泪”“惊心”？全在于人的自我感受，这是对先生所谓“美恶在我”的透彻诠译。

语典

阴阳不择物，美恶[1]随意造。

——《和子由记园中草木十一首》之三

（《苏轼诗集》卷五，第203页）

注释

①美恶：指对事物评判的好好。

今译

阴阳之道的规律与作用对于万物是没有区别的，好与坏是主体的心绪与意念所决定的。

解析

该诗作于嘉祐八年（1063年）。对立统一的阴阳两种能量，是构成万事万物的基础。阴阳的影响和作用是万物运行的根本法则，也是推动事物变化的原动力。它的作用对待万事万物是公平的，是没有差别选择的，故曰“阴阳不二，以一而待之”。所谓美恶，即是美丑、好坏。其意思是说，彼物的好坏不在物的本身，而是由此时的心境意念所决定的。南宋爱国豪放派词人辛弃疾在《沁园春·戒酒》词中说得好：“怨无大小，生于所爱，物无美恶，过则为灾。”

语典

其在穷也[1]，能知舍；其在通[2]也，能知用。

——《送水丘秀才叙》

（《苏轼文集》卷十，第327页）

注释

①穷：特指身处逆境，不得志。

②通：通达，指身处顺境。

今译

他们在身处逆境时，能够做到知道该放弃什么；他们在身处顺境时，能够知道该做什么。

解析

该序是熙宁九年(1076年)夏秋之间，东坡先生于密州作。序中"水丘秀才"事迹不详。序言对水丘秀才的评价是"治六经百家说""其出词吐气，亦往往惊世俗"。先生认为此人"必有用也"。然而，水丘秀才应试时，正是以王安石《三经新义》作为经义取士唯一标准的特殊时期，故他无法"以合规绳"，不幸落第，只好愤而远游，"以自适其适"。先生在序中，既对现行科举的"规绳"进行了批评，又对水丘秀才"穷"而知"舍"，"通"而知"用"，"耻不得为"的智慧和气度予以了赞美。

语典

惟尽绝欲念[1]，为万金之良药。

——《答范纯夫[2]十一首》之十

(《苏轼文集》(第四册)卷五十，第1456页)

注释

①“惟尽”句：惟，谓“只”。欲念，欲望，想得到某种东西或想达到某种目的的要求。

②范纯夫：范祖禹(1041—1098年)，华阳(今四川成都)人。范镇兄范锴之孙，范百之之子。嘉祐八年(1063年)进士及第，从司马光修撰《资治通鉴》历时十五年。官至翰林学士。

今译

只有将欲念断绝干净，才算是养生的万金良药。

解析

此信于绍圣四年(1097年)二月、闰二月间，东坡先生于惠州贬所作。绍圣元年(1094年)四月，先生遭御史虞策、来之劭弹劾，罢定州任。六月，来之劭等又诬先生“讥斥先朝”，责授宁远军节度副使，惠州安置。十月二日，先生从定州南迁数千里到达惠州贬所。至此，先生谪居惠州已三载，他“将佛家的随缘委命、无分别心的思想与道家的齐得失、等忧喜的相对论观点水乳交融，发挥到极至”(参见王水照、崔铭著《苏轼传》，第331页)，故能达到“绝弃世故，身心俱安”。何以能做到“身心俱安”？先生回答：尽绝欲念，为万金之良药。

语典

水到渠成，不须预虑[①]。

——《答秦太虚[②]七首》之四

（《苏轼文集》卷五十二，第1536页）

注释

①预虑：预先忧虑。

②秦太虚：秦观（1049—1100年），字少游，一字太虚，高邮（今江苏省高邮市）人。北宋文学家、词人，被尊为婉约派一代词宗。宋神宗元丰八年（1085年）进士。曾任太学博士（国立大学的教官）、国史院编修官。与黄庭坚、晁补之、张耒号称为“苏门四学士”。《宋史》有传。

今译

水流到的地方自然形成水道，不必过分地提前忧虑。

解析

该书是东坡先生于元丰三年（1080年）十月在贬所黄州给弟子秦少游的回信。此时，先生全家老小二十余人，住在长江边的水驿临皋亭。当时家庭“廪入既绝”“遂有饥寒之忧”。然而，先生抱持乐观态度，仍然用“水到渠成”心态对待忧患。他在给章惇（子厚）的信中，也同样这样告诉朋友：“然俗所谓水到渠成，至时亦必自有处置，安能预为之愁煎乎？”“水到渠成”乃道家哲学，比喻功到自然成。南宋诗人陆游《游山西村》“山重水复疑无路，柳暗花明又一村”极富人生哲理，耐人寻味，经常用来说明困难重重时，一定会出现转机。民间俗念还有“瓜熟蒂落”“船到桥头自然直”等谚语，都是说明任何事物发展到一定程度就会出现转机，事先不必干着急。“水到渠成”既是一种豁达的人生态度，又是一种人生智慧。

语典

吾生如寄①耳，岭海②亦闲游。（略）
归路逆千嶂③，劳生④阅百州。

——《郁孤台》
（《三苏全书》（诗集）卷四十五，第418页）

注释

①寄：暂居。
②岭海：指岭南两广地区及海南。
③千嶂：嶂，指高险如屏障的峰。千嶂，千峰。
④劳生：辛苦劳累的生涯。

今译

我这一生如同暂住在人世间，且把岭外海南的放逐当作一次闲散的旅游。北归的路途，千峰屏障，虽辛劳一生，却阅尽了百州。

解析

本诗是东坡先生建中靖国元年（1101年）正月，第二次过虔州（今江西赣州市）所作。郁孤台在赣州西南，因其隆阜郁然孤起，故得名。先生曾对岭南、海南谪居生活多次表达过随遇而安的思想，如“人间何者非梦幻，南来万里真良图”（《四月十一日初食荔枝》），“九死南荒吾不恨，兹游奇绝冠平生”（《六月二十日夜渡海》）。这些诗表达了先生深谙老庄齐得丧、等荣辱的齐物思想，以及对风云变幻的政坛的淡漠与疏离。正是先生有了人生如“寄”，平生如“游”的旷达超然的人生境界，才终于以近古稀之年，以笑傲俗世的闲游风采，以“九死南荒吾不恨”的豁达宽广的胸襟，全身北归。

语典

此心安处是吾乡[1]。

——《定风波》

(《苏轼全集校注》(词集)卷二，第526页)

注释

①“此心”句：此是王定国侍妾柔奴应答之语。白居易《四十五》：“安处即为乡。”又《种桃杏》：“无论海角与天涯，大抵心安即是家。”

今译

心在哪里，哪里便是我的家乡。

解析

此词于元丰六年(1083年)东坡先生作于黄州。东坡先生的友人王巩，字定国，北宋著名诗人、画家。其正直的品格和跌宕傲世的豪气，以及与苏氏兄弟的真挚友情，都为同代人所钦重。先生遭贬，王巩受到牵连，被贬到最远广西宾州(今广西宾阳)当监督盐酒税务官。王巩南迁时，家奴歌女纷纷散去，唯有一复姓宇文名柔奴的歌女愿意陪伴王巩共赴贬地。三年后，王巩奉旨北归，绕道到黄州雪堂拜见东坡先生。眉目娟秀、歌喉甜美的柔奴同往。先生见到王巩，气色和豫，精神不倒，便问：“广南风土应是不好?”柔奴回答道：“此心安处便是吾乡。”先生十分敬佩这位忠贞如一的女子，感谢她在生活上、精神上对密友的照料与眷恋，于是写了这首《定风波》词。此曲传开后，“点酥娘”柔奴在京城名声远播。王巩与柔奴的宾州之恋更是让人们传颂，成了坚贞爱情的古典诠释。

语典

此心安处是菟裘[①]。

——《浣溪沙》

(《苏轼全集校注》(词集)卷二，第478页)

注释

①菟裘(tú qiú)：古邑名，春秋鲁地，在今山东泰安东南楼德镇，后世因称士大夫告老退隐的处所为“菟裘”。

今译

只要心里安适，那里便是退隐养老之地——古邑菟裘。

解析

此词作于元丰七年(1084年)七月，即东坡先生在宜兴(古称阳羡)买田前后。这首词是赠给“倾盖相逢胜白头”的友人的，所赠之友亦在宜兴居住。所谓“菟裘”典常被儒者所引用，如宋陆游《暮秋遣兴》诗：“买屋数间聊作戏，岂知真用作菟裘。”元耶律楚材《过燕京和陈秀玉韵》之四：“自料荒疏成弃物，菟裘归计乞封留。”“菟裘”为何是退隐养老之地的最佳选择，前提在于“心安”。常言说“心在哪里，家在哪里”。

语典

谁道人生无再少，门前流水尚能西[①]。休将白发唱黄鸡[②]。

——《浣溪沙·游蕲水清泉寺[③]》

（《苏东坡全集》(第三册)，第1171页）

注释

①“门前”句：“清泉寺临浠河，因河边多兰草又名兰溪。我国地势特点是西北高、东南低，江河多从西向东流，而兰溪水有一段居然是向西流。

②“休将”句：意为不要叹息年华易逝。白居易《醉歌示妓人高玲珑》诗：“谁道使君不解歌，听唱黄鸡与白日。黄鸡催晓丑时鸣，白日催年酉前没。(略)”本诗反用其意(参见丁永淮等编注《苏东坡黄州作品全编》，第214页)。

③蕲水清泉寺：蕲水，县名，今湖北浠水县。清泉寺，在浠水县城东一公里处。

今译

谁说人生不能再年轻，门前兰溪水尚且也能西流。不要听黄鸡催晓，而感叹徒生白发年华易逝。

解析

本词是元丰五年(1082年)三月，东坡先生于黄州作。是年三月七日，先生与朋友去蕲水看田，途经沙湖(亦称螺丝店)道中遇雨，手臂受风寒得疾，闻麻桥名医庞安常善医而聋，遂往求治。经庞安常针灸治疗一针见效，后俩人携手游清泉寺，故作此词。词的上半阕写景，一句“萧萧暮雨子规啼”透着一股清冷与忧伤。词的下半阕，即本文所选章句，先生以眼前的溪水“尚能西”，激情唱出“谁道人生无再少”，表达出先生在逆境中超然豁达、乐观向上的精神。先生不经意的触景生情，读者却能从中感悟到自强不息的人生哲理。

语典

息命归根[①]，似有所得。(略)若终日汲汲[②]随物上下者，虽享耄期[③]之寿，忽然如白驹[④]之过隙尔。

——《与陈大夫[⑤]八首》之七

(《苏轼文集》卷五十八，第1699页)

注释

①息命归根：息，此谓“归”“返”。息命，即归命、复命，谓复归本原。归根，回到原点。

②汲汲：形容心情急切。

③耄期：指八九十岁的年纪。

④驹：少壮的马，千里驹。

⑤陈大夫：陈轼，字君式，知黄州，以朝奉大夫致仕，故称陈大夫。

今译

复归本原回到原点，似乎也悟到很多人生哲理。(略)如果整天心情急切地随着外物上下奔波，虽然能享八十九岁的高寿，也如同白驹过隙短短一瞬而已。

解析

本书信为元丰四年(1081年)五月，东坡先生于黄州贬所作。先生于元丰三年二月一日抵黄州。四月，先生来黄州的第一任“黄州太守陈君式来订交，日必造门”。元丰三年秋，陈君式致仕归江西临川老家，先生在信中告诉陈君式，他来黄州已一年零三个月，已经能达到“息命归根”“妄想既绝，颓然如葛天氏之民”(理想中的淳朴之世界)的生活状态。这种状态就是“道家所谓延年却老”的境界。否则“汲汲随物”，被外物诱惑所御，即使活到“耄期之寿”又有什么意思呢？此时，先生正忙于东坡故营地数十亩的垦荒农事，期待着“我廪何时高”“瓢饮已可必”。

语典

绝学无忧[①]，归根守一[②]，乃无一可守，此外皆是幻。

"不怨天，不尤人，下学而上达，知我者，其天乎?[③]"

——《与王定国四十一首》之四十一

(《苏轼文集》卷五十二，第1531页)

注释

①绝学无忧：语出《老子》第二十章"绝学无忧"。(任继愈译著《老子新译》，第101页)大意是不学功利之学，不学机巧心机，保持本性的纯良。

②归根守一：归根，语出《老子》第十六章"归根曰静"(同上，第95页)。意为回归到自身的本原，明察自己的本心，保持纯真自然的本性，叫做静。守一，道家修养之术，谓专一精思以通神。语出《庄子·在宥》)："我守其一，以处其和。"(陈鼓应注译《庄子今注今译》，第329页)大意为把意念集中到身体的某一部位，即守心一处，使身内阴阳二气处于和谐之中。

③"不怨天，不尤人"五句：语出《论语·宪问篇》。(《论语·注释·译文·赏析》，第316页)天，天命，命运。尤，怨恨，归咎。

今译

禁绝功利机心之学就会没有忧思，回归自身本原，专一精思，就能通神，但如今竟无一可以守持，其他一切都是空幻。

孔子说，我不埋怨上天，不责备别人，我以普通之理领悟高深之道，了解我的只有老天爷吧！

解析

此书为东坡先生大约于绍圣年间作于惠州。岭南之贬，令先生从中明白了两点。其一，身居瘴毒之乡，家有饥寒之忧，处此境况，最应禁绝功利机心，回归人的天然本性，用心专一，不偏，不散，不杂，不变，即做到执一而不失。人贵取其一，一则心地纯正，至精、至专、至纯，此乃自然界不二法则。其二，"不怨天、不尤人"。当遇到挫折，不抱怨、不怨恨别人，因为命运如此，怨天何用？于人何涉？倒不如努力学习一些基本知识，去深入透彻了解人生大道。先生自己这两点人生启悟，希望王定国亦须"信能如此"。

语典

人似秋鸿来有信[1]，事如春梦[2]了无痕。

——《正月二十日，与潘、郭二生出郊寻春，（略）》
（《苏轼诗集》卷二十一，第1105页）

注释

①“人似”句：秋鸿，秋天南飞之大雁。来有信，准时到来。
②春梦：春日之梦，喻世事无常，繁华易逝。

今译

朋友像秋天南飞的大雁准时到来，世事如春日之梦转瞬即逝了无痕迹。

解析

此诗作于元丰五年（1082年）一月。本章句给我们的启示是：过去了的事情就让它过去，但人之信誉却应像秋鸿般信而有征。守信是为人之本，守约是做人之道。人不守信，旁人对他失信，遵守信约，才能赢得众人信任。

语典

我家江水初发源[①]，宦游直送江入海[②]。(略)
试登绝顶望乡国[③]，江南江北青山多。(略)
江山如此不归山，江神见怪惊我顽。
我谢[④]江神岂得已，有田不归如江水[⑤]。

——《游金山寺[⑥]》

(《三苏全书》(诗集)卷七，第35页)

注释

①“我家”句：长江发源青海唐古拉山脉各拉丹冬雪山，然古人以为长江发源于四川岷山。东坡先生为四川人，故云。

②“宦游”句：宦游，指在外地做官。江入海，镇江处长江下游，往东便为长江入海处。

③乡国：故乡。

④谢：此为“告诉”。

⑤如江水：“有如江水”。

⑥金山寺：在今江苏市金山上，旧名泽心寺，俗称金山寺。因头陀开山得金，故名金山寺。

今译

我的家乡在江水发源的地方，我做官在外，仿佛随着江水滚滚流入大海。(略)我尝试登上山顶眺望故乡，只见江南江北青山多苍翠。(略)江山如此多娇我却不归，江神感到奇怪警示着我痴昧愚顽。我告诉江神实在是身不由已，我有田不归就如同江水东流不知回还。

解析

本诗是熙宁四年(1071年)十一月，东坡先生赴杭州任通判途中，游金山，访宝觉、圆通二僧，夜游金山寺作。熙宁二年(1069年)二月，王安石为参知政事，开始了熙宁变法。先生与变法派之间分歧越来越大，于是奋笔疾书，与神宗呈递了数千言的《上神宗皇帝书》，奉劝神宗“结人心，厚风俗，存纪纲”，并对新法发起了全面攻击。熙宁四年三月二日，他又写了《再上皇帝书》，因此招来厄运。先生感到仕途险恶，为了远离是非之地，上疏请求外任。四月神宗批准，七月出京，十一月二十八日到任。这首《游金山寺》诗就是在这样的背景下写的。全诗贯穿着作者浓烈的思乡之情，反映了作者对现实变法和官场险恶的厌倦，以及希望买田归隐的衷素。先生将千里“宦游”比喻为“江入海”，大有“飞鸿踏雪泥”的漂泊情思。“有田不归如江水”，更是显示出先生对仕途的困倦和迷惘。值得注意是，“试登绝顶望乡国”诗句，清晰地表达了先生望乡归山的思乡情怀。先生“宦游”如同“江入海”，“望乡”却是“不归山”，完全是无可奈何之举。这对于我们深入了解先生被贬黄州、惠州、儋州时反复表白“元本是”某某地人，将会有另一层透彻的启发。

语典

此生飘荡何时歇？家在西南，常作东南别。

——《醉落魄[1]·述怀》

（《三苏全书》（词集）卷十，第437页）

注释

①醉落魄：词牌名，即《一斛珠》，双调五十七字，仄韵。

今译

此生飘荡何时停歇？家住西南眉山，却宦游东南常作离别。

解析

本词作于熙宁七年（1074年）初夏，先生于本年正月赴常州、润州赈灾，过丹阳到达润州（即京口，今江苏省镇江市），于舟中作此词与同行友人抒怀作别。常州、润州一带在东南方向，所以在词中说“东南别”。作者在词中描写月色朦胧，云彩轻柔。在二更时分他从醉酒中醒来，发现自己正坐在刚刚出发的一叶小舟上。小舟在迷蒙的江面上飘荡，不知何时停歇。由此，他想起自己身在东南，家在西南，自己的漂泊不定，身不由己。所引章句仅四句，但词人遣词造句意蕴深邃。如“漂”与“歇”、“西南”与“东南”构成了两对矛盾，由此引出词人对家乡的思念，并于乡愁中蕴含着仕途失意，宦游无常的苦闷。

语典

人生到处知何似？应似飞鸿[①]踏雪泥。
泥上偶然留指爪，鸿飞那复计东西。

——《和子由渑池[②]怀旧》
(《苏轼诗集》卷三，第96页)

注释

① 飞鸿：飞行的大雁，喻往事遗留的痕迹。
② 渑池：渑池县隶属于河南三门峡市，位于河南省西北部，县城距省会郑州170公里。

今译

人生的旅途踪迹，就像大雁迅疾地掠过茫茫雪原，偶尔在起落之中，留下一星半点爪痕，而大雁早已在千里之外不知去向。

解析

此诗作于嘉祐六年(1061年)十一月。苏轼与弟弟分手后，继续前行来到渑池。五年前苏洵率两个儿子赴京赶考，曾在渑池县中的寺院借宿，寺庙住持奉闲高僧热情地接待了父子三人。临别之时，兄弟二人乘兴在奉闲和尚居室题诗纪念。如今赴凤翔之任又经过此地，然奉闲大德已经谢世，骨灰安葬在庭院之中。昔日题诗的墙壁已毁，题诗笔墨殆尽，触景生情，年轻的苏轼感慨万千，写下了这首著名的诗篇。虽然"飞鸿踏雪"的比喻，感叹人生变化无常，而"雪泥鸿爪"的借喻，预示着人生每段经历应是漫漫征途中暂时的加油站，未来的希望在前行的方向，充分表达了先生步入仕途之初积极用世的思想。

语典

三十三年，飘流江海，万里烟浪云帆[①]。故人惊怪，憔悴老青衫[②]。我自疏狂异趣，君何事，奔走尘凡[③]？流年尽，穷途坐守，船尾冻相衔[④]。（略）家何在，因君问我，归步绕松杉[⑤]。

——《满庭芳·三十三年·飘流江海》

（《三苏全书》（诗集）卷一，第258页）

注释

①烟浪云帆：烟浪，指烟波。云帆，高大的帆。

②青衫：唐制文官八品九品穿青色官服，此指官职卑微。

③"我自疏狂"三句：疏狂，指疏散狂放。尘凡，尘世人间。

④"流年"三句：流年，指如水般流逝的年华。相命者指人在一年中的运气。船尾冻相衔，因河水结冰，船的头尾相接。

⑤松杉：松树、杉树。此指故乡。

今译

三十三年，漂泊在江海之上，满眼万里烟浪云帆。老友见我吃惊，如此憔悴卑微。疏散狂放乃我人生异趣，您为何事，奔走在尘世人间？年华流逝，坐守穷途无路，但看船尾冰冻相衔。（略）故乡在何方，因您问我，梦里归绕松杉之间。

解析

本词作于元丰七年（1084年）十二月三十日，时先生与他少年时的塾师刘仲达相逢于泗州（今江苏省盱眙（xū yí 需怡）县境内。二人同游南山话旧，先生赋诗抒怀，于是引出先生对人生的感慨和对故乡的无限怀念之情。先生从十七岁时起与刘仲达交往，至元丰七年先生四十九岁，屈指计算相隔三十三个年头。这三十三年，他对自己的人生用四个字作了概括：飘流江海。这一情思仍然与先生二十四岁时在赴凤翔签判任途中赋诗"鸿爪雪泥"一样，情感空寞、迷惘。正是这种情感让先生一次又一次地呼唤"家何在"？"何处是吾乡"？一次又一次地感叹"此身如传舍"，"此生飘荡何时歇"？这种思乡归山情怀，一直伴随着先生的宦游人生。

语典

忘却成都来十载，因君未免思量。凭将清泪洒江阳[①]。故山知好在[②]，孤客自悲凉。坐上别愁君未见，归来欲断无肠[③]。殷勤且更尽离觞[④]。此身如传舍[⑤]，何处是吾乡。

——《临江仙·送王缄[⑥]》

(《三苏全书》(词集)卷四，第313页)

注释

①江阳：故治在今四川眉山市彭山县东十五里。

②好在：问候用语。

③欲断无肠：比断肠更进一层。

④离觞：别筵之酒。

⑤传舍：古时供来往行人休止住宿的处所。

⑥王缄：王缄疑为王箴。《说文·竹部》："箴，缀衣箴也。"其字后又作"铖"。铖，极易误作"缄"。王箴字元直，是东坡先生亡妻王弗之弟(参见张志烈主编《苏轼全集校注》词集卷一，第203页)。

今译

离别成都已有十年，因君归家顿起思乡之情。请将我的眼泪带回去洒向眉州大地。知道故乡的山水仍然美好，我孤苦地客住他乡自感悲凉。

坐席上的离别之愁思君未看见，此次相见，愁肠皆已断尽，分别之后已无肠可断。情真意切暂饮尽这离觞之酒。我一生飘荡不定如居传舍，何处该是我的故乡。

解析

本词约作于熙宁十年(1077年)东坡先生于密州移徐州时。元代诗人牟巘(yǎn)在其《陵阳先生集》卷十七《跋东坡帖》曰："东坡翁赋此词，送其乡人，复自书而遣之。此当时是自密州移徐时，年恰四十。"(参见张志烈等主编《苏轼全集校注》词集卷一，第202页)牟氏言先生该词作于密州移徐州，作年当是熙宁十年，不过是年先生四十二岁。此词是先生送其妻弟王箴还乡时作，因而勾起先生浓郁的思乡之情和深沉的"孤客"之感。"凭将清泪洒江阳"表达了先生对故乡的无尽思念。"此身如传舍，何处是吾乡"，是先生对"坐席未暖，召节已行"浪迹天涯身世的感叹。"故山知好在"，然而有家难以归。"何处是吾乡"，如同先生于嘉祐六年(1061年)十一月任凤翔签判与弟子由临别时吟诵"人生到处知何似，应似飞鸿踏雪泥"(《和子由渑池怀旧》)的诗，是对人生变幻无常、仕途迷惘的感慨。

语典

人生到处萍漂泊[①]。偶然相聚还离索[②]，(略)天涯同是伤沦落，故山[③]犹负平生约，西望峨眉，长羡归飞鹤[④]。

——《醉落魄·席上呈元素[⑤]》

(《三苏全书》(词集)卷十，第437页)

注释

①萍漂泊：言如浮萍一样随风飘散不定。

②离索：离群索居，言离开朋友而独处。

③故山：指故乡。

④“西望”二句：峨眉，今四川省峨眉山，先生故乡眉州与之邻近。归飞鹤，飞回故乡之鹤。

⑤元素：杨绘，字元素，汉州锦州人。东坡先生曾任杭州通判，杨元素时任知州。

今译

人生如浮萍一样到处漂泊。偶然相聚又离散，(略)同是天涯沦落之人，违背了早归故乡的平生之约，西望峨眉山，长久羡慕飞回故乡的白鹤。

解析

本词作于熙宁七年(1074年)十月，东坡先生由杭州赴密州知州任，恰逢新到杭州任知州的杨元素接到内调京城的诏命，于是两人同行北上，于十一月到达润州(京口)，席上宴别，借词抒写别情。先生与元素同是四川老乡，又同样因为反对新法而郁郁不得志，故词有“天涯同是伤沦落”的感叹。先生从京城逃离外任，本身就受到执政当局的排挤和御史台一伙人的恶意攻击，因此词中隐含着对宦游飘荡的怨愤。他西望峨眉，归里无期，以至想到与“故山”有负平生的约定。漂泊的游子其情何堪，只有仰望长空，羡慕那归飞家园之鹤。从这里，我们可以体悟到先生对人生飘零、离合无常的深沉感慨。

语典

旧游似梦徒[①]能说，逐客[②]如僧岂有家。

——《泗州除夜雪中黄师是[③]送酥酒二首》之一

（《三苏全书》（诗集）卷二十四，第259页）

注释

①徒：空，徒劳。

②逐客：贬谪在外的官员，东坡先生自谓。

③“泗州”句：泗州，指今江苏省盱眙（xū yí）县境内。黄师是，黄寔（shí），字师是。陈州宛丘（今河南淮阳）人，举进士。哲宗时累官宝文阁待制。其父与东坡先生同科进士。

今译

昔日游历恰此梦境徒劳说清，贬逐官员如同游僧哪里有家。

解析

本诗是东坡先生于元丰七年（1084年）除夕所作。元丰七年黄寔为淮东提举，曾于除夕泊汴口，见东坡先生执杖立于对岸，若有所待，于是归舟中以酥酒相赠（参见张志烈等主编《苏轼全集校注》诗集第四册卷二十四，第2739页）。就在这个除夕，“春雪纷纷”“春流咽咽”，面对“冷砚”“孤灯”，先生恰是“如僧”的“逐客”，哪里有家？“逐客如僧”，这是先生贬谪生涯的真实写照。

语典

努力莫怨天，我尔皆天民[①]。
行看花柳动，共享无边春。

——《大寒步至东坡赠巢三[②]》
（《苏轼文集》（第四册）卷二十二，第1160页）

注释

①"我尔"句：尔，谓"你"。天民，指贤者。因其明乎天理，适乎天性，故称。

②巢三：名谷，字元修，其排行三，眉州人，曾举进士京师。后弃学习骑射。东坡先生谪居黄州，巢谷来黄州为伴，客住雪堂，为先生二子苏迨、苏过的家庭教师，逾年归蜀。先生复用后，巢谷不曾一见。先生谪儋州，巢谷千里徒步往访，不幸病逝他乡。

今译

人生当须努力，切莫抱怨上天，我和你都是天生之贤者。花柳行将萌动，共享无尽春光。

解析

此诗是元丰六年（1083年）二月，东坡先生于黄州贬所作。先生被贬黄州后，巢谷于是年春自蜀来访，于雪堂课授先生二子迨、过。大寒，先生至东坡雪堂与巢谷饮酒赠诗。诗中叙述了巢谷来黄州与先生共度艰难之事，而巢谷在雪堂"空床敛败絮，破灶郁生薪"。但是两位患难同乡好友"相对不言寒，哀哉知我贫"。更为可贵的是，先生劝慰老友，面对人生逆境，不要怨天尤人。而且还请老友放宽心，花柳已经萌动，寒冬即将过去，无限春光就在眼前。

语典

“不怨天，不尤人[①]，下学而上达[②]，知我者，其天乎？”

——《与王定国四十一首》之四十一

（《苏轼文集》卷五十二，第1531页）

注释

①不尤人：尤，指怨恨，责怪。不责怪别人。

②下学而上达：下学人事而上达天命。本章句语出《论语·宪问》（《论语·注释·译文·赏析》，第316页）。

今译

孔子说：“我不怨恨上天，不责怪别人，下学人事而上达天命。知道我的，大概就只有上天吧！”

解析

本书信约于绍圣年间作于惠州贬所。先生在给王定国的前一封信中曾说：“南北去住定有命，此心亦不念旧，明年买田筑室，作惠州人矣。”但在这封信中，却表达出归根守一，乃无一可守。不难看出先生内心的隐痛。面对现实他只好“住定有命”，但又感到“绝学”难以解忧，且又“无一可守”，自然流露出内心的不甘。虽然有意“守一”，“作地行仙”，但残酷的现实让他大有“屈滞从狗窦（狗洞）中过尔”的屈辱。这就是先生谪居瘴毒之地惠州时期的矛盾心理。

语典

然外物[1]不可必，当更临时随宜[2]。

——《与郑靖老[3]四首》之四

（《苏轼文集》卷五十六，第1676页）

注释

①外物：身外之物，多指利欲功名之类。

②临时随宜：临时，指事到临头。随宜，便宜行事，根据情况怎么好便怎么办。

③郑靖老：郑嘉会，字靖老，曾在惠州为官，是元祐年间东坡先生等十六位文人学士“西园雅集”的文友。

今译

身外之物不可强求，更应当顺应时机随机应对。

解析

此书作于元符三年(1100年)十月东坡先生北归途中。先生文友郑嘉会来信询问先生的近况及归宿。先生复信回答：“临时随宜。”这句话的意思，从他在该信的后边接着补充的一句即可知：“水到渠成，亦不须预虑也。”这是先生“随缘自适”的道家思想的表露，体现出人生的从容与豁达。

语典

此身正似蚕将老[①]，更尽春光一再眠[②]。

——《次韵王定国会饮清虚堂》

（《苏轼文集》卷三十，第 1612 页）

注释

①蚕将老：蚕老作茧。

②一再眠：一次又一次地休眠。

今译

此身正像春蚕将要衰老，(故)愈加要尽享春光更安眠。

解析

此诗于元祐三年(1088 年)十二月七日作于汴京。东坡先生的朋友王定国，在居室之西筑清虚堂，堂内置满图书史册。此诗以“蚕将老”而以享“清虚”之美，表达东坡先生超然闲适的生命观。春蚕吐丝作茧而自缚，颇具悲剧色彩。但“破茧化蝶”有如涅槃获得新生，完成了生命的嬗变。更重要的是它感受到了无尽“春光”，并在“春光”里独享安眠。这是从现实到超越再回归到现实过程，亦是作者随缘任运，享受内心安宁的超然自适人生观的体现。

语典

材大古来无适用，不须郁郁慕山苗。

——《和子由木山引水二首》其二

（《苏轼诗集》卷五，第 219 页）

注释

今译

自古以来高大的木材难以得到合理运用，对此，不必要忧郁地向往山上一时独秀的树苗。

解析

此诗作于治平元年（1064 年）冬。西晋著名文学家左思《咏史》诗："郁郁涧底松，离离山上苗。以彼径寸茎，荫此百尺条。"东坡先生这两句诗，借用了左思《咏史》诗的意蕴。其意是说，山涧下的百尺高松，无须向往山上茂盛的树苗。由此，引申为自古才能大的人，难以因时运得到合理运用，对此，不必以忧郁的心态，向往"追陪新进"的小人。

语典

人间有味是清欢[1]。

——《浣溪沙·元丰七年十二月二十四日(略)》

(《苏轼全集校注》(词集)卷二，第498页)

注释

①清欢：指有别于歌舞酒宴的热闹喧哗，而享受清平闲适的快乐方式。

今译

人世间最值得品味的是清闲恬淡的欢愉。

解析

此词作于元丰七年(1084年)十二月二十四日。东坡先生三月接朝廷圣旨，授检校尚书水部员外郎，汝州团练副使，本州安置，不得签书公事。四月一日先生离开黄州。途中曾到常州宜兴买田，然后北上，十月至扬州，上《乞常州居住表》，他一面北行，一面待命。十二月一日抵泗州(旧治在今江苏盱眙县东北)。在泗州他与刘倩叔知州游南山后，有感而作《浣溪沙》。词的上片通过"细风斜风""淡烟疏柳""清洛慢慢"，把南山(即都梁山，在泗州南)描绘得万籁俱寂，悠远清丽而富有诗意。下片写"雪沫乳花"之煎茶，品尝"蓼(liáo)茸蒿笋"野菜，别有一番情味。这正是他长久向往的清闲自在、恬淡安适的清逸生活。表现了词人谪居黄州四年又两个月后，随遇而安，随缘自适的退隐思想和诗意的人生态度。如今忙碌浮躁的人们，何不也学会放下，走出浮华，回归大自然，尽享宁静高雅的人间清欢。

语典

莫把存亡悲六客[①]，已将地狱等天宫[②]。

——《次韵答元素并引》

（《苏轼文集》卷二十一，第1115页）

注释

①六客：东坡引申注：“六客盖张子野、刘孝叔、陈令举、李公择及元素与我也。”
②“地狱”句：《圆觉经》：“地狱天宫皆为净土。”

今译

不要把六位友人的存亡视为悲苦，我已将地狱等同于天宫。

解析

这首诗成于元丰五年(1082年)三月末，东坡先生来黄州已两年又两个月。两年来他勤禅修，静养炼，治东坡，筑雪堂，基本完成了安魂、安身、安心的心理调适过程。当年那种莫名的恐惧和悸痛，已得到一定的缓解。尤其是通过自我反省，他对人生及现实进行了深层思考。其超然旷达的胸怀气度，让他在这年的三月七日的沙湖途中，面对自然风雨喊出了“一蓑烟雨任平生”“也无风雨也无情”的独白。有这种履险如夷、宠辱不惊的精神，才有“已将地狱等天宫”的胆识。紧接着七、八、九三个月，“两赋一词”横空出世，被压抑长久的翰墨才情得到井喷式的爆发。北宋元丰五年文坛神话，就这样永载中国文学史册。

语典

黄州僻陋多雨，气象昏昏也。鱼稻薪炭颇贱，其与穷者相宜。(略)

然俗所谓水到渠成[①]，至时亦必自有处置，安能预为之愁煎[②]乎？

——《与章子厚参政[③]书二首》其一

(《苏轼文集》卷四十九，第1412页)

注释

①"然俗所谓"句：俗，此指俗语。水到渠成，道家哲学思想。意指水流到之处便有渠道，与"车到山前必有路"语意同。

②愁煎：愁苦煎熬。

③章子厚：章惇，字子厚，建州浦城(今属福建)人，元丰三年任参知政事(副宰相)。

今译

黄州偏僻落后天气多雨，景象一片昏暗。这里鱼米柴炭比较便宜，穷人住在这里很合适。(略)

然而俗话说水到渠成，到时候也必定自有办法，能么能够预先为此愁苦煎熬呢？

解析

元丰三年(1080年)正月一日，东坡先生在长子苏迈陪伴下，历经一个月跋涉，于二月一日抵贬所黄州。开始父子俩寄居在定惠院，每日随僧一餐。此书是先生给早年的同年及老友，现任副宰相的章惇的回信。本章句表达了先生虽处逆境，却抱有"水到渠成""自必有处置"的超然思想。尔后谪居黄州的五年间，他"治东坡，筑雪堂"，与黄州乡亲"同树连根"，亲如一家。其时先生躬耕东坡，释耒而歌"但知临水登山啸咏，自引壶觞自醉"。好一幅"水到渠成"自耕自食，自乐自适图画。

语典

寓居官亭，俯迫大江，几席之下，云涛接天，扁舟草履，放浪山水间①。客至，多辞以不在，往来书疏②如山，不复答也。此味甚佳，生来未曾有此适③。

——《与王庆源④十三首》之五黄州

（《苏轼文集》卷五十九，第1813页）

注释

①"寓居"六句：寓居，指寄住异乡。官亭，指临皋亭。大江，指长江。几席，为古人凭依、坐卧的器具。扁舟，小船。草履，草鞋。放浪，放纵不受拘束。

②书疏：信札。

③适：适意。

④王庆源：初名群，字子众，后改名淮奇。其驭吏威严，如家人法，晚以累举得官，为洪雅(四川盆地西南边缘，位于成都乐山、雅安三角地带)主簿。

今译

寄居官亭，俯看大江，几案之下，云涛接天，驾着小舟脚穿草鞋，纵浪于山水之间。有客人来访，多答不在家，来信堆积如山，我也不予回复。此中情味甚美，有生以来不曾如此适意。

解析

本书信约为元丰三年(1080年)，东坡先生于黄州贬所作。先生初到黄州，寄居黄州城东定惠院。四个月后家眷到黄，迁至江边的临皋亭。此时，家里"丧一老乳母"。面对如此穷困孤寂的境况，先生常"扁舟草履放浪山水间"。尽管全家二十余口，常无米下炊，但先生却对此生活感叹道"生来未曾有此适"。为什么先生在黄州有如此豁达的心境呢？不妨看看他于熙宁五年(1072年)七月在密州任上写给王庆源的信。他说："虽有江山风物之美，而新法严密。风波险恶，况味殊不佳。"密州时期太守的仕宦日子"风波险恶"，他痛感"殊不佳"。而谪居黄州岁月虽艰难，"扁舟草履"，他却欣感"味甚佳"。两相对比，不是黄州谪居的日子比密州任上好，而是黄州时期的先生"世事万端，皆不足介意"。面对"白云左绕，清江右洄，重门洞开，林峦坌入"的风情，先生"酒醉饭饱，倚于几上"，"若有思而无所思，以受万物之备"。这种清幽闲适的心绪，直让先生感叹"生来未曾有此适"。

语典

顷在黄州，春夜行蕲水中。过酒家饮酒醉。乘月至一溪桥上，解鞍曲肱[①]，醉卧少休。及觉已晓，乱山攒拥[②]，流水锵然[③]，疑非尘世也。书此语桥柱上。

（略）

我欲醉眠芳草[④]，（略）

杜宇[⑤]一声春晓。

——《西江月》

（《苏轼全集校注（词集）》卷一，第364页）

注释

①曲肱：指弯着胳膊以手枕头。解鞍曲肱，解鞍以作枕。

②攒拥：丛聚，簇拥。

③锵然：本指金石珠宝清脆的声音，此形容溪流水声清脆。

④醉眠芳草：醉酒随地而卧于芳草地。

⑤杜宇：即杜鹃，又名子规。

今译

我想乘醉躺卧在芳草地上，（略），杜鹃一声啼叫，时已天明。

解析

这首诗作于元丰五年（1082年）三月上旬，时先生去沙湖相田，在麻桥庞安时居所留住数日，后与庞医生游清泉寺，春夜返回黄州途中，因酒醉，乘月色至一小溪桥上，恍惚中解鞍曲肱而卧。不知是什么时候，一声杜鹃的鸣叫，把他从醉梦中惊醒，但见乱山簇拥、流水叮咚、芳草如茵、月光如水，一派幽静空灵，如幻如梦，“疑非尘世”，仿佛仙境。于是乘兴挥笔，书此《西江月》于桥柱上。读《西江月》词，一位闲适自娱、优哉游哉的“坡仙”形象跃于眼前。这种清旷放达的心境，与两年前刚来黄州时“畏人默坐痴呆”“醉里狂言醒可怕”的“楚囚”心态判若两人。这是先生经过安国寺“安魂”，躬耕东坡“安身”，与黄州乡亲“数面自成亲”而“安心”后，蜕变自新，且能“一蓑烟雨任平生”结果，表现出先生忘物我、等荣辱的庄禅境界和渴望自由、放逸达观的人生理想。

语典

身外傥来[1]都是梦，醉里无何[2]即是乡。东坡日月长。

——《十拍子》

(《苏轼全集校注》(词集)卷二，第448页)

注释

①傥来：意外得来，偶然得到。

②无何：即无何有，典出《庄子·逍遥游》。指空无所有的地方。

今译

身外偶然得到的都只是梦幻，如同酒醉中进入了无何有之乡。唯有躬耕东坡方是日月长久的自由生活。

解析

此词作于元丰六年(1083年)九月至重阳节后。词的上片先写眼前饮酒、赏菊。接着大发议论，指出身外意外得来的名和利都是虚幻的梦境，如同醉梦进入的所谓“无何有之乡”。作者思前想后，对于躬耕东坡自由自在、超脱自适的农夫生活感到满足，并期望这样真实可靠安居乐业的日子长伴在身。表现了先生虽身处逆境，却自谓“狂夫老更狂”，豪爽洒脱、倜傥不羁的高傲超逸的性格。

语典

今有人为其主牧牛羊，不告其主，而以一牛易五羊。一牛之失，则隐而不言，五羊之获，则指为劳绩[①]。

——《上神宗皇帝书》

（《苏轼文集》卷二十五，第736页）

注释

①劳绩：功劳，功绩。

今译

现在有一个人，为他的主人放牧牛羊。他事先不告诉他的主人，而用一头牛换回五只羊。一头牛的损失，他隐瞒不说，却把五只羊的收获，指为自己的功劳。

解析

此文作于熙宁四年(1071年)二月。东坡先生在《上神宗皇帝》中，给神宗讲了一个“一牛易五羊”的风趣故事。这个故事的主题是得不偿失。然而于熙宁二年(1069年)二月，正式启动的熙宁变法，其中“青苗法”乃是最为典型的得不偿失之“乱世之法”。用生动形象的事例作比喻，导入正题，用以说明严肃的政治问题，这正是先生妙笔生花之处。最后，促进先生“此心安处是吾乡”的心理机制是“一切惟心造”“适意乃所祈”。先生所言的“适意”，就是称心合意、知足常乐。

语典

陶渊明晚节躬耕，每以诗自解①，意其中未能平也。晚寓黄州二年，适值艰岁，往往乏食，无田可耕，盖欲为彭泽②而不可得者。(《跋陶诗》)

陶公此诗“采公东篱下，悠然见南山”，日诵一过，去道不远矣。

——《自书陶渊明结庐在人境诗并跋》

(《苏轼文集·佚文汇编拾遗》，第2670-2671页)

注释

①自解：自求脱落，自我解脱。

②彭泽：陶渊明，字元亮，又名潜，世称靖节先生。陶渊明最后一次为官为彭泽令，故又称陶彭泽。

今译

陶渊明晚年躬耕田园，经常以诗歌自我解脱，诗中的寓意难以抑止。我晚年寓居黄州二年，正逢人生艰难岁月，往往饿肚子，无田可耕，但想如陶渊明那样的归隐又不可能。

陶渊明这首诗，每日吟诵一遍，就离得道的境界不远了。

解析

前文是东坡先生于元丰四年(1081年)八月十六日，作于黄州贬所。后文应是元符三年(1100年)，作于儋州贬所。陶渊明的饮酒诗共有二十二首，先生书写的是其中的第三首《结庐在人境》诗，此诗表现陶渊明隐居生活的情趣，在山岚的笼罩下，陶渊明采菊东篱，遥望南山，夕阳余晖，恰与飞鸟同归。此中“真意”，就在“心远地自偏”。因为“心远”，故而“忘言”；因为“忘言”，故而蕴含着诗人“悠然见南山”的怡神散虑与优游自得。先生于元丰三年(1080年)二月一日到黄州贬所，至元丰四年二月，方求得东坡废营地以供自耕自食。故这期间先生喟然自叹“适值艰岁，往往乏食”。最令他感慨的是，陶渊明“晚节躬耕，每以诗自解”，而他和韵陶渊明诗亦是自譬自解，自悟自证，从而获得精神的解脱。难怪先生慨然说道，日诵一遍此诗，“去道不远矣”。

语典

所谓自娱者，亦非世俗[1]之乐，但胸中廓然[2]无一物，即天壤之内，山川草木虫鱼之类，皆是供吾家乐事也。

——《与子明[3]兄一首》
（《苏轼文集》卷六十，第 1832 页）

注释

①世俗：俗，指趣味低，不高雅。指当时流俗，庸俗的事物。
②廓然：形容空旷寂静的样子。
③子明：苏涣第二子，即苏不疑。

今译

所谓自享其乐，也不是世俗人眼中的乐事，只要胸襟宽阔，了无杂念，那么天地之间，山川草木鸟兽虫鱼之类，都能让我们从中获得乐趣。

解析

本书信是元丰五年(1082 年)，东坡先生于黄州贬所作。先生在本章句中对“自娱”阐释时明确指出，“天壤之内，山川草木虫鱼之类，皆是供吾家乐事”的前提是“胸中廓然无一物”。这一观念显然源于庄子《齐物论》的“物我为一”、《逍遥游》的“无所待而游于无穷”的思想。庄子追求一种绝对自由的人生境界，他认为只有忘却物我的界线，与自然化而为一，不受任何欲念的束缚，才能实现审美的快乐。先生所谓“山川草木虫鱼之类”皆有“乐事”，正是他达到了“无所待”而“物我为一”的审美人生境界。因此，他才在投闲置散，仅以身免的废黜中，能够做到豁达超然，且能化苦为乐。

语典

东坡居士酒醉饭饱，倚于几[①]上，白云左绕，清江右洄[②]，重门[③]洞开，林峦坌入[④]。当是时，若有思而无所思，以受万物之备，惭愧！惭愧！

——《书临皋亭[⑤]》

（《苏轼文集》卷七十一，第2278页）

注释

①几：小或矮的桌子。

②洄：水回旋而流。

③重门：屋内的门。

④林峦坌入：林峦，泛指山林。坌入，涌入。《史记·司马相如传》："登陂之长阪兮，坌入曾宫之嵯峨。"（汉·司马迁撰·李翰文主编《史记全本·司马相如列传》，第2094页）

⑤临皋亭：据《舆地纪胜》卷四九《淮南西路·黄州》载："临皋馆，在朝宗门外。"位于长江北岸（黄州）江边。

今译

东坡居士酒醉饭饱，倚靠在几上，白云在身左缭绕，清江从身右流去，屋内的门大开，江南对岸的山林纷纷映入眼帘。当此之时，若有所思而无所思，享受着万物的惠泽，惭愧！惭愧！

解析

此文于元丰五年（1082年）作于黄州临皋亭。这一年的夏天，先生从东坡收割了大麦二十余石，故而有"酒醉饭饱"之喜。不过，先生的酒是自酿，粮食是自种。而且当年因"大麦卖之价甚贱，而粳米适尽"，故全家人吃的是大麦饭，王闰之笑称为"二红饭"。尽管吃着"甘酸浮滑"，像"嚼虱子"一样的"二红饭"，仍然有着"酒醉饭饱"的得意与满足。当此之时，他倚靠在几上，观赏着"重门"之外的江南风光。但只见"白云左绕，清江右洄"，江南对岸的山林涌入眼前，他享受着"万物之备"的恩泽。先生此时的心情是"若有思而无所思"，真是好不惬意，好不超然！然而，先生此时真的"无所思"吗？从"惭愧！惭愧！"两声无可奈何曰之"命"的叹息中，我们不难理解，先生于"不得签书公事"的罪废中那种痛彻心扉而又无可奈何的隐痛。这两声凄怆的"惭愧"声中，饱含着"只惭无补丝毫事，空费官家压酒囊"（《初到黄州》）的愧疚，又隐含着"多情应笑我早生华发"（《念奴娇·赤壁怀古》）的悲凉。

语典

一念失垢污[1]，身心洞[2]清净。浩然天地间，惟我独也正[3]。
今日峰上行，身世[4]永相忘。仙人拊[5]我顶，结发受长生[6]。

——《过大庾岭》
（《苏轼诗集》卷三十八，第 2057 页）

注释

①“一念”句：垢污，不干净。
②洞：通透，明澈。
③“浩然”二句：在广大壮阔的天地之间，只有我独秉自然之正气。
④身世：自身与世界。
⑤拊：抚。
⑥“结发”句：结发，谓束发。受，授。

今译

一个念头便可去除肮脏，身心就会变得通达明净。在广大壮阔的天地之间，只有我能秉承自然之正气。今天我在岭外行走，自身与世界两者永远忘记。神仙抚摸我的头顶，让我束发为道长生不老。

解析

本诗是东坡先生于建中靖国元年(1101 年)正月，北归途经大庾岭时所作。大庾岭位于江西与广东两省边境，相传汉武帝时，有庾姓将军在此筑塞，故名大庾岭。在宋代一般官员的心目中，这座山岭有着无比寻常的含义。据说，被朝廷贬至岭南的官员，很少能够活着北归。先生于绍圣元年(1094 年)九月南行经此岭赴惠州贬所，度过了长达七年的岭海贬谪生活。如今渡岭北归，心中不知有多少感慨。南行时，“一念失垢污”，北归日，“身世永相忘”。度过七年劫难的花甲老人，此间潜心佛道，心中唯有一种期盼，期待“仙人拊我顶”，余生“结发受长生”。

语典

我生如寄良畸孤[①]，三尺长胫阁[②]瘦躯。
俯啄少许便有余，何至以身为子娱[③]。
驱之上堂立斯须[④]，投以饼饵视若无。
戛然[⑤]长鸣乃下趋，难进易退[⑥]我不如。

——《鹤叹》

（《苏轼诗集》卷三十七，第2003页）

注释

①"我生"句：如寄，语出《昭明文选》魏文帝《乐府二首·善哉行》："人生如寄，多忧何为。"如同暂时寄居。良，的确。畸孤，零落孤独。

②"三尺长胫"句：胫，指脚胫。阁，古同"搁"，承受。

③为子娱：成为人的玩物。

④斯须：片刻。

⑤戛(jiá)然：象声词。

⑥难进易退：难上易下。

今译

我这辈子暂时寄居世间的确零落孤独，三尺长的小腿承受瘦弱的身躯。低头啄食一点点便觉绰绰有余，何以至于以身成为人的玩物。强行让我上堂停立片刻，投以食物我视之若无。长鸣一声于是就下落，难以上容易下我连孤鹤都不如。

解析

清代学者、诗人王文浩认为本诗于元祐八年(1093年)十一月作于定州。南宋学者施宿在其《东坡年谱》中，将本诗编入绍圣元年(1094年)惠州贬所。就其诗意，笔者认为后者较为合适。如同清代文学家纪昀在其《纪评苏诗》中所云："纯是自托，末以一语点睛，笔墨特为奇恣。"清代诗人汪师韩在其《苏诗选评笺释》卷五评曰："'我生如寄'四句，便直代鹤作臆对话。"(以上参见张志烈等主编《苏轼全集校注》(诗集六)，第4259页)所谓"臆对"，犹意对，以胸臆为对。即口不便言，以鹤自托，抒其胸臆。世人称先生为"苏长公"，先生以"三尺长胫"之"鹤"自喻，当是不言自明。先生回忆自己自熙宁元年(1086年)十二月进京以殿中丞直史馆判官告院入朝，至元祐八年(1093年)十月以两学士充河北西路安抚使兼马步军都总管出知定州军州事止。前后二十五年之间出入朝廷四上四下，大有"何至以身为子娱？驱之上堂立斯须"之感旧之哀。尤其是"难进易退我不如"一句，饱含着先生对刻骨铭心的险恶仕途的切肤之痛。

语典

某到贬所半年，凡百粗遣[①]，更不能细说，大略只似灵隐寺天竺和尚[②]退院后，却住一个小村院子，折足铛[③]中，粗糙米饭吃，便过一生也得。其余，瘴疠[④]病人，北方何尝不病？是病皆死得人，何必瘴气。但若无医药，京师国医[⑤]手里死汉尤多。

——《与参寥子[⑥]二十一首》之十七

（《苏轼文集》卷六十一，第1865页）

注释

①粗遣：粗，粗略。遣，打发。

②灵隐寺天竺和尚：灵隐寺为江南著名古刹之一，始建于东晋咸和元年(326年)，为杭州最早名刹。天竺，对古印度的称呼。天竺和尚，从古印度来的高僧。

③铛：烙饼或做菜用的平底浅锅。

④瘴疠：感染瘴气而生的疾病，泛指恶性疟疾等病。

⑤国医：京城最杰出的医生。

⑥参寥子：道潜，本姓何，字参寥，赐号妙总大师，北宋著名诗僧，於潜(今属浙江临安)浮村人。

今译

我到惠州贬所已有半年，一切事情都粗略地安排妥当，不再详细说明。大概就像灵隐寺天竺和尚退出寺院后，苟且住在一个小村院子里，用断了腿的铛锅弄些粗糙米饭吃，这样度过一生也不是不可以。再说，因受瘴气而患病，北方何尝不流行疟疾病？是病都有死人的可能，不一定是瘴毒所致。但如果没有医药，即使是京城最杰出的名医手下死的人也特别多。

解析

本书信是绍圣二年(1095年)三月，东坡先生于惠州贬所作。先生谪居黄州时，参寥师不远千里来到黄州与他作伴。先生被贬到惠州，参寥师欲“转海相访”，先生去信叮嘱“皆不可处”。为了让老朋友不必为他担心，在回信中说了许多宽慰的话。这些话仍然用“自譬自喻”的方式“自我解套”。譬如“灵隐寺天竺和尚”；譬如“北方何尝不病”；譬如“若无医药，京师国医”手下照样死很多人等。“自譬自喻”，不钻牛角尖，这是先生于逆境处自我解救的一种人生智慧，亦是他博学高才、豁达旷放、超然自适的一种审美人生境界。

语典

轼始至惠州，寓居嘉祐寺松风亭[1]。杖屦[2]所及，鸡犬皆相识。(略)

峤[3]南岭北，亦何以异此。

——《题嘉祐寺壁》

(《苏轼文集》(第五册)卷七十一，第2270页)

注释

①"寓居"句：寓居，指寄居异乡。嘉祐寺，《舆地纪胜》卷九九《广南东路·惠州》："嘉祐寺，在通潮门之侧。"松风亭，"在弥陀寺后山之巅，始名峻峰，植松二千余株，清风徐来，因谓松风亭"(同上)。

②杖屦：杖，指手仗。屦(jù)，古代用麻葛制成的鞋。

③峤(qiáo)：泛指高而陡峭的峰。

今译

我初到惠州，寄住在嘉祐寺松风亭。拄着手杖穿着麻葛鞋，所到之处，鸡犬都认识我。

岭南岭北，又有什么不同呢?

解析

本文为绍圣二年(1095年)十月二日，东坡先生于惠州贬所作。先生迁惠州一年，衣食渐窘，庖厨萧然。然而豁达乐观的先生，与当地乡亲已成一家人，连鸡犬都"皆相识"。在北宋官员心目中，凡被贬逐至岭南瘴毒之地的所谓"罪臣"，大多数难以北归，且大部分都客死他乡。而先生是另一种境界，他认为"峤南岭北"，即岭南岭北，没有什么不同。用他《答毕仲举》的话说，"美恶在我，何与于物"。只要有"齐荣辱、忘得失"的超越精神，就会"此心安处即为家"。

语典

余尝寓居[1]惠州嘉祐寺，纵步[2]松风亭下，足力疲乏，思欲就[3]林止息。仰望亭宇，尚在木末[4]。意谓如何得到。

良久忽曰："此间有甚么歇不得处?"由是[5]心若挂钩之鱼，忽得解脱。若人悟此，虽两阵相接，鼓声如雷霆，进则死敌[6]，退则死法[7]，当恁么[8]时，也不妨熟歇[9]。

——《记游松风亭》

（《苏轼文集》卷七十一，第2271页）

注释

①余尝寓居：尝，曾经。寓居，暂居。
②纵步：放开脚步走。
③就：靠近。
④木末：指树林远处。
⑤由是：因此。
⑥死敌：死于敌手。
⑦死法：死于军法。
⑧恁么：如此，这样。
⑨熟歇：好好地休息一番。

今译

我曾经暂居过惠州嘉祐寺，纵步于枫风亭下，这时感到腿脚疲倦乏力，就想到林子里休息片刻。我仰头一看亭宇还在树林远处，心想什么时候才能走到啊?

过了一会，我忽然明白过来，说："这里为什么就不能歇一歇?"由此心就像挂在钩上的鱼，忽然得到解脱一样。如果人们都能悟到这个道理，即使两军相接，战鼓声响如雷霆，前进则死于敌手，后退则死于军法，当此之时，也不妨好好地歇一歇。

解析

本文为东坡先生约于绍圣二年(1095年)作于惠州贬所。先生到惠州后，开始他被照顾住在风景优美的合江楼，十几天后，就搬迁到嘉祐寺。于是，嘉祐寺后山的松风亭就成了他和朝云相携散步的处所。有一次，他们刚刚爬到半山腰，先生便觉得两腿发软，十分疲惫。朝云招呼他在坡旁坐下稍息。二人抬头望去，松风亭还在远处的树影之上，似乎感到此时难以企及。朝云显得发愁，自言自语地说："先生，像这样歇下去今天恐怕是爬不上去了。"先生缓缓地说："朝云，今天何必一定要爬到山顶呢？依我看能上则上，不能上则就地歇一歇，甚至就此调头转去，又有什么不行的。"朝云一听顿时醒悟，连连说道："先生讲得有理，有理!"是的，"人生又何尝不是如此，人们总是不知不觉画地为牢，在自设的陷阱中难以自拔，其实只要换一种思路，换一个角度，便能从这种盲目荒谬的自我限制中摆脱出来，获得心灵的完全自由"(参见王水照、崔铭著《苏轼传》，第330页)。

学会转换思路，另辟蹊径，帮助人们检视头脑打结的问题，使人生变得海阔天空，使生命变得轻松自在。这是让我们从紧张、焦虑、痛苦、绝望的心境中得到解脱的又一心理自我调节、控制方法。是的，换一种思路，就能换一种胸襟；换一种角度，便能从自我设限中摆脱出来。也就是说，"一念之转"，就能"心若挂钩之鱼，急得解脱"，获得心灵的自由和解放，就能换来一片新天地。

语典

吾始至海南，环视天水无际，凄然伤之，曰："何时得出此岛耶？"已而思之，天地在积水中，九州在大瀛[①]海中，中国在少海中，有生孰[②]不在岛者？覆盆水于地，芥[③]浮于水，蚁附于芥，茫然不知所济。少焉[④]水涸，蚁即径去，见其类，出涕[⑤]曰："几不复与子相见，岂知俯仰之间[⑥]，有方轨八达[⑦]之路乎？"

——《试笔自书》

(《苏东坡全集》(第六册)，第 3228 页)

注释

①瀛(yíng)：海

②孰：谁。

③芥：指小草。

④少焉：一会儿。

⑤涕：眼泪。

⑥俯仰之间：一低头，一抬头的工夫，形容时间极短。

⑦方轨八达：方轨，两车并行。意谓四通八达。

今译

我刚到海南岛时，环顾一看天水相连，茫然无际，不禁凄然伤感起来，说道："什么时候才能离开这座岛屿呢？"后来想了想，意识到天地都在水中，九州在大海中，中国在小海中，凡是有生命的哪个不在岛上呢？倒一盆水在地上，小草漂浮在水面上，蚂蚁附在小草上，茫然不知如何能渡过积水。过了一会儿水干了，蚂蚁就直接离开那块地方，见到它的同类后，流着眼泪说："差一点不能与你再见了，哪里知道顷刻之间，会有宽广的四通八达之路(出现)呢？"

解析

本文为东坡先生于元符元年(1098 年)九月十二日作于儋州贬所。先生于绍圣四年(1097 年)七月二日到达儋州。诚如他在该文中所说，当他踏上海南岛上，"登高北望，视野所极，只是一片浩渺的海水"，"永无归路的凄凉感悄然袭上心头"。他在《行琼、儋间，肩舆坐睡(略)》诗中叹道："登高望中原，但见积水空。此生当安归，四顾真途穷。"但是，他转念一想，想起《庄子·秋水篇》中的一句话："计中国之在海内，不似稊米之在太仓乎？"(陈鼓应注译《庄子今注今译》，第 477 页)大意是中国在四海之内，不就像小米在大仓里一样吗？"渺小的个人又何必为归与不归而烦恼？于是他顽皮地设想自己是一只蚂蚁，突然遇到一盆水倒在路上，慌忙爬上漂浮在水面的一片小草叶上。"接着他"以蚂蚁的卑微可笑来唤醒自己，从而得以超越悲哀，保持乐观的精神"(以上参见王水照、崔铭《苏轼传》，第 346-347 页)。这就是先生绝顶聪明的人生智慧。有道是：希望是半个生命，绝望是半个死亡。先生每在危难关头，总能自譬自解，在黑暗之中看到一线光明。这种不屈不挠，旷达乐观的胸襟，是为今人之所垂范。

语典

厄穷[1]至此，委命[2]而已。老人与过子[3]相对，如两苦行僧[4]尔。然胸中亦超然自得，不改其度。

——《与侄孙元老[5]四首》

（《苏轼文集》卷六十，第 1841 页）

注释

①厄穷：艰难困苦。

②委命：听任命运安排。

③过子：苏过，苏轼第三子。

④苦行僧：苦行，印度盛行的修炼方式，以此锻炼忍耐力和离欲。苦行僧，以“苦行”为修行手段的僧人。

⑤侄孙元老：苏元老，字子建，苏涣曾孙。举进士，官至太常少卿，后罢为提点明道宫。

今译

穷困潦倒到如此地步，只有听任命运安排。我和过儿面面相对，如同两个苦行僧一般。但是胸中依然超脱万物，怡然自得，不改气度。

解析

此书信约于元符二年（1099 年），东坡先生作于昌化军（今海南儋州）贬所。先生自绍圣元年（1094 年）六月被贬惠州开始，至元符二年，他和三儿子苏过从惠州至儋州，已有五个年头的“苦行僧”的日子，其“厄穷”潦倒的境况可想而知。面对这漫长的苦难岁月，先生用一句“委命而已”化解，故仍然“胸中超然自得”，真个不改大学士苏子瞻的气节与风度。

语典

己卯上元[①]，予在儋州，有老先生数人来过，曰："良月嘉夜，先生能一出乎?"予欣然从之。(略)归舍，已是三鼓[②]矣。舍中掩关熟睡，已再鼾矣。放杖而笑，孰为得失[③]？过[④]问先生何笑，盖自笑也。然亦笑韩退之钓鱼无得，更欲远去，不知走海者未必得大鱼也。

——《书上元夜游》

(《苏轼文集》(第五册)卷七十一，第2275页)

注释

①己卯上元：己卯，即元符二年。上元，上元节，每年正月十五日。

②三鼓：即三更，指半夜十一时至凌晨一时。

③孰为得失：孰，指谁，哪个。得失，指成败、利害、短长、优劣。

④过：东坡先生第三子，名苏过。

今译

元符二年上元节，我谪居儋州，有几位老先生来访，说："良月嘉夜，先生能出去一游吗?"我便高兴地随他们一起外出。(略)回到家已是半夜三更了，家中人闭门睡熟，已经睡醒一觉了。我放下手杖而笑，何为得？何为失？儿子苏过问我为何发笑，(我说)是笑自己。而且也是笑韩愈(字退之)钓鱼钓不到，便想到更远的地方去，岂不知到深海外未必能抓到大鱼。

解析

本文为元符二年(1099年)正月十五日，东坡先生于儋州作。先生从绍圣四年(1097年)七月二日抵儋州，至此已有两个年头的时间。在艰苦的谪居日子里，先生不仅修道参禅，潜心静养，而且还设法借书，修订了在黄州时写成的《易传》九卷和《论语说》五卷，另外又新撰了《书传》十三卷、《志林》五卷。先生尽管有种种不平和不甘的矛盾心理，但仍然以"人间何者非梦幻，南来万里真良图"(《四月十一日初食荔枝》)的境界平复内心的冲突。这年上元节，在符林、黎子云兄弟的邀约下，先生与他们"步城西，入僧舍，历小巷"观赏元宵灯火。回到家中，他"放杖而笑"，这笑声化解着心中"孰为得失"的疑云。由此，先生顿时想到了韩愈《赠侯喜》诗。诗中曾写到侯喜约他去钓鱼，结果仅钓得一寸长的小鱼。韩愈以"钓鱼无得，更欲远去"比喻人生奢望难禁。"苏轼则从上元夜游尽兴、晚归少睡，得失相当，推及人生的得失也同样没有一定的标准，(略)表现了随遇而安，大道自然的思想"(参见王水照、崔铭著《苏轼传》，第367页)。先生正是有了"孰为得失"、随缘自适的平和心态，才会有"南来万里真良图"这般豁达超然的胸襟。

语典

物之来也，吾无所增；物之去也，吾无所亏，岂复为之欣喜爱恶为累其真欤①？（略）出而应物，静以存性，不可不念②也。

——《江子静③字序》

（《苏轼文集》卷十，第333页）

注释

①“岂复”句：欣喜爱恶，指快乐、喜欢、爱慕、厌恶等情感与态度。累，牵累，拖累。欤，文言助词，表示疑问、感叹、反诘等语气。

②“出而”三句：应物，顺应事物。存性，保存本性。念，常思。

③江子静：名存之，事迹不详。

今译

外物呈现在我的面前，我并未感到增添什么；外物离我而去，我也没有感到失去什么，难道还会为此受到牵累，并表现出快乐、喜欢、爱慕、厌恶等情绪吗？（略）人在社会上要顺应事物，做到致虚静以存本性，这个道理不能不常常思考。

解析

本文作年不详。庄子在《齐物论》中说：“天地和我并存，而万物和我合为一体。”他还说：“自其异者视之，肝胆楚越也；自其同者视之，万物皆一也。”从事物的差别性看，就像肝与胆，楚国与越国那样差异很大。从事物的同一性看，万物都是同一的。东坡先生受庄子“齐物论”思想的影响，认为进入“静以存性”境界的人，外物的“来”和“去”，无所谓“增”，无所谓“减”，绝不会受外物之诱惑，被莫可名状的“欣喜爱恶”情绪所困扰。所以先生叮嘱后之学者，对于“静道”，“不可不念也”。

语典

浮名浮利，虚苦劳神，叹隙中驹，石中火，梦中身[①]。虽抱文章，开口谁亲。且陶陶乐尽天真[②]。几时归去，作个闲人。对一张琴，一壶酒，一溪云。

——《行香子》

（《苏轼全集校注》（词集）卷二，第642页）

注释

①“叹隙中驹”三句：叹隙中驹，乃引《庄子·知北游》：“人生天地之间，若白驹之过隙，忽然而已。”石中火，语出北齐刘昼《新论·惜时》：“人之短生，犹如石火炯然而过。”梦中身，语出《关尹子·四符》：“知此身如梦中身。”叹隙句，言人生短暂，倏然即逝。

②“陶陶乐”句：陶陶乐，无忧无虑，单纯快乐的样子。天真，自然本真之天性。

今译

贪心地追逐那浮虚浮幻之名和利，是何等的徒然劳神费力。感叹人生如白驹过隙，似击石一闪即灭的火花，像在梦幻中短暂经历般的恍惚。虽然自己拥有文章之盛名，需要有人开口仗言，但又有谁是知音！不如保持我陶然快乐的本真天性。何时归隐田园，作一个闲适超然的人？每日抚一张素琴，品一壶清酒，听溪水潺潺，看白云悠悠就足够了。

解析

此词作于元祐六年（1091年）八月中旬，其时御史台贾易等人又诬告先生诽谤先帝（神宗），并攻击苏辙与秦观。先生上《辨贾易弹奏罪剳子》，并再乞外任。于是以龙图学士衔知颍州。正是在这样一种遭受小人围攻陷害，为政治纷争所困扰，心情苦闷的日子里，先生写下了这首严肃思考人生意义的《行香子》。此词在描述了“清夜无尘，月色如银”的环境后，以博学雄辩之文采，展开了人生意义的玄学思辨。为了证明人生之虚无，词人引出“白驹过隙”“石中火”“梦中身”三个典籍以构成博喻，反复论证人生之缥缈虚无。最后写出对“一张琴、一壶酒、一溪云”的向往。值得注意的是，如果仅从某一诗词来评判东坡先生的思想倾向是片面的。其实，东坡先生这类诗词，只是从一个侧面反映了他在追求政治理想，期待建功立业而未能实现时的困惑而苦闷的情绪。据南宋著名文学家洪迈《容斋四笔》所载，南宋绍兴初年有人拟先生此词，以讽刺朝廷削减官员赏赐名目，致使当局不得不取消这一提议，可见这首《行香子》在宋代文人中具有很大的影响。

语典

君子可以寓意于物[①]，而不可以留意于物[②]。寓意于物，虽微物足以为乐，虽尤物不足以为病[③]。留意于物，虽微物足以为病，虽尤物不足以为乐。

——《宝绘堂记》

（《苏轼文集》卷十一，第356页）

注释

①寓意于物：寓，寄，寄托，是精神层面的需求。

②留意于物：留，止，占有，是欲望的体现，占为己有的意图。

③“虽尤物”句：尤物，尤为异，此指特异之美物。病，祸害，担忧。

今译

君子可以把心意寄托在外物上，而不可以沉溺或占有外物。抱有欣赏外物的态度，虽然是很微小的东西也足以使自己得到快乐，虽然是能迷惑人心的东西也不足以使自己沉溺于其中。沉溺于外物，虽然是很微小的东西也足以使自己丧志，虽然是特别美的东西也不能使人真正得到快乐。

解析

东坡先生的挚友，驸马都尉（尚宋英宗女魏国大长公主）王诜（shēn），字晋卿，能诗善书画，工弈棋。他在居舍东边建了一座宝绘堂，珍藏他收藏的艺术品，求先生为此写篇记文。先生于熙宁十年（1077年）七月二十二日作于徐州。这篇著名的哲学记文，充分表现了先生对待人生的超旷达观心境。而这种心境在先生身上升华为一种审美的人生境界。先生“寓意于物，而不可以留意于物”的章句，堪称启迪世人的人生箴言。对于当代那些沉溺在金钱美女欲海中的迷途者，应是一剂医治心灵的良药。

语典

任性逍遥[①]，随缘放旷[②]，但尽凡心[③]，无别胜解[④]。以我观之，凡心尽处，胜解卓然[⑤]。

——《与子由[⑥]第十首》之三

（《苏轼文集》卷六十，第1834页）

注释

①任性逍遥：任性，指任凭秉性行事，率真不做作，无所顾忌。逍遥，优游自得，安闲自在，指心灵的自由放逸。

②随缘放旷：缘，指身心对外界之感触。随缘，宗教术语，指顺应机缘，顺其自然。放旷，豪放旷达，不拘礼俗。

③凡心：一种世俗欲望。

④胜解：佛教专用名词，这里指深刻的理解。

⑤卓然：此指超绝的样子。

⑥子由：苏辙，字子由，苏轼胞弟。北宋文学家、诗人，“唐宋八大家”之一。苏辙与兄同登进士第，官至尚书右丞(副宰相)。因其兄受到牵连，又因劝谏而“忤逆”哲宗，而接连被贬数处。政和二年(1112年)，苏辙去世，年七十四岁。追复端明殿学士。宋高宗时累赠太师，魏国公。宋孝宗时追谥“文定”。

今译

任凭秉性自由放达，顺应机缘旷达无羁，只有除尽世俗之欲念，其他没有别的解释。以我看来，俗念除尽，超绝的佛义禅理自现。

解析

此书是元丰六年(1083年)三月二十五日，东坡先生在黄州贬所给弟子由的回信。本章句其实是先生关于禅修要义的总结。“乌台诗案”之后，先生被贬至穷僻少便的黄州小郡。由于政治上遭受莫须有的陷害打击，加上人世间尔虞我诈世态炎凉的深刻体验，先生开始“归诚佛僧”，探究佛老经典。通过四个年头的礼佛禅修，他进一步悟到“万事本空”“物我为一”的道理。了悟只有除尽“凡心”，即根绝世俗外物欲念，才能达到“任性逍遥，随缘放旷”的心灵自由境界。

语典

夫以才御物[1]，才有尽而物无穷；以道[2]应物，道无穷而物有尽。

——《赐宰相吕公著[3]乞罢相位(略)》

(《苏轼文集》卷四十三，第1247页)

注释

①夫以才御物：夫，文言发语词。御，古代指上对下的统治。此指治理、控制，约束。

②道：是人对一切的事、物、思维认知的代名词，一切自然规律的统称，又是一切人类社会的一种规则、法则。

③吕公著：字晦叔(1018—1089年)，寿州(今安徽凤台)人。北宋著名政治家，仁宗时期名相。

今译

以才干治事，才力有耗竭之时而事却无有穷尽；以道义顺应时事，大道无穷无尽而凡事总有终结。

解析

该敕文是东坡先生于元祐二年(1087年)，在京任翰林学士兼侍读时为皇帝代拟的诏书。所谓“以道应物”，按照庄子的解释，“谓之道枢，枢得其环中，以应无穷”(李双译注《庄子》，第18页)。大意是掌握了“道”的枢纽，就像处于圆形的中心，可以顺应无穷无尽的变化。“道”是一切自然与人类社会的规律与法则，故“应物”乃“无穷”。据此，我们明白了一种道理，人的才干是“末技小道”，万物之规律乃“大道”。不要以小聪明玩弄所谓的“玄机”，而要老老实实地遵循大道以顺应万物。

语典

凡物皆有可观，苟[1]有可观，皆有可乐，非必怪奇玮丽[2]者也。哺糟啜漓[3]皆可以醉，果蔬草木皆可以饱。推此类也，吾安[4]往而不乐？

——《超然后记》

（《苏轼文集》卷十一，第351页）

注释

①苟：如果。

②怪奇玮丽：怪奇，谓奇异。玮，美玉。丽，秀丽。

③哺糟啜漓：语出《楚辞·渔父》："众人皆醉，何不哺其糟而歠其釃？"《文选》釃作"醨"。吕向云："哺糟歠醨，微同其事也。哺，食也。歠(chuò)，饮也。糟、醨，皆酒滓。"洪兴祖补注："醨，薄酒也。"

④安：疑问词，哪里。

今译

万物都有可供观赏之处。如果有可供观赏之处，就都可以给人带来快乐，不一定非得是奇异珍宝，华贵秀丽之物。吃酒糟喝薄酒都可一醉，瓜果蔬菜野草都可以饱肚。以此类推，我到哪里不能快乐呢？

解析

熙宁七年(1074年)八月，东坡先生被罢杭州通判，十一月三日到密州(今山东诸城)。熙宁八年(1075年)四月，旱蝗相继，率民灭蝗抗旱。十一月修葺旧台，作《超然台记》。所谓超然，是把一切事物都置之度外，随遇而安，知足常乐。先生反对王安石变法，为新党所不容，故被排挤出朝廷。为了摆脱内心世界的矛盾，他运用庄子"万物齐一"的观点，以"超然物外"的态度来调适心态。于是得出这样的结论："物有可观""皆有可乐"。正是这种超然自适的态度，使先生在被贬谪的艰苦日子里，仍过着"已将地狱等天宫"(《次韵答元素》)的豁达旷远、超尘绝世的诗化生活。

语典

方其寓形于一醉也[①]，齐得丧，忘祸福，混贵贱，等贤愚[②]，同乎万物，而与造物者[③]游。

——《醉白堂记》

（《苏轼文集》卷十一，第345页）

注释

①“方其”句：方其，谓“当他”。寓形，寄托其形体。

②“齐得丧”四句：齐，达到，跟对方物一般平。忘，忘记。混，混同。等，相等，一样。

③造物者：此指自然界。

今译

当他将身心寄托在酣醉之中的时候，把得失看得齐一无别，把祸福忘得干干净净，把贵贱混为一体，把贤愚等同一致。天下万物同一，而游于自然天地之间。

解析

熙宁八年（1075年）十一月，韩琦的儿子韩忠彦请东坡先生为已逝去的父亲魏国公韩琦之“醉白堂”写篇记文，先生“以为义不得辞，乃泣而书之”。“醉白堂”这个名称，是韩公“有羡于乐天（白居易）而不及者”，“取乐天《池上》之诗”而命名的。先生在文中对韩公“文致太平，武定乱略，谋安宗庙，而不自以为功”的丰功伟绩，以及“同乎万物”“不易其操”的高风亮节进行了称誉。先生自“乌台诗案”遭贬后的流放生活，正是效仿韩魏公“齐得丧，忘祸福，混贵贱，等贤愚”的人生态度，随缘任运，超然自适，享受至美至乐的审美人生。

语典

物有以盖①之矣。彼②游于物之内，而不游于物之外。物非有大小也，自其内而观之，未有不高且大者也。彼挟③其高大以临我，则我常眩乱④反复，如隙中之观斗，又乌⑤知胜负之所在。是以美恶横生，而忧乐出焉。可不大哀乎。

——《超然台记》

（《苏轼文集》卷十一，第 351 页）

注释

①盖：覆盖。
②彼：他，对方。
③挟（xié）：挟制。
④眩乱：迷惑，昏乱。
⑤乌：文言疑问词，哪，何。

今译

万物足以将人覆盖起来，他沉迷于物欲之中，而没有走出物质的诱惑。万物并没有大小好坏之分，但如果从沉迷物欲的角度观察，没有一件不是又高又大的。这些高大奇美的东西降临在我们的面前，因此我们常常被弄得迷惑昏乱、神魂颠倒，如同在隙缝里看打斗，又哪里知道谁胜谁负呢？因此美好的与丑恶的东西交错在一起，从而引出人们的忧愁和欢乐，难道不应该感到悲哀吗？

解析

本记为熙宁八年（1075 年）十一月，东坡先生于密州（今山东诸城）作。先生认为，人对待身外之物有两种态度：一为“游于物外”；另一种为“游于物内”。前者超然物外，获得心灵的自适与自由。后者常常陷入“美恶横生”“眩乱反覆”的痛苦之中。为了表达他对庄子“齐物论”思想的服膺，故“名其台曰‘超然’”。

语典

物之不齐，物之情也[①]，故吉凶者，势之所不免也。

——(《东坡易传·系辞传[②]下》卷八，第144页)

注释

①"物之不齐"二句：不齐，不能整齐划一。情，指本性。

②系辞传：总论《易经》大义，解释卦义辞的意义及卦象爻位，所用的方法及揲蓍(shé shī)求卦的过程。

今译

事物不能整齐划一，这是事物的本性，所以有吉有凶，这也是情势所不能免的。

解析

《东坡易传》于元丰三年(1080年)至元丰五年(1082年)之间初作成于黄州贬所。本文是先生对《系辞传下》"物相杂，故曰文；文不当，故吉凶生焉"文辞的解说。"物之不齐"，揭示了关于世界统一性和多样性的关系。统一的物质世界以多种多样的形式存在和发展。构成物质世界的不同个体各有其特殊性，故德国哲学家莱布尼茨说："世界上没有两片相同的树叶。"当然，世界上也没有两个人是完全一样的。所以"吉凶者，势之所不能免"。"物之不齐"，这是事物的本质；"吉凶不免"，这是事物情势之必然。有了这种认识，遇吉不喜，逢凶不忧，坦然面对，就能化凶为吉。

语典

人之所欲[①]无穷，而物之可以足吾欲者有尽。美恶之辨战[②]乎中，而去取之择交乎前，则可乐者常少，而可悲者常多。

——《超然台记》

(《苏轼文集》卷十一，第351页)

注释

①欲：想得到某种东西或想达到某种目的的要求。欲望，欲念。

②战：泛指争斗，比高下。论战，争战。

今译

人的欲望是无穷无尽的，而可以满足我们欲念的外物是有限的。常常在什么是美什么是丑的比较中费尽心机，而又把选择取舍的事交错地呈现在面前，这样做，让人快乐的事常常很少，而痛苦的事常常很多。

解析

本记为熙宁八年(1075年)十一月，东坡先生于密州(今山东诸城)作。东坡先生认为，按照庄子"万物齐一"的思想，万物"皆有可乐"。但是人的欲念"无穷"，而物的多少"有尽"，于是在孰"美"孰"恶"的取舍中，就产生了"乐"少"悲"多的现状。如何解决这种困惑？先生为我们指点了迷津，即"游于物外"。所谓"游于物外"，就是要超脱于物质的诱惑，不再患得患失，不至心为物役，身为欲使。正是基于这样的人生态度，他才以超然的心态，获得内心的安适和心灵的自由。

语典

"一觞[①]聊独进，杯尽壶自倾。""啸傲东窗下，聊复得此生。"靖节[②]以无事自适为得此生，则凡役于物[③]者，非失此生耶？

——《题渊明诗二首》之二

（《苏轼文集》卷六十七，第2091页）

注释

①觞（shāng）：古代酒器。

②靖节：陶渊明，字元亮，又名潜，私谥"靖节"，世称靖节先生。靖节，保守节操，显身之志的意思。

③役于物：语出《荀子·修身》："君子役物，小人役于物。"（王森译释《荀子白话今译》，第11页）君子可以役使万物，小人被外物所役使诱惑。

今译

"独自一人饮酒自娱，杯子无酒壶也倾尽。""放声长啸于东窗之下，姑且又得此生一闲。"陶渊明以闲适无事自得其乐为其人生之真谛。那些被外物所役使诱惑的人，不就是失去了这人生的真趣吗？

解析

本文作年未详。东坡先生在谪居岭海的七个年头里，以和陶诗为乐。他自述其和陶用意："平生出仕以犯世患，此所以深愧渊明，欲以晚节师范其万一也。"（苏辙《东坡先生和陶诗引》）从先生题于诗后的跋文可以看出，他赞赏并追慕陶渊明"游于物之外"，并能做到"心远地自偏""悠然见南山""无事自适"的超然潇洒的人生境界。读陶诗，先生将此当作慰藉心灵的良药；和陶诗，成了先生消解人生苦难的审美活动。

语典

且夫万象起灭，众怪耀眩[①]。求仿佛于过耳，视空中之飞电。则向之所谓可惧者，实耶虚耶[②]？措吾知之皆晚。

——《飓风赋并叙》

(《苏轼文集》卷一，第19页)

注释

①“且夫”二句：且夫，句首助词，表示下文是更进一步的议论。万象，道家术语，宇宙内外一切事物或景象。起灭，佛教语，指因缘和合而产生，固缘离散而消失。耀眩，耀目昏脑。

②“则向之”二句：向，从前。耶，疑问助词。

今译

一切事物或景象的产生和消失，众多奇怪现象让人眩目，只要把它当作秋风飘过耳旁，不为所动，把它当作天空中的飞速闪电，转瞬即逝。那么，从前之所谓的一切，究竟是真实的，还是虚幻的呢？可惜我懂得这个道理太晚了。

解析

此赋作于绍圣四年(1097年)至元符三年(1100年)，东坡先生谪居儋州期间。《宋文鉴》卷十称，该赋为先生第三子苏过所作。赋中对“排户破牖(yǒu，窗户)，殒瓦擗(pǐ，捶打)屋，礌(léi，从高处推下)击巨石，揉拔乔木”之飓风，进行了绘声绘色的描写，未身临其境，不会写出如此真实的场景。接着，作者告诉我们为什么人们对这种“虎豹”为之心惊胆战，“鲸鲵”为之奔逃无路的“飓风”产生恐惧？是因为“耳目之不广”，“为外物”影响。只要把它当作秋风过耳，不为所动，飞电闪过，转瞬即逝，就有可能不会像从前那样感到“可惧”。这种心理状态，恰如庄周所称之为摒除杂念，使心境虚静纯一的“心斋”，即精神上斋戒。

语典

汝[①]一念起，业火炽然[②]。非人燔[③]汝，乃汝自燔。观法界性[④]，起灭[⑤]电速。知惟心造，是破地狱。

——《水陆法像赞·一切地狱》

（《苏轼文集》卷一，第634页）

注释

①汝：你

②业火炽然：业，佛教指善行、恶行的报应。业火，指烧地狱罪恶之人的火。炽然，旺盛猛烈的样子。

③燔（fán）：焚烧。

④法界性：法界，无限的世界，法界是将来所感的业果。佛教认为“应观法界性，一切唯心造”。

⑤起灭：佛教语，指因缘和合而产生与因缘离散而消灭。

今译

你心中的一个邪念生起，业障之火便旺盛猛烈地燃烧。并不是别人焚烧你，是你自己点火烧身。看那无限的业果世界，生始与终灭像闪电般地迅速轮回。但知一切惟心所造，即可踏破地狱获得重生。

解析

本赞于元祐六年（1091年）七月作于开封。此赞系为水陆道场“一切地狱”所撰的赞词。“地狱”缘何而生，全在刹那“一念”。邪念顷在心头，“业火”遮天盖地。一切惟心所造，业火自然烧身。

语典

地狱天宫，同为净土[①]。有性无性[②]，齐成佛道[③]。

——《方丈[④]记》

（《苏轼文集》（第二册），第 399 页）

注释

①净土：无尘世濡染的清净世界。

②有性无性：有性，指有佛性之众生。无性，无佛性之众生。

③佛道：修证出彻底圆满的智慧和觉悟。

④方丈：佛寺长老及住持说法之处。

今译

地狱天宫，同为清净世界。有佛性与无佛性的一切众生，都修证成圆满的智慧和觉悟。

解析

本文作于绍圣元年（1094 年）九月，时东坡先生南迁惠州过广东韶州曲江，恰逢该县月华寺重建，应寺僧之请先生为其题梁。先生于是年四月被罢定州任，六月，御史来之劭等言先生“讥斥先朝”，责授宁远军节度副使，惠州安置。先生从定州出发，途经五个月跋涉，先后连续三次遭贬。正是在这样一种命运安排和复杂的心境下，写下这一题梁辞。先生秉持儒家仁者情怀与佛家慈悲心肠，希望天地人间、地狱天堂，都成为清净乐土。一切众生，都修证成功德圆满的智慧和觉悟。

语典

天宫地狱，同在一刹尘[①]。是故恶念才萌，便沦苦海；善根暂起[②]，已证法身[③]。要在摄心[④]，易同反掌。

——《葬枯骨疏[⑤]》

（《苏轼文集》卷六十二，第 1911 页）

注释

①刹尘：佛教语，谓国土无量，犹如微尘，而每一尘中复有无量国土，重重无尽。

②善根暂起：善根，佛教语。谓人所以为善之根性。善能生妙果，故谓之根。暂（piē），短时间地看。

③法身：佛教语。谓证得清净自性，成就一切功德之身。

④摄心：收敛心神。

⑤疏：疏文，祈求神灵的文函。

今译

天宫与地狱，同处在一刹那的微尘之中。所以罪恶的念头刚刚萌发，就会坠入苦海；善良的根性刚刚生起，就已经具备了功德之身。重要的是收敛心神，容易得如同翻过手掌。

解析

此文为绍圣二年（1095 年）十月，东坡先生于惠州贬所作。来到惠州的一二年间，他没因朝廷不得让他“签书公事”而漠不关心政治，反而协助州县官员为民积福。他出钱出力，帮助收葬暴骨，助修两桥，施药造屋等，做了许多善事。当他发现惠州江边路旁有些无人掩埋的骸骨，不禁悲天悯人，哀痛欲绝。于是与惠州知州詹范商议，筹钱雇人收埋暴骨。本文即为埋葬暴骨所撰的疏文。本章句对“恶念”“善根”的议论直指人心，发人深省。阐释了人生至理：即一念之间，只在“善根暂起”，抑或“恶念才萌”，就能让人或上天堂，或下地狱。培植“善根”，清除“恶念”，先生开出药方：要在摄心。只有收敛住私欲杂念，方能脱离“苦海”，修得“法身”。愿此疏文，能成为当今“恶念才萌”之迷路人的警示牌。

语典

地狱天宫，同一念顷[①]。涅槃[②]生死，同一法性[③]。抱宝号穷，钻穴素空。今文何夕，当选大雄[④]。

——《水陆法像赞·一切人众》

（《苏轼文集》卷二十二，第634页）

注释

①顷：顷刻，片刻。

②涅槃：佛教用语，意译为圆寂、解脱、不生不灭等，从此不再有下一世的六道轮回。

③法性：佛性。

④大雄：佛之德号。佛有大力，能伏四魔，故名大雄。

今译

地狱与天宫，同在一念之中。涅槃与生死之轮回，也出于同一佛性。怀中抱着宝物却哭喊贫穷，钻入地穴本来还是虚空。今夜是何夜，应当敬选佛陀供奉。

解析

本赞于元祐六年（1091年）七月作于开封。该赞是为“一切人众”所作的赞词。作为众生，要清醒地认识“地狱”与“天宫”同为众生“净土”，“涅槃”与“生死”都是同一佛性。在修行中不要“抱宝号穷”，最应该做的是赶快行动，归诚于佛陀“大雄”。

语典

方其[①]热时，谓不复凉。及其既凉，热复安在?
凡世寒热，更相显见。热既无有，凉从何立?
令我又复，认此为凉。后日更凉，此还是热。
毕竟寒热，为无为有。如此分别[②]，皆是众生[③]。
客尘[④]浮想，以此为达。

——《寒热偈》

（《苏轼文集》卷二十二，第647页）

注释

①方其：正当。

②分别：佛教认为，人世间一切烦恼和痛苦都来源于人的"分别心"。佛典说："心生则种种法生，心灭则种种法灭。"

③众生：指一切有生命的东西，多指普通人。

④客尘：佛教指尘世烦恼。

今译

正当炎热时，有人说再也不会凉爽。等到天气转凉，炎热又到哪里去了呢？世间的寒冷与炎热相互交替出现，如果没有炎热，凉又从哪里来？如果让我回到原来热时，就认为此时就是凉。如果往后更凉，现在的凉就是热。毕竟寒和热，说无就无，说有就有。如此这般的分别心，都是众生所起。尘世烦恼不断涌现，就是这样达到"无有是处"的痛苦。

解析

本偈于元丰四年（1081年）作于黄州。东坡先生在本偈词后附跋，云"仆在黄州戏书"，就是这首"戏书"的偈颂，被江夏（今武昌）李乐道收藏。七年以后，即元祐三年（1088年），李乐道在京师见到先生，取出该偈颂给先生看，先生看过后感到"茫然如梦中语也"。由此倒推七年，该偈颂应是元丰四年（1081年）作于黄州。先生在偈颂中就"热"和"凉"的"有"与"无"，进行了反复的设问，最后点明，所谓"热""凉"的感受，乃是众生的"分别心"使然。人一旦有了"分别心"，生死、穷达、荣辱、忧喜、苦乐等"六尘"（色、声、香、味、触、法）之烦恼随即而起。只有去除"分别"，才无人生寒热。

语典

老蚕作茧何时脱[①]，梦想至人[②]空激烈。

——《石芝并引》

（《苏轼诗集》卷三十七，第 2002 页）

注释

①“老蚕”句：如蚕吐丝作茧自缚，喻自陷困境，不知何时得以解脱。

②至人：道家称道德修养达到最高境界的人。

今译

(我像)老蚕吐丝作茧何时能得以解脱，梦想成为道德至上的人却空怀一腔激奋刚烈之情怀。

解析

本诗于元祐八年(1093 年)十一月，东坡先生作于定州。先生于十月到定州任。绍圣元年(1094 年)始，哲宗开始恢复熙宁新法，召用新党诸人，贬逐元祐旧臣。“此时的双方斗争变质为宿怨旧恨和权势冲突，已经没有进步与落后之分了。”(参见梅大圣《苏轼黄州诗文评注》，第 237 页)先生于元丰三年(1080 年)五月十二日，在黄州贬所曾梦见过服后能让人长生不老之药石芝。十三年后，先生到定州仅月余，这时有客人自登州来，“言海上诸岛，石向日者多生耳，海人谓之石芝。食之味如茶，久而益甘，海上幽人或取服之，言甚益人”(参见张志烈等主编《苏轼全集校注》(诗集六)，第 4256 页)。说来也巧，不久，先生又梦见石芝，这难道是一种巧合吗？石芝乃葛洪所言成仙之药，再梦石芝，且客人言海上有石芝，难道又将有如同黄州那样的不祥之兆吗？“老蚕作茧何时脱”，正是这种难以挣脱命运摆布的内心独白。而想成为一个有补于国事民生的良吏，那仅是“梦想至人空激烈”的幻想。由此可见，先生此时的内心忧深思远，疑云满腹，前途叵测，如有隐忧。

语典

客亦知夫水与月乎？逝者如斯，而未尝往也[①]；盈虚者如彼，而卒莫消长也[②]。盖将自其变者而观之，则天地曾不能以一瞬；自其不变者而观之，则物与我皆无尽也，而又何羡乎[③]？

——《赤壁赋》

（《苏轼文集》卷一，第6页）

注释

①“逝者如斯”二句：逝者如斯，语出《论语·子罕》：“子在川上曰：逝者如斯夫，不舍昼夜。”斯，指江水。未尝往，言水尽管向东流，但并未断流消失。

②“盈虚者如彼”二句：彼，指明月。卒莫消长，言月亮尽管有圆有缺，但最终却没有增减变化。

③“盖将自其变者”五句：引用《庄子》语意。从变化的角度讲，天地万物没有一瞬间不在变化；从不变的角度讲，则人和万物无穷无尽。

今译

您知道江水和明月的性状吗？譬如江水向东流逝，但它并未断流消失；又譬如月亮尽管有圆有缺，但最终却没有增减。如果从变化的角度观察，则天地万物没有一瞬间不发生变化；从不变的角度观察，则物与我皆无穷无尽，“长江无穷”又有什么值得羡慕的呢？

解析

该赋是东坡先生谪居黄州三年后，于元丰五年（1082年）七月十八日所作。本文所选录的文字，盖用《庄子》相对论思想。庄子的相对论即相对主义，是庄子哲学思想的核心。相对论认为一切都是相对的，只有相对才是绝对的。辩证法也认为一切都是变化的，即相对的，但相对中包含绝对性（譬如具体真理像一滴水，而绝对真理就是无尽长江）。

《赤壁赋》记叙了作者与友人（有人认为客者为道士杨世昌）月夜泛游赤壁的所见所感。通过主客对话的形式，尤其是在“望美人天一方”（古代诗文中以“美人”喻指君王）那“如怨如慕，如泣如诉”的洞箫声里，传达了作者对内忧外患，党争倾轧的忧思。从这方面讲，报国为民的忠义思想是先生在黄州谪居时期的主导思想。在无可奈何的形势下，他希望通过夜游赤壁，排遣内心的苦闷，消解“有恨无人省”（《卜算子》）的隐痛。努力地从明月与江水中寻找具有生命意义的天道与人道。从对“固一世之雄”曹孟德的怀古，激发出不甘沉沦，奋发向上的经世致用情怀。

语典

岂千岁之妙质[①]，而死斤斧[②]于鸿毛。效区区[③]之寸明，曾何异于束蒿[④]。烂文章之纠纆[⑤]，惊节解而流膏[⑥]。嗟构夏其已远，尚药石而可曹[⑦]。收薄用于桑榆，制中山之松醪[⑧]。

——《中山松醪赋》

(《苏轼文集》卷一，第12页)

注释

①“岂千岁”句：岂，助词，表示反诘，怎么。妙质，美的才德、资质。

②斤斧：泛指各种斧子。

③区区：形容数量少或不重要。

④束蒿：一束蒿草。

⑤“烂文章”句：文，指纹理。章，条理。此指松木之文理。纠，绞也。纆(mò)，绳索。

⑥“惊节解”句：节解，原指酷刑，将犯人的四肢骨节予以肢解。流膏，流出油脂。

⑦“嗟构夏”二句：嗟，文言叹词。构夏，夏即厦，构建大厦。药石，药剂和砭石，泛指药物。曹，辈。

⑧“收薄用”二句：桑榆，夕阳的余晖照在桑榆树梢上，借指落日余光处，比喻晚年。中山，汉郡，国名，今河北定县。醪(láo)，浊酒。

今译

怎么千年美好神奇的松木，竟轻如鸿毛地死于斤斧之下？只发出一点点光亮的效用，与束蒿草的作用没有什么区别。原本文彩交辉的巨材，如今却被肢解而流淌膏液。惋惜它构建大厦的时机已经渺远，不过，仍然还可以作为药材为我辈所用。至晚年还可起到一点点作用，用以制造中山的浊酒。

解析

此赋作于元祐八年(1093年)十二月，时东坡先生在定州太守任上。先生以黄松木节被当作松明火把燃烧而引发感慨，“若诉予以不遭”，即似乎倾诉作者的不公遭遇。先生叹息千载黄松之“妙质”，竟轻如鸿毛地死于无情的斤斧之下，让它同一束蒿草般地只发出一点点光亮的作用，这显然是有所指的。元祐八年(1092年)九月，太皇太后卒，十月，哲宗皇帝年十八岁，亲自主持朝政，先生知天下将变，再次请求外放越州(浙江绍兴一带)。一则受御史黄庆基、董敦逸等人连上七道弹章的诽谤，而对党争倦怠；二则对桀骜不驯的年轻哲宗感到失望。尤其让先生百思不得其解的是，哲宗竟以不实之借口，拒绝一个朝廷重臣、出守“重难边郡”理应入朝面辞而召见的机会。于是他愤然留下一篇《朝辞赴定州论事状》，悄悄地离开京城，北上出镇定州。作为哲宗皇帝的老师，先生本当有“致君尧舜”的愿望，然而在内忧外患之时，哲宗却轻率地将重要的辅弼大臣外放到千里之外的边城，真乃大材小用，“妙质”而“惊节”。此情此景，怎不叫先生有“死斤斧于鸿毛”之叹？

令人钦佩的是，该赋的后文让人松了一口气，先生不满足于“松明”的“鸿毛”之用，而大赞松树“取通明于盘错”“与黍麦而皆熟”，即从盘根错节中取出松明，与黍麦一起酿造而成为醇厚滋补的“松醪”美酒。这种酒既可以延年益寿，又能让人大长文思，可以乘醉写出像《离赋》那样的宏篇巨著。这就是那个无论身处何种失意之境，都能化腐朽为神奇，自解自救，安顿好自己心灵的苏东坡，一个永远不会被他的政敌击倒、击垮的苏东坡。

语典

余患赤目[1]，或言不可食脍[2]，余欲听之，而口不可。曰："我与子为口，彼与子为眼，彼何厚？我何薄？以彼患而废我食，不可。"子瞻不能决。口谓眼曰："他日我瘖[3]，汝视物吾不禁也。"

管仲[4]有言："畏威如疾，民之上也；从怀如流，民之下也[5]。"又曰："宴安酖毒，不可怀也[6]。"《礼》曰："君子庄敬日强，安肆日偷[7]。"此语乃当书诸绅[8]，故余以"畏威如疾"为私记云。

——《东坡志林·子瞻患赤眼》，第30页

注释

①赤目：红眼病。

②或言不可食脍：或言，谓有人说。脍，细切的鱼和肉。

③瘖(yīn)：瘖哑，嘶哑。

④管仲：字夷吾，春秋时期法家代表人物。辅佐齐桓公成为春秋五霸之一。

⑤"畏威"四句：畏威如疾，民之上也，谓敬畏法令之威严如害怕生病一样的人，是人中的上等人；放纵情怀随波逐流的人，是人中的下等人。"从"，通"纵"，放纵。

⑥"宴安"二句：谓安逸闲适如酖(鸩)(zhèn)毒。不可怀，不可怀恋。

⑦"君子"二句：语出《礼记·表记》。(参见戴德、戴圣著《礼记》(第四册)，第725页)。

⑧绅：古代士大夫束腰的带子，引申为束绅的人，转用为对官宦的代称。

今译

我患了红眼病，有人建议说不能吃鱼肉，我打算听从这人的劝告，然而口却提出反对意见。说："我是你的口，他是你的眼，你何以厚待他，而又何以轻视我呢？以他患眼病而废止我吃鱼肉，这可不行。"子瞻犯难不能决定。口对眼说："他日我有病，他观看风物我不禁止他。"

管仲有句名言："敬畏法律威严如同害怕生病一样的人，是人中的上等人；放纵情怀随波逐流而苟且偷安的人，是人中的下等人。"又说："贪图安逸纵乐，不可怀恋。"

《礼记》说："君子只有庄重恭敬，德性才会一天天地增强；如果沉溺于安乐放肆，性情就会一天天地苟且偷安。"这句话应当书写给诸位同僚，因此我以"敬畏法令之威严如害怕生病一样"的心情，为我私自记下这段话。

解析

本文作年不详。东坡先生借"眼"与"口"的交锋，揭示官场口腹之欲难以满足，亦难以禁绝。同时，通过寓理于趣的写作方式，表现了作者亦庄亦谐、幽默风趣的性格特征。难怪林语堂先生说他是一个天生的乐观派。虽然本文开头几乎用了类似相声的语言，讲了一个有趣的故事，让人忍俊不禁。但是后文引用管子哲语，把读者带入严肃的思考。面对每禁不止的口腹之欲，要像"畏威如疾"般地远离它；应该像面对"宴安酖毒"般地畏惧它。先生希望把他的思考传递给"诸绅"，望士大夫们在口腹之欲的诱惑中，记住管仲的劝诫，记住"君子庄敬日强，安肆日偷"的箴言。

语典

颜生称为仁①，荣公言有道②。屡空③不获年，长饥至于老。

虽留身后名，一生亦枯槁④。死去何所知，称心固为好。

客养千金躯，临化消其宝⑤。裸葬⑥何必恶，人当解意表⑦。

此渊明《饮酒》诗也。正饮酒中，不知何缘记得此许多事。

——《书渊明饮酒诗后》

（《苏轼文集》卷六十七，第7492页）

注释

①颜生称为仁：典出《论语·雍也》："子曰：回也，其心三月不违仁。"（《论语·注释·译文·赏析》（雍也篇），第116页）颜生，即孔子弟子颜回。

②荣公言有道：典出《列子·天雍》："孔子游于泰山，见荣启期，鹿皮带索，鼓琴而歌。孔子问曰：'先生所以乐，何也？'对曰：'吾乐甚多，天生万物，唯人为贵。而言得为人，是一乐也。男女有别，男尊女卑，故以男贵，吾既得为男矣，是二乐也。人生有不见日月不免襁褓者，吾既已行年九十矣，是三乐也。贫者士之常也，死者人之终也，处常得终，当何忧哉？'孔子曰：'善乎？能自宽者也。'"（王强模译注《列子全译·天瑞第一》，第14页）陶渊明以荣公能安贫自乐为有道。

③屡空：语出《论语·先进》："回也其庶乎，屡空。"（《论语》·注释·译文·赏析》（先进篇），第237页）意谓颜回的学问修养大概差不多，可是他经常处在空空如也的穷困之中。屡空，经常陷于贫乏之中。

④枯槁：面容憔悴。

⑤临化消其宝：临化，指死亡。消其宝，宝指千金躯。消其宝，即指死亡。

⑥裸葬：语出《汉书·杨王孙传》："杨王孙者，孝武时人也。学黄、老之术，家业千金，厚自奉养生，亡所万致，及病且终，先令其子，曰：'吾欲裸葬，以反吾真，必亡易吾意。死则为布囊盛尸，入地七尺，既下，从足引脱其囊，以身亲土。'"（《汉书》下册，第1252页）

⑦意表：意料之外。

今译

颜回可以称为仁人之士，荣启期安贫自乐堪称有道。颜回贫穷且先于孔子而去，荣公终生饥贫以至于到老。二人虽然身后留有英名，但了其一生面容憔悴苍老。这一切死去又知道什么呢？还是自得为乐方才叫好。客人滋养了千金之身躯，到死时还不是消逝了这千金之宝。不必要厌恶裸身而葬，每个人应该消解这意料之外的烦恼。这就是陶渊明的《饮酒》诗。我正在饮酒时，不知是什么缘故将这首诗记得如此清楚。

解析

本文为元丰五年（1082年）三月三日，东坡先生于黄州贬所作。元丰五年，先生来黄有两年又三个月。经过两年多"归诚佛僧"的心理调整，加上一年多的东坡躬耕，他对于贬谪生活已习以为常。尤其是在阅读老庄经典及抄经诵经的禅修过程中，他对于生命意识及意义有了新的理解。应该说，作为"个体生命遭际"意义的"命"的观念，是到了庄子这里才受到应有的尊重与关注的。比起孔孟等"兼济天下"者不同，庄子对生命的强烈体验具有更多的个体意味。先生接受了老庄的生命观，参悟到了生命的圆融性与自限性。故而，陶渊明《饮酒诗》中"虽留有后名，一生亦枯槁""裸葬何必恶，人当解意表"的生命感悟在先生的心灵中产生了共鸣。元丰五年三月三日，先生在饮酒中，通过回忆陶渊明《饮酒诗》，感悟了生命的真谛，四天之后，即"三月七日，沙湖道中遇雨"，才超然旷达，随缘自适地吟诵出《定风波》词："一蓑烟雨任平生""也无风雨也无晴"。

语典

昔人一涉世事，便为山灵勒回俗驾。今仆蒙犯尘垢[①]，垂[②]三十年，困而后知返，岂敢便点涴[③]名山。

——《与佛印[④]十二首》之一

（《苏轼文集》卷六十一，第 1868 页）

注释

①今仆蒙犯尘垢：仆，古时谦称自己。尘垢，尘埃和污垢，比喻世俗污染。

②垂：接近，快要。

③点涴：涴(wò)，弄脏。点涴，指点染污损。

④佛印：法号了然(1032—1098 年)，字觉老，俗姓林，饶州(江西省鄱阳县)浮梁人。为苏轼方外至交，示寂后朝廷赐"佛印禅师"。苏轼谪居黄州，佛印住庐山，常相往来。佛印从庐山归宗寺回金山寺时，戴道冠儒履佛袈裟，颇有三教兼容形成一宗的气概。

今译

往昔士人一遇世事周折，便为山灵神佛而收身隐居，如今我深被世俗污染，接近三十年，经受挫折后知道调头返回，我怎么敢随便点染污损名山佛地。

解析

本书信约为元丰六年(1083 年)三月，东坡先生于黄州贬所作。从先生回信"云居事迹已领"略知，佛印等僧师或曾劝先生弃官归隐山林。先生感谢"山中高人"指点，仅用"困而后知返，岂敢点涴名山"一句予以谢辞。先生谪居惠州，佛印在江浙，托道人卓契给先生捎书。佛印致书云："子瞻中大科，权臣忌子瞻为宰相耳！人生一世间，如白驹之过隙，三二十年功名富贵，转盼成空。何不一笔勾断，寻取自家本来面目。(略)子瞻胸中有万卷书，笔下无一点尘，到这地位不知性命所在，一生聪明要做甚么？三世诸佛则是一个有血性汉子。子瞻若能脚下承当，把一二十年富贵功名贱如泥土，努力向前，珍重！珍重！"(《宋人轶事汇编》卷二十《宋稗类抄》)。佛印这篇了然世相、通透佛法之宏论箴言，何等率真激越，真可谓入木三分，深入骨髓。读后令人血脉偾(fèn)张，惊心动魄。佛印的劝导能打动先生，让他真的出世而归隐山林吗？回答是否定的。纵观先生一生，无论穷达荣辱，那颗"身居江海，心在魏阙"的经世济民的入世心志，从未动摇过。

语典

予在颍州(安徽阜阳)，梦至一官府，人物与俗间无异，而山川清远，有足乐者，顾视堂上，榜曰仇池[①]。

凡圣无异居，清浊[②]共此处。心闲偶自见，念[③]起忽已逝。

欲知真一处，要使六用废[④]。桃源[⑤]信不远，杖藜可小憩[⑥]。(略)不如我仇池，高举[⑦]复几步。从来一生死[⑧]，近又等痴慧[⑨]。(略)

——《和陶桃花源》

(《苏轼诗集》(第七册)卷四十，第 2196 页)

注释

①仇池：山名。在甘肃省成县西，四周绝壁千仞，惟有东门二门，盘道可登，山中有池百顷。

②清浊：喻人事优劣、善恶、高下。

③念：心念。

④"欲知"二句：真一，道教谓保持本性，自然无为为真一。六用，佛教语，指六根，即眼、耳、鼻、舌、身、意之功能。

⑤桃源："桃花源"之简称。这里指陶渊明《桃花源诗》的序，记述一个世俗的渔人偶然进入与世隔绝之地的奇遇记。是作者向往的平静和谐，自得其乐的一种理想社会。

⑥"杖藜"句：杖藜，拄杖而行。藜，植物名。茎老可作杖。小憩(qì)，稍事休息。

⑦高举：此指隐居。

⑧一生死：把生死看成一样。

⑨等痴慧：痴，指迟钝，不聪慧。慧，聪慧。没有迟钝与聪慧的差别。

今译

我在颍州时，梦中走到一官家府第，里面的人与物与俗世间没有不同，但山川清远幽静，是一个足以提供快乐的地方，回视大堂，匾额上大书"仇池"。

普通民众与圣明之人居在一块儿，优劣、高下共同居住一处。心中闲适偶尔自明，心念刚起忽然逝去。如果要回到本性，就应让"六根"的功能废弃。桃花源相信不会太远，拄杖而行就可稍事休息。(略)"桃花源"不比"仇池"更好，反复数步即可在此隐居。从来把生和死看成一样，近来又将痴愚与聪慧视为等同。

解析

此文是绍圣三年(1096 年)春，东坡先生于惠州贬所作。先生在引言中对桃花源事作了考证，他认为源内人等并非所谓仙人，乃为"先世避秦"逃乱人的后世子孙。先生寄居海南，受到儋州乡亲们兄弟般的关照，使他仿佛感到自己真的到了理想的自由安乐仙境——仇池。"但苏轼的'仇池'理想不是避世的国度，而是一种超远的心灵境界。(略)在这里凡圣无异，清浊相同，一切都只在自己的心灵意念之间。(略)这里表现了以出世之心入世的大乘思想，几乎是《坛经》教义的翻版。"(参见王水照、崔铭著《苏轼传》，第 351-352 页)心有"大乘"之念，虽身在"桄榔庵"，心却在"仇池"仙境里。从而愿将此身"付与造物，听其运转，流行坎止，无不可者"(《与程秀才书》)。

语典

天日弥[①]高，徒极驰心于魏阙[②]；乡关[③]入望，尚期归骨[④]于眉山。

——《谢堂移永州[⑤]表》

（《苏轼文集》（第二册）卷二十四，第719页）

注释

①弥：此指“远”。

②魏阙：指宫门上巍然高出的观楼，后用作朝廷的代称。

③乡关：故乡。

④归骨：归葬。

⑤永州：治所在今湖南省永州市。

今译

无论天日又远又高，只有我的心极快地飞向朝廷；故乡已进入我的视野，还期望归葬于眉山。

解析

元符三年（1100年）四月，先生诏受舒州团练副使永州居住。七月至廉州（广西合浦镇），八月作此表于廉州。先生言接到移永州居住诏书后，“感恩之泪，欲涨溟波”。并又一次地自我反省，指出自己“生而愚朴，少也艰勤。依依而行，不知所届；冲冲而活，何以为生”。此时，先生老迈之心，早已飞向汴梁京城。这既表明先生对朝廷的感恩之情，亦表达对朝廷的念想。除此，先生似乎在眺望故乡，因为当他快要走到生命的尽头时，唯一的期望是“归骨于眉山”。这说明先生无论宦游迁谪何处，“眉山”始终放在心头。

语典

余以为知命者必尽人事①，然后理足②而无憾。

——《墨妙亭记》
(《苏轼文集》卷十一，第355页)

注释

①“余以”句：余，谓我。知命，指懂得事物生灭变化都由天命决定的道理。人事，人世间的事。
②理足：事理通达。

今译

我以为懂得事物发展规律的人，必定能够知晓人世间的事，并尽到自己的努力。只有这样，才会一生事理通达而无遗憾。

解析

熙宁五年(1072年)十二月，东坡先生时出守杭州通判，因公干到湖州。湖州太守孙觉，字莘(shēn)老，在官府北面建造一座墨妙亭，将本州自汉朝以来所存的古文碑刻陈列在里面。孙莘老请先生为此写一篇记文。所引章句，意在赞赏孙莘老作为一州父母官，懂得保护历史文物，堪称一位“尽人事”“理足无憾”的“知命者”。

宦　游

七典名郡，再入翰林；两除尚书，三忝侍读。
坐席未暖，召节已行。筋力疲于往来，日月逝于道路。

导读

元祐七年(1092年)八月，五十七岁的东坡先生，以兵部尚书兼差充南郊卤簿使(古代帝王驾出时扈从的仪仗队)，从扬州被召还朝廷，九月到京，兼侍读。是时，先生上《谢兼侍读表》称："七典名郡，再入翰林；两除尚书，三忝侍读。"即先后历任七郡(密州、徐州、湖州、登州、杭州、颍州、扬州。后又任定州知州，凡为八州)知州，两次入选翰林学士，两次被除授尚书(吏部尚书、兵部尚书。后又授礼部尚书，凡为三除)，三忝侍读(为年幼哲宗皇帝授书讲经)。面对这种颠沛困顿的仕途生涯，先生极其无奈地叹道："坐席未暖，召节已行。筋力疲于往来，日月逝于道路。"是什么原因造成先生进退维谷，去留两难的处境？

曾枣庄在其《三苏全传》导言中，对东坡先生的宏观历史背景作出了分析。他指出："苏轼是'人文极盛'时代的产物，是特殊的家庭环境产物，是一大批旗鼓相当的友人相切磋的产物，是强劲对手挑战的产物，也是他个人自强不息的产物。'此天授(人文极盛的环境)，亦人力也(个人的努力)。'"(参见《三苏全传》(第一册)，第13页)这意味着正是"天授"和"人力"的双重作用，造成了他人生悲剧性的结局。

如果进行具体分析，一方面由于他"独立不倚，议论不随"，"以自用不回之心，处众人必争之地"，他感到"不早退缩，安能保全"。另一方面新进小人妒贤嫉能，害怕先生才高受用入相。"三年之中，四遭口语""聚蚊成雷，积羽沉舟""致使台谏，例为怨仇"。这些使他感到"久留辇下，如在樊笼"，不如乞请外任，以息烦言。就这样他在四十年的仕宦生涯中，在朝日少，外放日多。甚至是"半生犯患，垂老困谗"，"道尽途穷，譬如中流失舟"。先后三次遭贬，前后坐废十二年之久。

尤其是被贬谪岭海时，先生已届花甲衰年，身处瘴毒之地，"积忧熏心，齿发之先变，抱恨刻骨，伤皮肉之仅存"。尽管如此，先生仍然以"不怨天，不尤人"的胸襟，超然自适的节操，平静地度过了那如蹈汤火的苦难岁月。最终先生吟诵着"九死南荒吾不恨，兹游奇绝冠平生"的诗句，以"问翁大庾岭头住，曾见南迁几人回"的自信，节操自守，全身北归。

本篇所选章句100条，除开篇1-3条外，其余基本按先生仕宦生涯年代顺序排列。这样可令读者对先生宦海沉浮，大起大落，一生忧患，坎坷悲壮的人生经历稍有系统了解，且能让人读后触目兴叹，怆然有感。

语典

古人有言，聚蚊成雷[①]，积羽沉舟[②]，言寡不胜众也。(略)而臣终不免于患难者，以左右疾臣者众也。

惟有独立不倚，知无不言，(略)危言危行[③]，独立不回，以犯众怒者。

——《杭州召还乞郡状》

(《苏轼文集》卷三十二，第912页)

注释

①聚蚊成雷：语出《汉书》卷五十三《景十三列传·中山靖王刘胜》(《汉书》，岳麓书社，第1061页)。许多蚊子聚到一起，声音会像雷声那样。比喻说坏话的人多了，会使人受到很大的损害。

②积羽沉舟：语出《战国策·张仪为秦连横说魏王》："臣闻积羽沉舟，群轻折轴。"(夏侯忠良编译《战国策》，第428页)羽毛虽轻，积多了也能把船压沉，用众多轻的东西也可以压断车轴。这里比喻坏事虽小，积累下去会产生严重后果。

③危言危行：语出《论语·宪问》："邦有道，危言危行。"(《论语·注释·译文·赏析》，第293页)危，谓正直。说正直的话，行正直的事。

今译

古人有这样的话，聚蚊成雷，积羽沉舟，说的是寡不敌众的道理。(略)而臣终不免要受患难，就是因为周围仇恨我的人太多的缘故。

只因为臣独立而不见风使舵，知无不言，(略)正言端行，独立而不动摇，所以触犯了众怒。

解析

元祐六年(1091年)二月，东坡先生授翰林学士被召还回京，五月十九日，先生就向朝廷上《杭州召还乞郡状》。这篇奏状，堪称东坡先生"自入仕以来进退本末"的自我总结。他从"自凤翔职官得替入朝"说起，至"惧祸乞出，连三任外补"。因"乌台诗案""得罪下狱""窜责黄州"。元祐初，先生"不及一年，备位禁林"，后因"免役法""与司马光异论"，致使"党人尤加忿疾"。更有甚者，在"自忝禁近，三年之间"，台谏官员竟在代言的诏书中一而再、再而三地"罗织语言"，诬称先生谤讪先帝。总之，用先生的话说就是"未尝一日不在倾臣"。党人"白加诬执"，"岂问是非曲直"？为避祸自保，先生不厌其烦地连续给朝廷上书，乞请外任，收敛锋芒。纵观先生一生坎坷仕途，其导火线为"熙宁变法"，祸根则是党同伐异，不论是非曲直，无休无止的"北宋党争"。另外，才高遭嫉，名重遭妒，鹤立鸡群，势必成众矢之的。如果论其主观原因，先生亦自我反省："性多忤物，刚愎自用""议论不随""黑白分明""拙于谋身""狂直不回"。故而"逆耳之奏形于言，疾恶之心见于政"，"屡遭尤谴""乃蹈大难"。套用一句现代常用语总结：性格决定命运。

语典

七典[①]名郡，再入翰林[②]；两除[③]尚书，三忝侍读[④]。虽当世之豪杰，矧犹未易居；如臣孤危[⑤]，其何能副。（略）

——《谢兼侍读表二首》其一

（《苏轼文集》卷二十四，第698页）

注释

①典：此指主持，主管。

②翰林：文翰荟萃之所，皇帝的文学侍从官，专掌内命由皇帝直接发出的极端机密的文件，北宋时，设为专职。

③除：任命官职，除授。

④“三忝”句：忝，谓辱，有愧于，常用作谦辞。侍读，陪侍帝王读书论学或为皇子等授书讲学。

⑤“矧犹”二句：矧（shěn），况且。居，谓“占”。未易居，不容易占有。孤危，孤立危急。

今译

臣先后历任七郡知州，两次入选翰林院，两次授尚书，三次愧领禁宫侍读。这种荣誉既使是当世豪杰之士也不容易得到。况且像臣这样孤立危急之人，何以堪能胜任。（略）

解析

元祐七年（1092年）二月，朝廷诏令苏轼以龙图阁学士充淮南东路兵马钤辖知扬州军州事。三月十六日到扬州任。八月，以兵部尚书兼差充南郊卤簿使召还。九月到京师，兼侍读。是时，先生给太皇太后及哲宗皇帝上谢表。此表状可以称之为先生自熙宁七年（1074年）八月被除授密州军州事起至元祐七年（1092年）在扬州任军州事十八年间的任职履历。所谓“七典名郡”：先生于神宗、哲宗两朝，已历知密州、徐州、湖州、登州、杭州、颍州、扬州等七州。“再入翰林”：第一次是元祐元年（1086年）九月先生首任翰林学士，第二次是元祐六年（1091年）二月再任翰林学士承旨。“两除尚书”：元祐六年正月，先生任吏部尚书；元祐七年七月，任兵部尚书。“三忝侍读”：元祐二年八月先生以翰林学士兼侍读；元祐六年五月，以翰林学士承旨兼侍读；元祐七年八月，以兵部尚书差充南郊卤簿使兼侍读。先生这般经历，真可谓“虽当世之豪杰，犹未易居”。如果把元祐七年（1092年）十一月，先生“迁端明殿学士兼翰林侍读，守礼部尚书”以及元祐八年（1093年）九月，以两学士充河北西路安抚使兼马步军都总管出知定州军州事加在一起，那就是八典名郡、三入翰林、三除尚书、四忝侍读。先生自谦“其何能副”，试问，自北宋以来，又有几人能与此名副其实呢？

语典

一去阙庭[①]，三换符竹[②]。坐席未暖，召节[③]已行。筋力疲于往来，日月逝于道路。

——《定州谢到任表》

（《苏轼文集》卷二十四，第704页）

注释

①阙庭：阙，皇宫门前两边供瞭望的楼。庭，庭堂阶前的院，借指朝廷。
②符竹：地方官宦之符印。
③召节：朝廷召令符节。

今译

臣一经离开朝廷，先后三次转换符印。宦椅还未坐热，调令已经在路上。精力都耗在一往一来之间，时间都流逝于道路之上。

解析

本表状作于元祐八年(1093年)十月定州任上。上面这段文字，基本概括了东坡先生晚年仕途的颠沛之苦。先生于元祐六年(1091年)正月从杭州任上被召回京师，八月离京知颍州。元祐七年正月知扬州。七月又被召还京城。先生自元祐四年自请补外离朝已"三换符竹"(即杭州、颍州、扬州)。元祐八年(1093年)六月朝廷召令苏轼知定州。先生上表乞请越州(今浙江绍兴市)，朝廷不允。九月朝廷再降诰命，重申定州之任。先生于九月二十七日离京，携一家老小北上定州赴任。这个被年轻皇帝视为"春禽""秋虫"的翰林学士兼侍读，终于被他调教了八个年头的学生驱逐出京城，从此再没能回到汴梁。

语典

鸟乐忘罝罘[①]，鱼乐忘钩饵[②]。

——《出都来陈，所乘船上有题小诗八首(略)》其二
(《苏轼诗集》卷六，第260页)

注释

①罝罘(jū fú)：罝，捕捉兔子的网，也泛指捕鸟兽的网。
②钩饵：钓鱼时引诱鱼上钩的食物。

今译

鸟儿因得意忘形而坠入罗网，鱼儿因乐而忘忧吞食了诱饵。

解析

熙宁四年(1071年)四月，时年36岁的苏轼因两上神宗皇帝书批判新法而未果，于是请求外放地方官员，获准，出任杭州通判。在赴杭州的途中，见乘坐的船上有人题写了八首小诗，苏轼有感于心，和诗八首。其中这两句诗，可谓是他人生之感慨，用以警示自己应该居安思危，不应乐而忘忧。也庆幸自己终于逃离京城这钩心斗角的是非之地，获得了优游自得的心灵自由。

语典

某江湖[①]之人，久留辇下[②]，如在樊笼[③]，岂复有佳思[④]也？人情责望百端[⑤]，而衰病不能应付，动是罪戾[⑥]，故人知我，想复见怜耶？

——《与刘贡父[⑦]七首》之七

（《苏轼文集》卷五十，第1467页）

注释

①江湖：此指远离朝廷的民间。

②辇：天子或王室坐的车子。辇下，此指京城。

③樊笼：意为关鸟兽的笼子。

④佳思：美好的意趣，良好的心绪。

⑤责望百端：责望，指责怪抱怨。百端，无数。

⑥罪戾（lì）：罪过。此指得罪。

⑦刘贡父：刘攽（bān），字贡父，号公非，新喻（今江西新余）人，庆历六年（1046年）进士，官至中书舍人，助司马光修《资治通鉴》。《宋史》有传。

今译

我是漂泊于江湖的人，长久呆在京城，如同被关在樊笼一般，这怎能有美好的意趣与心绪呢？无数的人情抱怨与指责，而我衰弱疾病之身不能应付，动辄得罪，故人们应理解我的处境，想必会予以同情。

解析

熙宁三、四年（1070—1071年），东坡先生在京以直史馆权开封府推官。时任参知政事的王安石为了避免苏轼对“熙宁新法”的干扰故作如此安置。正是在此时，先生先后两次《上神宗皇帝书》，全面展开对新法的批判，然而未获神宗回复。为此，先生自请出任地方官。这封信正是此时写给刘贡父的。本章句给我们两点提示：其一，先生认定自己属于远离朝廷的江湖闲散之人。其二，对于先生来讲，京师乃“樊笼”之地。故元祐二年、元祐六年、元祐七年三次被诏回朝，他都一而再、再而三地上疏乞求朝廷，放他出任地方官就不难理解了。

语 典

仰仞[①]至思，益坚素志[②]，推广中和[③]之政，抚绥疲瘵[④]之民。要使民之安臣，则为臣之报国。

——《密州谢上表》

（《苏轼文集》卷二十三，第651页）

注 释

①仞：古代计量单位，周尺八尺或七尺。

②素志：向来怀有的志向。

③中和：中庸之道的主要内涵。“中”，无过与不及，不偏不倚的境界。情感中正和谐，为“和”。

④抚绥疲瘵：抚绥，安抚，安定。疲瘵(pí zhài)，患病，疾病。

今 译

仰承皇上的大恩，更加坚定我向来的志向。推进中和之政治，安抚疲病的百姓。要使百姓对臣满意，这就是臣报效国家的表现。

解 析

东坡先生任杭州通判三个年头届满，请求朝廷安排他与子由任职地方(济南)稍近的东州任职。结果，朝廷安排他知密州(今山东诸城市)军州事。先生于熙宁七年(1074年)十月离杭，十二月三日抵密州任，上《密州谢上表》。所谓“谢上表”，即为朝廷官员每调任新职，须向皇帝上的表状，以表谢恩之意。先生把“使民之安臣”，即百姓对自己满意，作为“报国”的重要标志，表明先生为民、利民的为政理念。

语典

只因未报君恩重，清梦[1]时时到玉堂[2]。

——《和章七[3]出守湖州二首》其一

（《苏轼诗集》卷十三，第651页）

注释

①清梦：指安详的梦，美梦。

②玉堂：指朝廷官殿。

③章七：即章惇(1035—1105年)，字子厚，福建浦城人，举进士甲科。

今译

只因为没有报答浩荡皇恩，梦中时时心系朝廷。

解析

东坡先生嘉祐六年(1061年)任凤翔府签判时，章惇任商洛令。二人作为好友曾同游仙游潭、大秦寺等地。熙宁八年(1075年)先生知山东密州(现今诸城)，为出任湖州的章惇和诗。再一次表达了自己感恩神宗，报效朝廷的忠诚思想。先生把"致君尧舜""奋厉当世"作为人生目标。直至后来在连续三次遭贬废的十二年艰苦的岁月里，仍然心存经世济国之志，怀有报效朝廷的耿耿赤心。

语典

臣奋身农亩[①]，托迹书林[②]。信道[③]直前，曾无坎井[④]之避；立朝寡助，谁为先后之容[⑤]？向者屡献瞽言[⑥]，仰尘圣鉴[⑦]。岂有意于为异？盖笃信[⑧]其所闻，顾惭迂阔[⑨]之言，虽多而无益；惟有朴忠[⑩]之素，既久而犹坚。

——《徐州谢上表》

（《苏轼文集》卷二十三，第652页）

注释

①农亩：犹乡野。

②托迹书林：托迹，犹寄身。书林，谓文人学者之群。

③信道：信奉正道。

④坎井：亦作“陷阱”。

⑤先后之容：容，修饰，喻介绍推荐称扬。

⑥向者屡献瞽言：向者，指过去。瞽言，语出《汉书·李寻传》：“唯弃须臾之间，宿留瞽言。”瞽，瞎子。瞽言，谦辞，谓瞎话，昏话。

⑦圣鉴：指帝王或临朝太后的鉴察。

⑧笃信：指忠实地相信。

⑨迂阔：思想行为不切实际，此为谦词。

⑩朴忠：朴实忠诚。

今译

臣奋力投身于农村乡野，寄身于文人之行列。坚信正道，正向前行，从来没考虑躲避陷阱之危，于朝中很少能得到帮助，谁会先后出面为我争面子？过去臣多次献上一些瞎话，仰承皇上鉴察，岂敢有意于标新立异？臣本坚信臣所听到的为真实情况，回过头来又为自己的迂阔之言而感到惭愧。虽然说的多但并无补益，惟有朴实忠诚之志，既长久又坚定。

解析

熙宁九年（1076年）年底，东坡先生离密州任，除夕宿淮州（今山东省淮坊市）。熙宁十年（1077年）三月二十一日到徐州任，顷为神宗上谢表。在谢表中除了惯用的敬词、谦词以外，先生向皇上表达了他“奋身农亩”“信道直前”，不避“坎井”“朴忠之素”的志向。同时也委婉地向皇上申辩，他就“新法”所献的谏言，决不是“有意于为异”，而是“笃信其所闻”。也就是让神宗知道，他多次上皇帝书的进言，都是他亲自所见所闻的真实情况。他多么希望神宗皇帝体察民情，圣鉴明察。

语典

远不忘君，未忍改其常度[1]；言之无罪，实深恃[2]于至仁。知臣者谓臣爱君，不知臣者谓臣多事。(略)

察孤危[3]之易毁，谅拙直[4]之无他。(略)顾力报之无所，怀孤忠[5]而自怜。

——《徐州谢上表》

(《苏轼文集》卷二十三，第652页)

注释

①常度：平常一贯的态度和做法。

②恃：依仗。

③孤危：孤立危险。

④拙直：愚笨率直。

⑤孤忠：忠贞自持，不求人体察的节操。

今译

虽然臣远离朝廷，但不忘圣恩，不忍心改变一贯的态度和做法；谏言无罪，的确是依仗着圣上最大的仁德。懂我的人认为我是敬爱皇上，不了解我的人还会说我多事。(略)

只要仔细看看，孤勇者多危容易遭到伤害，应体谅愚笨率直之人绝无其他企图。(略)回头看臣倾力报恩而无有处所，空怀孤胆忠诚而感到自我怜惜。

解析

本表于熙宁十年(1077年)四月二十一日作于徐州。本段文字是《徐州谢上表》的后一部分。既表达了东坡先生不“改其常度”的气节，又体现了对“爱君”与“多事”言论之不解。既表露了自处“孤危”而“易毁”的担忧，又诉说了“远不忘君”“力报之无所”的无奈。总之，通览全表可以看出熙宁年间后期，先生大惑不解、颠连无告的内心矛盾，以及忧深思远、“孤中自怜”的焦虑。

语典

奔走服勤[①]，人臣之常事；褒称劳勉[②]，学者之至荣。（略）

百堵皆作，盖僚吏之劬劳[③]；三板[④]不沉，本朝廷之威德。而臣下掠众美，上贪天功，独窃玺书[⑤]之荣，以为私室之宝。

——《徐州谢奖谕表》

（《苏轼文集》卷二十三，第652页）

注释

①服勤：服务职事勤劳。

②褒称劳勉：褒奖称赞，慰劳勉励。

③"百堵"二句：百堵，指多处防堵洪水的工程。劬（qú）劳，过度劳苦。

④三板：一丈为板，五板为堵，言城和堤露于水面仅三板之高。

⑤玺书：古代以泥封加印的文书，秦以后专指皇帝的诏书。

今译

奔走服务勤勉劳苦于职事，这是为臣的本份；被褒奖称赞，慰劳勉励，这是学者最大的荣誉。（略）

众多防洪工程都已兴作，这是同僚官吏率军民共筑堤防的劳苦之功；高高的堤防没有被冲毁，这是我朝威德的镇慑。而我却下掠众美，上贪天功，私自窃据皇帝诏书奖谕的荣誉，并把它当作自家的珍宝。

解析

熙宁十年（1077年）四月二十一日东坡先生到徐州任，到任后不到三个月，澶州（今河南丰西）曹村的黄河大堤决口，水淹四十五个州县，三十万顷良田。尤其是八月下旬，忽连日骤降暴雨，水位高达两丈八尺，超过城中平地一丈有余。先生身先士卒，亲自指挥并参与了抗洪抢险的艰苦战斗，全城军民奋力抢救，与洪水大战七十多天，终于保住了古城，挽救了百姓的生命财产。对此，神宗皇帝专门颁诏，对苏轼在徐州抗洪中的卓越表现予以褒奖。先生面对这极大的荣誉，表现出了令人佩服的谦逊美德。首先，他认为"奔走服勤，人臣之常事"，也就是说，抗洪保城这是太守之职责，是他的本分工作。其次，他把功劳归之于"僚吏之劬劳"和"朝廷之威德"。最后，他认为"下掠众美，上贪天功，独窃玺书之荣"是他所不耻的。他连续用了"掠""贪""窃"三个贬义词，表达了对皇上奖谕的敬畏和自警。

语典

自念明于处己，暗于接物，其不可，至死以不喜，故讥骂随之，抑足恤[1]乎？将从从然[2]与之合乎？（略）

一丝可衣也，一瓦可居也；诗书可乐也，父子兄弟妻孥可游衍[3]也。将谢世路而适吾所自适乎[4]？抑富贵声名，以偷[6]梦幻之快乎？行乎？止乎？迟乎？速乎？

——《送张道士叙》

（《苏轼文集》卷十，第 328 页）

注释

①抑足恤：抑，文言连词，相当于或是、还是。恤(xù)，对别人表示同情、怜悯。

②从从然：相随貌。

③妻孥可游衍：孥(nú)，指儿女。游衍，游，行；衍，溢也。谓从容自如，不受拘束地游兴。

④“将谢”句：世路，人世间的道路，此指尘俗。适，适意、舒适。

⑤偷：此指苟且。

今译

我自己清楚如何修养自己，但待人接物却很不练达，以至于没被置于死地而让人不高兴，于是讥讽谩骂随之而来，你认为是值得同情呢，还是应该随大流去迎合他们呢？（略）

一件衣裳可以遮羞，一间瓦房可以居住；诗书可以为乐，父子兄弟妻儿可以从容自如地游乐。是谢绝尘俗而寻找自我的适意之处，还是梦想富贵声名以换取畅快呢？是朝前走呢，还是就此止步呢？是慢慢走呢，还是加速地走呢？

解析

该序于元丰元年(1078 年)左右，东坡先生作于徐州。先生来徐州后不到三个月，就亲自指挥并参与抗洪抢险的战斗。历时七十多天，洪水才渐渐消退。尽管神宗皇帝对他组织徐州军民抗洪胜利下诏嘉奖，然而在他内心，一种天涯倦容、“人生如梦”的虚幻感却涌上心头。“或许是人到中年的缘故，自来徐州，苏轼比以往更多地思考人生，更多地感念聚散无常。”(王水照、崔铭《苏轼传》，第 118 页)这种极度矛盾的心境在《送张道士叙》中表露无遗。在所选章句中，作者前后用了八个疑问句，不停地询问张道士，也在不停地拷问自己。先生似乎对即将降临的湖州没顶之灾有所预感，故而就有了疑云满腹的“行乎？止乎？迟乎？速乎？”的不知所措。

语典

柏台[1]霜气夜凄凄，风动琅珰[2]月向低。

梦绕云山心似鹿，魂惊汤火命如鸡[3]。

——《予以事系御史台狱，(略)以遣子由，二首》其二

(《苏轼诗集》卷十九，第999页)

注释

①柏台：御史台之别称，又称乌台。“乌台”之称，因御史台内柏树上常有乌鸦数千栖宿而得名。

②琅珰(láng dāng)：台阁檐下所挂风铃。

③命如鸡：命运不异于鸡鸭之被缚待宰。

今译

御史台夜晚的寒气凄惨，秋风吹动风铃作响，冷月已向西沉。梦中缠绕云山，心似野鹿跳动，惊魂坠入滚水与烈火，人命像被宰杀的鸡鸭。

解析

元丰二年(1079年)七月二十八日，东坡先生遭到御史台舒亶、李定等人的诬陷，以讪谤新政罪在湖州被捕。八月十八日如被驱之犬鸡，被押赴京师投入台狱，是为“乌台诗案”。在被囚禁的整整一百三十天的黑暗日子里，他的精神和肉体受到极大的凌辱和折磨。这首在狱中写给子由的诗，描述了他当时的心绪：似奔鹿之悸动的心，如坠汤火之幽魂，像待宰杀之鸡鸭。这就是一位朝中四品重臣，遭受莫须有文字狱后惨状的真实写照。从此，苏东坡走上一条投闲置散，屈身辱志的流放之路。

语典

臣用意过当，日趋于迷。赋命[①]衰穷，天夺其魄；叛违[②]义理，辜负恩私。茫如醉梦之中，不知言语之出。虽至仁屡赦，而众议不容。(略)

惟当蔬食没齿[③]，杜门思愆[④]。深悟积年之非，永为多士之戒。贪恋圣世，不敢杀身；庶几余生，未为弃物。若获尽力鞭箠[⑤]之下，必将捐躯矢石[⑥]之间。

——《到黄州谢表》

(《苏轼文集》卷二十三，第654页)

注释

①赋命：指命运。

②叛违：犹违背。

③没齿：指一辈子，终身。

④衍：本义为书籍中由于排版、传抄错误等原因多出来的不应有的字句。此指错误。

⑤鞭箠：鞭子与棍子。

⑥矢石：指箭和垒石。

今译

臣的意图不合时宜，日益趋于迷惘。命运衰微穷窘，上天夺其魂魄，违背正义公理，辜负圣上恩德。茫茫然如在醉梦之中，不知说出了什么言语。虽圣上至仁屡屡赦免，然而众人的议论不容许。(略)

我只有一辈子菜蔬粗食、闭门思过。深刻反思多年的过错，永远作为众多士人的镜戒。由于贪恋圣明盛世，所以不敢自杀；或许余生残年，不至于成为废物。如果能获得大力的鞭策，必定能冒矢石之危而奋不顾身。

解析

东坡先生未曾料到，元丰二年(1079年)四月二十日呈给皇上的《湖州谢上表》，给了他这辈子的政治生命以毁灭性的打击。监察御史里行、何大正、舒亶之流，竟然从这份表状中发现了置苏轼于死地的罪证。所谓“难以追陪新进”“察其老不生事，或能牧养小民”，是“愚弄朝廷，妄自尊大”，乃“世之大恶”。指斥苏轼“触物即事，应口所言，无一不以讥谤为主”“以动摇人心”“轼怀怨天之心，造讪上之语，情理深害，事至暴白，虽万死不足以谢圣时”，伏陛下“用治世之重典，付轼有司”。《左传》有言：“欲加之罪，何患无辞。”由舒亶之流炮制的“乌台诗案”，让一代奇才受尽了半世的灭顶之灾。元丰己未，以亘古未有，后世莫追的天下第一大文字狱，让存亡绝续的北宋朝廷蒙羞，为“靖康之耻”埋下了危若朝露的祸根。

语典

益悟向时之所坐，皆是微臣之自贻[①]。感愧终身，论报无地。布衣蔬食，或未死于饥寒；石心木肠[②]，誓不忘于忠义。

——《谢徐州失觉察妖贼放罪表》

（《苏轼文集》卷二十三，第656页）

注释

①“益悟向时”二句：益，渐渐地。向时，从前，昔时。坐，定罪，获罪。自贻（yí 夷），自己留下过错。

②石心木肠：形容坚定不动摇。

今译

通过渐渐地自省，我醒悟自己从前所犯的罪过都是自己造成的。臣终身感到惭愧，无法报答皇恩。臣穿粗布衣裳，吃菜蔬粗食，只要未死于饥寒，以石心木肠之愿，发誓不忘对皇上的忠义之心。

解析

本文于元丰三年（1080年）七月作于黄州。祸从天降的“乌台诗案”给东坡先生的心灵留下了巨大的创伤。初到黄州他暂住在定惠院小庙里，“昏昏觉还卧，辗转无由足”（《二月二十六日，雨中熟睡（略）》）。然而，就在他惊魂未定之时，政敌们欲落井下石，刻意追查“不觉察百姓李铎、郭进等谋反事”，企图以“渎职罪”再次把先生打入十八层地狱。通过先生以事实作根据的申辩，神宗皇帝终于下旨取消了对这一案件的追查。于是，先生满怀感激地写下了这一表状。先生似惊弓之鸟，于倒悬之急向皇上表白：“况兹沟渎之中，重遇雷霆之谴。无官可削，抚己知危。”“收惊魂于散亡，假余生之晷刻（片刻）。”真个是肚里泪下，悼心失图。让人读后义愤填膺，长歌当哭。

语典

长恨此身非我有，何时忘却营营[①]。夜澜风静縠纹平[②]。小舟从此逝，江海寄余生[③]。

——《临江仙·夜归临皋》

（《苏轼全集校注》（词集）·卷一，第409页）

注释

①“长恨”二句：谓为在仕途中身不为己而深感遗恨。营营，周旋、忙碌，指为名利而奔波钻营。

②“夜澜”句：夜澜，即夜深。縠（hú）纹，縠，有绉的纱类丝织品。縠纹，比喻水波微细平缓。

③“小舟”二句：意指欲挣脱官场束缚，隐居江湖以度晚年。

今译

长恨人在宦海身不由己，什么时候才能忘却钻营名利？夜深风静，水波不兴。真想乘小舟从此消逝，在江湖中聊寄余生。

解析

此词于元丰五年（1082年）九月，东坡先生作于黄州。上片叙事，着意渲染“醒复醉”的醉态。下片抒情，回视三十年来为了追逐功名，“长恨此身非我有”，哀叹自己“何时忘却营营”。期待在一个夜深风静、水波不兴的时机，乘一叶扁舟弃官归隐江湖。其实，先生所追求的是一种“道隐”，是希望获得精神解脱的一种比喻。谁知就是“江海寄余生”这句词，第二天一大早就在黄州传开了：苏东坡昨夜挂冠服江边，乘小舟长啸而去。郡守徐君猷听后大惊失色，以为州失罪人，同随从匆匆赶往察看，这才发现苏东坡竟鼾声如雷、安睡如婴。这则传闻，生动地反映了先生渴望得到灵魂解脱，追求精神自由的愿望。金末元初著名文学家元好问评论东坡词说：“自东坡一出，情性之外，不知有文字，真有‘一洗万古凡马空’气象。”这一评价，正好道出了这首《临江仙》词的最成功之处。

语典

莫嫌荦确[1]坡头路，自爱铿然[2]曳杖声。

——《东坡》

（《苏轼诗集》卷二十二，第1183页）

注释

①荦确(luò què)：山石不平貌。

②铿然：形容声音响亮有力。

今译

不要厌恶崎岖不平的坡头小路，我最爱听手杖敲击石头上响亮的声音。

解析

此诗于元丰六年(1083年)六月作于黄州。东坡先生从长江岸边的临皋亭住地，每日往返东坡躬耕地之间的黄泥小径，无疑是崎岖不平的。但是，对于“美恶两俱忘”的东坡先生，听着手杖敲击在石头上响亮的声响，感到“乐事有今日”的愉悦。为什么“荦确坡头路”他不厌恶，杖击石头之声而“自爱”，这种“自喻适志”的原因，就在于东坡先生以庄子“齐物”的视野看待两者之间的差异，即“彼是莫得其偶，谓之道枢”(彼此两方面都不存在其对立的一面，这就是“道”的枢纽)。齐物为一、美恶在我，珍惜生命，尽情享受大自然的馈赠，这就是东坡先生在黄州的精神世界。

语典

应念雪堂坡下老，昔年共采芸香[1]。功成名遂早还乡，回车来过我，乔木拥千章[2]。

——《临江仙》

（《苏轼全集校注》(词集)·卷二，第451页）

注释

①芸香：别名小香草，用作香料及药物。尤花叶有强烈气味，可入药，可以驱虫避虫，书卷内常用芸香叶除虫，书斋就有了“芸窗”“芸署”“芸省”等说法。湖北黄州遗爱湖为追思苏东坡遗爱，在寒食碑林处建“芸香阁”，即以此典命名。另外芸香还有清热解毒、散瘀止痛、平喘、止咳、抗菌等药用功效。

②“乔木”句：指树身高大的树木。千章，千株大树。

今译

应该想念雪堂坡下的老哥，从前和你共同采择芸香。功成名遂早还故乡，乘车回来见过我，高大的乔木簇拥大树千章。

解析

此词由东坡先生于元丰六年(1083年)秋作于黄州。先生在该词中用“酒阑清梦觉，春草满池塘”之典，即南北朝时期杰出的诗人谢灵运与族弟谢惠连兄弟之美谈，联想到自己与子由诗词唱和的往事。他想起当年与子由同窗共读，携手进京赶考，同科进士及第，双双名震京师。如今闻子由为郡僚所弹劾，恐当削去官职。自己因“乌台诗案”被贬谪黄州已三年。如同他在《十拍子》词所写的“身外傥来都是梦，醉里无何即是乡”，希望兄弟俩“功成名遂早还乡”，相约早退，愉快地居住在千章乔木之下，共享安分守命、聊以自娱的闲适人生。

语典

但念世之憎臣者多，而臣之赋命[①]至薄。积毁销骨，巧言铄金[②]，市虎成于三人[③]，投杼起于屡至[④]。倘因疑似，复致人言，至时[⑤]虽欲自明，陛下亦难屡赦。

——《代滕甫[⑥]辩谤乞郡状》

（《苏轼文集》卷三十七，第1056页）

注释

①赋命：指命运。

②“积毁销骨”二句：语出《史记·张仪列传》。积毁销骨，指不断的诽谤能使其毁灭。巧言铄金，原为众口铄金，铄，熔化。指巧言混淆是非，形容舆论力量大，连金属都能熔化。

③“市虎成于三人”：语出《韩非子》卷九《内储说上》。比喻说的人多了，就能使人们把谣言当成事实。

④投杼起于屡至：语出《史记·甘茂列传》，云鲁人有与曾参同名杀人，有人告曾母，曾母不信安心织布。顷之，后连续有两人又报“曾参杀人”。这时曾母投杼下机，惊惧不已。

⑤至时：到时，届时。

⑥滕甫；即滕元发（1020—1090年）。原名甫，字达道。浙江东阳人（现东阳市吴宁街道滕（陈）宅街人）。

今译

但转念一想世上憎恶我的人很多，而我命运浅薄。各种诽谤集中起来能销毁骨头，巧诈的言论可以熔化金属，谣言传于多人竟成了事实，连续三次报曾参杀人致使曾母投梭惊惧。假若因言辞或疑似，又遭人的诽谤，到时想自我辩解，陛下也难屡次赦免。

解析

本文于元丰七年（1084年）二月作于黄州。滕元发为范仲淹外孙，性豪爽，不拘小节，自幼能文，与舅舅范纯仁一同学习，在科举考试中两中探花，这在中国1300年科举史上绝无仅有。神宗时，历任通判、同修起居注、知州、御使中丞、龙图阁学士等职。滕元发因妻族获罪遭到牵连，时，东坡先生谪居黄州代为辩谤（又传滕元发未用此文而另行上书）。通观全文，与其说是为滕元发代言，不如说是以滕元发之名为自己遭谤而辩护。明代学者茅坤在其《苏文忠公文钞》中评曰：“悲切，予观子瞻横被谗构处，往往痛心矣。故所代滕甫辩谤处，亦种种刺骨，呜咽涕洟（tì 同“涕”）。”（参见张志烈等主编《苏轼全集校注》（文集五），第3695页）所谓“积毁”“巧言”“市虎”“投杼”等典，令人不寒而栗，人言可畏，众口铄金，让天下善良人蒙冤！

语典

伏念臣向者[1]名过其实，食浮于人[2]。(略)虽蒙恩贷[3]，有愧平生。只影自怜，命寄江湖之向；惊魂未定，梦游缧绁[4]之中。憔悴非人，张狂[5]失志。妻孥之所窃笑[6]，亲友至于绝交。疾病连年，人皆相传为已死；饥寒并日，臣亦自厌[7]其余生。

——《谢量移汝州表》

(《苏轼文集》卷二十三，第656页)

注释

①向者：以往，从前。
②食浮于人：指食禄过于己之才德，超过其他人。
③贷：宽恕。
④缧绁(leì xiè)：本义指捆绑犯人的黑绳索，此处借指囚禁。
⑤张狂：仓皇，慌张。
⑥"妻孥"句：妻孥，妻子和子女的统称。窃笑，心里暗地讥笑。
⑦自厌：厌恶自己的情绪。

今译

退而自省，臣以往空有其名而不符合实际，且食禄超过他人。(略)虽说蒙受皇恩宽恕，实感终生有愧。臣孤单自怜，把命运寄托在江湖之上；惊恐之魂还未安定，梦中仍处于囚禁之中。憔悴已非人样，仓皇惊慌丧失意志。连妻儿也暗地里讥笑我，亲朋好友以至于断绝交往。连年疾病缠身，人们都传说我已经死去。每日饥寒交迫，臣自我厌倦余生。

解析

东坡先生因"乌台诗案"被贬黄州五个年头。元丰七年(1084年)三月朝廷下旨，"特授苏轼检校尚书水部员外郎，汝州团练副使，本州安置，不得签书公事"。先生读罢诏令，百感交集。神宗皇帝的"人才实难，不忍终弃"八个大字，让他看到人生的一丝光亮与转机。故他在谢表中感激涕零地诉道："稍从内迁，示不终弃。罪已甘于万死，恩实出于再生。"是的，内迁临汝，这似乎预示着先生的政治生命或有再生之日。先生不忘对从前的检讨，他认为"向者名过其实，食浮于人"。尤其是他对黄州五年来的生活状况的描写："只影自怜，命寄江湖之上；惊魂未定，梦游缧绁之中。""疾病连年，人皆相传为已死；饥寒并日，臣并自厌于余生。"让人体悟到黄州的五年间，先生以何等的毅力和心态，与命运抗争，与饥寒苦斗。观老迈衰景难卜，仰待"千载之逢"。汝州之后路在何方？先生只能"徒有此心，期于异日"。

语典

一从吏议[①]，坐废[②]五年。积忧薰心[③]，惊齿发之先变；抱恨刻骨，伤皮肉之仅存。近者蒙恩量移汝州[④]，伏读[⑤]训词，有"人材实难，弗[⑥]忍终弃"之语。岂独知免于缧绁[⑦]，亦将有望于桑榆[⑧]。

——《乞常州居住表》

(《苏轼文集》卷二十三，第657页)

注释

①吏议：谓官吏议事。

②坐废：获罪罢职。

③积忧薰心：积忧，形容因积年累月忧思过度。薰心，谓心受熏灼，常形容愁苦。

④量移汝州：量移，多指官吏因罪远谪，遇赦酌情调迁近处任职。汝州，今河南汝州市(县级市)。

⑤伏读："伏"，为表敬之词，谓恭敬地阅读。

⑥弗：不。

⑦缧绁(léi xiè)：本义指捆绑人的黑绳索。借指监狱。

⑧桑榆：本义指夕阳的余晖照在桑榆树梢上，借喻晚年。亦指隐居田园。

今译

一当经过御史官吏议决，臣获罪废弃五个年头。积年累月忧思重重心受熏灼煎熬，惊看我的牙齿脱落须发变白，心怀悔恨刻骨铭心，遭受伤害如今只皮肉仅存。近来蒙受皇恩酌情南移汝州，伏首拜读训词，惊见上有"人才实难，弗忍终弃"之语。不仅使臣知道幸免于囚禁生活，还将有希望归隐于田园。

解析

东坡先生于元丰七年三月接到诏书，让他南移汝州。四月一日离黄，后经九江，游庐山。七月舟行金陵，拜访前宰相王安石。十月至扬州。因熙宁七年(1074年)先生离杭州通判任前，曾在常州买田防老，故先生上《乞常州居住表》。十二月初一日抵泗州(今江苏省泗县)，其时已是天寒地冻，先生决定在泗州过了除夕再行。元丰八年(1085年)正月初四，先生一家离开泗州继续北上。二月先生抵南郡(今河南商丘市)，拜访七十九岁的老前辈张方平。在南都停了月余，终于接到诏令，批准先生的申请，仍以检校尚书水部员外郎、团练副使，不得签书公事、常州居住。直至这年的五月下旬，先生一家才抵常州。幸亏在仪真巧遇同事蒋之奇，帮他在常州购置了一处小农庄。两处田亩合在一起，足够养活一家人。屈指算来，先生从黄州出发，至抵常州居住，一家老小二十余口，旅途颠簸了整整一年。南宋著名文学家洪迈在《容斋五笔》中评曰："考韩(唐朝韩愈)所言，其意乃望召还。"而东坡"所乞不过见地耳，且略无佞词，真为可服"，清代学者储欣评曰："大著作，非复四六常规。"(参见张志烈等主编《苏轼全集校注》(文集四)，第2598页)前者赞其思想境界，后者夸其文笔高雅。至若先生在表状中所述家境状况："资用罄竭，(略)无屋可居，无田可食。二十余口，不知所归。饥寒之忧，近在朝夕。(略)"真让闻者触目兴叹，怆然有感。

语典

重念臣受性刚褊[①]，赋命奇穷。既获罪于天，又无助于下。怨仇交积，罪恶横生。群言或起于爱憎，孤忠[②]遂陷于疑似。中虽无愧，不敢自明。

——《乞常州居住表》

（《苏轼文集》卷二十三，第658页）

注释

①刚褊（biǎn）：犹刚愎（bì，固执任性）。

②孤忠：忠贞自持，不求人体察的节操。

今译

重新想到臣天性刚愎，命运特别坎坷。既得罪于上天，又无益于下民。仇怨忌恨交积，罪恶意外加身。众人的言论或起于爱或起于恨，臣的忠贞不渝竟遭到别人的怀疑。不过，臣内心无愧无悔，只是不敢辩明。

解析

本表于元丰七年（1084年）十二月作于泗州（今江苏盱眙县西北）。南宋著名文学家洪迈在《容斋五笔》中，将被后人尊为"唐宋八大家"之首的韩愈的《谢罪表》与苏轼的《乞常州居住表》进行比较，认为韩愈乞求皇上"乃望召还"进京，是贪恋高位，苏轼乞求皇上"许于常州居住"，是归隐田园。因而洪迈认为将东坡"与韩公相类，是不然"。当然，韩苏二"表"都有表忠自省言辞。但东坡先生"略无佞词"，且对"孤忠陷入疑似"，表达了"中虽无愧"的气节。故洪迈嘉许先生"真为可服"（参见张志烈等主编《苏轼全集校注》（文集四），第2598页）。

语典

独臣所领登州，斗入[①]海中三百里，地瘠民贫，商贾[②]不至，所在盐货，只是居民吃用。今年既榷[③]入官。(略)

官无一毫之利，而民受三害，决可废罢。(略)先罢登、莱两州榷盐，依旧令灶户[④]卖与百姓，官收盐税。

——《乞罢登莱榷盐状》

(《苏轼文集》卷二十六，第767页)

注释

①斗入：斗，古同“陡”，高耸的样子，意为高耸深入。

②商贾：古代对商人的称呼，所谓行商坐贾(gǔ)，泛指做买卖的人。

③榷(què)：专卖。

④灶户：古时设灶煮盐的盐户，后亦作制盐户的统称。

今译

唯独臣所守的登州，高耸深入大海中三百里，这里土地瘦瘠人民贫穷，商贾不来这里做买卖，所煎煮的食盐货物，只是供居民食用。而从今年却改为官家专卖。(略)

(食盐专卖)，官家没有一毫利益，而百姓却受三大害处(灶户失业、盐贵食淡、官本亏损)，因此，应该坚决废除食盐专卖。(略)首先停止登、莱两州食盐专卖制度，依旧让盐户卖给百姓，官方收取盐税。

解析

元丰八年(1085年)三月五日，神宗驾崩，大赦天下，皇太子煦(xù)即位，是为哲宗，年十岁，太皇太后高氏(英宗皇后)辅政。十月十五日，由司马光举荐，东坡先生知登州。本月二十日，以礼部郎中召还，十二月到京。在还京途中，先生就登州五日的调查研究，一连写了两道奏章：《登州召还议水军状》和《乞罢登莱榷盐状》。吁请朝廷重视登州海防，解决百姓食盐问题。清代学者王文诰在《苏诗总案》中评曰：“公无不言事之官，兹以五日之京兆，而两状所陈若此。”(参见张志烈等主编《苏轼全集校注》(文集四)，第3011页)登州百姓为感谢这位五日太守的恩情，在蓬莱阁上修建苏公祠以示纪念。后人有诗赞曰：“五日登州府，千载苏公祠。”

语典

仕路崎岖，群言摧沮[①]。虽死生不变乎已，况用舍岂累其怀[②]。

只合俯身从众[③]，卑论趋时[④]。奈何明不自知，谏[⑤]于未信。屡遭尤谴[⑥]，实自己为。力常勉于苟安[⑦]，悔欲追而何及。

——《登州谢宣诏赴阙表》

(《苏轼文集》卷二十四，第720页)

注释

①摧沮(jǔ)：挫折阻挠。

②"况用舍"句：用舍，指运用与舍弃。累，连及，牵累。怀，情怀。

③俯身从众：低身弯腰被动地服从众人的议论。

④卑论趋时：卑论，指降低对自己的要求，迁就流俗。

⑤谏：旧时称规劝君主或尊长，使其改正错误。

⑥尤谴：尤，指过失。谴，指贬谪。

⑦苟安：苟且偷安。

今译

仕途崎岖不平，群言摧折阻止。虽然是死是生都不能改变我的意志，更何况以"用"与"舍"来累及我的情怀。(略)

只该俯身随合众人的议论，迁就流俗，追逐时势。奈何明明自不知止，却劝谏圣上不能信服的国事。多次因过失遭受贬谪，实际都是自己所为。经常勉励自己姑且偷安，不然心想追悔而来不及。

解析

元丰八年(1085年)十月十五日，东坡先生到达登州任。本月二十日，召为礼部郎中。于是，先生于登州上表谢恩。仔细拜读此文，让我们不难看出，对于"乌台诗案""元丰之贬"，先生有他自己的思考。他认为，尽管"仕途崎岖，群言摧沮"，虽"死生"岂能变易其志？而以"用"与"舍"的政治手段，更不能牵累先生旷达超然之胸怀。"俯身从众，卑论趋时"，这决不是先生之品性。"屡遭尤谴"，他平静坦言"实自己为"。"诗案"既成过去，"追而何及"？迫于时势，他唯有"勉于苟安"。

语 典

臣受材[①]浅薄，临事迂疏[②]。起于罪废之中，未有丝毫之效。骤升清职[③]，必致烦言。愿回虚授之恩，庶免素餐[④]之愧。

——《辞免起居舍人第一状》

今者出于九死之地，始有再生之心。危迹粗安，惊魂未返。若骤膺[⑤]非分之宠，恐别生意外之忧。纵无人灾，必有鬼责[⑥]。

——《辞免起居舍人第二状》

（《苏轼文集》卷二十三，第661页）

注 释

①受才：天赋的才能。

②迂疏：迂远疏阔。

③清职：清正体面的职位。

④庶免素餐：庶，但愿，或许。素餐，谓无功受禄，不劳而食。

⑤膺：接受，承担。

⑥鬼责：鬼神的斥责、惩罚。

今 译

臣天赋之才浅薄，遇事迂阔疏旷。从获罪被废弃的境遇中被收用，从未有丝毫的作为。突然晋升清正体面的职位，必然招致很多(不好的)言论。臣愿朝廷收回恩命，或许能稍免臣无功受禄的愧疚。

如今臣出于九死一生之地，方有了重生之心绪。危险的迹象稍微缓解，惊恐的魂魄还未返回。倘若突然接受非分荣宠，恐怕会生出意外的忧患。纵非有人为灾祸，必定会受到鬼神的惩罚。

解 析

东坡先生于元丰八年(1085年)十月二十日，以礼部郎中被召还进京，同年十二月初到京。到京不到半月，又被任命为起居舍人(记录皇帝言行；皇帝上殿，侍立其侧；皇帝外巡，则为随从；朝廷所有大小事务，皆参与其中)。如同先生所言，自己“起于罪废之中”，担忧“骤升清职必致烦言”，故相继两次呈递了辞免状，又专程到宰相府面递辞呈，然而均未得到批准。两道辞免状，集中反映了先生“危迹粗安，惊魂未返”的惊弓之鸟心态。经过“乌台诗案”，废弃七年之久的诗人，害怕重陷“众人之所争”之所，重蹈“包羞而冒宠”覆辙。他只期望“自处于无过”，但求“识分以安身”。当年那位“奋厉有当世志”“唯当披露腹心，捐弃肝脑，尽力所至，不知其它”(《上神宗皇帝书》)，角立杰出的不羁之才，如今被“怨仇交积”“天夺其魄”，竟成为所谓“张狂失志”“空疏见散之才”。这是历史的悲哀！这是文明的屈辱！

语典

虽叨[1]过实之名，卒无适用之器[2]。少时忘意，盖常有志于事功[3]；晚岁积忧，但欲归安于田亩[4]。(略)

以荣为惧，有腼在颜[5]。(略)伏念臣赋命数奇[6]，与人多忤[7]。(略)故求闲散，以避灾迍[8]。(略)然臣辞宠而益荣，求闲而得剧[9]。虽云稍远于争地，尚恐终非久安。敢不磨钝[10]自修，履冰[11]知戒。

——《谢除[12]龙图阁学士表二首》1-2 首

(《苏轼文集》卷二十三，第 671 页)

注释

①叨：承受。

②“卒无适用”句：卒，终于。器，才干。

③事功：指为国勤奋努力工作的功业。

④田亩：田园。

⑤有腼在颜：有腼，害羞，不自然。颜，脸面。

⑥伏念臣赋命数奇：伏念，此为敬词，谓退而自省。赋命数奇，命数不好。奇，不偶，不好。古代占法以偶为吉，以奇为凶。

⑦忤：逆，不服从。

⑧灾迍(zhūn)：迍，困顿不得志，此指灾难。

⑨剧：剧烈。

⑩磨钝：磨砺迟钝，喻极言勉力奋进。

⑪履冰：履，指踩踏。脚踩薄冰，比喻小心谨慎，唯恐有失。

⑫除：任命官职。

今译

臣虽然承受过实之虚名，终无适用之才干。年轻时得意忘形，常怀有为国建立功业的志向；晚年累积忧患，只想归退安于田园。(略)

臣以荣宠为恐惧，有羞色在颜面。(略)退而自省，命数不好，与人不合。(略)所以，臣追求闲适萧散，以避免灾祸。(略)然而，臣请辞荣宠反而更加荣耀，恳求闲散之职，反而得到繁职。虽然说这稍可远离是非争议之地，但恐怕这里终究不是安身之所。臣怎敢不磨砺迟钝，自我修持，像踩在薄冰上一样知道警戒。

解析

东坡先生从元丰八年(1085 年)十二月上旬抵达汴京就任礼部郎中起，至元祐二年八月，在一年多的时间里，从六品起居舍人至四品中书舍人兼知制诰，至正三品翰林学士知制诰(此传为“将相之储”)，至兼任经筵侍读(皇帝的老师)。先生从投闲置散的逐臣谪官，扶摇直上，成为御前的“帝王之师”。此时的他，“职事如麻”“五更复起，实未有余暇”(《答曾子宣》)。然而，先生却“以荣为惧，有腼在颜”。“临宠而惧，职思其忧。”故每遇升迁，立即上状辞免。并“始终自誓”“激励晚节，砥砺初心”“忠义之报，死生不移”。在他的内心，仍然存有他的夙愿：欲归安于田亩。

语典

熙宁以来，行青苗、免役二法[①]，至今二十余年，法日益弊，民日益贫，刑日益烦，盗日益炽，田日益贱，谷帛[②]益轻，细数其害，有不可胜言者。(略)

而以万乘[③]君父之尊，负放债取利之谤[④]，锥刀之末[⑤]，所得几何？(略)

(罢青苗法)庶使农民自此息肩[⑥]，亦免后世有所讥议。

——《乞不给散青苗钱斛[⑦]状》

(《苏轼文集》卷二十七，第784页)

注释

①青苗、免役二法：青苗法，每年春天青黄不接的时候，朝廷以年息二分贷款给农民，秋后偿还。简言之就是国家放贷取利息以缓解朝廷财政之困。免役法，农民交钱代替服徭役，由官府出钱雇人充役。

②谷帛：谷物与布帛，亦泛指衣食一类生活资料。

③万乘：指一万辆兵车。周代制度规定，天子的地方千里，能出兵车万乘。因此"万乘"指天子、帝王。

④谤：恶意攻击，诽谤。

⑤锥刀之末：末，梢，尖端。比喻微小的利益。

⑥"庶使农民"句：庶，谓"或许"。息肩，指让肩头得到休息。比喻卸除重负或免除劳役。

⑦钱斛：指钱财和粮食。斛(hú)，古代容积单位，一斛为十斗，后来改为五斗。

今译

熙宁年间以来，推行青苗、免役二法，至今已有二十余年。该法之弊端日益显现，百姓日益贫穷，刑法日益烦琐，盗贼日益增多，田地越来越不值钱，谷帛价越来越低廉，仔细数一数它的害处，有难以用语言形容的弊端。(略)

圣上以万乘之尊的君父之名威，背负放高利贷取民之利的非议，如此锥刀之微利，究竟能得到多少？(略)

(罢除青苗法)，或许能让农民暂且得以休养生息，也以免后世有所讥讽议论。

解析

王安石自熙宁二年(1069年)强力推行青苗法以来，至元祐元年(1086年)，已有十七年之久(以整数言二十年)。它带来的弊端和社会动荡，先生用六个"日益"加以概括。当初，先生正是为了"青苗法"之类的变法，多次上书诤谏，后来外任地方官员，在诗词创作中亦对农民受此法带来的痛苦表示怜悯。不料被政敌们断章取义，无限上纲，罗织成"乌台诗案"，将他贬废黄州达四年之久。元祐元年(1086年)，先生以朝奉郎中书舍人的身份，给二圣(太皇太后、皇帝)继续上书，极言青苗法之害，劝谏圣上速罢青苗法。为让农民"息肩"，先生不顾身受贬谪之苦，为让农民"息肩"，先生"忘躯犯颜"，大节不夺。

语典

臣数日以来，窃闻执政之议，多欲薄臣之责而宽穜之罪[①]。（略）

纵使朝廷察臣本无邪心，止是暗缪[②]，亦乞借臣以立法，则臣上荷[③]知遇，虽云得罪，实同被赏。若蒙宽贷[④]，则是私臣之身，而废天下之法，臣之愧耻，若挞[⑤]于市，不胜愤懑[⑥]。忧国之心，意切言蠢，伏候诛谴[⑦]。

——《论周穜擅议配享自劾[⑧]札子二首》

（《苏轼文集》卷二十九，第831页）

注释

①“多欲薄臣之责”句：薄，此指轻微。穜(zhǒng)，指周穜，字仁熟，泰州人，熙宁九年进士，调江宁府(今江苏南京市)右司理(掌讼狱推勘)。元祐初任郓州教授。周穜上疏“言朝廷当以故相王安石配享神宗皇帝，按汉律当该弃市(死刑)”。

②暗缪：指愚昧而悖谬。

③荷：原意是“负担”的意思，此表示情感，如“感荷”，表示感谢。

④宽贷：指宽恕，饶恕。

⑤挞：用鞭棍抽打。

⑥愤懑：气愤，抑郁不平。

⑦诛谴；诛杀贬谪。

⑧配享自劾：配享，指功臣配祀于帝王宗庙。自劾，检举自己的过失。

今译

近几天以来，臣私下里听执政大臣们在一起议论，大多数意见想减轻对我的处罚，宽免周穜的罪过。(略)

即使朝廷考虑到臣本没有邪恶之念，只是冒昧不善识人，也请借我错误推荐人的过失树立法制的威严，臣感激圣上的知遇之恩，虽然受到处罚，实际上同受到奖赏一样。如果蒙受朝廷宽恕，那就是私自庇护了我，而废天下之大法。臣为此所感受到的愧疚和羞耻，譬若鞭挞于大市长街，不尽抑郁烦懑。臣忧国之心，语言虽蠢拙但心意却真切，臣俯伏等候朝廷的诛杀贬谪。

解析

元祐元年(1086年)四月，王安石去世。同年九月，司马光病卒。虽然新旧两党的领袖先后离世，但元祐年间党争的暗流仍然不息。新党魁首吕惠卿、李定、贾易之流虽都被逐出朝廷，“而其复心羽翼布在中外，怀其私心，冀其复用”。更为值得警惕的是，“为之经营游说者甚众”。这其中一胆大的游说者，竟是东坡先生当年荐举的江宁府小臣周穜。此人上疏奏议，“言朝廷当以故相王安石配享神宗皇帝”。按照汉朝法律，“擅议宗庙者弃市”。须知，神宗配享早已定于元勋重臣富弼。周穜一介州县小吏，竟“出位犯分”“敢建此议”，其企图是“以此尝试朝廷”。实际是受吕惠卿、李定、贾易等人的怂恿，为其“群小”代言。先生看透了“此必有人居中阴主其事”，故感到事态严重。为此，乞请朝廷“议臣妄举之罪，重行责降”。先生这种“自劾以待罪”的气度，具有无偏无党，寸心不昧的胸怀，是难有如此的果敢决断。

语典

昔先帝召臣上殿，访问古今，敕[①]臣今后遇事即言。其后臣屡论事，未蒙施行，乃复作为诗文，寓物托讽[②]，庶几[③]流传上达，感悟圣意。而李定、舒亶[④]、何正臣三人，因此言臣诽谤，臣遂[⑤]得罪。然犹有近似者，以讽谏为诽谤。

今臣草麻[⑥]词，有云“民亦劳止”，而赵挺之以为诽谤先帝，则是以白为黑，以西为东，殊无近似者[⑦]。

——《乞郡扎子》

(《苏轼文集》卷二十九，第829页)

注释

①敕(chì)：帝王的诏书、命令。

②寓物托讽：借助客观事物寄托作者的讽喻。

③庶几：或许可以。

④亶(dàn)：实在，诚然。

⑤遂：于是，就。

⑥草麻：起草诏书。

⑦殊无近似：殊，很，极其。极其没有牵强附会东西。

今译

以前先帝召我上殿，询问古今事项，命臣今后有事立即奏报。以后臣屡次讨论此事，未蒙实行，于是就写了些诗文，借物托以讽喻，或许可以通过流传上达，感动圣上。而李定、舒亶、何正臣三个人，依此说我诽谤圣上，臣于是就获罪。然而这些还有些近似，不过把讽谏当作是诽谤。

现今臣起草的诏书上，有“民亦劳上”的语句，赵挺之认为是诽谤先帝，这不就是以白为黑，以西为东，极其没有一点近似的意思。

解析

本文于元祐三年(1088年)十月十七日作于开封。东坡先生在《乞郡札子》中坦率地承认，在他先后两次上皇帝书“未蒙施行”的情况下，为表达对新法的意见，并能有机会“感悟圣意”，于是他继承《诗经》关于诗歌“寓物托讽”的传统，在此后任地方官员写作的诗歌作品中，确实对新法给百姓带来的伤害进行了讽喻。提到诗歌讽喻，不能不说《诗经》。在这部我国最古老的诗歌总集中，现存诗歌305篇。其中《雅》中的讽喻诗，作者多是贵族阶级的“代言人”，《国风》是下层人民创作的作品。这些讽喻诗作，揭露和批判了不公平的社会现象，抒发了作者忧国忧民的情怀。儒家的积极入世精神，正是吸取了包括《诗经》在内的思想文化精华所建立起来的完整思想体系。到了唐代讽喻诗已渐成熟，如李白的《古风》五十九首，杜甫的《兵车行》《丽人行》，白居易的《秦中岭》《新乐府》等，对权臣、官吏的腐败罪恶进行了大胆的揭露与谴责，甚至把矛头直接指向皇帝。鲁迅先生指出，讽刺是“发扬真善美，抨击假恶丑，这是人类进步的必然，关注社会，心系民众，针砭时弊，更是历代进步作家的共同使命”。人们在谈到苏东坡先生的讽喻诗时，常以《荔枝叹》为代表。如果与白居易的《秦中岭》相比较，后者更加直言不讳，令权贵们“相目变色”。更为复杂的是，御史赵挺之等人，他们在先生代拟的诏书中找毛病，真是在鸡蛋里挑骨头。他们的目的是置先生于死地。想象这种小人的歹毒嘴脸和卑劣手段，不禁让人毛骨悚然，不寒而栗。

语典

臣拙于谋身[①]，锐[②]于报国，致使台谏[③]，例为怨仇。臣与故相司马光，虽贤愚不同，而交契[④]最厚。光既大用，臣亦骤迁，在于人情，岂肯异论？但以光所建差役一事，臣实以为未便，不免力争。而台谏诸人，皆希合[⑤]光意，以求进用。及光既殁[⑥]，则妄意陛下以为主光之言，结党横身[⑦]，以排异议，有言不便，约共攻之。

——《乞郡劄子[⑧]》

（《苏轼文集》卷二十九，第827页）

注释

①“臣拙于谋身”句：拙，谓“笨”，不灵巧。谋身，为自身打算。

②锐：勇往直前的气势。

③台谏：台官的职能是监督官吏。谏官的职责是侍从规谏，劝谏君主的官员。自宋开始，台谏合一，即御史台、监司，谏官连称。

④交契：交情，情谊。

⑤希合：迎合，投合。

⑥殁：死。

⑦横身：挺身，置身。

⑧劄子：劄，即札。札子，和“疏”一样，就是上奏给皇帝的表章。

今译

臣拙于为自己打算，而锐于报国，致使被台谏列为仇敌。臣与故相司马光，虽然贤愚有差异，但交情最为深厚。司马光被重用以后，臣也迅速得到晋升，出于人之常情，岂能对役法有意见？但因为司马光关于差役法的施行，臣实在以为使农民不够方便，故不免据理力争。而台谏的那些人，都为了迎合司马光的意图，以贪求个人的升迁。待到司马光去世，他们又妄自猜度陛下支持司马光的主张，挺身结为死党，一意排斥异议，有谁不同意他们的主张，便相约共同攻击他。

解析

本文于元祐三年(1088年)十月十七日作于京师开封。从熙宁二年起，围绕新法而起的新旧党争持续了五十余年，至司马光、王安石去世后，本属政见的争论，被小人所利用转为洛蜀朔之间争权夺利的意气之争斗，其矛头直指苏轼。先有洛党之魁朱光庭的构陷，后有监察御史赵挺之为个人恩怨“尤发死力”，致使先生“二年之中，四遭口语”。他们“意外巧构曲成，以积臣罪”。先生意识到“若不早去，必致倾危”。有鉴于此，先生再三上书，请求外任。通读《乞郡劄子》，确信先生真乃是“拙于谋身，锐于报国”，惊世绝俗的耿介之士。

语典

先帝亲策贡士[①]，本欲人人尽言，无所回忌[②]。士之论事，必欲究极[③]始末，其语或及祖宗，事有是非，义难隐讳，但当考其所言当否，以为进退[④]，不可一一指为谤讪[⑤]。

——《参定叶祖洽廷试策状二首》其一

（《苏轼文集》卷二十八，第804页）

注释

①贡士：中国古代中央一级科举考试中应试者之称。

②回忌：回避，忌讳。

③究极：穷尽，终极。

④进退：升降，任免。

⑤谤讪（shàn）：毁谤讥刺。

今译

先帝亲自策试科举贡士，本意是允许人人大胆言事，无须回避忌讳。贡士议论国事，必定要探究事情的本末，其中有些话或可能涉及祖宗，事情有是有非，义理难以隐讳，只应当考察他的言论是否妥当，以此作为他任免升降的标准，而不能一一都指斥为毁谤讥刺祖宗。

解析

该策状由东坡先生于元祐二年（1087年）十月二十一日作于开封。文中仗义为叶祖洽辩白“谤讪”宗庙之事。叶祖洽，字敦礼，福建邵武人，熙宁初年策试进士。此人策问所对专门投合王安石，当时考官宋敏求、苏轼的意见应该淘汰，但是主考吕惠卿擢为第一。元祐初年，给事中赵君锡指斥叶祖洽在对策中谤讪祖宗（指神宗皇帝）。叶祖洽自己申辩，后来交由有关部门审议。东坡先生时任翰林学士兼侍读，他认为尽管叶祖洽“议论乖谬”，但说他谤讪祖宗不实。先生对自己当年“乌台诗案”受诬有深切感受，故站出来为叶祖洽辩白很有分量。先生认为，皇帝策论贡士，鼓励贡士畅所欲言，不要有所回避和忌讳。既然如此，贡士应策就应该“穷究始末”，有些话可以涉及祖宗，但这是就理论理，“义难隐讳”。作为考官只应考察对策是否有参考价值，而不应该抓小辫子，“一一指为谤讪”。应该说东坡先生等正义之士帮叶祖洽躲过了一关，但是此人“性狠愎，喜谀附”，绍圣年间哲宗亲政，他“排击旧党大臣不遗余力”。不论叶祖洽如何阿世媚俗，负德辜恩，单就先生正直无私，弘毅宽厚的品格来说已足以令人肃然起敬。

语典

臣二年之中，四遭口语，发策草麻[①]，皆谓之诽谤。(略)意外巧构曲成，以积臣罪。欲使臣桡椎于士夫之手，而使陛下投杼于三至之言[②]。中外之人，具晓此意，谓臣若不早去，必致倾危[③]。

——《乞郡札子》

(《苏轼文集》卷二十九，第828页)

注释

①发策草麻：发策，指为学士院馆职考试撰拟策题。草麻，起草诏书。

②“欲使臣”二句：桡椎(ráo chuí)，桡，古同“挠”，削弱。椎，铁椎。桡椎于十夫之手，语出《汉书·中山靖王刘胜传》：“聚蚊成雷，朋党执虎，十夫桡椎。”比喻人多力大，足以改变原状。投杼于三至之言，语出《战国策·秦策二》：相传曾参居费，有同名者杀人，别人告诉曾母：“曾参杀人”。曾母初不信，照常织布。后又有二人相继来告，曾母惧，投杼(zhù)越墙而走。此谓谣言多次传播，也会弄假成真。

③倾危：倾侧危险。

今译

臣两年之中，四次遭到谣言中伤，起草的策题和诏书，都被说成是诽谤。(略)他们节外生枝，恶意罗织，以积累臣的罪名。想使臣挫败于“十夫桡椎”，而让陛下误信于“三至”之言。朝廷内外的人们都知道这个意图，他们说臣如果不赶早离开京师，必定招致倾侧危险。

解析

本文于元祐三年(1088年)十月十七日，东坡先生作于开封。是年北宋朝廷，真乃是“山雨欲来风满楼”。时为监察御史的赵挺之，与苏轼兄弟俩因故结成怨仇。此人挟其“台谏气焰，震动朝廷”，朝廷上下，“皆畏避其锋”，而先生此时忧惧交加，“激切战恐之至”。就是这样一种“若不早去”“不死即废”的局势下，先生在《乞郡札子》中，“伏望圣慈念为臣之不易，哀臣处此之至难”，拜请圣上让他外任自保。一位刚正不阿的正四品朝廷重臣，皇帝的老师，竟被小人打压得如此羝羊触藩，进退失据。这样“若蹈虎尾，涉于春冰”的朝廷，究竟能够支撑多久！

语典

顷自登州召还，至备员中书舍人以前[①]，初无人言。只从参议役法，及蒙擢[②]为学士后，便为朱光庭、王岩叟、贾易、韩川、赵挺之等攻击不已，以至罗织[③]语言，巧加酝酿[④]，谓之诽谤。(略)

然臣窃自惟[⑤]，盖缘臣赋性刚拙[⑥]，议论不随，而宠禄过分，地势侵迫[⑦]，故致纷纭[⑧]，亦理之当然也。(略)

今既未许请郡，(略)只乞[⑨]解罢学士，除臣一京师闲慢[⑩]差遣，(略)或乞只经筵[⑪]供职，庶[⑫]免众人侧目，可以少安。

——《乞罢学士除[⑬]闲慢差遣札子》

(《苏轼文集》卷二十八，第816页)

注释

①"至备员中书舍人"句：备员，用作任职或任事的自谦词。中书舍人，任起草诏令之职，参与机密。

②擢(zhuó)：提拔。

③罗织：无中生有地编造、构陷。

④酝酿：此谓编造。

⑤自惟：惟，谓"想"，"思考"。自惟，自己思考。

⑥"盖缘臣"句：盖缘，谓"因为"。赋性，指天性。刚拙，刚直，拙笨。

⑦侵迫：促迫。

⑧纷纭：多而杂乱。

⑨乞：向人讨，求。

⑩闲慢：清闲而又无足轻重者。

⑪经筵：陪伴皇帝攻读经史文教席。

⑫庶：或许。

⑬除：任命官职，除授。

今译

臣刚自登州被召回京城，到授职中书舍人以前，开始没有人说什么。只是自从臣参加议论免役法，以及提拔臣为翰林学士以后，便被朱光庭、王岩叟、贾易、韩川、赵挺之等人攻击不已，以至编造言论，巧妙地加以构陷，说我诽谤朝廷。(略)

然而臣私下里自己思考，因为臣天性刚直拙笨，议论不随声附和，而又荣宠俸禄过分，处于令人嫉妒的境地，所以招致多而杂乱的议论，这也是理所当然的事情。(略)

如今既然没有批准外放，(略)只请求解除翰林学士职，授臣一京师清闲而又无足轻重的差事，(略)或请求只担任经筵的职务，或许这样可以避免众人忌恨，使臣少许得以平静安心。

解析

本文于元祐三年(1088年)三月，东坡先生作于开封。北宋神宗熙宁二年(1069年)围绕王安石变法，引发了一场持续五十余年的新旧党争。东坡先生无疑站在了司马光、韩琦、张方平、欧阳修等重臣巨卿一边，极力反对新法。党争最初因为政见不同而起，后来演变成排除异己的夺权之争。元祐元年(1086年)王安石与司马光相继病逝。这场新旧党争后来变成了蜀洛朔党争。至此党争沦为意气之争。先生在本文中提到的朱光庭，河南偃市人，嘉祐二年进士。元祐初期，司马光推荐其为左正言(谏官)，此人最早反对保甲法、青苗法，并极力弹劾新党诸臣之罪。后来朱光庭师承程颢、程颐于洛阳。至此，他奋不顾身捍卫洛派师门，时称洛党之魁。东坡先生既然与程颐交恶，也成了朱光庭围剿的主要目标。正是此人邀合监察御史王岩叟、与苏轼兄弟为敌的贾易等人，先生被这些人群起而攻之。先生厌倦长期党争，加之自己"赋性刚拙""议论不随"，故多次上书主动提出外任，以求"免众人侧目，可以少安"。这显然是一种无奈的选择，终于在元祐四年(1089年)三月十六日，被授龙图阁学士充浙西路兵马钤辖知杭州军州事，暂时离开了这个是非之地。

语典

古人有言曰："为君难，为臣不易。"臣欲依违苟且[①]，雷同[②]众人，则内愧本心，上负明主。若不改其操[③]，知无不言，则怨仇交攻，不死即废。伏望圣慈[④]念为臣之不易，哀臣处此之至难，始终保全，措[⑤]之不争之地，(略)

——《乞郡札子》

(《苏轼文集》卷二十九，第829页)

注释

①依违苟且：依违，指依顺，依仗。苟且，指只顾眼前，得过且过。

②雷同：指随声附和。

③操：行为，品行。

④圣慈：圣明慈祥，旧时对皇帝或皇太后的谀称。

⑤措：安放，安排。

今译

古人有这样的说法："为君难，为臣不易。"臣若依顺得过且过，随声附和，那么就感到内愧良心，上对不起圣上。如果臣不改变自己的品行和行为，仍然知无不言，就会被仇敌交相攻击，这样臣不是死亦是废。恳请圣上大发慈悲，念做臣子的不容易，同情臣处于此环境非常困难，望保全我善始善终。将臣安排在没有纷争的地方，(略)

解析

这篇《乞郡札子》，东坡先生于元祐三年(1088年)十月十七日作于京都开封。读罢该文完全可以体会到先生当时真是忧谗畏讥，惶惶不可终日。可以想象的到，先生是含着热泪"伏望圣慈"，乞求允许他远离这"以白为黑，以西为东"的是非之地。先生所谓"不易"和"至难"，表明他正处在"欲干不能，欲罢不忍"，进退两难的地步。一则"依法苟且，雷同众人"，应该说这般人可以如此选择，可是这对于苏东坡来说做不到。因为他的内心有两把尺子，一曰"内愧本心"；二曰"上负明主"。另一则"或不改其操，知无不言"，其下场是"不死即废"。故先生从元祐二年(1087年)正月开始，先后四次上疏要求离开朝廷，出任地方官。这似乎是一种逃避，不过，设身处地地想一想，面对无休无止的"怨仇交攻"，这种选择实乃是于"无奈"下一种本能的自我"保全"。

语典

夫毁誉[①]既难察，邪正亦不易辨，惟有坦然虚心而听其言，显然公行而考其实，则真伪自见，谗构[②]不行。

——《乞将台谏官章疏降付有司根治札子》
（《苏轼文集》卷二十九，第 838 页）

注释

①毁誉：毁损与赞誉。
②谗构：谗害构陷。

今译

毁损与赞誉难以考察，邪恶与正直也不容分辨，只有坦然虚心倾听大家的意见，明确推行公道而考察实际，这样真与假就自然显现，谗害构陷也就行不通了。

解析

元祐四年(1089 年)二月，东坡先生三上奏章乞外任越州(今浙江绍兴市)。三月十六日，朝廷下诏授先生龙图阁学士充浙西路兵马钤辖杭州军州事。先生虽离开朝廷，但朝内攻苏的声浪并未平息。台谏官章疏步其后尘，伙同党人“共出死力，构造言语，无所不至”，把矛头又一次对准先生。面对台谏的讨伐，先生的态度一是“坦然虚心而听其言”，二是“显然公行而考其实”。上疏皇帝，恳请朝廷“尽理根治，依法施行”。只有这样，才会昭然天下，真相大白，邪正分明，天道昭彰。

语典

衰病怀旧，日欲致仕[1]。既忝[2]侍从，理难骤去，须自藩镇[3]乞小郡，自小郡乞宫观[4]，然后可得也。自数年日夜营此，近已乞越[5]，虽未可知，而经营不已，会当得之。致仕有期，则拜见不远矣。惟望倍加保啬[6]，庶归乡日犹能陪侍杖履[7]上下山谷间也。

——《与王庆源[8]十三首》之十三

（《苏轼文集》卷五十九，第1816页）

注释

①致仕：交还官职，即退休。

②忝(tiǎn)：字义为“辱”，有愧于，常用作谦辞。

③藩镇：指藩卫镇抚，重要州郡的地方长官，掌管地方军政大权。

④宫观：“宫观使”之省称。宋宫观本为崇奉道教而设，大中祥符五年玉清昭应宫建成，始置宫观使，由前任宰相或现任宰相充任。此外还有提点、主管、判官、都监等官，皆为安排闲散官员而设，无实职。(参见张志烈等主编《苏轼全集校注》(文集九)，第6573页)

⑤越：即越州(今浙江绍兴市)。

⑥啬(sè)：此为爱惜。

⑦“庶归乡日犹能侍杖履”句：庶，此指但愿，或许。杖履，手杖和鞋子。此谓拄杖漫步。

⑧王庆源：字宣义，晚以恩举得官，为洪雅(今四川眉山市洪雅县)主簿，雅州户掾。解职后住眉山青神瑞草桥。

今译

我体衰多病怀念家乡，天天都想离职退休。既然有愧为皇上的侍从，故难以骤然离去。我将请求从藩镇调往小郡，从小郡调往宫观，然后才算达到我的愿望。从几年前开始我就日夜打算照此办理，最近我上书乞求调往越州，虽然不知是否恩准，但我坚持上书乞请，估计会实现这个愿望。等到退休有望时，则我拜见您的日子就不远了。惟愿您加倍保重爱惜自己，但愿我归乡后陪伴您拄杖漫步于山水之间。

解析

此书信是元祐四年(1089年)，东坡先生知杭州军州事前所作。从先生元丰三年(1080年)九月给王元直的信中获悉，王元直，名箴，四川眉山青神人，苏轼的妻舅，为王庆源的侄儿。那么王庆源当为先生的叔岳父。先生时在京城任翰林学士、知制诰兼侍读。他给王庆源的回信中表明了自己的心志：日欲致仕。他“日夜经营”着，期望自己能“自藩镇乞小郡，自小郡乞宫观”。说来恰如先生所预言的那样，十二年以后，先生被赦北归，于广州至英州途中得旨：“复朝奉郎，提举成都玉局观，在外州军任便居住。”

语典

伏念臣顷以两目昏暗，左臂不仁。坚辞禁林，得请便郡[①]；庶缘[②]静退，少养衰残。(略)

兼窃睹邸报[③]，臣弟辙已除尚书丞[④]。兄居禁林，弟为执政。在公朝既合回避，于私门实惧满盈。计此误恩，必难安处。伏望圣慈除臣一郡，以息多言。

——《辞免翰林学士承旨第一状》

(《苏轼文集》卷二十三，第679页)

注释

①“坚辞”二句：禁林，指帝王宫禁。便郡，指政务清简之州郡。

②庶缘：庶，表示希望发生或出现的某事，谓但愿。缘，因此。

③邸报：中国古代报纸的统称。将皇帝的谕旨、诏书、臣僚奏议等官方文书以及宫廷大事等有关政治情报，写在竹简上或绢帛上，然后由信使骑着快马传到州郡长官。邸报起于唐名于宋。

④“臣弟辙”句：除，任命官职，除授。尚书右丞，右丞佐仆射(仆是“主管”的意思，古代重武，主射者掌事，故诸官之长称仆射)。掌钱谷等事，为执政官，相当于副宰相。

今译

想臣不久前以两眼昏花，左臂麻木不仁为由，坚决请辞禁林要职。希望到政务清简的州郡为官，但愿因此不动声响地从朝廷退出，稍能休养衰朽残年。(略)

同时，臣私自目睹邸报，得知弟辙已被授予尚书右丞。兄居于禁林要职，弟为执政之官。在公朝既应符合回避，于私门实忧荣宠过盛。考虑这些误赐的恩惠，必定难有安妥之处。恳望圣上除授臣一郡之任，以此止息众言。

解析

元祐四年(1089年)二月，东坡先生以“论事为轴者所恨，恐不见容，三上章乞越州”。三月十六日，朝廷下诏授先生以龙图阁学士充浙西路兵马钤辖知杭州军州事。元祐六年(1091年)二月二十日于杭州，四月于扬州、五月于南都(今河南商丘)等，先后上“辞免翰林学士承旨”第一、第二、第三状。连续三次辞状，主要表达“兄居禁林，弟为执政”“兄弟迭居，势难安处”，恳请朝廷让他责守一便郡，“以息多言”。先生“怀安退缩”“安分守命”，真可谓用心良苦矣！

语典

念臣起自废黜，骤登禁严[①]。(略)怀安退缩，岂所当然。盖散材不任斧斤[②]，而病马空糜于刍粟[③]。故求外补[④]，以尽余年。(略)

念臣受宠逾涯[⑤]，积忧成疾。既思退就于安养，又欲少逃于满盈[⑥]。(略)死生不移，更誓坚于晚节。

——《杭州谢上表二首》1-2首
(《苏轼文集》卷二十三，第674-675页)

注释

①“念臣起自”二句：废黜，谓罢免，革除。禁严，谓门禁森严，指帝王宫禁。

②盖散才不任斧斤：语出《庄子·人间世》：“是不材之木，无所可用。”散才，原指因无用而享天年的树木，后多喻天才之人或全真养性，不为世用的人。

③“而病马”句：縻，谓浪费。刍粟，牲畜的粮草。

④外补：旧时称京官外调。

⑤逾涯：超过界限。

⑥满盈：充盈，充足。

今译

顾念臣从废黜罢免中起用，过快地荣登皇帝的宫禁。(略)心怀平安之心力求退缩，岂不是理所当然的事情。有道是无用之散木哪经得起斧头的砍伐；而衰病之马空费了牲畜的粮草。所以臣请求外调，以平静地度过晚年。(略)

一想臣领受荣宠超过界线，由此积忧成疾。为此，既思退缩以便于安养晚年，又想减少荣宠充盈的指责。(略)臣或生或死，更誓言坚守晚节。

解析

本文于元祐四年(1089年)七月三日，东坡先生作于杭州。由于为“免役法”的存废，先生与以道德文章名重天下的司马光，展开了针锋相对的廷辩。为宰相府吊唁司马光丧礼而引发的古礼风波，先生又与宋代理学的代表人物程颐结怨。更有甚者，程颐的门生等借机生事，从《策问·师仁祖之忠厚，法神宗之励精》中断章取义，上表弹劾苏轼。由此拉开了洛党与蜀党无休止的党争。东坡先生为逃避人事倾轧，故一再以疾病为由请求外任。于是，元祐四年(1089年)三月十六日，朝廷终于批准他以龙图学士的身份，出任浙西路兵马钤辖(管辖隶属于浙西路的六个州郡)兼杭州知州。从元丰八年(1085年)十二月到京，至元祐四年(1089年)三月十六日离京赴杭，先生在京师任职三年零三个月。在这三年多大红大紫的日子里，他始终怀有“以荣为惧”的忐忑心理。保持了“非分之宠”，必有“意外之忧”的清醒。时刻没有放弃“思退安养”“以避灾迍”的打算。当然也没有改变“死生不移，更誓坚守晚节”的朴忠之心。

语典

谤焰[①]已息，端居委命[②]，甚善。然所云百念灰灭，万事懒作，则亦过矣。丈夫功名在晚节者甚多，定国岂愧古人哉！（略）

但静以待之，勿念中途龃龉[③]，自然获济。如国手棋，不烦大段用意，终局便须赢也。

——《与王定国[④]四十一首》之二十一

（《苏轼文集》卷五十二，第1524页）

注释

①谤焰：指纷乱的诽谤。

②端居委命：端居，谓平常居处。委命，委派，任命。

③龃龉(jǔ yǔ)：比喻意见不合，格格不入。

④王定国：王巩，字定国，东坡先生挚友，因受“乌台诗案”牵连，被贬广西宾州监酒务。《宋史》有传。

今译

对您的纷乱诽谤已经止息，以平常心等待任命，这非常好。然而您说百念俱灰，样样事都懒得去做，这样就错了。大丈夫在晚年建立功名的人很多，定国您岂比古人差?!（略）

只要平静地等待委命，不要在意中途遇到的阻力，船到桥头自然直。就像围棋国手，不烦全局大段用心，终局定会赢棋。

解析

此信由东坡先生于元祐五年（1090年）秋冬作于杭州。据《续资治通鉴长编》载，担任给事中职务的朱光庭奏言，王巩“行迹污下”，在为扬州通判时，“以私利用刑得罪而去”，故新授的官职要从新公议。又闻殿中侍御史杨康国奏言，王巩改差管勾太平观，众论未允，请送吏部再议。本章句“谤焰已息”，大概指此。正值定国大有“百念灰灭”之际，先生劝导他应“静以待之，勿念中途龃龉”，相信必会“自然获济”。就像弈棋国手，着眼全局，不应被眼前小碍乱了阵脚，这样终盘必定获胜。

语典

无波真古井，有节是秋筠[1]。（略）

人生如逆旅，我亦是行人[2]。

——《临江仙·送钱穆父》

（《苏轼全集校注》（词集）卷二，第620页）

注释

①筠：竹子的别称。

②逆旅：古代对旅馆的别称，这里喻人生如寄，匆遽短促，天地是大客店，我们都在路上奔波着。

今译

心如古井无波，人如秋筠有节。人生就像住旅舍一般，我也和你一样是旅途上的行人。

解析

这首词作于元祐六年（1091年）三月上旬，时，东坡先生被罢杭州任，改受翰林学士承旨还京都。因先生闻苏州、湖州水灾严重，他遂绕道湖州至苏州。先生目睹水患，民生乏食，为之悲悯。于是途中再上《乞发运司应副浙西米状》，请求救灾民于水火。其实该词是先生离杭州前，送钱穆父北归为之赠行所写。“天涯踏尽红尘，依然一笑作春温”两句足见先生“踏尽滚滚红尘”，从容笑对人生逆境的风骨。表达了先生仕宦坎坷，但却心似古井，节如翠竹，坚守独立不倚的人格操守。

语典

伏念臣志大而才短，论迂而性刚①。以自用②不回之心，处众人必争之地。不早退缩，安能保全。是以三年翰墨③之林，屡遭飞语④；再岁江湖之上，粗免烦言⑤。岂此身愚智之殊？盖所居闲剧⑥之致。臣之自处⑦，何者为宜。

——《谢兼侍读表二首》其二

（《苏轼文集》卷二十三，第685页）

注释

①论迂而性刚：议论迂阔。性刚，性情刚直。

②自用：自以为是。

③翰墨：义同笔墨，泛指文章。

④飞语：犹流言。

⑤烦言：气愤或不满的话。

⑥闲剧：闲，谓政务清简，指杭州之任，剧，谓政务繁重，指翰林学士之任。

⑦自处：指安置自己，对待自己。

今译

臣私下想，自己志大才疏，议论迂阔，性情刚直。凭着自以为是从不反悔的信念，处身于众人争议之所。若不及早退缩，岂能保全性命。因此，在三年翰林任职期间，屡遭流言；两年在偏远之地，差不多避免了烦扰之言。这难道是我特别愚笨或聪明的缘故？大概是所居职位清简或繁重造成的。臣如何安置自己，怎么做才算合乎时宜。

解析

元祐六年（1091年）六月一日，东坡先生再入学士院，就任翰林承旨兼侍读。同月四日上《谢兼侍读表二首》。从表状中的言辞看，先生对此次的荣宠保持了相当的谨慎的态度。他认为身在“翰墨之林”，自己又当“处众人必争之地”。他总结自己于“翰墨”与“江湖”两境地的结果差别，前者是“屡遭飞语”，后者是“粗免烦言”。“闲”与“剧”如此大的反差，真让他无所适从。不过，前车之鉴，让他明白：“不早退缩，安能保全。”由此判断，先生在学士院的时日一定不会长久。

语典

臣自杭州召还以来，七上封章[①]，乞除一郡。(略)臣闻贾易购求[②]臣罪，未有所获。只有法外刺配颜章、颜益一事[③]，必欲收拾砌累[④]，以成臣罪。

宰相以下，心知其非，然畏易之狠，不敢不行。(略)宁违二圣[⑤]指挥，莫违贾易意旨。臣是何人，敢不回避？若不早去，不过数日，必为易等所倾[⑥]。

——《乞外补回避贾易札子》

(《苏轼文集》卷三十三，第934页)

注释

①封章：用皂囊重封的奏状，故名封章。

②购求：出资搜求。

③颜章、颜益一事：杭州第一富商颜巽(xùn)之闹事，颜巽之子颜章、颜益煽动富家弟子二百余人集体闹事，颜章、颜益曾因贪赃枉法，被刺配牢城，犯有前科。释出后，父子奸凶，众所畏恶。苏轼立即派人调查，很快就查清颜氏种种恶行，于是，责令差役立即逮捕归案，判刑入本州牢城。

④砌累：拼凑堆砌。

⑤二圣：指哲宗皇帝与辅政的太皇太后。

⑥倾：倒塌，此处指倾轧。

今译

臣自杭州被召还朝廷以来，七次呈上密封奏章，乞请圣上授臣外任一郡。(略)臣听说殿中侍御史贾易四处搜求臣的罪证，然而没有什么收获。只有臣知杭州时法外刺配颜章、颜益一件事。必定想要拼凑堆砌罪证好收拾我，以定臣的罪行。

宰相以下的官员，心里都明白其中的是非，然而畏惧贾易之狠毒，不敢不施行。(略)他们宁可违逆二圣的指示，却不敢违背贾易的意旨。臣算什么人，岂敢不回避？如果不趁早离开，要不了几天，必定被贾易等人所倾轧。

解析

元祐六年(1091年)六月一日，东坡先生再入翰林学士院。七月初，贾易等立即上疏论浙西灾伤不实。七月六日，先生上《乞外补回避贾易札子》。七月二十八日，又连上《乞外补回避贾易札子》，乞请外补。贾易究竟是何人，为何竟"上下慑服"？贾易，乃程颐的门生。他步洛党之魁朱光庭后尘，为其师程颐报怨复仇。其搜求罪名，攻击先生讪谤先帝，认为先生对颜章、颜益的惩处是"以暴横立威"，诬先生救灾是"张大其言"，疏浚西湖是"以事游观"等。贾易就是这样颠倒黑白，煽动时任监察御史安鼎，殿中侍御史杨畏等人群起而攻击苏轼。因为"朋党益众，羽翼成就""威势已成"，竟让"宰相以上，心知其非，然畏易之狠，不敢不行"。先生"计穷事迫""七上封章，乞除一郡"。呜呼！东坡先生"元祐之患"甚于"元丰之祸"，可见北宋元祐党争为害之烈。

语 典

避嫌引疾，惭无国士[1]之风；揣[2]分知难，粗守人臣之节。（略）

伏念[3]臣早缘多难，无意轩裳[4]；晚以虚名，偶尘侍从[5]。虽云时可[5]，每与愿违。既未决于归田，故力求于治郡。

——《颍州谢到任表二首》之一

（《苏轼文集》卷二十四，第690页）

注 释

①国士：国中才能出众的人士。

②揣：估量，忖度。

③伏念：伏，敬词。念，念及，想到。

④轩裳：轩指车驾，裳指衣服，此指官位爵禄。

⑤偶尘侍从：偶然卑微地得到侍从之职。

⑥虽云时可：虽然说时机正可。

今 译

臣逃避猜嫌，因病引退，惭愧自己没有国士之风骨；揣度自己的本分知晓自己难言之隐，粗略地知道遵守人臣的节操。（略）

臣退而自省，早年蒙受多灾多难，无意追求官位爵禄；晚年凭借空虚之名，偶然卑微地得到侍从的职位。虽然说时机正可，但每每与自己的愿望相违背。既然暂未作出回归田园的决定，所以臣将力求把郡州事治理好。

解 析

该表状于元祐六年（1091年）八月二十二日作于颍州。虽然东坡先生“凡力请八章”“力求便郡”，终于如愿以偿，以龙图阁学士知解颍州（今安徽阜阳）。但他也表露这样做终归是无奈之举。为此，先生内心感到隐痛：惭无国士之风。当然，先生之所以“无意轩裳”，应该追溯到“早缘多难”的“乌台诗案”。正是那个祸起萧墙的文祸，让他看透了那撮小人妒贤嫉能的险恶用心，尝够了无休无止党争而引起的赤舌烧城、谗口嚣嚣的痛楚。如其说此为无奈，亦可谓为明智的自我解脱。

语典

力求便郡[①]，盖常怀老退之心；伏读训词[②]，有不为朕留之语。(略)

犬马[③]微心，犹恐盖棺而后定[④]。

——《谢除龙图阁学士知颍州表二首》之二

(《苏轼文集》卷二十九，第678页)

注释

①便郡：政务清简之州郡。

②训词：帝王的诰敕之词。

③犬马：指臣子对君主的自喻，表示忠诚、甘愿服役奔走。

④盖棺而后定：指一个人的是非功过到死后才能作出结论。

今译

臣极力请求外任便郡之职，是因为常怀有年老退休的心愿；恭读圣上的训诫之敕文，有"不为我留下来"的言语。(略)

臣犬马微心，仍然担忧死后盖棺不好作出定论。

解析

本文乃东坡先生于元祐六年(1091年)八月五日作于京师。东坡先生与弟辙的晋升重用，无疑对具有个人野心的政客们构成极大威胁。先生一入学士院，政敌们便策划于密室，企图以莫须有的罪名加以弹劾。跳得最高的是侍御史贾易、御史中丞赵君锡。他们步李定之流的后尘，企图构陷第二次"乌台诗案"。他们以元丰八年先生所写的《归宜兴·题扬州竹西寺三首》之一为突破口，诬称"山寺归来闻好语，野花啼鸟亦欣然"诗句，是对先帝神宗驾崩的大不敬。事实上，这首诗作于哲宗策立之初，距神宗去世已两月之久。虽然不辩即明，但是先生深惧京师人心险恶，是非之地不可久留。于是，"凡力请八章而后从"，终于元祐六年八月二十二日，抵达颍州(今安徽阜阳)任上。先生"引嫌求避"，目的是"曲全于晚节"。他坦然面对"进退"，认为"力求便郡""可谓光荣"。

语 典

二年阅三州[1]，我老不自惜。团团如磨牛，步步踏陈迹[2]。

岂知世外人[3]，长与鱼鸟逸[4]。吾生如寄耳[5]，出处谁能必[6]。

——《送艺上人游庐山》

（《苏轼诗集》卷三十五，第1899页）

注 释

①"二年"句：东坡先生元祐六年二月离杭赴京翰林学士，八月外任知颍州(安徽阜阳)，元祐七年三月知扬，故谓"二年阅三州"。

②"团团"二句：牛拉磨，总是围着磨团团转，每一步总是踏着原来的脚印。

③世外人：出世之人。

④鱼鸟逸：像鸥鸟一样安闲。

⑤如寄耳，如同寄居人士。耳，古汉语助词。

⑥"出处"句：出处，谓进退。必，一定。

今 译

两年经历了三个州，我是年老不爱惜自己。就像拉磨的老牛团团转圈，每一步踏着陈旧的足迹。哪知出世之人，经常像鱼鸟一样安闲。而我这辈子如同寄寓人世，是进是退谁人能够料到一定。

解 析

本诗由东坡先生于元祐七年(1092年)八月作于扬州。所谓"两年阅三州"，即元绍四年(1089年)七月三日到杭州任，元祐六年二月，罢杭州任，在任约一年半时间。元祐六年(1091年)八月二十二日到颍州(安徽阜阳)任，元祐七年三月十六日改任扬州。以兵部尚书兼差充南郊卤簿使被召还京都，在扬州任约半年时间。这种走马灯式的调任，恰似先生诗中所云"团团如磨牛，步步踏陈迹"。九月太皇太后去世，十月年轻皇帝哲宗亲政。他预感国事将变，一场更大的政治风暴即将到来。故先生在诗末发出"吾生如寄耳，出处谁能必"的感叹。

语典

臣本以宠禄[1]过分，衰病有加，故求外补[2]，实欲自便[3]，而荣名骤进，两职荐加，不独于臣有非据[4]之羞，亦恐朝廷无以待有劳之士，岂徒内愧，必致人言。

——《辞两职[5]并乞郡札子》

（《苏轼文集》卷三十七，第1041页）

注释

①宠禄：荣宠与禄位。

②外补：旧时称京官外调。

③自便：按自己的方便行事，自由行动。

④非据：才不称职的谦词，非分占据的职位。

⑤两职：指端明殿学士和翰林侍读学士。

今译

我本来已有过分的荣宠和禄位，同时衰老和疾病日甚一日，所以恳求外任，实际是想自己得以方便。而现在荣宠突然加身，这不仅单单使臣背上非分窃禄的羞耻，也恐朝廷对有功劳之士无法交待，岂止于内心愧疚，必定还招致别人的议论。

解析

元祐七年(1092年)八月，东坡先生自扬州被召还，九月到任，兼侍读。十一月受端明殿学士兼翰林侍读学士。十一月二十六日，先生上《辞两职并乞郡札子》。虽然这种奏状有自谦的成分，但乞郡外补乃先生一贯的想法。原因很清楚：实欲自便。“自便”者，为赢得自由空间。还有另一个原因：免致人言。因为先生自元丰八年(1085年)十二月进京，至元祐七年(1092年)八月从扬州任上召还，每次回朝都先后遭到台谏官吏的围攻和莫须有的诬陷。如今“荣名骤进，两职荐加”，岂不更让这些人红了眼？故乞请“外补”，名为“自便”，实则亦是无奈。

语典

朝菌无晦朔①，蟋蛄疑春秋②。南柯③已一世，我眠未转头。(略)
我观去来今④，未始一念留。奔驰竟和得，而起无穷羞⑤。(略)
哭我方醉梦，衣冠戏沐猴⑥。会当无何乡⑦，同作逍遥游⑧。

——《九日次定国韵》

(《苏轼诗集》卷三十五，第1906页)

注释

①“朝菌”句：见《庄子·逍遥游》，朝菌，朝生暮死之虫。晦朔，晦为月终，朔为月始。
②“蟋蛄”句：蟋蛄，蝉，春生夏死，夏生秋死。
③南柯：柯，树枝，意指在南面大树下做了一场美梦，比喻一场空欢喜。
④去来今：过去、未来、现在。
⑤无穷羞：没有穷尽的羞耻。
⑥衣冠戏沐猴：沐猴，猕猴。让猴子穿衣戴帽以供玩耍。
⑦无何乡：见《庄子·逍遥游》，“无何有之乡”之省称，指空无所有的地方。
⑧逍遥游：《庄子》首篇，指追求一种无己、无功、无名的境界，实现绝对自由的人生愿景。

今译

朝生暮死的小虫没有月始月终的概念，春生夏死的鸣蝉疑惑有四季之别。南柯一梦恍若一世，我睡着了还未翻身。(略)看我过去、未来和现在，根本没有留下一个念想。如此奔波到底有什么收获，想到此心中升起无尽的羞愧。(略)笑我正在醉梦之中，就像沐猴而冠被人戏耍。(略)或者真有“无何有之乡”，一同去作优游自得的闲游。

解析

本诗由东坡先生元祐七年(1092年)九月九日，从扬州赴京华开封途中作于南都(今河南商丘市)。王巩，字定国，出身世家，为北宋时期极为著名的三槐王氏。曾祖王祐，官至兵部侍郎，后封晋国公。王祐退休还乡，于庭中亲植槐树三株，并预言：“吾之后世，必有三公者。”祖父魏国公文正王旦为真宗宰相。其父懿敏公王素，事仁宗，出入侍从将帅三十余年。王巩为王素第四子。东坡先生知守徐州，王巩往访，后成莫逆之交。先生因“乌台诗案”得罪被贬黄州，王巩因御史舒亶诬陷与先生往还，“漏泄禁中语，阴同货赂，密与宴游”。于是时任秘书省正字的王巩，被贬至广西宾州监督酒税。元丰六年，王巩遇赦北归。此后，他一直受人攻击，闲居南都(商丘)。诗中写出了王巩“俯仰四十年，始知此生浮”的百念灰冷之意。亦道出了先生“会当无何乡，同作逍遥游”，逃离陷阱，渴望自由的夙愿。

语典

还朝如梦中，双阙眩金碧[①]。复穿鹓鹭行[②]，强寄麋鹿[③]迹。

劳生苦昼短，展转不能夕。默坐数更鼓[④]，流水夜自逆[⑤]。(略)

——《次韵定国见寄》

(《苏轼诗集》卷三十六，第1920页)

注释

①"双阙"句：双阙，皇宫门前之两座望楼。阙，门观。眩金碧，金碧辉煌，光彩炫目。

② 鹓鹭行：鹓，古书上指凤凰一类的鸟。鹭，鸟类的一科，翼大尾短，嘴直而尖，颈和腿很长，常见的有"白鹭"。比喻班行有序的朝官。

③麋鹿：俗称"四不像"。

④更鼓：古时分夜间为五更，每更到时击鼓报时，称报更。

⑤流水夜自逆：指吐纳运气，即今人所谓气功。

今译

回到朝廷恍如梦中，金碧辉煌的门楼让我两眼昏花。重新穿上朝服像鹓鹭般地行走，我只不过在这里暂且栖身。辛劳一生害怕昼短夜长，辗转反侧很难熬过一晚。只好默默地坐起数着报更的鼓点，让唾液倒流好吐纳运气。

解析

此诗是元祐七年(1092年)十一月，东坡先生作于京城开封。这一年的八月，先生以兵部尚书兼差充南郊卤薄使回朝，九月到任，兼侍读。十一月，迁端明殿学士兼翰林侍读，守礼部尚书。虽然这是先生一生中最高的官职，然而他却有"还朝如梦中，双阙眩金碧"，极不适应的异样感觉和"展转不能夕""默坐数更鼓"的坐卧不宁。先生似乎已有"山雨欲来风满楼"的预感，故诗中透露出朝廷将有平地风波，衔橛之变。果不出所料，随着太皇太后逝世和年轻皇帝哲宗亲政，被贬的厄运又一次降临到先生的头上。这就是先生为何"展转不能夕"的真正原因。

语典

始臣之学也，以适用为本，而耻空言；故其仕[①]也，以及民为心，而惭尸禄[②]。

——《谢除两职守礼部尚书表》

（《苏轼文集》卷二十四，第701页）

注释

①仕：做官，出仕。
②尸禄：空食俸禄。

今译

当初臣的为学，以实用为其根本，而以不切实际的话为耻辱。所以为政以来，以涉及民事为心中的目标，而对空食俸禄感到惭愧。

解析

元祐七年(1092年)十一月二十四日，东坡先生受端明殿(古代宫殿名。一为后唐明宗同光二年改解卸殿为端明殿，设端明殿学士。二为宋仁宗明道二年改承明殿为端明殿，复设端明殿学士)学士守礼部尚书。先生闻命当即连上两道辞状，朝廷不允。十二月，先生乃拜命就职，并上谢表。先生在谢表的开始部分突出表白了两个观点。其一，“耻空言”“惭尸禄”。其二，为学“以适用为本”。什么是“适用”？他当即回答：“民为心。”寥寥数语，洞见素志。

语典

然其要不出六事：一曰慈，二曰俭，三曰勤，四曰慎，五曰诚，六曰明。慈者，谓好生恶杀，不喜兵刑①；俭者，谓约己②省费，不伤民财；勤者，谓躬亲庶政③，不迩声色④；慎者，谓畏天法祖⑤，不轻人言；诚者，谓推心待下，不用智数⑥；明者，谓专信君子，不杂小人。

——《谢除两职守礼部尚书表》

（《苏轼文集》卷二十四，第701页）

注释

①兵刑：用兵，用刑。

②约己：约束自己。

③躬亲庶政：躬亲，指亲自。庶政，各种政务。

④不迩声色：迩（ěr），指“近”。声色，淫声与女色。不近淫声女色。

⑤法祖：效法先祖。

⑥智数：谋术，心计。

今译

其重要的不外乎六件事：一是慈，二是俭，三是勤，四是慎，五是诚，六是明。所谓慈，就是珍惜生命，厌恶杀生，不提倡用兵用刑；所谓俭，就是约束自己，节省费用，不损耗民财；所谓勤，就是亲自处理各种政务，不近淫声女色；所谓慎，就是敬畏上天效法先祖，不轻易采纳或摒弃别人的进言；所谓诚，就是推心置腹对待下级，不用谋术心计；所谓明，就是专一相信君子，不受小人干扰。

解析

东坡先生于元祐七年（1092年）十一月二十四日，被授端明殿学士兼翰林侍读学士守礼部尚书，十二月上谢表。先生在谢表中说：“于拜恩之日，少陈有益之言。”于是，择其要一下子论及了“六事”。先生自己心里清楚，这六件事“皆先王之陈迹，老生之常谈。言无新奇，人所易忽”。为了强调这“老生之常谈”的重要性，他煞费苦心地讲了两个比喻。一是说，譬如谷米猪羊虽然没有别致的味道，却有益于人的身体。二是说，譬如有病服用参苓之类的药，虽然不会很快见效，但却有益于人的生命健康。那个放荡不羁，荒淫无度的哲宗小皇帝真的把这当“有益之言”吗？当然，听不听由他，“以文字为官常，语言（谏议）为职业”的东坡先生，仍然是照说不误。因为这是先生“或可报恩于未死之日”的“天与愚忠”。

语典

若陛下听而不受，受而不信，信而不行，如闻春禽[①]之声，秋虫之鸣，过耳而已，则臣等虽三尺之喙[②]，日诵五车之书，反不如医卜[③]执技之流，薄书奔走之吏。其为尸素[④]，死有余诛。

——《谢除两职守礼部尚书表》

（《苏轼文集》卷二十四，第701页）

注释

①春禽：春鸟。

②喙(huì)：嘴，特指鸟兽的嘴。

③医卜：行医和占卜之人。

④尸素：尸位，空占职位，不尽职守。

今译

如果陛下听了我的话而不接受，接受了而不相信，即使相信也不执行，就像听到春天的鸟叫声，秋天的虫子鸣叫声一样，过耳就忘，那么臣等虽长有三尺长的嘴巴，每日诵读五车诗书，反倒不如行医和占卜等雕虫小技的人，不如那不学无术四处奔走的小吏。我等尸位素餐，死有余辜。

解析

本表于元祐七年(1092年)十二月作于开封。东坡先生第三次恩受端明殿学士兼翰林侍读学士守礼部尚书，此时他已经五十七岁。至此，先生先后作为年轻哲宗皇帝的老师已是“八年之间，指陈至理，何啻(chì)千万”。先生通过八年“侍读”，对年已十七岁的哲宗的品性了如指掌。上述这段苦口婆心的言辞，既“无奈”又“无法”；既有恨铁不能成钢之情，又有愧对先帝之自责。但是这一切对于哲宗都无济于事，只不过视老师的说教为“春禽”“秋虫”的叫鸣声而已。先生的这番教言，不能不说是对哲宗朝的预言，因为自元祐元年(1086年)，年仅10岁的哲宗登基，高太皇太后辅政(元祐八年太皇太后去世，哲宗亲政历绍圣四个年头，元符三个年头，总共亲政仅七个年头)元符三年(1100年)。正月，哲宗驾崩，年仅二十五岁。看来先生所谓“呵而不受，受而不信，信而不行”之教言，真的是付诸东流。

语典

唐宰相陆贽[①]，才本王佐[②]，学为帝师。论深切于事情，言不离于道德。智如子房[③]，而文则过；辩如贾谊[④]，而术不疏。上以格[⑤]君心之非，下以通天下之志。三代已还，一人而已。但其不幸，仕不遇时。（略）

如贽之论，开卷了然[⑥]。聚古今之精英，实治乱之龟鉴[⑦]。

——《乞校正陆贽奏议上进札子》

（《苏轼文集》卷三十六，第1012页）

注释

①陆贽（754—805年）：吴郡嘉兴（今浙江嘉兴）人，唐代著名政治家、文学家、政论家。唐德宗贞元八年（792年）为宰相。所作奏议多用排偶，条理精密，文笔流畅。因户部侍郎裴延龄构陷，被罢相。永贞元年（805年）卒于贬所忠州（今重庆忠县），享年五十二岁。唐顺宗追赠兵部尚书，谥号宣，后从祀孔庙西庑四十七位。

②王佐：佐，指辅佐。王佐，辅佐帝王成就大业。

③子房：张良（约前250—前186年），字子房，与韩信、萧何并称"汉初三杰"。死后被封为留侯，后世敬其谋略出众，称其为"谋圣"。

④贾谊：西汉初年著名政论家、文学家。文帝时任博士，迁太中大夫，受大臣周勃、灌婴排挤，被谪为长沙王太傅，三年后被召回长安，为梁怀王太傅。梁王坠马而死，贾谊深自歉疚，抑郁而亡，时年仅三十三岁。

⑤格：此处指纠正、格非。

⑥了然：明白，清楚。

⑦龟鉴：龟可以卜吉凶，鉴（镜）可以比美丑。故比喻借鉴前事。

今译

唐代宰相陆贽，有辅佐帝王成就大业之才干，其学识可为帝王的老师。其议论切合于实际，言语符合道德规范。他的睿智可与张良相比，而文采则超过了他；他的雄辩像贾谊，而术法策略不疏阔。上可以纠正君主的过错，下可以沟通天下之意向。夏商周三代以来，仅他一人而已。但不幸的是，生不逢时。（略）

像陆贽的奏论，开卷便一目了然。汇聚了古今精辟的见解，实乃治乱之镜鉴。

解析

此文是东坡先生于元祐八年（1093年）五月七日，在端明殿学士兼翰林侍读，守礼部尚书任上的奏议。实际上这份奏议是兵部员外郎、崇明殿说书吕希哲，中书舍人吴安诗，中书舍人丰稷，翰林学士赵彦若，翰林学士、侍讲学士范祖禹等六人，联名向哲宗皇帝上的奏状。他们的用意是，推荐唐朝德宗宰相陆贽奏议，以供哲宗"置之坐隅，如见贽面，反复熟读，如与贽言"。值得注意的是，东坡先生等人为何在元祐八年向哲宗上"校正陆贽议论"奏状？明代学者茅坤在《苏文忠公文钞》中评曰："长公所最得意识见，亦最得意奏条。借贽之所苦口于德宗者，感动主上。"（参见张志烈等主编《苏轼全集校注》（文集五），第3573页）"借贽之所苦口"而"感动主上"，正是先生之良苦用心。九月即上奏议的四个月以后，太皇太后卒。八月一日，东坡之妻王闰之卒于京师。九月，先生以两学士充河北西路安抚使兼马步军都总管出知定州军州事。十月哲宗亲政，再度起用新党。随后元祐党人遭到全面清洗，而东坡先生首当其冲。先生等六人"借陆贽以感动主上"的计划落空，一场更为残酷的岭南贬逐，将无可避免地落到东坡先生身上。

语典

臣才短数奇[①]，性疏少虑，半生犯患，垂老困谗[②]，非二圣之深知，虽百死而何赎[③]。

——《谢宣谕[④]札子》

（《苏轼文集》卷三十六，第 1016 页）

注释

①数奇：数，指命数。命运多舛，指遭遇不顺当。

②困谗：困，指包围，围困。谗，陷害某人的坏话，谗言。

③赎：用财物脱罪或抵免过失。

④宣谕：宣布命令，晓谕。

今译

我才疏学浅，命运多舛，性情疏阔欠考虑，半生遭遇患难，老来又被谗言包围，如果没有太皇太后及皇上的深刻理解，即使死上百次又怎能赎清我的罪过。

解析

元祐八年(1093 年)五月十九日，东坡先生曾向朝廷上《辩黄庆基弹劾札子》。监察御史黄庆基，诬告先生乱用颍州官钱、误判尹真死刑及强买曹姓人田产等。后经朝廷查实，全是黄庆基无中生有，于是将其罢黜。五月二十四日，先生为感谢太皇太后及哲宗“至公而行之以恕，至仁而照之以明”，呈递了《谢宣谕札子》。自熙宁、元丰以来，先生先为李定、舒亶所谗害。元祐以来，又被朱光庭、赵挺之、贾易之流所诬告。最近黄庆基“祖述李定、朱光庭、贾易等旧说”，满以为可以导演出第二个“乌台诗案”。没想到，此人害人害己，搬起石头砸自己的脚，最后被罢免监察御史，贬为福建路转运判官。

语典

夫操舟者常患不见水道之曲折，而水滨①之立观者常见之。何则？操舟者身寄于动，而立观者常静故也。弈②棋者胜负之形，虽国工③有所未尽，而袖手旁观者常尽之。何则？弈者有意于争，而旁观者无心故也。

——《朝辞赴定州论事状》

（《苏轼文集》卷三十六，第1020页）

注释

①滨：水边，近水的地方。
②弈：古代称围棋。下棋。
③国工：国手。

今译

驾驶船的人常担心看不到水道的弯曲，而站在水边的旁观者却看得很清楚。这是什么原因？因为驾船的人自身与船都在动，而旁观者一直处于静态的缘故。下棋有胜负的形迹，但虽然是国手也有未能看透的时候，而袖手旁观的人却常常一目了然。这是什么原因？下棋的人专注争胜，而旁观者没有争胜负心态的缘故。

解析

元祐八年(1093年)九月，东坡先生被罢礼部尚书任，即将赴西北边陲就任定州军州事。临行前，哲宗皇帝以“迎接人众为词”，拒绝先生上殿面辞，于是先生饱含激情地写了这篇告别奏议。先生在该奏状中动情地说：“臣备位讲读，日侍帷幄，前后五年，可谓亲近，方当戍边，不得一见而行。”这让先生感到国事将变，动乱在即。然而先生还是尽臣子之愚忠，不究冷遇，仍然痴情地“悉心论奏”。他劝谏年轻的皇帝“处晦而观明，处静而观动”，务必“以三年为期”，然后方“应物而作”。先生啊！您真是个老夫子，您侍教了八年之久的小皇帝，怎么耐得住“三年”之期。他早就对您喋喋不休的训诫忍受够了。现在他大张挞伐的时候到了，面对您临行前苦口婆心的奏状，他心里在说：“让你的忧国之心，冒死进言见鬼去吧！”“元祐党人”的末日已经来临。

语典

古之圣人将有为也，必先处晦①而观明，处静而观动，则万物之情，毕陈②于前。不过数年，自然知利害之真，误邪正之实，然后应物③而作，故作无不成。

——《朝辞赴定州论事状》

（《苏轼文集》卷三十六，第1019页）

注释

①晦：昏暗。

②毕陈：毕，此指完全。陈，排列。完全呈现。

③应物：应，顺应。顺应事物规律。

今译

古代的圣人想要有所作为，必须要先在暗处而观察明处，处于静止而观察动态，这样万物的情态就会全部呈现在眼前。不过几年，就自然知道利益与弊害的真情，辨识邪恶与正直的实际，然后顺应事物的规律而行动，所以行动没有不成功的。

解析

元祐八年（1093年）九月二十六日，东坡先生以两学士充河北西路安抚使兼马步军都总管出知定州军州事。按照“祖宗贯例”，边关将帅赴任，一定要上殿面辞皇帝，皇帝“亦当垂意听纳”。可是刚刚亲政的年轻皇帝，却“独以本任阙官迎接人众为词，降旨拒臣不令上殿”。对于这一反常态的做法，先生直率地问道：“此何义呢?”这是一个不祥的信号，绝不仅仅是“意轻边事”，而是意轻于人。尽管如此，先生还是本着“欲少效愚忠”之诚心，向哲宗劝谏：“惟忧太早，不患稍迟。”希望陛下“默视庶事之利害与群臣之邪正，以三年为期”，待成竹在胸之后，“然后应物而作”，不愁“作无不成”。先生真乃一片诚朴，披肝沥胆，而年轻皇帝早心存芥蒂，腹藏杀机。

语典

定州近岁军政不严，边备小弛，（略）是致法令不行，禁军①日有逃亡，聚为盗贼，民不安居。（略）

伏望圣慈深念河朔②为诸路要重，而定武控扼强虏③，又为河北屏障④，所屯兵马，理当加意葺治⑤。

——《乞降度牒⑥定州禁军营房状》

（《苏轼文集》卷三十六，第1021页）

注释

①禁军：北宋称正规军，由中央政府直接掌握。

②河朔：古代泛指黄河以北的地区。

③“而定武控扼”句：定武，即定州。控扼，控制。强虏，强劲的敌人。

④屏障：泛指遮蔽，阻挡之物。

⑤葺治：修治。

⑥度牒：是朝廷发给公度僧尼以证明其合法身份的凭证，同时也可以免除地税徭役。官府出售度牒，以充军政费用。

今译

定州近年军纪不严，边防战备松弛，（略）致使法令不能执行，每天都有禁军逃跑的事件发生，他们逃出去有的就聚为盗贼，使百姓不能安居。（略）

恳请圣上考虑到河朔地区为各路之要塞，而定州控制着强劲的敌人，又是河北的屏障，所屯驻的兵马应该特别注意修治。

解析

元祐八年（1093年）十月，东坡先生到达定州任上。到达后即深入军营调查，发现近年来边陲重镇定州“军政不严，边备小驰”，查获有的军人偷盗铜锣，公开在城中开设赌场，召军民赌博。由于“法令不行，禁军日有逃亡”。另外，“营房大段损坏，不庇风雨”“椽柱腐烂，大半无瓦”。于是，先生火速具状，向朝廷乞赐度牒，筹集资金，“加意葺治”。年已五十八岁的翰林大学士，身负边陲安抚使兼马步军都总管重任，显示出从严治军，加强边备，文经武纬的杰出才干。

语典

我亦旗鼓严中军①，国恩未报敢不勤。
但愿不为世所醺②，尔来白发不可耘③。

——《子由生日，以檀香观音像及新合印香银篆盘为寿》
（《苏轼文集》卷三十七，第2016页）

注释

①“我亦”句：旗鼓，军中号令之具。中军，古代行军作战分上、中、下三军，主帅主中军发号施令。

②醺：同熏，熏染。

③“尔来”句：尔来，谓近来。耘，除草，此为除去义。

今译

我也是发号施令严厉的三军主帅，国家恩典还未报偿岂敢不勤政为民。但愿我可以不被世事熏染，（因为）近来头上的白发已难以除尽。

解析

此诗由东坡先生于元祐九年（1094年）二月作于定州。元祐八年九月，以两学士充河北西路安抚使兼马步军都总管出知定州军州事。定州是北宋边境重镇，他身为“定州军州事”，处“中军”发号施令，一颗心永怀对朝廷“国恩未报敢不勤”的忠诚。然而，他万万没料到，被他教诲了八年之久的小皇帝哲宗，正在酝酿一场翻天覆地的骤变，而且清洗的主要矛头直指他的老师。六个月以后，“尔来白发不可耘”的先生颠沛在南迁的风雨路上。

语典

杞人马正卿作太学正[①]，清苦有气节，学生既不喜，博士亦忌之。余偶至斋中，书杜子美《秋雨叹》一篇壁上，初无意也，而正卿即日辞归，不复出，至今白首穷饿，守节如此。

——《马正卿守节》

（《苏轼文集》卷七十二，第 2297 页）

注释

①杞人马正卿作太学正：马正卿，字梦得。与东坡先生同岁月生。杞，本为商代方国，商末为地名，在北宋开封府雍丘县，今河南杞县。太学正，宋太学学官与职事名，由学生担任。神宗后，由朝廷委托命官担任，又参用部分学生，为职事学正，执掌学规，考校学生，为正九品官。

今译

河南杞县人马正卿担任太学正学官，为人清贫困苦而有气节，但学生不喜欢他，太学博士也猜忌他。一天，我偶然到他的住屋，书杜甫《秋雨叹》诗一首于墙壁上，我当时写此并无用意。然而马正卿这日回家看了这首诗当即辞去官职，从此不再出仕，至今年迈白首，贫穷挨饿，但仍坚守节操不变。

解析

本文作年不详。马正卿从嘉祐六年（1061 年）追随东坡先生，至绍圣元年（1094 年）四月诰命下达，苏轼落端明殿学士和翰林侍读学士称号，被撤销定州知州任，以左朝奉郎知英州（今广东英德）军州事，南迁至雍丘。先生将马正卿转托该县县令米芾代为照顾，马正卿从此与先生黯然分手。他前后追随先生三十四个年头。这期间，即“乌台诗案”后，他随先生至黄州，与先生家人一道躬耕东坡，挨冻受饿，无怨无悔。笔者著《苏东坡传奇》，在自序中赞道：“感叹马正卿仰慕东坡，三十四年追随苍颜白首。”是什么促成马正卿这三十四年的无怨追随？是他对先生学识与人格的仰慕；是他对世态炎凉官场的逃避；是他“清苦有气节”的操行之使然。常言说：物以类聚，人以群分。马正卿无事功言功，但仅就他三十四年对先生的执著追随，就可知此人是一位恬淡寡欲、见贤思齐的仁人君子。

语 典

近准诰命[1]，落两职，追一官，谪守岭南小郡[2]。（略）

道尽途穷，譬如中流失舟，抱一浮木，恃此为命，而木将沉，臣之衰危亦云极矣。（略）

臣若强衰病之余生，犯三伏之毒暑，陆走炎荒[3]四千余里，侧僵仆[4]中途，死于逆旅[5]之下，理在不疑。（略）

所以辄[6]为舟行之计。

——《赴英州乞舟行状》

（《苏轼文集》卷三十七，第1042页）

注 释

①诰命：古代以大义谕众为诰，以上告下的意思。又称诰书，是皇帝封赠官员的专用文书。准，依照。

②“落两职”三句：落两职，指端明殿学士、翰林侍读学士。追一官，礼部尚书。谪守，因罪贬谪流放出任地方官员。岭南小郡，英州，今广东省英德市。

③炎荒：指南方炎热荒远之地。

④僵仆：僵硬而倒下。

⑤逆旅：指客舍、旅店。

⑥辄：就。

今 译

最近依照诰命，我被削落两职，夺去一官，谪守岭南小郡英州。（略）

（我已是）穷途末路，走到路的尽头，譬如江中急流却失去船只，抱着一根漂浮的木头，靠它救命，而现在木头将要沉底，我的危急可以说已到了极点。（略）

如果我强撑着衰弱病体，冒着三伏毒暑，在炎热荒远的路上奔走四千余里，就会僵倒在途中，累死在路边，这是毋庸置疑的事情。（略）

所以我作了乘船的打算。

解 析

东坡先生的噩运终于来临！绍圣元年（1034年）新上台的哲宗皇帝开始恢复熙宁新法，召用新党诸人，章惇被授尚书左仆射兼门下侍郎。自此，开始了对元祐党人的全面反攻倒算。连已去世的司马光都被追夺赠谥，毁掉立碑。东坡先生遭御史虞策、来之劭弹劾，“落两职，追一官”，以所谓“讥斥先朝”罪名贬知英州。未至贬所，两日后再贬，被责授宁远军节度副使，惠州安置。二十五日抵当涂，被告下落左承议郎，责受建昌军司马，惠州安置，不得签书公事。年过花甲的东坡先生“忧悸成疾，两目昏障”“左手不仁，右臂缓弱”“头童齿豁，疾病如此”。让这样一位衰弱病躯，“犯三伏之毒暑，陆走炎荒四千余里”，定会“死于逆旅之下”。此时先生的处境，恰似“中流失舟，抱一浮木”，且“木将沉”，命悬一线。

语典

累岁宠荣，固已太过。此时窜责[①]，诚所宜然。瘴海炎陬[②]，去若清凉之地；苍颜素发[③]，谁怜衰暮之年？（略）

顽戾如斯[④]，生存何面。臣敢不噬脐[④]悔过，吞舌[⑥]知非。革再三而不改之愆[⑦]，庶[⑧]万一善终之望。

——《英州谢上表》

（《苏轼文集》卷二十四，第715页）

注释

①窜责：放逐处罚。

②瘴海炎陬：瘴海，指南方有瘴气之地。炎陬（zōu），陬，谓隅，角落。指南方炎热边远地区。

③“苍颜”句：苍颜，素发苍老的容颜。素发，白发。

④顽戾如斯：顽：愚钝。戾（lì），指罪过。斯，这。

⑤噬脐（shì qí）：语出《春秋左传·庄公五年》：“亡邓者必此人也。若不早图，后君噬脐。”谓若噬肚脐，喻不可及。噬，咬。

⑥吞舌：喻不言。

⑦愆（qiān）；罪过，过失。

⑧庶：或许。

今译

臣多年来所恩受的宠爱与荣誉，本来已十分过分。此时放逐处罚，实在是理所当然。那瘴毒炎热的边远之地，去到那里似乎有清凉的感觉。苍老的容颜，花白的头发，有谁会怜悯这衰朽的老年？（略）

臣如此这等顽固之罪过，还有何等脸面活下去，怎敢不悔恨不及，忍声知错。只有反复革除那不悔改的罪过，或许有善终的希望。

解析

据施宿《东坡先生年谱》载，绍圣元年（1094年）闰四年，御史虞策、来之劭传旨，言先生在朝期间所作的诰词多涉讥讪先帝，应理严正典刑。削二学士职，以本官知和州（今安徽省马鞍山市和县），又改英州（今广东省英德市）。六月，御史来之劭等复言先生自元祐以来，多托文字讥斥先朝，虽已降职，未压舆论，责授宁远（今湖南宁远县）军节度副使惠州安置。清代学者王文诰评曰：“虞策、来之劭等翻腾旧劾条条，公屡有辩奏，可覆检也。此则不惟不辩，率性一担挑回，故云‘固当昭陈功罚，真喻正邪’也。此则已将一片热肠放下，惟有拼此身听其流转，付诸清议而已。可见其立时勇决也。”（参见张志烈等主编《苏轼全集校注》（文集四），第2826页）。依御史虞策、来之劭所言“诰词”，即当初先生为皇帝所撰的文告。“诰词”之罪，先生毫不含糊地坦言：“即在代言，敢思逃责。”言之既出，严气正性，真个是光明磊落，俯仰无愧。

语典

予久有陶彭泽[①]赋《归去来辞》之愿而未能。兹复有岭南之命[②]，料此生难遂素志。舟中无事，倚原韵用鲁公书法[③]，为此长卷，不过暂舒胸中结滞[④]，敢云与古人并驾寰区[⑤]也耶！

——《题陶靖节归去来辞后》

（《苏轼文集》佚文汇编卷五，第2551页）

注释

①予久有陶彭泽：予，谓“余”，即我。陶彭泽，陶渊明（352或365—427年），名潜，字元亮，世称靖节先生。东晋末至南朝宋初期著名诗人。陶渊明最后一次出仕为彭泽令，故又称陶彭泽。陶渊明在《归去来兮·序》中说，过去为官做事，都是为了吃饭而役使自己。于是惆怅感慨，深深有愧于平生的志愿。仍然希望任职一年，便收拾行装连夜离去。不久，嫁到程家的妹妹在武昌去世，一心在于赶快去奔丧，自己请求免去官职。自立秋第二个月到冬天，在职共八十多天。就着这件事陈述自己的心意，写了一篇文章，题目叫《归去来兮》，然后解印辞官。

②岭南之命：绍圣元年（1094年）四月，东坡先生遭虞策、来之劭弹劾，落端明殿学士兼翰林侍学士，依前左朝奉郎责知英州军州事。六月，来之劭等言轼“讥斥先朝”，责授宁远军节度副使，惠州安置。所谓“岭南之命”当指此。

③鲁公书法：即颜真卿（709—784年），字清臣，唐代著名书法家。因封鲁郡开国公，故世称颜鲁公。

④结滞：情志结郁，气机阻滞。

⑤寰区：天下，人世间。

今译

我很早就有陶彭泽赋《归去来辞》的心愿，但没有如愿。如今再有岭南安置的诏命，估计我此生很难实现平生的志向。在船上无事，倚仗原韵用颜鲁公书体，作此长卷，只不过暂且舒展胸中的情志结郁阻滞，岂敢想与古人齐名天下！

解析

本文约为绍圣元年（1094年）六月之后，东坡先生作于南迁途中。朝廷的“岭南之命”，预示着先生将遭受没顶之灾。他在船上南行途中的日日夜夜，心绪忐忑不安，如芒刺在背。不过，豁达萧散的先生自有“知罪认命，处之恬然”的方式。即“倚原韵用鲁公书法，为此长卷”，以消解“胸中结滞”。从这里可以看出，先生在岭南谪居的日子里，以陶、柳诗文为“南迁二友”，常以和陶诗为乐事，目的只有一个“暂舒胸中结滞”。正是借助这种通感移觉的审美活动，转移他心中抑郁，让心灵逍遥在自由的寰区之间。

语典

臣敢不服膺[1]严训，讬命至仁；洗心自新，没齿[2]无怨。但以瘴疠之地，魑魅[4]为邻；衰疾交攻，无复首丘[5]之望；精诚未泯[6]，空余结草[7]之忠。

——《到惠州谢表》

（《苏轼文集》卷二十四，第707页）

注释

①服膺：膺，指胸。服膺，谓衷心信服，铭记在心。

②没齿：指一辈子，终身。

③瘴疠：受瘴气（热带动植物腐烂后生成的毒气）而生的疾病。泛指恶性疟疾等病。

④魑魅（chī mèi）：山林中害人的鬼怪。

⑤首丘：代指故乡。比喻归葬故乡。

⑥泯：消失。

⑦结草：春秋时晋大夫魏武子临死，命其子魏颗以妾殉葬。颗不从而将她外嫁。后魏颗与秦将杜回交战，有老人结草绊倒杜回，魏颗获胜。入夜，魏颗梦老人告曰："我就是你所嫁妇之父。"

今译

臣岂敢不把皇上的诏令牢记在胸中，奉圣上之命自修仁德，除去杂念自我改正错误，做到终身无有怨言。只是臣陷瘴疠瘟疫之地，与鬼怪为邻；衰老与疾病交加，不再有归葬家乡的希望。但臣至诚之心从未泯灭，只是空怀结草报恩的忠心。

解析

元祐八年（1093年）九月三日，高太皇太后病逝，哲宗亲政。元祐九年（1094年）四月十二日，哲宗下诏改年号为"绍圣"，章惇等出任宰执大臣。所谓"元祐党人"成为了重新回到朝堂的变法派们打击的对象。毫无疑问，苏轼兄弟厄运难逃。闰四月三日，诰命下达，先生落两职（端明殿学士和翰林侍读学士），追一官（撤销定州知州任），以左朝奉郎知英州（今广东英德）军州事。六月，又以"讥斥先朝"罪，责授宁远军节度副使，惠州安置，十月二日先生与小儿苏过、妾朝云抵惠州贬所。先生在谢表中，用"但守不移之愚，遂成难赦之咎"，表达了他对如此结局的无奈。其意是说，尽管"不移"，终究"难赦"。故先生只能发出"老死无日，不足诛锄"的哀叹，平静地接受命运的安排。

语典

此生归路愈茫然，（略）
人间何处不巉岩[1]。

——《慈湖夹阻风五首》其二、其五
（《苏轼诗集》卷三十七，第 2034 页）

注释

①巉岩：巉（chán）岩，险峻山岩，喻险恶人生道路。

今译

我这辈子归乡之路更加不可预料，（略）人世间什么地方没有险峻山岩。

解析

本诗于绍圣元年（1094 年）六月二十五日，东坡先生作于南迁英州途中的当涂县北慈湖夹。正是在这一天，先生接到朝廷诏书，撤销左承议郎，责授建昌军司马惠州安置，不得签书公事。“此生归路愈茫然”，就是面对这一压顶之灾发出的感叹。不过，有了黄州五载的放逐，先生对这次贬谪平静了许多。因为他的经历告诉他，“人间何处不巉岩”，即人生何处不坎坷？有了这种处变不惊的淡定，才有后来“不辞长作岭南人”的随缘信命。

语典

许国[①]心犹在，康时[②]术已虚。
岷峨[③]家万里，投老[④]得归无。

——《望湖亭》
（《苏轼文集》卷三十八，第 2050 页）

注释

①许国：立志报效国家。
②康时：匡时，挽救危难时局。
③岷峨：四川境内的岷山、峨眉山。
④投老：到老。《后汉书·仇览列传》："苦身投老，奈何肆忿于一朝，欲致子以不义乎？"（《后汉书》第三卷，第 1312 页）。

今译

立志报国的壮心仍然还在，匡救时局的办法已经没有了。岷峨老家远在万里，垂老之地必然会归于虚无。

解析

本诗是绍圣元年（1094 年）八月初，东坡先生南迁惠州途中渡鄱阳湖至南康时所作。在鄱阳湖边一座山顶上有一寺，轩名"重湖"，梁间有一木牌，据该寺老僧指说，此乃苏内翰留题的《南康望湖亭》诗。该诗表达了东坡先生尽管身遭贬逐，仍然有"许国心犹在"的志向。但是眼睁睁看到小皇帝背叛太皇太后的朝纲，重推熙宁新法，普遍加重对元祐党人即旧党的惩罚，不禁发出"康时术已虚"的叹惋。唯一让他难以释怀的是"岷峨家万里"，由此他感到"投老得归无"的茫然无措。

语典

朝市[1]日已远，此身良自如[2]。三杯软饱[3]后，一枕黑甜[4]余。
蒲涧疏钟外[5]，黄湾落木初[6]。天涯未觉远，处处各樵渔[7]。

——《发广州》
（《苏轼诗集》卷三十八，第2067页）

注释

①朝市：《左传·襄公十九年》："妇人无刑，虽有刑，不在朝市。"（杨伯峻、徐提译《白话左传》，第246页）朝市，朝廷与市肆。

②良自如：良，的确。自如，道家指自然而然的本真状态。

③软饱：饮酒为"软饱"。

④黑甜：美睡为"黑甜"。

⑤蒲涧疏钟：蒲涧，寺名。疏钟，依稀之钟声。

⑥"黄湾"句：黄湾，黄木湾，在广州治之东南。落木初，树叶开始脱落。

⑦樵渔：砍柴和捕鱼。

今译

离朝廷和城市一天天地远去，我的身心的确感到自然安适。饮过三杯老酒后，美美一睡还想睡。远处依稀传来蒲涧寺的钟声，黄木湾的树叶开始脱落。天涯虽远我并不觉远，处处都可以靠砍柴捕鱼生活。

解析

本诗是绍圣元年（1094年）九月，东坡先生南迁惠州途中，从广州出发时作。先生在去惠州的途中，并没有因前途未卜的瘴毒之地而惶惶不可终日，反倒有"朝市日已远，此身良自如"，恰似脱钩之鱼的轻松自由。何以为凭？诗中写得活灵活现："三杯软饱后，一枕黑甜余。"先生不仅有以"街谈市语皆可入诗"的幽默，更表现出虽身临险境仍如此地豁达超然。身在"天涯"并"未觉远"，躬耕自食乐以"樵渔"。先生何以有如此的心胸？得益于"几十年来，苏轼出入佛老，修养心性"，加之深厚的学养，实证的体验，使他不至于局限于一隅而患得患失。故而"殊未觉有今夕之悲，悬知有他日之喜"（《书彭城观月诗》）的坦然心境。

语典

海山葱昽气佳[1]哉，二江[2]合处朱楼开。
蓬莱方丈[3]应不远，肯为苏子浮江来[4]。
江风初凉睡正美，楼上啼鸦呼我起。
我今身世两相违，西流白日东流水[5]。(略)

——《寓居合江楼》

(《苏轼诗集》卷三十八，第2072页)

注释

①葱昽气佳：葱昽，明丽之貌。气佳哉，语出《后汉书·光武纪第一下》："气佳哉！郁郁葱葱然。"(《后汉书》第一卷，第28页)

②二江：指东江、西江。

③蓬莱方丈：(《史记·秦始皇本纪》："齐人徐市等上书，言海中有三神山，名曰蓬莱、方丈、瀛(yíng)洲，仙人居之。"(李翰文主编《史记全本》(一)，第140页)蓬莱方丈，传说海中仙山。

④"肯为"句：相传罗浮山为蓬莱之一高阜，浮海而至。

⑤"西流"句：西流白日与东流之水，两者飘忽不定。

今译

海边山峦葱郁明媚气象美妙，东西二江会合之处立有红楼。蓬莱方丈仙山不应太远，一定愿意为我从江外漂浮而来。江上清风转凉我睡得正香，楼上鸦雀啼叫像是唤我起床。如今我的身心与外界两相违背，就像西边白日与东边流水东西飘荡。

解析

本诗由东坡先生于绍圣元年(1094年)十月二日后作于惠州。先生于十月二日到达惠州贬所，初寓住合江楼。惠州当时属于瘴毒之地，一向是贬谪官员被放逐的死亡之所。先生到此，惠州地方官员待以殊礼，将他安排在三司行衙的合江楼暂住。合江楼位于东、西二江汇合之处，这里风景优美，宁静清闲。先生赞叹曰："海山葱昽气佳哉。"登楼远眺，他顿时颇有超尘出世之感，仿佛觉得蓬莱、方丈仙山从江外飘浮而来。于是初凉的江风，让他"睡正美"，只待"楼上啼鸦"呼唤他起床。不过无论风景多么宜人，罪藉在身没有让他忘记自身与世间已是"两相违"。就像西边的白日与东边的流水一样，东西各自飘荡难以聚合在一起。由此看来，无论先生如何极力淡化被贬谪之后内心的痛苦，但终究拂不去身罹厄运的阴影。

语典

老兄近日酒量如何？弟终日把盏，积计不过五银盏尔。然近得一酿法，绝奇，色香味皆疑于官法矣。使斾[①]来此有期，当预酿也。向在中山[②]，创作松醪[③]。(略)

——《与程正辅[④]七十一首》之四

(《苏轼文集》卷五十四，第1590页)

注释

①斾(pèi)：古代旗末端状如燕尾的垂直旒。泛指旌旗。

②中山：定州的别名“中山府”。

③松醪：用松肪或松花酿制的酒。

④程正辅：程之才，字正辅，眉山人，东坡先生表兄及姊夫，嘉祐年间进士，官至广东路提点刑狱公事。

今译

老兄近来的酒量怎么样？老弟我一天到晚端着酒杯，但加起来也不过五银盏而已。然而近来学到了一种酿酒方法，奇妙极了，色香味都和用官家的方法造出来的酒不同。你的车驾早晚要到，我当预先把酒酿好。以前我在中山府，创新制作过松醪酒。(略)

解析

此书是绍圣二年(1095年)春，东坡先生作于惠州贬所。信中所言的“老兄”，正是先生的表兄及姐夫程正辅。程正辅为苏洵妻兄程濬之子，皇祐二年(1050年)娶苏洵幼女八娘(八娘，系苏氏宗门排行第八的女子。八娘长苏轼一岁，为苏轼姐姐)。八娘在程家受虐待，皇祐四年病死，年仅十八岁。苏洵作《苏氏族谱亭记》，痛斥程濬“是乡大望人也，而大乱吾俗”“是州里之大盗也”。后又作《自尤》诗，述其女事外家不得志以死，其辞甚哀(参见张志烈主编《苏轼全集校注》第八集，第5950页)。至此苏程两家终成冤仇。四十二年后，东坡先生谪居惠州，程正辅恰为广东路提点刑狱公事(提刑官，即提点刑狱司。为“路”一级司法机构官员)。程正辅给东坡先生来信问候，先生感动不已，回信言“倘获一见，慰幸可量”，至此，两家“相逢一笑泯恩仇”。程正辅对表弟给予了很大的关照，先生亦感受到表兄对他的“骨肉之爱”，感叹乃“余生之幸”。

语典

苏州定慧院学佛者卓契顺谓迈[1]曰："子[2]何忧之甚，惠州不在天上，行即到耳，当为子将书问之。"绍圣三年三月二日，契顺涉江度岭，徒行露宿，僵仆瘴雾[3]，黧面茧足[4]以至惠州。得书径还。余问其所求。答曰："契顺惟无所求，而后来惠州。若有所求，当走都下[5]矣。"

——《书归去来词赠契顺[6]》

（《苏轼文集》卷六十九，第2201页）

注释

①迈：东坡先生长子苏迈。

②子：古代对人的尊称。

③僵仆瘴雾：僵仆，谓直挺挺地倒下。瘴雾，犹瘴气。指南方山林中湿热蒸郁能致人疾病的有毒气体，多指热带原始森林里动植物腐烂后生成的毒气。

④黧面茧足：黧(lí)，谓黑。黧面，污黑的脸。茧足，足生茧。

⑤都下：京都。

⑥契顺：卓契顺，苏州定慧院住持。

今译

苏州定慧院学佛者卓契顺对苏迈说："你何必如此忧愁，惠州又不是在天上，只要走就能走到，我就为你带一封信去问候你父亲。"绍圣三年（应为二年）三月二日，契顺渡过长江翻过大庾岭，徒步露宿，冒死穿过瘴雾，带着晒黑的面孔和满脚的老茧来到惠州。拿到回信就马上回去。我问他有什么要求，他答道："契顺正因为没有什么要求，而来到惠州。如果有什么要求，我就会走到京都去。"

解析

本文是绍圣二年（1095年）三月，东坡先生作于惠州贬所。读罢该文，不禁怆然有感！卓契顺，苏州一学佛者，或许也算是东坡先生昔日一道友，竟然做出这等感天动地的义举来。他的感人之处有两点。其一，苏迈可能为路途遥远而忧愁，可是他却突然说出："惠州不在天上，行即到耳。"此言看似平淡，但却深具哲理。是的，无论是天南海北，万里之遥，只要下定决心迈开双脚就可以走到。勇哉！卓契顺。他用一双"茧足"，实践了他的诺言。人若有这种"行即到耳"，坚持不懈的毅力和一步一个脚印的精神，何愁伟业不成！其二，卓契顺"得书径还"，先生问他有什么要求。他心胸坦荡地回答："契顺惟无求，而后来惠州。若有所求，当走都下矣。"这意思是说，正因为我无所求，才不畏艰辛步行到惠州。如果我有所求，何不走到京城去捞个一官半职或金银财富？义哉！卓契顺。他用一句平凡的语言，道出了方外之士超尘脱俗的高雅情怀。

语典

白头萧散满霜风[1]，小阁藤床寄病容。
报道先生春睡美[2]，道人轻打五更钟。

——《纵笔》
（《苏轼诗集》卷四十，第 2203 页）

注释

①“白头”句：萧散，不拘束，闲散舒适。霜风，寒霜之风。
②春睡美：古代士人安枕而卧，心无挂碍的人生境界。

今译

似寒霜的白发显得闲散不拘，小阁楼的藤床上卧着一病翁。告诉先生我安枕而卧多静美，五更时分道人悄悄撞钟。

解析

绍圣三年(1096 年)，东坡先生被贬惠州近三个年头。时年六十一岁的他，虽然常受痔疾之苦，但此时他已作出在惠州白鹤峰买地，与惠州父老“永结无穷之欢”的打算。“心在哪里，家就在哪里”，故而虽“病容”寄卧，仍尽享“春睡美”之闲逸。《三国演义》中诸葛亮，曾有“草堂春睡足”之诵，李白亦有“东山高卧”之吟，陶渊明有“隐逸高卧”之叹，东坡先生更是有“三杯软饱后，一枕黑甜余”(《发广州》)的“春睡美”。正如先生曾说：“长恨此身非我有，何时忘却营营。”无论他“春睡”如何之美，他仍是“身在江海之上，心居乎魏阙之下”(《庄子·让王》)，忠君爱民之心，矢志不渝。

语典

罗浮山[1]下四时春，卢橘杨梅[2]次第新。
日啖[3]荔枝三百颗，不辞长作岭南人。

——《食荔枝二首并引》
（《苏轼诗集》卷四十，第 2194 页）

注释

①罗浮山：在今广东增城、河源市一带。
②卢橘杨梅：卢橘，又名金橘。杨梅，果名。
③啖(dàn)：吃。

今译

罗浮山下四时如春，卢橘杨梅依次新鲜。日吃荔枝三百颗，乐意永作岭南人。

解析

此诗由东坡先生于绍圣三年(1096 年)四月作于惠州。四季如春，风光秀丽的惠州，次第新鲜的水果，每日可以吃到许多味道鲜美的荔枝。加上这里民风淳朴，乡亲热情好客，作一个岭南人有什么不乐意。这就是随遇而安，随缘而适的东坡先生。然而，据说就是这后两句诗，传到京城后引起时任宰相章惇的嫉恨。此人心想，看来他的日子过得倒很逍遥。于是，一次更为残酷的迫害，即将降临在“无可奈何，安之若命”的苏东坡身上。

语典

平生厄滞[1]，得丧毫末[2]，本不足云[3]，但恨材用不展，有孤天授[4]。

——《与陈伯修[5]五首》之三

（《苏轼文集》卷五十三，第1557页）

注释

①厄滞：艰难阻塞。

②得丧毫末：得丧，犹得失，指名利的得到与失去。毫末，毫毛的末端，比喻极其轻微。

③云：说。

④有孤天授：孤，古同“辜”，辜负。天授，指上天所授予，引申为与生俱有的禀赋。

⑤陈伯修：陈师锡（1057—1125年），字仁修，建州（今福建建瓯市）人，熙宁九年进士，官至殿中侍御史。《宋史》有传。

今译

平生命运困苦艰难阻塞，人生得失如同毫毛一般轻微，本不值得一提，只是遗恨才能不能得以施展，辜负了上天授予的才干禀赋。

解析

本书由东坡先生于绍圣三年（1096年）七月作于惠州贬所。陈伯修出使畿甸（指京师外围，畿，皇城禁地。甸，指郊外）时，因对畿内将官首恶者诉以诸法严办，而枢密院却以事先未予上报为罪，将陈伯修罢免解州（今山西运城市盐湖区西南15公里的解州镇）。先生在惠州收到他的来信，感到“仰愧深矣”。在回信中先生联系自己和陈伯修的遭遇，有感而发。认为“得丧毫末，本不足云”，而人生最大的遗憾是“材用不展”。建中靖国元年（1101年），东坡先生北归途中曾感慨道：“晚节功名，直恐不免尔。”然而，几个月之后，先生却撒手人寰，“材用不展”之“恨”，当让先生死不瞑目哉！

语典

某垂老投荒，无复生还之望，昨与长子迈诀，已处置后事矣。今到海南，首当作棺，次便作墓，乃留手疏[1]与诸子，死则葬于海外，庶几延陵季子[2]嬴博之义，父既可施之子，子独不可施之父乎？生不挈[3]棺，死不扶柩[4]，此亦东坡之家风也。

——《与王敏仲[5]十八首》之十六

（《苏轼文集》卷五十六，第 1695 页）

注释

①手疏：亲笔书写的文字。

②延陵季子：典出《礼记·檀弓下》，春秋时期吴王寿梦第四子，人称“延陵季子”。他到齐国去，在返回途中长子死了，于是葬在齐国嬴博二邑之间，同时是按薄葬的方式安葬的。孔子说：“延陵季子所行的礼，都很合乎礼的实际。”（《四书五经·礼记·檀弓下》，第 652 页）

③挈（qiè）：此指带、领。

④柩（jiù）：装着尸体的棺材。

⑤王敏仲：王古，字敏仲，莘县（今属山东）人，第进士。绍圣三年（1096 年）十月至四年四月知广州。徽宗朝仕至户部尚书，改刑部。后入元祐党籍，被谪衡州别驾，温州安置。

今译

我垂暮之年被流放到荒蛮的地方，没有活着回去的希望了。昨天与长子苏迈诀别，已经安排好了后事。如今到海南，首先应当准备棺材，其次便是寻找墓地。这才留下遗言给儿子们，死后就埋在海南，这种情况与延陵季子的义举差不多了。作父亲的既然可以施义于儿子，儿子为什么不能施义于父亲呢？活着不必准备棺材，死后也不必扶棺柩，这也是我苏东坡的家风。

解析

本书是绍圣四年（1097 年）四月，东坡先生作于惠州赴昌化军（今海南儋州市西北旧儋县）途中。读这段文字，不禁为之心酸。东坡先生的政敌们，最终使出了赶尽杀绝的伎俩，他们不让先生有喘息的机会。先生刚刚用手头最后的积蓄，在白鹤岭盖成了新居，儿孙们也开始从四面八方聚集拢来。正当他欲享受一下天伦之乐时，一纸诏令，将苏家的团圆梦击得粉碎。全家相聚不到两个月，又要各奔东西。儿孙们送别老人，肝肠寸断，号啕声响彻江边。令人感到吃惊的是，此时的东坡先生倒显得格外平静。他用佛家布施的观念劝告孩子们，一定要记住“东坡家风”。《老子》曰：“民不畏死，奈何以死惧之。”（陈鼓应注译《老子今注今译》，第 328 页）先生既有“死则葬于海外”的打算，又何惧朝廷的一贬再贬。

语典

并鬼门而东骛[1]，浮瘴海[2]以南迁。生无还期，死有余责[3]。(略)

而臣孤老无讬，瘴疠交攻。子孙恸哭[4]于江边，已为死别；魑魅[5]逢迎于海外，宁许生还？念报德之何时，悼此心之永已。俯伏流涕，不知所云。

——《到昌化军谢表》

(《苏轼文集》卷二十四，第707页)

注释

①“并鬼门”句：鬼门，指迷信传说中的鬼进出之门、通往阴间之门。骛(wù)，乱跑，奔驰。

②瘴海：指南方有瘴气之地。

③余责：未尽偿的罪责。

④恸哭：极悲哀，大哭。

⑤魑魅：指山林中的鬼怪。

今译

挨着鬼门而向东乱跑，漂浮在瘴海上向南迁徙。臣生无还期，死有抵偿不尽的罪责。(略)

而臣孤老无依，瘴毒与瘟疫交加于身。子孙大哭于江边，已作了生死之别。鬼怪在海外逢迎，怎么会让我生还？想报答恩德将在何时，哀念此忠心久远而今为时不多。臣低头伏地涕泗横流，不知道说什么好。

解析

绍圣四年(1097年)四月十七日朝廷下诏，六十二岁的东坡先生又一次遭到远谪，责授琼州(今海南琼山县)别驾(知州的佐官)，昌化军(今海南儋州市)安置，不得签书公事。四月十九日，先生携小儿苏过离开惠州。苏迈带着诸儿孙(迈长子箪(dān)、次子符、过长子龠(yuè)等至江边送行。一家老小呼天抢地、肝肠寸断，与风烛残年的老人诀别。此情此景真可谓泣鬼神、感天地，凡有良知者读至此无不寒心酸鼻。明代学者陈天定在其《古今小品》中评曰：“读此而不酸心者非人也。彼谮(zèn)人者亦已太甚。”(参见张志烈等主编《苏轼全集校注》(文集四)，第2787页)善哉！此为公论。

语典

他年谁作舆地[1]志，海南万里真吾乡。

——《吾谪海南，子由雷州，被命即行(略)》
(《苏轼诗集》卷四十一，第2245页)

注释

①舆(yú)地：《易·说卦》："坤为地(略)为大舆。指大地。此处谓地理。"

今译

将来有谁编制地理志书，万里外的海南才是我真正的故乡。

解析

此诗由东坡先生于绍圣四年(1097年)五月作于梧州。这年闰二月十四日，白鹤峰新居落成，长子苏迈率诸孙苏迈长子箪(dān)、次子符、过长子籥(yuè)经过近一年艰难远途跋涉万里远至，儿孙聚于膝下，先生之欢悦可知。就在新居建成之日，久经忧患，一叶知秋的先生写诗道"也知卜筑非真宅"，意思是说我知道这里并非是我真正的归宿。没想到真被先生所言中，坏消息接踵而至，元祐诸臣再次遭到重惩。果然不到一个月后，闻弟苏辙被贬化州(广东省西南部)别驾(知州之佐官)。苏迈被罢仁化(广东省北部)县令。四月十七日朝廷重议苏轼罪，责授琼州别驾，昌化军(今海南儋州市西北旧儋县)安置，不得签书公事。六十二岁的东坡先生又一次遭到远谪。于是老人与长子迈处置后事，刚刚与众儿孙享天伦之乐，不料又在江边痛哭诀别，先生自知自己垂老投荒，无复生还，为此立下遗嘱："生不挈棺，死不扶柩，此乃东坡之家风也"，死后葬在海南。诚如他给友人的信中所言："忧患之来，想皆前定。"先生在灾难面前如此气定神闲，真可见心性修养几臻化境。

语典

仆离惠州后，大儿房下亦失一男孙，亦悲怆久之，今则已矣。此间食无肉，病无药，居无室，出无友，冬无炭，夏无寒泉，然亦未易悉数，大率皆无耳。惟有一幸，无甚瘴[1]也。近与小儿结茅数椽[2]居之，仅庇[3]风雨，然劳费已不赀[4]矣。赖十数学生助工作，躬泥水之役，愧之不可言也。

尚有此身，付与造物[5]，听其运转，流行坎止[6]，无不可者。故人知之，免忧。

——《与程秀才[7]三首》之一

（《苏轼文集》卷五十五，第1628页）

注释

①瘴：瘴毒。热带山林中的湿热蒸郁致人疾病的毒气。

②椽(chuán)放在檩上架着屋顶的木条。古代房间数的代称。

③庇：遮蔽。

④赀(zī)：计量。

⑤造物：指创造万物的神力，亦指运气、福分。

⑥流行坎止：坎，八卦之一，代表水，指坏运气或被迫的处境。谓顺流而行遇坎而止。

⑦程秀才：名儒，程天侔子。

今译

我离开惠州后，大儿子苏迈这房夭折了一个孙子，也是悲伤了很长一段时间，如今心情已经平复。这里吃饭没有肉，病了没有药，居住无房舍，出门没有朋友，冬天没有炭火，夏天没有冰凉泉水，然而这些不容易尽数，大致是该有的都没有。只有一样是幸运的，这里没有什么瘴气。最近和小儿子苏过搭了几间茅草房居住，只能避避风雨，然而已经花去不少劳力和钱财了。靠十几个学生帮忙，亲自动手干泥水活，实在惭愧难言啊！

如今尚剩下这副身躯，交付给上天，听凭其安排，是顺流而行还是遇坎而止，怎么样都可以。让老朋友知道我的情况，以免担忧。

解析

此书于绍圣五年(1098年)五月，东坡先生作于海南儋州贬所。先生在信中描述来儋州初期的情况，再加上语言不通，风俗迥异，这让先生极不适应，真有度日如年之感。然而先生有了黄州、惠州两地谪居经受过的煎熬，在儋州他依然“超然自得，不改其度”。他把自己全交给“造物者”，听由命运的安排，表现了“安之若命”而“随缘自适”的旷达胸怀。面对尔后的“流行坎止”，先生以“无不可”的无畏精神，迎接命运的挑战。事实证明，无论何等的深重苦难，都难以将他击倒。

语典

东坡居士迁于海南，忧患不已，戊寅九月晦①，游天庆观，谒北极真圣②，探灵签③，以决余生之祸福吉凶，其词曰："道以信为合，法以智为先。二者不相离，寿命已得延。"览之悚然④，若有所得，敬书而藏之，以无忘信道、法智二者不相离之意。

——《书北极灵签》

（《苏轼文集》卷七十一，第2273页）

注释

①戊(wù)寅九月晦：戊寅，即元符元年(1098年)。晦，农历每月的末一天，朔日的前一天。
②谒北极真圣：谒(yè)，拜见。真圣，指神仙。
③签：古代卜具。民间或寺庙中供求神佛卜问吉凶所用之签牌。多竹制，写有文字符号或诗句。
④悚(sǒng)然：害怕，恐惧的样子。

今译

东坡居士被贬到海南，忧患不已，元符元年(1098年)九月三十日，游天庆观，拜见北极星君，求得一签，以判断余生的祸福吉凶，其词曰："道以信为合，法以智为先。二者不相离，寿命已得延。"看完签词感到敬畏，心中若有所悟，便恭敬地书写好收藏起来，以不忘信奉正道、法循智慧，二者不可相离之意。

解析

本文由东坡先生于元符元年(1098年)九月三十日作于儋州贬所。先生于绍圣四年(1097年)七月二日到达儋州。儋州的环境与生活比起黄州、惠州两地更为艰辛。这里"食无肉，病无药，居为室，出无友，冬无炭，夏无寒泉，洗澡无浴室，更无书籍和笔墨纸张"。真是个"八无"之孤岛，自己如同"覆盆水于地，芥浮于水，蚁附于芥，茫然不知济"(《试笔自书》)。好一个"蚁"悬附于"芥"，其境何等险峻，其情何等悚惧。身悬海外，栖身孤岛，先生不得不思考一个问题：何日能出此海岛？为了预测自己"余生之祸福吉凶，他谒拜了天庆观之北极真圣，于是求得一签"。从签词上看，北极真圣告诉他，要想寿命得延，须奉行正道以"信"为求合，归诚佛法以"智"为第一。先生观过签词"若有所得"，在此要问，先生何得之有？他自己作了回答："以无忘信道、法智二者不相离。"即信道不疑，求法在智，并使二者相互依存。大智慧、大才子的东坡先生，真的相信这签词吗？用他的话说或许是一种"自娱"，或许是一种心理安慰。

语典

道远谁云会，罪大天能盖。君命重，臣节在。新恩犹可觊，旧学终难改[1]。吾已矣，乘桴且恁浮于海[2]。

——《千秋岁 · 次韵少游》

(《苏轼全集校注》(词集)卷二，第 740 页)

注释

①“新恩犹可觊”二句：觊(jì)，希望得到。言希望得到皇帝新的恩典。此句妙含微意，自定州南下，哲宗数次“新命”加重对先生的打击。旧学终难改，旧学，与所谓“新学”有异的学术理想与操守。

②“乘桴”句：桴，小竹筏或小木筏。恁(nèn)，如此，这样。

今译

路太远见面太难，我的罪大君王却能遮盖。皇上的诏命重于山，臣子的节操永不改。新的恩惠尚可得到，昔时所学难以改变。我已经老了，将乘着小筏就这样自由地漂浮在大海。

解析

此诗由东坡先生于元符二年(1099 年)作于儋州。这年四月先生得秦少游书信，并作答。少游曾作《千秋岁》，先生以《千秋岁》唱和。该词通过“君命”与“臣节”、“新恩”与“旧学”两大矛盾命题，表达了自己忠君爱国，但却报国无路的矛盾心理和苍凉的心绪。在无可奈何之际，试图让庄禅淡化胸中的痛苦，去无何有之乡作闲逸自由的逍遥游。

语典

乌喙本海獒[1]，幸我为之主。(略)
知我当北还，掉尾喜欲舞。(略)
再拜谢厚恩，天不遣言语。

——《余来儋耳，得吠[2]狗，曰乌觜[3](略)》
(《苏轼诗集》卷四十三，第2364页)

注释

①“乌喙”句：乌喙(huì)，鸟兽的嘴。獒，高大凶猛的狗。
②吠：狗的叫声，一作“犬”。
③觜(zuī)：同嘴。

今译

乌嘴本来就是海獒，我很有幸成为它的主人。知道我正准备渡海北归，它摇动着尾巴欢喜得像跳舞。(我)应该再次感谢它的大恩，(然而)上天没有赋予它言语的能力。

解析

此诗是元符三年(1100年)，东坡先生离儋州赴廉州途中所作。自古以来狗是人类的朋友，是最忠于主人的动物。先生在儋州养了一条高大凶猛的海獒名叫乌嘴。这条狗“昼训识宾客，夜悍为门户”，显然成为了先生忠实的卫士。更令人惊叹的是，先生要渡海北还，忠诚的乌嘴竟“吐舌喘汗雨”，紧跟不舍泅水过渡，让路人叹为奇观。清康熙年间诗人汪师韩评说：“一时戏笔，摹绘人情。”是的，一条义犬对主人的忠贞回报，折射出几多人情奥义。

语典

九死南荒[①]吾不恨，兹[②]游奇绝冠平生。

——《六月二十日夜渡海》

(《苏轼诗集》卷四十三，第 2366 页)

注释

①九死南荒：九死，多次接近于死亡。南荒，南海。

②兹：此。

今译

我在南海荒远之地九死一生并不悔恨，就把他当成此生神奇绝妙的远游。

解析

此诗是元符三年(1100 年)六月，东坡先生渡琼州海峡时作，时年六十五岁。先生终于熬过“苦雨终风”全身而归，其欢悦之情溢于字里行间。如“参横斗转欲三更，苦雨终风也解晴”。黑暗的日子即将过去，转过“三更”就是朗朗晴天。回想莫名遭诬，被贬谪岭海六年之久，如今“云散月明谁点缀，天容海色本澄清”。由此，他联想起孔子“道不行，乘桴浮于海”的主张，从渡海的波涛声疑似黄帝奏乐，并精识庄周忘得失，齐荣辱之哲理。最后豁达地虽“九死南荒吾不恨”，把天涯海角的放逐，戏称为一次“冠平生”的“奇绝”远游。元朝诗人、诗论家方回在其《瀛奎律髓》中，对先生之豪气评价云：“当此老境，无怨无怒，以为兹游奇绝，真了生死，轻得丧，天人也。”(参见张志烈等主编《苏轼全集校注》(诗集七)第 5132 页)

语典

我本海南①民，寄生西蜀州。
忽然跨海去，譬如事远游。

——《别海南黎民表②》
（《苏轼诗集》卷四十三，第2363页）

注释

①海南：外集作儋耳，即儋州。
②黎民表：黎子云。

今译

我原本就是儋州的人，只是暂时寄住在西部的蜀地。此次突然跨海远去，譬如是一次去远方的闲游。

解析

此诗为东坡先生离儋州前，即元符三年（1100年）五月所作。据北宋僧人释惠洪《冷斋夜话》所载，贬儋耳，与黎子云兄弟俩交谊深厚，故临别时题诗留存。临行前，先生还去拜访弟子姜唐佐。唐佐不在家，其母笑迎，以槟榔招待。他问唐母认不认识他，唐母答："认识，然无奈好吟诗。"先生取其"包灯心纸"挥笔一书，嘱姜母待儿子回家后交给他。姜唐佐回后展开一读，曰："张睢阳生犹骂贼，嚼齿穿龈；颜平原死不忘君，握拳透爪。"张睢阳，名张巡守睢阳，在讨伐安史之乱叛贼时，誓死守城，每战大呼，眦裂血流，齿牙皆碎。颜平原，即颜真卿，到死的时候都没忘记皇上（指唐明皇），当想念皇上的时候，他握紧拳头竟然把自己的手掌都刺透了。先生用这两个典故书于姜唐佐，一是彰明自己虽九死一生仍心志不改，二是表达对弟子的殷切期待。忠君爱国，于此见其高尚品格。

语典

投畀遐荒[①]，幸逃鼎镬[②]。风波万里，顾衰病以何堪；烟瘴[③]五年，赖喘息之犹在。怜之者嗟[④]其已甚，嫉[⑤]之者恨其太轻。考图经[⑥]止曰海隅，其风土疑非人世。食有并日，衣无御冬。凄凉百端，颠踬[⑦]万状。恍若醉梦，已无意于生还。(略)

濯[⑧]去泥途，已有遭逢之便；扩开之日，复观于变之时。此生敢更求荣，处世但知缄默[⑨]。

——《移廉州谢上表》

(《苏轼文集》卷二十四，第716页)

注释

①投畀(bì)遐荒：投畀，谓抛弃、放逐。遐荒，边远荒僻之地。

②鼎镬(dǐng huò)：鼎和镬，古代两种烹饪器。此指古代的酷刑，用鼎镬烹人。

③烟瘴：深山丛林间蒸发出来的湿热雾气，人接触易生疟疾。

④嗟：文言叹词，嗟叹。

⑤嫉：憎恨。

⑥图经：附有图画、地图的地理志。

⑦颠踬(zhì)：跌倒。

⑧濯(zhuó)：洗。

⑨缄默：闭口不说话。

今译

臣被投弃在荒远之地，万幸逃脱了鼎镬的酷刑。涉万里风波，回顾我这衰弱重病之身躯何以能忍受。在烟瘴病毒的环境里五个年头，幸赖喘息之余仍然活着。同情我的人叹息处罚太重，嫉恨我的人怨恨处罚太轻。考察地理图书只说这里称为海南，但其风土状况让人感受并非人间。两日用一日之食，身无御寒之衣。凄惨百般，窘迫万状。恍若如在醉梦之中，已经无意于生还。(略)

洗去泥污，有了幸遇重生之机会。此生不敢再追求虚荣，处世只知闭口不言。

解析

元符三年(1100年)正月，桀骜不驯、有辱先祖的哲宗病逝，年仅二十五岁。其弟端王佶，年十九岁继位，是为徽宗。神宗的皇后向太后听政，权同处分军国事。四月，叙复元祐臣僚。五月赦。东坡先生仍以琼州别驾，廉州安置，不得签书公事。先生向朝廷上谢表。六月，离儋州。儋人争致馈遗，沿途送别，先生皆谢绝。七月，皇太后归政，赦天下。九月，章惇罢。十月蔡京落职。恩移"廉州安置"的诏令，让先生"初闻丧胆"，看后"喜溢颜面"，终于等到了"否极泰来""昔弃今收""扩开云日，复观于变之时"。当此出头之日，先生仍没有喜形于色，反倒是奉命唯谨，"但知缄默"。

语典

海上囚拘，分安[①]死所；天边涣汗[②]，诏许生还。(略)

臣生而愚朴，少也艰勤。伥伥[③]而行，不知所届；冲冲[④]而活，何以为生。言则招尤[⑤]，动常速祸[⑥]。顾己于时龃龉[⑦]，使人费力保全。(略)

而乃肆言[⑧]元祐之间，放意[⑨]太平之际。凡获不虞之誉，宜任非常之辜[⑩]。过既暴闻，众知不赦。(略)

残生无与于杀身，余识终同于结草[⑪]。

——《谢量移永州表》

(《苏轼文集》卷二十四，第718页)

注释

①分安：守分安命。守分，安守本分。

②涣汗：喻帝王的圣旨、号令。

③伥伥：无所适从貌。

④冲冲：情绪激动，高涨的样子。

⑤招尤：招致他人的怪罪或怨恨。

⑥速祸：很快招致祸害。

⑦龃龉：(jǔ yǔ)：牙齿上下对不上，比喻意见不合。

⑧肆言：无所顾忌地放纵言说。

⑨放意：纵情，恣意。

⑩"凡获"二句：虞，料想。誉，称赞。没有意料到的赞扬。语出《孟子·离娄上》："有不虞之誉，有求全之毁。"辜，罪。

⑪"残生无与"二句：残生，指残害生命，伤害身体。杀生，指宰杀牲畜、家禽等生物。佛家认为是十恶之一。结草，指草结成绳子，搭救恩人。比喻感恩报德。

今译

海上囚禁，理应守分安命老死于此；远在天边领受圣旨，诏令准许我活着回还。(略)

臣生来性情愚钝朴厚，年轻时也很艰辛勤奋。迷茫而行，不知自制；活着风风火火，不知如何安顿人生。言则招致怨恨，动则很快招来灾祸。回顾自己与时世难以迎合，让很多友人枉费心力保全我的性命。(略)

然后，元祐年间臣放纵评说，太平盛世却肆意妄为。凡获得意外的宠誉，宜应承担不同寻常的罪罚。过错既已暴露于世，众人都知道不可赦免。(略)衰残余生已不得与于杀生报君，我认识到终究应该感恩报德。

解析

元符三年(1100年)七月四日，东坡先生至廉州贬所，五日定居清乐轩。八月，诏告迁舒州(今安徽省安庆市)团练副使，永州(今湖南省永州市)居住。先生在廉州作该谢表。如同《移廉州谢上表》一样，永州谢表仍不忘自我反省，并为"不为异域之鬼""尚期归骨于眉山"而感恩戴德。对于"元祐代言"，先生主动承担责任，他认为既有"不虞之誉"，就有"非常之辜"。正是这一因果链，让他再一次表达"余识终同于结草"的忠朴之心。

语典

七年远谪，不意自全；万里生还，适有天幸。骤从缧绁[1]，复齿缙绅[2]。(略)

臣才不逮人，性多忤物。刚褊自用[3]，可谓小忠；猖狂妄行，乃蹈[4]大难。皆臣自取，不敢怨尤[5]。(略)

臣敢不益坚素守[6]，深念往衍[7]。没齿[8]何求，不厌饭蔬之陋，盖棺[8]未已，犹怀结草[9]之忠。

——《提举玉局观[10]谢表》

(《苏轼文集》卷四十四，第705页)

注释

①缧绁(léi xiè)：捆绑犯人的黑绳子。借指监狱、囚禁。

②复齿缙绅：齿，指“收录”。缙绅，原意是插笏(古代朝会时宦官所执的手板)，转用为官宦的代称。

③“臣才不逮人”三句：逮，指赶上，赶不上别人。忤物，指触犯人，或与人不合。刚褊，犹刚愎。

④蹈：踩，赴。

⑤怨尤：不怨天，不尤人。

⑥素守：平素的操守。

⑦往衍：衍，引申为多余，此为“过失”。

⑧没齿：指一辈子，终身。

⑨盖棺：指一个人的是非功过到死后才能做出结论。

⑩结草：古时比喻感恩报德。

⑪提举玉局观：提举，宋代为安置老病大臣及高级冗官闲员而设，坐食俸禄而不管事，称为“祠禄之官”。玉局观，在成都。《方舆胜览》卷五一，载五局观云：“李老君与张道陵至此，有局脚玉床自地而出。老君升座，为道陵说南、北斗经。既去，而座隐地中，因成洞穴。故以玉局名之。”

今译

臣遭受七年之久的边陲贬谪，没有想到自己能活到了今天；从万里海南之地活着回来，刚巧遇上上天赐给的运气。突然从囚禁中解脱，又收录入官宦之列。(略)

臣的才能赶不上别人，性格多与人不合。刚愎自用，只能算是小忠。随心所欲，一意妄行，于是身陷大难。这些都是臣咎由自取，不敢怨天尤人。

臣岂敢不更加坚守平素的操守，深刻反省以往的过失。一辈子何求，不嫌饭食菜蔬粗劣，盖棺定论还未到来，仍然胸怀感恩报德之忠心。

解析

东坡先生从元祐八年(1093年)九月得到诏令知定州军州事，至元符三年(1100年)六月离儋州，屈指“七年远谪”。尤其是岭海的六年间，瘴疠之毒，贫病之苦，对于年过六旬的衰朽老人是何等的艰苦。然而，生性旷达超然的东坡先生，竟然脱口吟咏：“九死南荒吾不恨，兹游奇绝冠平生。”于今，朝廷诏令他为“提举成都玉局观”，他视为“天幸”，毫无“怨尤”。有的仍是“自惭”和自省。始终认为“七年远谪”“皆臣自取”。年届六十有五，誓言“益坚素守，深念往衍”，对朝廷永“怀结草之忠”。如此高山景行、气度雄远，真乃动人心魄，令人起敬。

语典

北归为儿子，破戒[①]堪一笑。(略)大儿牧众稚，四岁守孤峤[②]。
次子病学医，三折乃粗晓[③]。小儿耕且养，得暇为书绕。
我亦困诗酒，去道愈茫渺。(略)安居与我游，闭户净洒扫[④]。

——《将至广州，用过韵，寄迈迨二子》
(《苏轼诗集》卷四十四，第2390页)

注释

①破戒：破除僧道戒律。

②“大儿”二句：牧，指教与养。众稚，指苏迈二子与苏过一子。四岁，四年。峤，山岭。

③“三折”句：《左传·定公十三年》：“三折肱(胳膊由肘到肩的部分)，知为良医。”意谓多病为良医。

④洒扫：谓闭门闲居。

今译

北归是为了儿子们，破除戒律足以一笑。大儿(苏迈)教养三个幼童，四年独立留守孤僻的山岭。次子(苏迨)因病而学医，久病竟然粗略懂得医道。小儿(苏过)既耕种且自学，闲暇时为书所环绕。我自己也陷于吟诗饮酒之中，远离道戒愈来愈远。(略)安闲居住与自娱，闭起门户清静安适。

解析

此诗是元符三年(1100年)九月，东坡先生步其三儿苏过诗之韵，作于自悟州至广州途中。此时，苏迈、苏迨率子自惠州移家广州，先生欲与子相会后北上。读罢此诗，不禁让人鼻酸。想当年李定、赵挺之等无耻之徒视先生为眼中钉，欲置先生于死地而后快。可怜先生垂老投荒七年之久，不仅自己几乎死于蛮荒之地，更牵连自己的儿孙们贫贱受辱。先生三子不愧是好儿男，他们以父为榜样，承继着安贫乐道之东坡家风。大儿苏迈县令去职后，四年来独守惠州白鹤岭家，靠耕种教养着三个幼童。二儿苏迨在阳羡(今宜兴市)守住几亩薄田以农耕自食。古有“三折肱知为良医”，他因多病而通医道。小儿苏过，自定州南迁，随父谪居岭海七个年头，自耕自种，悉心照料衰年多病的老人，与老父相依为命。因为他在大文豪的父亲身边耳濡目染七载，以父为师，诗词书画皆善，人称“小东坡”。尤其是他学习父亲念佛禅修，甘分随时，随遇而安、与父神似。人道“不经磨难不为人生”。东坡三子，继承父志终成大器。苏迈历任五县令，多有政绩，后人立“景苏堂”仰之。苏迨为太常博士、进士，授朝散大夫，官至尚书驾部员外郎。他一生游学张载，并将其《正蒙》著作，效仿论语、孟子体例，编为十七篇而传后。苏过北宋文学家，号斜川居士，时称苏小坡，官至定州通判。有《斜川集》二十卷。其《思子台赋》《飓风赋》早传于世。真个是：“天薄我以福，吾厚吾德以迓之；天劳我以形，吾逸吾心以补之；天厄我以遇，吾享吾道以通之；天且奈我何哉!”(明·洪应明引《菜根谭》语)

语 典

比年于稠人中[①]，骤得张、秦、黄、晁及方叔、履常辈[②]，意谓天不爱宝，其获盖未艾[③]也。比来经涉世故[④]，间关[⑤]四方，更欲求其似，邈[⑥]不可得。以此知人决不徒[⑦]出，不有益于今，必有觉[⑧]于后，决不碌碌[⑨]与草木同腐也。

——《与李方叔[⑩]十七首》之十六

（《苏轼文集》卷五十三，第1581页）

注 释

①比年于稠人中：比年，指过去几年。稠人，众人。

②“骤得张、秦、苏、晁”句：指张耒、秦观、黄庭坚、晁补之，世称“苏门四学士”。方叔、履常，指李廌(zhì)、陈师道。苏门四学士及此二人，世称“苏门六君子”。

③未艾：未尽，未止。

④比来经涉世故：比来，指近来。经涉，经历。世故，处世经验，如，人情世故。

⑤间关：犹辗转。

⑥邈(miǎo)：渺茫。

⑦徒：谓白白地。

⑧有觉：觉，指醒悟明白。有觉，冯有兰先生称此为“觉解”。即一种领悟能力，或康德所谓的那种判断力。此处可理解为“启悟”“垂范”之意。

⑨碌碌：庸碌，平庸的样子。

⑩李方叔：李廌(zhì)，字方叔，“苏门六君子”之一。

今 译

过去几年在众人中，接连得到张、秦、黄、晁及方叔、履常等人物，以为上天不吝啬把人才送到人间，这种发现恐怕是方兴未艾。近来经历人情世故，坎坷辗转四方，再想找这一类的人物，却渺茫不可得到。因此得知人才绝不是白白出现的，不是有益于当代，必定能启悟后人，绝不会庸庸碌碌和草木一样腐烂掉。

解 析

此书作于东坡先生北归时。先生已年高六十五岁，衰年皓首，且有负薪之疾。此时，他思念起与他文坛同道，且均受他牵连受贬的“苏门六君子”。他歉疚地告诉方叔：“某自恨不以一身塞罪，坐累朋友。”然而，六君子不以此为祸，反以此为荣。在先生眼里所谓人才，“不有益于今，必有觉于后”。诚哉！于世“有益”“有觉”之士，堪称“国之宝”“国之器”“国之尊”耶！

语典

窜流海国，脱身羁鬼之林①；洒扫真祠，拜赐散人之号②。喜归田之有渐，悼③报国之无期。

——《答彭贺州启④》

（《苏轼文集》卷四十七，第1366页）

注释

①"窜流海国"二句：窜流，指放逐，流放。海国，海南岛。羁鬼，羁押的冤鬼。

②"洒扫真祠"二句：真祠，指东坡先生得知自己提举成都玉局观事。相传玉局观是李老君传道的地方。王安石为宰相时，在全国选十所宫观，设置"提举"或"提点官"。散人，闲散不为世用之人。语出《庄子·人间世》："而几死之散人，又恶知散木。"

③悼：悲伤，哀念。

④彭贺州启：彭贺州，指彭醇，字道原，庐陵人，时为贺州（今广西贺县）守。

今译

我被流放到海南孤岛，又从这羁押冤鬼的地方北归；将在玉局观洒水扫地，领受这出世闲散人的称号。欣喜回家种田的心愿渐有希望，但又为无有报效国家的机会而感到悲痛。

解析

元符三年（1100年）十一月，东坡先生北归途经英州，给贺州太守彭醇回信。感谢彭醇对他这位"衰朽"老人，予以"品题"赞誉。本章句虽有"喜归"之余乐，但更有"报国无期"之悲伤。先生年过花甲，虽艾发衰容，积劳成疾，一颗心却仍牵挂着国运兴衰。真可谓，身如倒悬，"心存魏阙"。

语典

眉山人有巢谷者，字元修，名穀[1]，后改名谷。曾举进士武举[2]，皆无成。笃有风义[3]，年七十余矣，闻某谪海南，徒步万里相劳问，至新州[4]病亡。官为稿葬[5]，录其遗物于官库。元修有子蒙，在里中，某已使人呼蒙来迎丧，颇助其路费，仍约过永[6]而南，当更资之。

——《与程怀立[7]六首》之五

（《苏轼文集》卷五十六，第1678页）

注释

①穀(gǔ)：谷的繁体字。

②武举：开始于武则天执政时期，主要选拔将才。

③笃有风义：笃，意谓切实。风义，风骨节义。

④新州：今广东新兴县。

⑤稿葬：亦为“槁葬”，即草草埋葬。

⑥永：指永州。

⑦程怀立：南都(今河南商丘)人，北宋画家，元丰中在南都(商丘)遇到东坡先生，与之写真。先生谪居黄州，程怀立为转运使，元符中为转运使兼广州经略使。

今译

眉山有个叫巢谷的人，字元修，名穀，后改为谷。曾考过进士和武举人，都没有考中。此人特有风骨节义，七十多岁，听说我谪居海南，就徒步万里来看望我，到新州却因病死亡。官府打算草草埋葬，将他的遗物收集在官库。元修有个儿子叫蒙，在老家。我已派人让他儿子来迎丧，给了他颇多路费，仍约定过永州向南，我当再给他些钱。

解析

此书是元符三年(1100年)十一月，东坡先生作于北归途中。巢谷“进士武举不成”，后学骑射，熙河名将韩存宝教其兵书。韩得罪，自度必死，以银数百两托巢谷交给他的妻儿。巢谷改名换姓，怀银步行授其子，逃避江淮间。东坡先生谪居黄州，巢谷从老家赶来相陪，住雪堂，并为子迨、过授其业。巢谷将回蜀，应先生之请，将“圣散子”秘方传授给他。后又托人带“元修菜”(今四川苕菜)籽来东坡种植。先生谪居海南儋州，巢谷老以七十二岁高龄，徒步万里欲过海看望子瞻。然走到广东江门新会县时，被盗贼偷走了他的行囊和盘缠。新会濒临南海，他隔海呼唤“子瞻”的名字。终因旅途劳累，一病不起死于异乡。巢谷大节不夺，真乃“笃有风义”哉！

语典

伏以[①]窜流岭海，前后七年；契阔[②]死生，丧亡九口[③]。以前世罪业[④]，应堕恶道[⑤]；故一生忧患，常倍他人。今兹北还，粗有生望。伏愿六祖[⑥]普觉真空大鉴禅师，示大慈愍[⑦]，出普光明。怜幼稚之何辜，除其疾恙[⑧]；念余年之无几，赐以安闲。轼敢不自求本心[⑨]，永离诸障[⑩]；期成道果[⑪]，以报佛恩。

——《南华寺六祖塔功德疏[⑫]》

（《苏轼全集校注》文集九，第6834页）

注释

①伏以：伏，指俯伏下拜，以，指下面有事陈情。民俗请神起始时均有“伏以”，表达对神明的一种敬礼。

②契阔：契，谓合，聚。阔，分离。契阔，此指离合，聚散。

③丧亡九口：绍圣三年七月，侍妾朝云与另两稗女病卒于惠州。元符二年，苏辙之媳，卒于循州。绍圣二年，先生堂妹小二娘卒于定州。堂兄子安亦卒于绍圣时期。此处“九口”，为“多口”之意。

④罪业：佛教语。指身、口、意三业所受之罪。亦泛指应受恶报的罪孽。

⑤恶道：佛教语。指地狱、饿鬼、畜生三道。

⑥六祖：禅宗第六代祖师慧能。他师承五祖弘忍，主张直澈心源，顿悟成佛。有《坛经》传世。唐宪宗追谥慧能为“大鉴禅师”，宋仁宗加谥为“大鉴真空普觉禅师”。

⑦愍（mǐn）：怜悯，哀怜。

⑧恙（yàng）：病。

⑨本心：指天生的善性、天良。

⑩障：佛教用语，烦恼。

⑪道果：正果，佛教的一种宿命论。

⑫南华寺六祖塔功德疏：南华寺，坐落于广东韶关曲江县曹溪之畔，是禅宗六祖惠能弘扬“南宗禅法”的发源地。疏，疏文，各种法会、法事之上凡人祈求于神仙的文函。

今译

我受贬流窜到惠州和海南，前后共七个年头，聚散死生，全家死亡九人。以我前世的罪孽，应该堕入罪恶的深渊，因此一生遭受的忧患，比他人多上几倍。如今遇赦北归，总算有了生的希望。祈愿六祖普觉真空大鉴禅师，请发大慈大悲，光明普照。哀怜我的儿孙们并无罪过，除却他们的疾病；念恤我的残生没有几年，乞赐我以安宁闲适。苏轼我岂敢不自求天良善性，永远地脱离业障苦海；期盼能成就正果，以报答佛祖的恩德。

解析

本疏文是元符三年（1100年）十二月，东坡先生遇赦北归时，途经南华寺所作。依本疏文记述，先生曾于绍圣元年（1094年）被贬惠州时经过南华寺。当时他在此虔诚地拜谒六祖后南行，此后又谪居海南儋州。这次遇赦再过祖师塔，他率全家瞻仰礼拜，向众僧施舍斋饭并设浴洗沐，以表达对六祖感恩念咎之诚意，为全家消灾祈福。先生的愿望朴素简单，只乞求儿孙们“除其疾恙”，祈求给自己“赐以安闲”“永离诸障”。一位博学高才，心怀“致君尧舜”、经纶济世大志的廊庙之材，就是这样被帝制皇权以及助桀为虐的政敌小人们罗织罪名，摧残成守口畏祸、忧患余生的悲凄老人。痛哉！哀哉！

语典

某如闻有移黄之命[①]，若果尔，当自梧至广[②]，须惠州骨肉[③]到同往。(略)

漂零江海，身非己有，未知归宿之地，其敢必会见之日耶[④]？

——《与范元长[⑤]十三首》之十北归

(《苏轼文集》卷五十，第1461页)

注释

①移黄之命：迁移黄州之诏命。

②自梧至广：自广西梧州至广州。

③惠州骨肉：东坡先生被贬儋州，长子苏迈一房及幼子苏过的家眷仍在惠州居住，次子苏迨也从常州千里迢迢赶到惠州相聚。先生去信嘱苏迈率全家到梧州相会。

④耶：疑问助词，表示疑问。

⑤范元长：范冲(1067—1141年)，字元长，华阳(今四川成都)人，范祖禹长子，绍圣元年(1094年)进士，官至翰林侍读学士。《宋史》有传。

今译

我似乎听说有安置到黄州的诏命，如果真的是这样，那就应当从梧州到广州，须等寄住在惠州的骨肉一到再同行。(略)

江海漂泊凋零，身不由己，不知归宿在什么地方，哪里敢断言必定会在哪一天相见呢？

解析

元符三年(1100年)四月，东坡先生得秦观书，被告知将内迁廉州(今合浦廉州镇)。六月离儋州。七月四日，至廉州贬所，五日寓居清乐轩。大约此时传闻先生可能重回黄州定居。八月底至广州，与孙子重聚于羊城。从此至徽宗建中靖国元年(1101年)六月十五舟抵昆陵，迁寓孙氏馆止，先生从儋州大赦北归，途中辗转整整一年。真正是“漂零江海，身非己有”。直至到达常州因病去世，他确实是“未知归宿之地”。

语典

鹤骨霜髯[①]心已灰，青松合抱[②]手亲栽。
问翁大庾岭头住，曾见南迁[③]几个回。

——《赠岭上老人》
（《苏轼诗集》卷四十五，第2424页）

注释

①鹤骨霜髯：鹤骨，指身体消瘦。霜髯，髯变白。髯，两颊上的长髯。
②合抱：作“夹道”意。
③南迁：谓贬谪岭海。迁，放逐。

今译

骨瘦如鹤，须髯霜白，心如死灰，亲手种下的青松如今已成夹道。请问老人家您在这大庾岭上居住，曾经见过放逐岭海之人有几个能活着回来。

解析

此诗是建中靖国元年(1101年)正月四日，东坡先生于大庾岭村店作。据南宋名士曾敏行《独醒杂志》卷二载，东坡北归至大庾岭上村店稍息，有一老翁上前问从者：“这位长官是谁?”从者答道：“苏尚书。”老人又问：“是苏子瞻吗?”从者回答：“正是。”于是老人惊喜趋前向东坡先生揖道：“我听说有人多次陷害您，今日您能北归，是天佑善人啊!”先生笑而谢之，遂题此诗于壁间。正可谓名节不可玷污，公道自在人心。

语典

俯仰十年，相与更此百罹[①]，(略)“所幸平安，复见天日”。(略)吾侪[②]皆可庆，宁复戚戚[③]于既往哉！公议皎然[④]，荣辱竟安在？其余梦幻去来。何啻蚊虻之过目前[⑤]也！矧[⑥]公才学过人远甚，虽欲忘世而世不忘我，晚节功名，直恐不免尔。

——《答廖明略[⑦]二首》之一

(《苏轼文集》卷五十三，第1556页)

注释

①百罹：种种不幸的忧患苦难。

②侪(chái)：辈。

③戚戚：忧伤的样子。

④皎然：清晰分明的样子。

⑤何啻蚊虻之过目前：啻(chì)，不异于。蚊虻，指蚊与蝇。目，眼睛。

⑥矧(shěn)：况且，何况。

⑦廖明略：廖正一，字明略，号竹林居士，安州(今湖北安陆)人。元丰二年进士，官至知常州。《东都事略》卷一一六《廖正一传》：“元祐中，苏轼在翰苑，试馆职之士，得正一对策，(略)轼亦取密去龙以待正一，由是正一之名亚于四学士。”

今译

一晃就是十年，我们共同经历了种种不幸与苦难，(略)值得庆幸的是平安无事，又能重见天日(略)我辈都应为此感到可庆可贺，怎么能总是为以往的事忧伤呢！你的话已把道理说得清楚明白了，荣耀与屈辱到底又在哪里呢？其余的事都像梦幻一样来来去去，与蚊蝇从眼前匆匆飞过有什么区别！况且您的才学远远超过常人，即使想忘掉这个社会但社会也忘不掉我等，晚年的功名，只怕是免不了的。

解析

此书信是建中靖国元年(1101年)，东坡先生北归时给廖明略的信函。据邹浩《雪廖正一奏状》载：“伏见前秘阁校理廖正一文高学博，望著一时，性介少容，多取怨嫉。(略)只缘不能曲奉本路监司，为其深怒，遂以锻炼惨酷，造成正一脏滥等事。(略)”(参见张志烈等主编《苏轼全集校注·文集八》，第5834页)从哲宗朝任“右正言”官的邹浩给皇上的这一奏状可以得知，廖明略因受本路(路，相当于“省”)监司的陷害，曾惨遭冤狱之祸。直至建中靖国元年方得以赦免。先生这封书信正是劝导廖明略，往事如梦幻，不异于“蚊虻之过目前”，无须“戚戚于既往”。其中“虽欲忘世而世不忘我”一言，既含酸痛又彰自信。先生此时已是重病缠身，然而他仍把眼光放在未来，深信自己还能为国为民献身，获得“晚节功名”。诚如孔子《论语·泰伯》中曰：“士不可不弘毅，任重而道远。仁以为己任，不亦重乎？死而后已，不亦远乎？”(《论语·注释·译文·赏析》第170页)先生真可谓“鞠躬尽瘁，死而后已”。

语典

心似已灰之木[1]，身如不系之舟[2]。
问汝平生功业[3]，黄州惠州儋州。

——《自题金山像》
(《苏轼诗集》卷四十八，第2641页)

注释

①已灰之木：出自《庄子·齐物论》“形固可使如槁木”，其意指“物我为一”的一种禅修境界。

②不系之舟：出自《庄子·列御寇》“泛若不系之舟”。系(jì)，打结。比喻无拘无束、漂泊不定的生涯。

③功业：指功勋业绩。古代儒家提出君子“三立”，即立德、立功、立言，也就是“人生三不朽”，典出《左传·襄公二十七年》。穆公谓范子宣曰：“大上有‘立德’，其次有‘立功’，第三是‘立言’。”

今译

心像已经烧成灰烬般的木头，人生如同没有系住的小舟。要问我的平生功劳与业绩，要算黄州、惠州、儋州。

解析

本诗作于徽宗建中靖国元年(1101年)。诗中“金山画像”，是当年东坡先生在京城任翰林学士兼侍读时，北宋著名画师李公麟为先生所作的写真画像。先生坐于王家花园的一块石头上，头戴“子瞻帽”，手拿竹杖，身穿道袍，双眼若有所思望着远方。十年之后，先生万里北归，在金山寺又见到这幅写真，怎不叫他百感交集，且豁然大悟。于是用颤抖的手，在画像旁留下这段像赞。这四句诗基本是他一生的写照。三次遭贬，大起大落，前后十二年之久。尤其是暮年投荒，九死一生，经受了无数磨难。然而先生竟能用如此豁达诙谐的语言总结自己的一生。按照儒家传统观点，古代文人的功业名曰“三立”，即“立言立德立功”。(唐代有一学者对“三立”作了诠释：“立德，谓创制垂法，博施济众；立功，谓拯厄除难，功济于时；立言，谓言得其要，理足可传。”)而先生却不这样认为，虽然贬谪三州是他政治上的失败，但却将他送上了文学高峰，成全了他的伟大人格，使他成为中国古代伟大的文学家、思想家、哲学家、文化巨人。所以先生宽厚弘毅，坦荡放达地把“黄州惠州儋州”，作为自己人生功业最为辉煌的三个圣地。

语典

兄近已决计从弟之言，同居颍昌[①]，(略)颇闻北方事，有决不可往颍昌近地居者。今已决计居常州，借得一孙家宅，极佳。(略)

恨不得老境兄弟相聚，此天也，吾其如天何？士君子作事，但只于省力处行，此行不遂相聚，非本意，甚省力避害也。

——《与子由[②]第十首》之八

(《苏轼文集》卷六十，第1837页)

注释

①颍昌：今河南许昌。

②子由：苏辙，字子由。苏轼胞弟。

今译

我近日已决定依你所言，我俩同居颍昌，(略)但听到许多有关北方京城的事情，认为绝不能到颍昌附近居住。如今我已决定居常州，借住在姓孙的宅院，也很好。(略)

只是恨年岁已老，兄弟俩却不能相聚，这是天命啊，我又如何能抗拒天意呢？士君子做事，只是尽力减少麻烦，此行不能相聚，并非本意，但能减少很多麻烦，避免祸害。

解析

此书信是建中靖国元年(1101年)五月，东坡先生于真州(今仪征市青州镇)所作。先生北归后究竟安居何处，他曾有过很多方案，先是打算回四川眉山老家，后来又想到黄州、杭州。其中许多老友建议结邻而居，但令他向往的是与子由弟同居颍昌。古今数千年，苏轼苏辙兄弟俩堪称兄友弟恭的楷模。然而，已到残年却仍不能实现他俩一辈子企求"风雨对床"的愿望。颍昌之地真的那么可怕吗？是的，太可怕了。朋友们告诉他，北方嫉妒忌恨诽谤攻击他的人很多，在那里居住一定会惹祸上身。因此为了"省力避祸"，他只有"借得一孙家宅"，"决计居常州"。移颍居常，预示着"山雨欲来风满楼"，一场更残酷的党争浩劫将降临到"元祐党人"的头上。

语典

某[1]两日病不能动，口亦不欲言，但困卧尔。(略)河水污浊不流，熏蒸成病。(略)

某食则胀，不食则羸[2]甚，昨夜通旦不交睫[3]，端坐饲蚊子尔[4]。不知今如何度过？(略)

某昨日饮冷过度，夜暴下，旦复疲甚。食黄耆[5]粥甚美。

——《与米元章[6]二十八首》之二十三、二十四、二十六

(《苏轼文集》卷五十八，第1782-1783页)

注释

①某：自称。

②羸(léi)：瘦弱。

③不交睫：不眨眼。

④端坐饲蚊子：正坐喂蚊子。

⑤黄耆：即黄芪。具有补气升阳，益卫固表，托毒生肌，利水退肿的功效。

⑥米元章：米芾(1051—1107年)，字元章，北宋书法家、画家，曾任校书郎，书画博士，礼部员外郎。祖籍山西，迁居湖北襄阳，后定居润州(今江苏镇江)。

今译

我这两天因病不能走动，话也不想说，只能躺在床上。(略)河水污浊不流，我是被热毒蒸成重病的。

我一吃饭就腹胀，不吃又极其虚弱，昨天通宵达旦没有合眼，只能无奈坐着喂蚊子。不知道今晚如何度过？

我昨天吃凉食太多，夜间腹泻，天亮后非常疲倦。吃了黄芪粥觉得味道不错。

解析

此三封书信，东坡先生作于建中靖国元年(1101年)六月北归途中。元丰五年(1082年)三月，米芾(时年三十二岁，比先生小十五岁)初谒东坡先生于黄州，客住雪堂，自此二人诗书画交往频繁。先生南迁与北归途中，米芾均热情接待。从上述三封信件可以得知，先生北归途中患病，其主要原因是“河水污浊不流，熏蒸成病”。其二促成病情恶化的原因，是服食了“黄芪粥”等温补药。按清代医家判断，先生是“感受暑湿而自用温补之误治”。据说，三日后米芾又设宴款待，盛情难却，先生赴宴后，病情陡然加重。故，是他误服了人参、茯苓、黄芪等温补药导致自诊自误。果若如此，令人不胜遗憾。

语典

某一夜发热不可言，齿间出血如蚯蚓者无数，迨[①]晓乃止，困惫之甚。细察疾状，专是热毒，根源不浅，当专用清凉药。已令用人参、茯苓、麦门冬三味煮浓汁，温饱即少啜[②]之，余药皆罢也。

——《与钱济明[③]十六首》之十六

（《苏轼文集》卷五十三，第1556页）

注释

①迨(dài)：等到。

②啜：(chuò)：饮。

③钱济明：钱世雄，字济明，常州晋陵(今江苏常州)人，绍圣年间任苏州通判。

今译

我昨一夜发热，难受得没法说话，牙齿缝间出了许多如蚯蚓一样的血丝，等到天亮后才止住，疲倦困顿极了。仔细检查症状，完全是热毒，病根不浅，应该专门用清凉药。我已叫人用人参、茯苓、麦门冬三味药煎煮成浓汁，渴时就少喝一点，其他的药就不用了。

解析

本书是建中靖国元年(1101年)七月，东坡先生于孙氏馆作。此时，先生热毒转甚，诸药尽却，处于病危之境。先生自认为是"热毒"，应专用清凉药。即"用人参、茯苓、麦门冬三味煮浓汁"渴饮。然而，据清代医家陆以湉(tián)撰《冷庐医话》卷一《慎药》所言，先生自误，错用了热药而导致不治而亡。《医话》认为："士大夫不知医，遇疾每为俗工所误，又有喜谈医事，研究不精，孟浪服药以自误。如苏文忠公事，可惋叹焉。""自误"者之一，"病暑饮冷暴下，不宜服黄(黄芪)，迨误服之"。"自误"者之二，"胸胀热壅，牙血泛溢，又不宜服人参、麦门冬"。故先生"为补药所误"。又据侯官林孝廉《昌彝射鹰诗云》："公当暴下之时，乃阳气为阴所抑，宜大顺散主之，否则或清暑益气汤或五苓散、或冷香引子及二陈汤，或治中皆可选用，既服黄粥，邪已内陷，胸作胀以为瘴气大作，误之甚矣。药不对病，以致伤生，窃为公惜之！"而先生固执，自病自治且自误，实在令人遗憾！有人认为这是"东坡先生医药方面名高自负而造成的"。因为他并非得的是不治之症，后世医家认为他是因为受米芾热情款待，盛情难却，天热冷饮而患了痢疾。按林语堂先生的西医说法，可能是阿米巴性的痢疾。东坡先生一生曾用许多秘方救活人命无数，其中《苏沈良方》被《永乐大典》所载。痛哉，东坡先生！惜哉，东坡先生！

自 省

回视三十年以来所为，多其病者。足下所见皆故我，非今我也。

导 读

反躬自省，自古就是中华民族的传统美德。东坡先生在黄州的五个年头，完成了一项伟大的自我反省，自我超越的以德修身工程。元丰三年(1080年)十二月，他给友人李端淑的书信中坦诚自己"每纷纷然，诵说古今，考论是非""妄论利害，搀说得失""回视三十年以来所为，多其病者"。元丰六年(1083年)，在《与滕达道六十八首》之八中亦反省道："吾侪新法之初辄守偏见，至有异同之论，虽此心耿耿，归于忧国，而所言差谬，少有中理者。"故，他在《与章子厚参政书二首》中说："轼正复洗濯瑕垢，刻磨朽钝，亦当安所施用？但深自感悔，一日百省。"

元丰七年(1084年)正月一日，东坡先生改受河南汝州团练副使，本州安置，不得签书公事。先生于四月初在友人的陪同下离黄前往。他们经兴国，过慈湖，走九江，游庐山。临下山之前，在西林寺壁上题诗一首，这就是那首著名的哲理诗《题西林寺壁》——横看成岭侧成峰，远近高低各不同。不识庐山真面目，只缘身在此山中。这首诗说明人们认识事物，如果身在其中，不一定能看清事物的全貌和本质。从庐山下来，先生送苏迈赴德兴县任县尉。途经长江与鄱阳湖交汇处的石钟山，发现据《水经注》北魏晚期作者郦道元介绍，因山脚下有深潭，水石相击，声如鼓钟，故而得名。先生对此不以为然，于是同苏迈一道乘小舟夜访石钟山，发现原来是山下的石头都有洞孔和裂缝，水波冲入其中，发出像钟鼓一样的声音。由此，先生感悟道"事不目见，耳闻而臆断其有无"是不能获得正确结论的。以上两篇文字，可以看作是先生经过黄州五年谪居，自我反省后，认识论的一次跃新。也是先生通过这种艺术方式，对三十年所为所进行的一次艺术性总结。

绍圣元年(1094年)四月，御史虞策、来之邵言先生所作诰词语涉讥讪。闰四月告下，诏落二学士职，以本官知英州。六、七月又连续两次落职，八月落建昌军司马，贬宁远军节度副使，仍惠州安置。正是此时，先生作《醮上帝青词》，又一次对自己进行了反思。他向天地祷告："臣两遇祸灾，皆由满溢。(略)少年多欲，沉湎以自残；褊性不容，刚愎而好胜。""臣今稽首投诚，洗心归命。誓除骄慢，永断贪嗔。"如果给李端叔的书信，是朋友间推心置腹的心灵沟通；惠州的青词，则是以奏章文体祭给上帝的祝文。实际上是他仰望上苍的"天问"，抑或是他心向九重君门给哲宗皇帝上的谢罪奏表。

后来他在给其他友人的信中亦说："轼所以得罪，正坐名过其实。"由于自己"性多忤物，刚愎自用""言则招尤，动常速祸"，以至于"疾恶过义，美恶易位；矫枉过直，美恶同则"。从以上可以看出，先生的自我反省是极其严肃认真的。

认识自我，是人类亘古至今的人生命题。慎独自省，是走向成熟的标志，是完善人格的关键步骤。"人非圣贤，孰能无错；知错能改，善莫大焉。"先生这种慎独内省，"一洗千劫非"的美德，为我们树立起一种自我超越，自我完善的人生榜样。

语典

谪居[①]无事，默自观省[②]，回视[③]三十年以来所为，多其病[④]者。足下[⑤]所见皆故我，非今我也。无乃[⑥]闻其声不考其情，取其华而遗其实乎？抑[⑦]将又有取于此也？

——《答李端叔[⑧]书》

（《苏轼文集》卷四十九，第1432页）

注释

①谪居：谓古代官吏被贬官降职到边远外地居住。

②观省：反观内省。

③回视：回顾。

④病：此指缺点、错误。

⑤足下：出处，相传春秋时期，晋公子重耳出奔在外十九年，后来他回国当了国君即晋文公。晋文公欲封赏跟随他逃亡并割股肉让他食用的介子推，而介子推为避封赏，带老母隐居到锦山之中。晋文公用烧山的办法逼他出山，介子推抱着大树和母亲被烧死。晋文公十分悲痛，于是下令砍下这棵大树制木屐穿在脚下。每次看到木屐便说："悲乎，足下！""足下"一词由此而来，最终逐渐演变成对同辈、朋友的敬称。

⑥无乃：相当于现代汉语的"恐怕""只怕"等。

⑦抑：此为文言发语词。

⑧李端叔：即李之仪（1038—1117年），字端叔，姑熟（今安徽当涂）人，元丰年间进士，官原州（今宁夏固原市）通判，徽宗时为终朝清大夫。善诗文，工于公牍文书。

今译

我被贬谪无所事事，常一个人静默反观内省，回顾三十年以来的所作所为，有很多错误。足下所看到的都是以前的我，不是今天的我。你恐怕是只听到了我过去的名声，而没有去考察我的事实，只注意到外表的华美而遗忘内在的实情。怎么能又采取这种方式看待我呢？

解析

本文是东坡先生被贬黄州第一年（元丰三年（1080年）的年底，给好友李端叔的回信。先生在这封信中对自己三十年以来的人生经历进行了自我反省，得出一个结论：多其病者。即先生在《黄州安国寺记》中所说："反观从来举意动作，皆不中道。"正是得益于黄州安国寺"收召魂魄，退伏思念""焚香默坐，深自省察，则物我相忘，身心皆空"，故"乌台诗案"后的黄州，成为了苏轼人生的分水岭。用先生的话说，就是"故我""今我"的分水岭，即"苏轼"与"东坡"的角色转换。五年放逐，五年省察，一个融儒道禅于一身的东坡居士，以"一蓑烟雨任平生"的姿态，屹立在大江之北的赤壁矶头。

语典

得罪以来，深自闭塞，扁舟草履[①]，放浪山水间，与樵渔[②]杂处，往往为醉人所推骂，辄[③]自喜渐不为人识。平生亲友无一字见及，有书与之亦不答，自幸庶几[④]免矣。足下又复创相推与[⑤]，甚非所望，木有瘿，石有晕，犀有通[⑥]，以取妍于人，皆物之病也[⑦]。

——《答李端叔书》

（《苏轼文集》卷四十九，第1432页）

注释

①草履：草鞋。

②樵渔：樵夫、渔夫。

③辄：此处谓“则”。

④庶几：差不多。

⑤创相推与：创，指“开始”，相，交互。推与，指“推重”。与，赞许。

⑥“木有瘿”三句：瘿，指树木生有赘瘤(zhuì liú。犹赘疣，比喻多余无用之物)。石有晕，指石头边缘有一圈色彩或光泽。犀有通，指犀牛之角中空，有通孔。

⑦“以取妍于人”二句：以此取悦于人。病，缺点。

今译

我自从获罪以来，深深地自我封闭，驾着小船穿着草鞋，在山水间自由游荡，与樵夫和渔夫混在一起，往往被喝醉了酒的人推搡笑骂，则自喜逐渐自己不被人认出。平生的亲友没有一个来往，即使有信来也不回复，自幸这样总差不多可以免祸。而阁下又开始交互推重赞许，这很不符合我的愿望。树木长有瘤，石上有晕圈，犀角上有贯通的白线，以此来取悦于人，实际上这些都是它们本身的毛病。

解析

元丰三年(1080年)十二月，东坡先生给友人李端叔复信，对自己的“创相推与”表达了极其不安。他现在深深感到，喜欢别人推重赞许，正像“木有瘿，石有晕，犀有通”一样，本来“皆物之病”，却还以此“取妍于人”。当年名动京城的大才子，名重州郡的朝廷重臣，如今“虎落平阳”，与“樵渔杂处”，甚至被“醉人所推骂”，真令人为之鼻酸。然，先生竟感到“自喜”“自幸”。先生“自喜”什么呢？自喜从此渐不被人认出来，“自幸”什么呢？自幸这样倒可以免祸。从这里可知，先生刚来黄州的日子里，真个是“畏人默坐成痴钝，问旧惊呼半死生”(《侄安节远来夜坐三首》其二)。

语典

人苦不自知，既以此得，因以为实能之，故譊譊[①]至今，坐此[②]得罪几死，所谓齐虏以口舌得官[③]，真可笑也。(略)

妄论利害，搀说[④]得失，此正制科人习气。譬之候虫时鸟[⑤]，自鸣自己，何足为损益[⑥]？

——《答李端叔书》

(《苏轼文集》卷四十九，第1432页)

注释

①譊譊(náo)：形容争辩的声音。

②坐此：因此。

③齐虏以口舌得官：齐虏，指齐人娄敬。汉高祖刘邦击匈奴，齐人娄敬以为不可。刘邦怒，骂道："齐虏，以口舌得官，今乃妄言沮吾军。"后人诗文中以"齐虏"指娄敬。

④搀说：抢着说。

⑤候虫时鸟：按气候时令活动鸣叫的虫鸟。

⑥损益：指得失。

今译

人苦于没有自知之明，既然以"直言极谏科得官，就以为真的能做到这样。所以喋喋不休地议论，直到现在因此获罪几乎遭杀身之祸，这正如当年娄敬以口舌得官一样，真是可笑啊！(略)

胡乱议论为政的利弊，抢着说时政的得失，这正是制科出身人的习气，就像候鸟昆虫，自鸣得意，哪里管有什么得与失？

解析

元丰三年(1080年)十二月，东坡先生因先后两次收到李端叔书信，但因故未予作答，由此他愧疚地"面热汗下"给他复信。这封答书堪称先生谪居黄州近一年时间后，对自己过去"三十年以来所为"的一次深刻的自我反省。首先，先生反省自己缺乏自知之明，以为参加皇帝主持的制科策问而入三等，就"以为实能之"，就敢于"诵说古今，考论是非"而"譊譊至今"了。其次，先生通过"乌台诗案"开始醒悟，自己以"制科人习气"直谏，哪里考虑于时政有何补益？对时弊有何补救？只不过像"候虫时鸟"那样，自鸣得意地鸣叫应景而已。正是自己这种"妄论""搀说"，使他差点"得罪几死"。先生的"人苦不自知"之叹，当唤醒多少以口舌得官的"齐虏"们啊！

语典

是故幽居[①]默处而观万物之变，尽其自然之理，而断[②]之于中。其所不然者，虽古之所谓贤人之说，亦有所不取。

——《上曾丞相书》

（《苏轼文集》卷四十八，第1379页）

注释

①幽居：深居。语出《礼记·儒行》："幽居而不淫，上通而不困。"意为独处时不放纵自己。

②断：判断。

今译

所以深居默然而观察万物的变化，探索宇宙万物的自然之理，而从中做出客观的判断。如果不符合万物之理，虽然是古代的圣贤说的，也不能盲目服从。

解析

嘉祐六年（1061年），东坡先生应制科考试，向仁宗皇帝上《进策》《进论》各二十五篇。劝谏仁宗改革弊政，励精图治。先生时年二十六岁，试图通过上书，争取执政高官的关注和了解。本章句所谓"其所不能者，虽古之所谓贤人之说，亦有所不取"。这是向权威发出的挑战信号，其针对显然是位高权重的王安石及其所主持的熙宁变法。这一信号，突显了青年时期苏轼的踔厉风发，过于自信的性格。然而，"万物之变"的"自然之理"，其标准究竟是什么？由谁来裁夺呢？就是这个"变"和这个"理"，困扰了东坡先生一辈子。

语典

自许[①]太高，而措意[②]太广。太高则无用，太广则无功。是故贤人君子布于天下，而事不立。听其言，则侈大[③]而可乐。责其效，则汗漫[④]，而无当。此皆好名[⑤]之过。

——《应制举上两制书》

（《苏轼文集》卷四十八，第 1392 页）

注释

①自许：自夸，自我评价。

②措意：在意。措，谓“置”，自己很在意把自己放在什么位置。

③侈大：宏大的意思。

④汗漫：广大，泛泛不着边际。

⑤好名：爱好名誉，追求虚名。

今译

自我评价太高，过分在意自我。期望太高不一定能达到，太在意自己往往适得其反。所以号称贤人君子遍布天下，但于事无补。听他们的言论，宏大而可喜。考察他们的实效，则泛泛不着边际。这都是追求虚名的过错。

解析

嘉祐六年（1061 年），年仅二十六岁的东坡先生，与弟子由准备参加第二年的制科策问，他们移居至京城怀远驿站。本章句主要阐释“用才求实”的道理。东坡的老师欧阳修先生在《太尉文正王公神道碑铭》中说：“用人不以名誉，必求其实。”吕不韦在《吕氏春秋·察今》中称：“良剑期乎断，不期乎莫邪；良马期乎千里，不期乎骥骜（jì ào）。”（转引卢圣泉《用人之道》第 503-504 页）“好剑，只图它锋利，不在乎‘莫邪’之名；好马，只图它能日行千里，不在乎非‘骥骜’不可。“自许太高”“措意太广”，都是“汗漫而无当”，其结果要么“无用”，要么“无功”，这一切都是追求虚名的遗患。

语典

己好则好之，己恶[1]则恶之，以是自信则惑[2]也。

——《上曾丞相书》

（《苏轼文集》卷四十八，第1379页）

注释

①恶（wù）：讨厌，憎恨。

②惑：疑惑。

今译

自己认为好就好，自己感到厌恶就厌恶，因此盲目自信，未有不困惑茫然的。

解析

嘉祐六年（1061年），东坡先生年仅二十六岁。八月应贤良方正直言极谏策问，向仁宗皇帝上《进策》《进论》各二十五篇。劝谏仁宗改革弊政，励精图治。本章句语出《老子》，意在阐明对“自以为是”的否定。《老子》二十四章曰：“自见者不明；自是者不彰；自伐者无功；自矜者不长。”（陈鼓应注释《老子今注今译》，第167页）大意是单靠自己所见，反而看不分明；自以为是的，反而分不清是非；自己夸耀，就没有功劳；自高自大，反而不能长久。由此可知，以个人好恶定好恶，这是目光如豆的一隅之见，必将陷入迷惑混乱的境地。

语典

仆老拙[1]百无堪，向[2]在科场时，不得已作应用文，不幸为人传写，深为羞愧，以此得虚名。天下近世进人以名，平居[3]虽孔孟无异，一经试用，鲜[4]不为笑，以此益羞为文。

——《答刘巨济[5]书》

(《苏轼文集》卷四十九，第 1433 页)

注释

①老拙：旧时老年人自称的谦词。形容为人处世循规蹈矩，生性笨拙。

②向：此指从前。

③平居：平素。

④鲜：少。

⑤刘巨济：名泾，简州安阳(今四川资阳县)人，熙宁六年(1073 年)举进士，为宿州(今安徽宿县)教授。

今译

我老朽笨拙，从前在科场中，不得已作些应时的文章，不幸被人传抄，实在感到羞愧，因此浪得虚名。天下近来依据名声来选拔官吏，平素看来和孔子、孟子没有区别，可是一经试用，却很少不为世人耻笑，所以我更加羞于写这类文章了。

解析

熙宁三年(1070 年)一月，东坡先生以直史馆权开封府推官。针对刘巨济在来信中对自己的溢美之辞，先生回复说这是“以所羞者誉之”，即以虚为羞耻。在回书中先生对“近时士人多学谈理空性，以追世好”提出批评。他认为这些人“平居虽孔孟无异，一经试用，鲜不为笑”，其根子就在于贪求虚名。韩非子在《六反》中亦指出：“听其言必责其用，观其行必求其功。”(李亚东译注《韩非子白话今译》，第 613 页)听取言论一定要追求实用，观察行为一定要求证其实效。讲求实用，一向是先生为人处世的基本原则，先生的文艺观也遵行这一理念，他主张“诗须要有为而作，不能为文而文”(转引刘乃昌《苏轼文学论集》，第 176 页)。先生这种求实精神，值得继承发扬。

语典

生而赋朴野[①]之性，愚不识祸福之机。但知任己以直前，不复周防而虑后。触动时忌[②]，言为身灾。挤而去之，则为有功；引而进之，亦或招悔。自非不以利禄[③]为意，而以仁厚[④]为心。

——《谢监司[⑤]荐举启》

（《苏轼文集》卷四十六，第1335页）

注释

①朴野：朴质粗野。
②时忌：当时的禁忌。
③利禄：财利荣禄。
④仁厚：仁爱宽厚。
⑤监司：指监察地方属吏之官。另，对本职上司亦可称监司。此指翰林学士兼侍读范镇。

今译

我生来具有朴质鄙野的个性，愚拙看不清祸福的征兆。但知我行我素执意前行，不知道经常周密防范而忧虑后果。动不动触犯当时的禁忌，说话写文章成为自身的灾祸。有人将我排挤出朝，我认为他有功；有人将我引进荐举，又或招来后悔。我不是不在乎名利俸禄，而是以仁爱宽厚为心愿。

解析

熙宁四年（1071年），身为翰林学士兼侍读的范镇，荐举苏轼为谏官。东坡先生为感谢范镇的举荐上《谢监司荐举启》。后因王安石反对，在京以直史馆权开封府推官。从本启可以窥见时年三十六岁的东坡先生，对自己的秉性心知肚明。他承认自己“任己以直前”，知道自己“不复周防而虑后”。由于“任己”而不“虑后”，故动不动“触动时忌”，开口动笔“言为身灾”。更令人担忧的是“时忌”犯禁，“身灾”当头，他却“不识祸福”就在脚下。果然九年之后的“乌台诗案”，将他从“藩镇之雄”贬为黄州“楚囚”。先生这种“任己直前”的个性难以更改，因为他打心底认定自己是“以仁厚为心”。

语典

余性不慎语言，与人无亲疏，辄输写腑脏[①]。有所不尽，如茹[②]物不下，必吐出乃已。而人或记疏以为怨咎[③]，以此尤不可与深中而多数者[④]处。

——《密州通判厅题名记》

（《苏轼文集》卷十一，第376页）

注释

①“辄输写”句：辄，总是，就。输写，倾吐，宣泄。腑脏，泛指人的内脏，此指心思。

②茹：吃，引申为忍受。

③“而人或”句：疏，臣子向帝王分条陈述的意见书。怨咎，埋怨，责备。

④深中而多数者：指深藏不露，工于心计的人。

今译

我生性说话不谨慎，与人交往不分亲近疏远，动不动就把心里话倾吐出来。如果不完全说尽，就像有东西卡在喉咙里不能下来，一定要吐出来才来痛快。而有的人就把这些话记下来上疏给皇帝，认为我怨恨朝廷。鉴于此，我特别不愿意与城府很深而又工于心计的人相处。

解析

东坡先生于熙宁十年(1077年)四月到徐州任。原与先生共事于密州的赵成伯通判多次写信给先生，请为密州通判厅题名。于是先生在徐州为赵伯成补写了这篇记文。先生与赵君既为同乡又为同事，故而在记文中情不自禁地诉了自己的隐情：因自己“不慎语言”，又常“有所不尽”，被那些心术很深的人上疏陷害。从字里行间，可以窥见先生此时的隐痛。

语典

余自吴兴守[1]得罪，上不忍诛，以为黄州团练副使，使思过而自新焉。其明年二月，至黄。馆舍初定，衣食稍给，闭门却扫[2]，收召魂魄，退伏[3]思念，求所以自新之方。

——《黄州安国寺记》

（《苏轼文集》卷十二，第390页）

注释

①吴兴：为浙江省湖州古称，吴兴守，湖州太守。

②却扫：指不再扫径迎客，闭门谢客。

③退伏：退隐伏藏。

今译

我在湖州太守任上获罪，神宗皇帝不忍诛杀，命我为黄州团练副使，让我在这里反省罪过改过自新。次年二月来到黄州，住处大致安顿妥，衣食稍为够用，我便闭门谢客，召收惊魂落魄，退缩伏藏，冥思苦想，寻找改过自新的方法。

解析

元丰二年七月，御史台何正臣、舒亶(dǎn)、李定、李宜之先后上书诬告东坡先生。七月二十八日，台吏皇甫遵到湖州，以讪谤新政的罪名抓捕先生。八月十八日将先生押赴京师投入台狱，是为"乌台诗案"。元丰三年正月一日，先生在儿子苏迈的陪伴下，由御史台狱差押解，二月一日至黄州贬所。至此，先生"间一二日辄往"安国寺，在那里"焚香默坐，深自省察"，日往暮还，五年不辍。正是这座安国寺古刹，让先生找到了"身心皆空"的精神家园。以此为起点，先生的世界观和人生观，发生了根本性的转变。

语典

已犯之恶，既成而不可追；未迁之善[①]，未成而不可补。日月逝而不复反，我心皇皇[②]，若无明日，悔之至也。

——《东坡书传·秦誓》

（《三苏全书》(经部)卷二十，第241页）

注释

①未迁之善：还没有改过向善，去恶从善。

②皇皇：指心不安。

今译

已经犯过的罪恶，既成事实而不可追悔；没有改过向善，还未做好而不可补救。日月流逝而不能复返，我心中感到惶恐不安，假如没有明天，我真是悔恨至极！

解析

《东坡书传》作于元丰三年(1080年)至元丰五年(1082年)之间，东坡先生初成于黄州，重订于惠州，成书于儋州。本文是先生对《尚书·秦誓》"我心之忧，日月逾迈，若弗云来"誓词的解说。该词大意是：我心中实在忧惧，时间越来越快地流逝，从不回来啊！先生据此文义，推演人生义理。他说："已犯之恶，既成而不可追；未迁之善，未成而不可补，日月逝而不复反，我心皇皇，若无明天，悔之至也。"从这里可以真真切切地感到先生对既成之"咎"而感到"悔之至也"。对"未迁之善"，恐"日月逝而不复反"，深感"我心皇皇"。

语典

我今惟有，无始[1]已来，结习口业[2]，妄言绮语[3]，论说古今，是非成败。以是业故，所出言语，犹如钟磬[4]，黼黻[5]文章，悦可耳目。如人善博[6]，日胜日贫，自云是巧，不知是业。

今舍此业，作宝藏偈[7]。愿我今世，作是偈已，尽未来世[8]，永断诸业，客尘[9]妄想，及事理障[10]。一切世间，无取无舍，无憎无爱，无可无不可。

——《胜相院经藏记》

（《苏轼文集》卷十二，第389页）

注释

①无始：佛教谓一切世间众生万法无有起始。此指年代极久远的太古。

②结习口业：结习，积久而难改的习惯。口业，亦称语业。“业”与“孽”通。佛称以为身、口、意为三业。口业，谓口之所作，即指一切言语。

③妄言绮(qǐ)语：妄言，犹妄语，佛教指一切含淫意不正之言词。绮语，美妙的语句，亦指华而不实之辞。唐宋人常以指文学之事。

④钟磬(qìng)：古代礼乐器，佛教法器。

⑤黼黻(fǔ fú)：泛指礼服上所绣的华美花纹。借指辞藻，华美的文辞。

⑥善博：关于赌博。

⑦偈(jì)：梵语“颂”，即佛经中的唱词，简作“偈”。

⑧未来世：指来生，来世。佛教以过去、当今、未来为三世。

⑨客尘：佛教语，指尘世的种种烦恼。

⑩事理障：即事障、理障。事障，指贪等之事惑。理障，指邪见等之理惑。

今译

我如今惟一有的，不过是些谈论古往今来、兴亡成败的议论而已，故而有了积久难改的习惯和口语留下的恶业。信口谬说，言语华而不实，谈论古今，是非成败，以造成如此的孽障。虽然所说的言语，如同敲钟击磬，辞藻华美的文章，悦人耳目。但这如同善于赌博之人，每天都赢，却一天比一天贫穷。自己认为十分巧妙，殊不知原来是自己留下的业障。

如今我抛弃论说古今是非成败的妄言绮语，改作一篇宝藏偈语。但愿我今生，写过此偈之后直到老死以至来生，永远断绝种种业障和尘世间的种种烦恼，以及穷究事理的糊涂做法。使自己活在这个世间，没有索取也没有舍弃，没有憎恨也没有怜爱，没有认为可以的也没有认为不可以的。

解析

该文为东坡先生于元丰三年(1080年)九月十二作于黄州。东坡先生的同乡宗兄，宝月大和尚惟简，在蜀中成都胜相禅院中修了一座藏经楼。同乡各种人等各尽所能纷纷献出珍爱之宝，为藏经楼的落成出钱出力，以求脱离烦恼恶浊的苦海。此时，先生被贬黄州九个多月，听到惟简举行佛门盛会，别无它物可赠，于是“稽首西望”，写下“洗我千劫不罪”的偈语。先生自来黄州以后，过一二日到安国寺“焚香默坐”“归诚佛僧”，“求所以自新之方”。这篇写于是年九月十二日的记文，是他在安国寺“收召魂魄，退伏思念”“反观从来举意动作，皆不中道”，于是“深自省察”，向诸佛僧众虔诚地写下的第一篇忏悔书(是年十二月《答李端叔书》，应该算是他来黄州后比较集中的第二篇自我反省书)。先生反省自己三十多年以来“结习口业”而“不知是业”。惟愿“今世”“来世”“永断诸业”。并祈求自己“求脱烦恼恶浊苦海”，化入“无取无舍，无憎无爱，无可无不可”的人生和“无我”之境。

语典

人孰[①]无过？过而勿贰[②]。

——《东交门箴》

(《苏轼文集》卷二十，第598页)

注释

①孰：谁、哪个。

②贰：“二”的大写。

今译

人谁能没有过错？同样的过错不要犯两次。

解析

该箴写作年代与地址不详。东坡先生以汉武帝为迁就姑妈窦太主，竟违反朝廷法度，让男宠董偃私入宣室为例，说明“上所好恶，民实趋之”的道理。并强调天子不要两次犯同样的错误。《论语·雍也》云：“不迁怒，不贰过。”《内训·迁善》亦云：“人非上智，其孰无过，过而能知，可以为明；知而能改，可以跂圣(跂 qǐ，跂望)。”这些讲的都是“知过改过无过”的道理。首先是“知”，其次一定要下决心“改”，这样才能像“颜回不贰过”那样做到“无过”。

语典

惩忿窒欲[①]。

改过迁[②]善。

君子之遇凶也，恶衣粝食致觳以自贬[③]。

——(《东坡易传·益卦[④]》卷四，第77-78页)

注释

①惩忿窒欲：惩，指惩戒；忿，愤怒；窒，抑止；欲，嗜。

②迁：指转变。

③“恶衣”句：恶衣，指破旧的衣服。粝(lì)食，粗劣的饭食。觳(hú)，简陋，引申为贫乏。自贬，贬励(谦逊振奋)。

④益卦：《周易》第四十二卦，寓意损上益下，固本强根。

今译

克制愤怒，抑制嗜欲。

改正错误，转恶为善。

君子若遇到凶患，就应穿破旧衣服，吃粗劣饭食，以至于简陋贫乏，以此自我贬励，谦逊振奋。

解析

《东坡易传》为元丰三年(1080年)至元丰五年(1082年)之间，东坡先生初作成于黄州贬所。本文是先生对益卦《象传》和《益卦》的“六三”《象卦》爻辞的解说。先生依据前《象传》“君子以见善则迁，有过则改”爻辞之寓意，推演出“惩忿窒欲”“改过迁善”的人生义理。依据后《象传》“凶险事故中求助增益，所以无咎”(参见李择非整理《周易》，第228-229页)的寓意，推理出“君子之遇凶”，就应“恶衣粝食”且能“自贬”的人生哲理。益卦、《象传》所提倡的“迁善改过”，其实正是易家通过益卦之理，所提倡的君子必须修养的益德(同上)。先生因“乌台诗案”被贬黄州五个年头，“治东坡，筑雪堂”，自耕自食，“与渔樵杂处”。实践的正是他提倡的“恶衣粝食”而自我贬励的思想。真正体现了他一边“注易”，一边增益自己“益德”的君子“自贬”品格。

语典

消祸于未形，救危于将亡。

——《王元之[①]画像赞并叙》

（《苏轼文集》卷二十一，第603页）

注释

①王元之：王禹偁(954—1001年)，字元之，北宋散文家。历任知制诰、翰林学士，敢于直言讽谏，因此先生三次遭贬，咸平二年(999年)被贬至黄州，迁蕲州病故。世称“王黄州”。

今译

消除祸患于未形成之时，挽救危难于将要灭亡之初。

解析

该文由东坡先生于元丰元年(1078年)六月作于徐州。先生将王元之与汉代汲黯，吴国之张昭，唐代之魏征、狄仁杰等名臣相比，赞美他们“正色而立于朝，则豺狼狐狸，自相吞噬”。歌颂他们建立了“消祸于未形，救危于将亡”的丰功伟业。先生在文中称王元之“雄风直道，独立当世”，“耿然如秋霜夏日，不可狎玩”。当然，先生在为王元之画像作赞时，并没有预料到一年又八个月后，他因“乌台诗案”也被贬到前王元之谪居地黄州。历史何其相似，不禁令人抚髀长叹。

语典

致命遂志[①]，故不怨天，不尤[②]人。尤人者，人亦尤之，则多怨矣。

——(《东坡易传·系辞传[③]下》卷八，第142页)

注释

①致命遂志：致，通“至”，极尽。致命，极尽生命潜能。遂，成功，实现。遂志，实现了自己的志向。

②尤：怨恨，归咎。

③系辞传：总论《易经》大义，解释卦义辞的意义及卦象爻位，所用的方法及揲蓍(shé shī)求卦的过程。

今译

极尽生命潜能，实现自己的志向，因此既不抱怨天，也不抱怨人，抱怨人的人，人家也抱怨他，那么就会有太多的怨恨了。

解析

《东坡易传》于元丰三年(1080年)至元丰五年(1082年)之间，东坡先生初作成于黄州贬所。本文是先生对《系辞传》“益以兴利，困以寡怨”文辞的解说。孔子曰：“不怨天，不尤人。”(参见《论语·注释·译文·赏析》之《宪问篇》，第316页)这表明这种人虽历经坎坷人生，但却没有像老庄那样主张退隐山林而避世。在艰难困苦的环境下，他超越世俗，升华上达，对人世间也不要求别人了解，存心自有天知，故坦荡言曰“不怨天、不尤人”。他努力做到“下学而上达”。所谓“下学”，从最近处，最易处探求普通的道理，然后逐渐向上，向深层处领悟人生道理。由此可知，只有潜心“下学上达”的人，才能做到“不怨天，不尤人”。

语典

轼所以得罪，其过恶未易以一二数也。(略)如轼正复洗濯瑕垢[①]，刻磨朽钝[②]，亦当安所施用？但深自感悔，一日百省。(略)

追思所犯，真无义理，与病狂之人蹈河入海者无异。方其病作，不自觉知，亦穷命所迫，似有物使。及至狂定之日，但有惭耳。

——《与章子厚参政[③]书二首》其一

(《苏轼文集》卷四十九，第1411页)

注释

①洗濯瑕垢：洗濯(xǐ zhuó)，指洗涤、除去。瑕垢，耻辱，污点。

②刻磨朽钝：刻磨，指刻苦磨砺自己。朽钝，衰朽愚拙。

③章子厚参政：章惇(1035—1105年)，字子厚，建州浦城(今属福建)人，徙居苏州。与东坡先生同举进士。王安石重其才能，擢为编修三司条例官。元丰三年任参知政事(副宰相)，元祐初黜知汝州。哲宗亲政，起为尚书左仆射兼门下侍郎(宰相)。

今译

我之所以被治罪，其过失错误并非简单一两条能数过来。(略)如今我正反复洗除耻辱与污点，刻苦磨砺，只是希望日后有所作用。只有深自追悔，一天反省百遍。(略)

追思所犯的罪过，真是没有道理，与疯子跳河投海没有区别。当发了病的时候，自己觉察不到，也是倒霉的命运所驱使，好像是鬼使神差。等到发狂过后，只有羞惭而已。

解析

元丰三年(1080年)二月一日，东坡先生在儿子苏迈的陪伴下，由御史台狱吏被押解至贬所黄州。开始，父子俩暂居定惠小院。作为同年中举，同试馆职的早年朋友，现任副宰相章惇，是在东坡挚友王定国之后，第二位主动给“谴居穷陋，往还断尽”的苏轼致信的人。章惇“存甚厚，忧可言”。再说，章惇曾在“乌台诗案”中，也公正地站出来为先生辩诬。故先生除了感到几许温暖外，在复信中还将自己来黄州后的生活状况及内心所思所想，向老朋友作了倾诉。从本章句内容看，先生来黄后确实“深自感悔”，悔自己“与病狂之人蹈河入海者无异”，真正地在“一日百省”，不断地“追思所犯”而痛感“有惭”。更令人欣慰的，先生并未万念俱灰。经过此次“洗濯瑕垢，刻磨朽钝”之后，他仍期待有“亦当安所施用”之日。先生这种“改往修来”“静以待命”的思想境界，一直保持了整个岭南放逐的始终。

语典

臣闻人情不问贤愚，莫不畏天而严父[①]。然而疾痛则呼父，穷窘则号天[②]，盖情发于中[③]，言无所择。岂以号呼之故，谓无严畏[④]之心？

——《代滕甫辩谤乞郡状》

（《苏轼文集》卷三十七，第1056页）

注释

①"臣闻人情"二句：语出《史记·屈原列传》："夫天者，人之始也；父母者，人之本也。人穷则反本。故劳苦倦极，未尝不呼天地，疾痛惨怛（dá），未尝不呼父母也。"畏天而严父，敬畏顺从天意，尊敬父亲。

②穷窘则号天：穷窘，指穷困窘迫。号天，对天号泣，言极其悲痛。

③情发于中：情感源于心中。

④严畏：犹敬畏。

⑤滕甫：后避宣仁太后父高遵甫讳，改名滕元发（1020—1090年），比苏轼年长十六岁。字达道，东阳（今浙江东阳）人。受知范仲淹，举皇祐五年（1053年）进士，始遇知神宗，知开封府，拜御史中丞，授翰林学士。后因妻兄李逢犯法事落职，知池州（今安徽省辖市）、湖州等地。哲宗即位，知苏州等郡。治边凛然，威行西北，号称名将。逝后赠银青光禄大夫，谥章敏。《宋史》有传。

今译

我听说人不管是贤良还是愚笨，没有不敬畏上天和害怕父亲的。然而患病疼痛就呼唤父亲，穷困窘迫就号泣上天，这是因为情感发自内心，言语就无所选择。怎么能以号泣的缘故，就说对上天和父亲没有敬畏之心呢？

解析

此状于元丰七年（1084年）二月写于黄州。滕甫反对新法，王安石恐他多言，让他离京任职。元丰七年，妻族有人犯大法，小人借故攻击排挤元发，并欲杀之。东坡先生时谪居黄州代他辩诬，故代撰该状。所谓"疾痛则呼父，穷窘则号天"，这是在给皇帝上书免祸时所用的譬喻，因为"若不号呼于君父，更将趋赴何人"？在专制的封建社会，臣子的生杀大权全掌握在皇帝一人之手，疾痛、穷窘惟有乞求"君父"恩典，人臣命运之卑微可见一斑。

语典

反观从来举意动作，皆不中道[①]，非独今之所以得罪者也。欲新其一，恐失其二，触类[②]而求之，有不可胜[③]悔者。于是喟然[④]叹曰："道不足以御气[⑤]，性不足以胜习[⑥]。不锄[⑦]其本，而耘[⑦]其末，今虽改之，后必复作。盍[⑨]归诚佛僧，求一洗之？"

——《黄州安国寺记》

（《苏轼文集》卷十二，第391页）

注释

①中道：是佛教的根本立场，中道就是超越有无、增减、苦乐、爱憎等二边之极端、邪执，是不偏于任何一方的中正之道。

②触类：指接触相类事物，类推同类其他事物的变化、趋势及规律。

③胜：尽。

④喟(kuì)然：形容叹气的样子。

⑤御气：制御血气，控制意气。

⑥胜习：战胜旧习。

⑦锄：铲除。

⑧耘：除草。

⑨盍(hé)：何不，表示反问或疑问。

今译

回头看我一向的意念和行动，都不符合中道，并不仅只这次获罪一件事，想要改正这其中一次过错，恐怕会漏掉其他的错误。如果以此类推而求得证实，真有不尽的追悔。于是长叹一声说："道不足以控制我的意气，个性不足以战胜我的旧习。不铲除祸根，只是就事论事地检讨次要的问题，今天虽然改了，日后必然旧病复发。何不诚心皈依佛门，以求洗清心胸？"

解析

本文于元丰七年（1084年）四月四日作于黄州，东坡先生在黄州安国寺禅修堂内的"思过自新"是真诚而认真的。首先，他承认自己"从来举意动作，皆不中道"。其次，通过反省，深感"不可胜悔"。最后，他认识到"不锄其本，而耘其末"，现在虽然改了，以后必然会旧病复发。"人非圣贤，孰能无过""过而能改，善莫大焉"（《左传·宣公二年》）。先生对待错误的态度，以及改正错误的决心，为当代人的人生修炼提供了榜样。

语典

觉从前皆非今是[①]。

——《哨遍·为米折腰》

(《苏轼全集校注(词集)》卷一，第378页)

注释

①“觉从前”句：引陶渊明《归去来辞》“觉今是而昨非”句。

今译

感到从前所思所为都是错误的，而如今的行为才是正确的。

解析

《哨遍·为米折腰》词，为元丰五年(1082年)四月，东坡先生于黄州作。按明代学者傅藻《东坡纪年录》所载，元丰五年“春，躬耕东坡，筑雪堂居之，拟斜川之游。以渊明《归去来辞》檃(yǐn)括(剪裁改写)为《哨遍》”。《哨遍》词正是先生谪居黄州两年多，通过自省，借用陶渊明“今是而昨非”词句，对自己过去三十多年所进行的自我总结。先生在元丰三年(1080年)十二月《答李端叔书》中曾说：“谪居无事，默自观省，回视三十年以来所为，多其病者(略)。”尤其是在给友人滕达道的书信中，更是坦诚地承认“新法之初，辄守偏见”的错误。古人言：“人非圣贤，孰能无过。”先生这种躬自反省的精神，正是君子风节的写照。

语典

盖谓吾侪[①]新法之初，辄守偏见，至有异同之论。虽此心耿耿[②]，归于忧国，而所言差谬[③]，少有中理者。今圣德日新，众化大成，回视向之所执，益觉疏矣。若变志易守以求进取，固所不敢。若哓哓[④]不已，则忧患愈深。

——《与滕达道六十八首》之八

(《苏轼文集》卷五十一，第1478页)

注释

①吾侪：侪(chái)，谓"辈"或"类"。吾侪，我辈。

②此心耿耿：耿耿，指心有所思。表示老是放不下，一直牵挂。

③差谬：差错。

④哓哓(xiāo xiāo)：吵嚷，唠叨不休，争辩不止的声音。

今译

认为我辈在新法推行的初期，擅自抱有偏见，以至有不同的观点。虽然是出自一片忧国的忠心，但所言有差错，合理的很少。如今圣上的德望一天比一天高，教化民众大获成功，回顾从前我辈所坚持的，更觉得不切合实际。如果改变志向放弃坚持是为求取晋升，固然不应该。若喋喋不休争辩不已，国家的危机就会愈来愈深重。

解析

东坡先生郑重地、真诚地承认在"新法之初"，抱持"偏见"和"少有中理"，这种转变和检讨，是在元丰六年(1083年)的黄州贬所所作出的。这种政治观点转变的基础，应该源于被贬黄州一年后。从《答李端叔书》等回复友人的函件中可以看出端倪。应该说先生的"省察"不是轻率的，而是通过"谪居无事"，对"三十年以来所为"进行认真地"默自观省"，得出"多其病者"结论之后才发生的。这是"今我"对"故我"的自我否定，是"乌台诗案"后，先生在黄州"城南精舍曰安国寺"经过"焚香默坐，深自省察"，所发生的"凤凰涅槃"式的新生。歌德说得好："错误同真理的关系，就像睡梦同清醒的关系一样。一个人从错误中醒来，就会以新的力量走向真理。"(择自《新东方经典语录》)元祐元年(1086年)先生为保住新法之一的"免役法"，与权高恩重的司马光朝堂激辩，正是"以新的力量走向真理"的见证。

语典

横看成岭侧成峰，远近高低各不同。
不识庐山真面目，只缘[1]身在此山中。

——《题西林壁》
（《苏轼诗集》卷二十三，第1219页）

注释

①缘：因为。

今译

从横处看是岭从侧处看是峰，远近高低各有不同。(为什么)不能认识庐山的真实面貌，只因为观察者身在庐山之中。

解析

东坡先生于元丰七年(1084年)五月，离开黄州后途经庐山，在东林寺长老的陪同下游览西林寺。临下山之前，他在西林寺壁上题写了上面这首哲理诗。这首诗既是他游庐山观感的总结，亦是他黄州五年间人生思考的感悟。他认识到“身在此山中”不一定能认识“庐山真面目”，即不一定能看清该事物的全貌和本质。有道是“静见真体，闲识真机，淡得真味”，只有跳出个人的局限，站在客观的、全局的角度，才能获得全面而完整的观照。这充分表明黄州后的苏东坡，其认识论、思维方式都发生了质的变化，从而超越自我对人世和人生的认识，获得了可喜的蜕变与成熟。从这个意义上讲，《题西林壁》诗，是苏东坡世界观、人生观重构的艺术总结。

语典

轼所以得罪，正坐[1]名过实耳。年大以来，平日所好恶忧畏皆衰矣，独畏过实之名，如畏虎也。

——《答李昭玘[2]书》

(《苏轼文集》卷四十九，第1439页)

注释

①坐：此指因、由于。

②李昭玘(qǐ)：字成季，济南人，少与晁补之齐名，累官提点京东路刑狱。徽宗立，用为起居舍人。崇宁(1102年)初罢官，闲居十五年。《宋史》有传。

今译

我之所以获罪，正是因为名声超过了实际。年纪大了以后，对过去的所好所恶，所忧所惧都已经淡漠了，唯独像害怕老虎一样害怕不实之名。

解析

元丰五年(1082年)二月，东坡先生之"雪堂"成于大雪之中，这时收到了李昭玘的来信。李昭玘的来信，无疑说了不少赞誉的话，同时还真诚地表达"欲相从游"(希望进入"苏门四学士"圈)的想法。按照先生的说法，他与李昭玘"平生不相识"，而又正处于罪放之中，李昭玘不避此嫌，足见其人对东坡先生感情笃厚。再说，先生身陷罪累，竟有不曾谋面的人乞求从学，这应该是一件值得欣慰的事，然而先生却说畏名"如畏虎"。由此看来，黄州时期的苏东坡与年仅二十六岁，名动京城的大才子苏轼，真乃不可同日而语。这就是先生给李端叔书信中所言"故我"与"今我"的最大区别。

语典

我坐[①]名过实，欢哗[②]自招损。

——《伯父送先人下第归蜀(略)》其十二

(《苏轼诗集》卷二十一，第1101页)

注释

①坐：因，由于。

②欢哗：喧闹。

今译

我因名不符实，不慎妄言使自己遭受挫折。

解析

本诗于元丰四年(1081年)十一月作于黄州。东坡先生二十二岁时，以一篇六百余字《刑赏忠厚之至论》而名声大噪。欧阳修高度赞赏曰："快哉！快哉！老夫当避路，放他出一头地也，可喜，可喜！"至此，名动京城，一时传言"苏文熟，吃羊肉；苏文生，吃菜羹"。人世间既有捧杀，亦有棒杀。经受"乌台诗案"后，他深切地感到过实之名给他带来的"招损"。能自责是一种美德，能自省是一种觉醒。

语典

人常蔽[①]于安逸，而达[②]于忧患。

——《与蹇授之[③]六首》之五

(《苏轼文集》卷五十五，第1647页)

注释

①蔽：蒙蔽，昏庸不明，愚昧无知。

②达：指显达(地位高而有名声)。

③蹇授之：蹇(jiǎn)序辰，字授之。双流(今属四川)人，元丰年间进士及第，官至刑、礼二部侍郎、翰林学士承旨。《宋史》有传。

今译

人常常是处在安逸时昏庸愚昧，而处于忧患却能立志显达。

解析

此书于元丰七年(1084年)三、四月，东坡先生作于黄州。本章句语出《孟子·告子下》："生于忧患，死于安乐。"(李双译注《孟子白话今译》，第298页)其大意为忧愁灾祸可以激起人生存的斗志，而安逸享乐只会消磨人的斗志，使之趋于死亡。欧阳修在《新五代史·伶官传序》中曰："忧劳可以兴国，逸豫可以亡身。"司马迁在《报任安书》中指出，"古者富贵而名磨灭""倜傥非常之人称焉"。他继而赞道："盖文王拘而演《周易》；仲尼厄而作《春秋》；屈原放逐乃赋《离骚》；左丘失明厥有《国语》；孙子膑脚兵书修列；不违迁蜀世传《吕览》；韩非囚秦《说难》《孤愤》。"(阙勋吾等译注《古文观止》，第324页)笔者补充一句：司马腐刑终成《史记》。而东坡先生的人生经历又何尝不是如此?"乌台诗案""三次贬逐"，他的政敌们想置他于死地而后快。然而皇天有眼，历史有情，挫折与苦难却将他推向了文学创作的顶峰；东坡哲学成为"反对学术专制的旗帜"(王水照、朱刚著《苏轼诗传》，第163页)。忧患者，真乃人生之达道也。

语典

书生苦信书，世事仍臆度[1]。不量力所负，轻出千钧诺[2]。
当时一快意，事过有余怍[3]。不知几州铁，铸此一大错。(略)

——《赠钱道人》
(《苏轼诗集》卷十八，第 947 页)

注释

①臆度：主观推测，猜想。
②千钧诺：《史记·季布列傳》："楚人谚曰：得黄金百斤，不如得季布一诺。"比喻极重的承诺。
③怍(zuò)：惭愧。

今译

读书人往往被书本所困惑，对人事的判断凭个人主观推测。不依据自己能承受的力量，轻率地作出重大的承诺。当时虽一度非常畅快，但事过之后却又很后悔。不知用多少州郡的生铁铸造如此一个大的错误。

解析

这首诗是东坡先生于元丰二年(1079 年)四月，赴湖州途中游惠山所作。清乾隆年间著名学者纪昀，在《纪评苏诗》中说："纯为介甫辈发。"(参见张志烈等主编《苏轼全集校注》(诗集三)第 1984 页)纪晓岚认为此诗是针对王安石之辈所发的感慨，以此讥讽执政大臣王安石书生意气，对世事臆断，自不量力地许下"强国"之诺。结果变法失败，辞职归隐，用几州之铁，铸成千古大错。如果说这诗是针对王安石所发，但也应该是为他自己所写。事实证明，同年四月二十日，他到湖州任，八月十八日被押赴京师。在此后的三次贬谪岁月里，于夜深人静处，他亦同样发出"不知几州铁，铸此一大错"的悔叹。悔叹之余，我们从中多有体悟：违背客观，轻信教条，主观臆断，一意孤行，这是铸成大错的根本原因。此，当为后世戒。

语典

疾恶过义，美恶易位；矫枉过直[1]，美恶同则。如食宜饫，餍则为度；如酌孔取，剧则荒舞[2]。呜呼！乃阴乃阳[3]，神理所藏；一张一弛[4]，人道[5]之常。

——《罪言[6]》

（《苏轼文集》卷六十四，第1982页）

注释

①矫枉过直：语出《后汉书·仲长统传》："矫枉过直，政不任下，虽置三公，事归台阁。"(《后汉书》第二卷，第853页)

②"如食宜饫"四句：饫(yù)，此指饱。餍(yàn)，吃饱，满足。如酌孔取，郑笺注："王如食老者，则宜令之饱。如饮老者，则当孔取。孔取，谓度其所胜多少。凡器之孔，其量大小不同，老者气力弱，故取义焉。"(参见张志烈等主编《苏轼全集校注》(文集九)，第7128页)

③乃阴乃阳：语出《周易·系辞上》："一阴一阳之谓道。"(李择非整理《周易》，第350页)即一阴一阳的相生相灭的矛盾变化就叫做道。

④一张一弛：语出《孔子家语》。大意是有紧张有放松，这是文王、武王的主张。

⑤人道：中国古代哲学中与天道相对的概念。一般指人事、为人之道和社会规范。

⑥罪言：言不当其位而进言，自谦冒昧之意。

今译

憎恨丑恶超过合宜之理，美的变恶，恶的变美；纠正偏邪过分，美和恶同样走向反面。好比吃饭宜饱，过饱就超过了限量；像老人喝水按量而取，过猛就会溢到孔外。

啊！一阴一阳，天道所蕴含；一张一弛，人道之常理。

解析

本文作年不详。本章句意在阐释"矫枉过正"之义理。这个成语的本义是，把弯的东西扳正，又会弯到另一边，比喻纠正错误过了应有的限度，反而会陷入另外一种错误或偏差之中。在中国古代，矫枉过正的事例举不胜举。譬如宋朝开国皇帝宋太祖，接受晚唐五代历史教训，采取矫枉过正的方针，加强了中央集权，以文驭武，重文轻武，但结果又导致武备不振，削弱了宋朝抵御外敌入侵的战斗力，苦受契丹和西夏国连年的侵扰，国力日渐衰败，直至酿成"靖康之乱"，北宋败亡。先生在本章句连续运用"过义""过直""餍则""剧则"等词语，极言其弊其害。只有遵循"一阴一阳"之天道，"一张一弛"之人道，才可免除"疾恶过义""矫枉过正"的进言之罪。

语 典

君子如水因物赋形，天不违仁，水不失平，惟一[①]故新，惟新故一，一故不流，新故无数，此伏羲[②]以来所传要道也。

——《东坡书传·商书》

(《三办全书》(经部)卷七，第31页)

注 释

①惟一：道德纯一。

②伏羲：是五天帝之一，是古代传说中的中华民族人文始祖，是中国医药鼻祖之一。

今 译

君子像水一样随着物体顺性适意随遇而安。天不违背仁德，水不推动平衡，道德纯一，故能日行新德，只有日新其德，故能有纯一的道德。纯一的道德不流失，日行新德就会永续，这就是自伏羲以来所传承的重要大道。

解 析

《东坡书传》由东坡先生于元丰三年(1080年)至元丰五年(1082年)之间，初作成于黄州贬所。本文是先生对《尚书·咸有一德》，即伊尹对太甲的训导"惟新厥德，终始惟一，时乃日新"训辞的解说。伊尹的训辞大意是，要更新自己的品德，做到始终如一，坚持不懈，这样，道德就能天天更新。先生在本章句中，特别强调道德的纯"一"。因为"德惟一，动罔不吉"。道德如果纯粹专一，行动就没有什么不吉利的。"德二三，动罔凶。"道德如果今二明三，反复无常，行动没有不发生凶祸的。故君子修德，要记住伊尹"天佑一德"的训诫，以及"民归一德"的箴言。"一德"者，纯粹专一的道德。"惟新"者，惟有日新其德，这就是伏羲所传的"要道"。

语典

衣服丹青之好，本出泥涂①；
成毁须臾之间，谁为喜愠②。

——《梦中作祭春牛文》
（《东坡志林》，第32页）

注释

①"衣服"二句：丹青，我国古代绘画常用朱红色、青色，故绘画为"丹青"。泥涂，污泥、淤泥，此指劳动人民。

②"成毁"二句：成毁，指成与败。须臾，片刻之间。（刹那者为一念，二十念为一瞬，二十瞬为一弹指。二十弹指为一罗预，二十罗预为一须臾，一日一夜为三十须臾）愠，怒。

今译

美如丹青般好颜色的衣服，本来出自泥涂中的劳动人民之手；
成与败往往发生在片刻之间，有谁为此欢喜谁为此发怒呢？

解析

本文是东坡先生于元丰六年（1083年）十二月二十七日，于黄州贬作。先生谪居黄州，朝廷对他发出禁令："不得签书公事。"然而，先生仍然关心农事民生，借梦境表达对来年春耕的关心。所引章句，说明天下有钱人身穿的华丽衣服，全是面朝泥涂背朝青天的劳动人民辛勤劳动的成果。最为关键的是，先生借农事"成毁须臾之间"，隐喻人事成败转瞬之间，哪里是天堂，哪里是地狱；谁为此窃喜，谁为此愠怒？如此三言两语，表达了先生此时内心的隐痛。此文如其说是《祭春牛》，倒不如说是先生被贬黄州四个年头的《祭逐客》。

语典

自笑平生为口忙[①]，老来事业[②]转荒唐。(略)
只惭无补丝毫事，尚费官家压酒囊[③]。

——《初到黄州》
(《苏轼诗集》卷二十，第1032页)

注释

①“自笑”句：既指因诗招祸，又指为谋生而奔走。
②事业：正在做为“事”，事成则为“业”。此指仕途。
③压酒囊：官府卖酒退还的酒袋，以此抵充官俸。

今译

自笑我平素为生存而忙碌，到老来仕途转而荒唐可笑。(略)
只是惭愧对朝廷无丝毫补益，仍然空费了官府抵充的酒袋子。

解析

东坡先生于元丰三年(1080年)二月一日到达贬所黄州，是日作此诗。东坡先生被贬黄州，朝廷有一条严格规定：“不得签署公事。”也就是说先生只是个不管事的闲员。这对于从小立下报国之志的苏东坡来说，实在是一种沉重的打击。他认为，拿着官家的俸禄(哪怕有一半用酒袋抵充)，却丝毫无补于事，那才是平生最为荒唐的事啊！

语典

江城地瘴蕃草木[①]，只有名花苦幽独[②]。
嫣然[③]一笑竹篱间，桃李漫山总粗俗。(略)
雨中有泪亦凄怆[④]，月下无人更清淑[⑤]。

——《寓居定惠院之东，杂花满山，有海棠一株，(略)》
(《苏轼诗集》卷二十，第1036页)

注释

①“江城”句：江城，指黄州。地瘴，地湿多瘴气(动植物腐烂后生成的毒气)。蕃，茂盛。
②幽独：幽寂孤独。
③嫣然：娇美盈笑的姿态。
④凄怆：凄惨悲凉。
⑤清淑：清美淑丽。

今译

黄州土地潮湿多瘴气，草木茂盛，只有名花海棠特别幽寂孤独。它娇美含笑在竹篱笆之间，让漫山的桃李显得粗鄙低俗。(略)雨中海棠滴泪凄切又悲凉，无人在月下喧嚣更显清丽高贵。

解析

此诗于元丰三年(1080年)作于黄州。东坡先生初来黄州住在府治东南边的定惠院，在院东边小山上有繁茂的海棠一株。夜深人静，他孤独一人在清幽的月色之下，望着雨中有泪、凄怆幽独的名花，挥洒诗人的想象。如清乾隆年间著名学者纪晓岚所评：“纯以海棠自喻，风姿高秀，兴象深微。”(参见张志烈等主编《苏轼全集校注》(诗集四)第2166页)是的，他虽然被政客小人设陷赶到这“地瘴蕃草木”的小城，但是，他如同盛开得繁茂清美的海棠花。而那漫山一时妖冶的“桃李”(喻御史舒亶、李定之辈)倒显得极其的粗鄙低俗。这是一种自信，更是一种坚守。

语典

去年御史府[①]，举动触四壁[②]。幽幽百尺井，仰天无一席[③]。
隔墙闻歌呼[④]，自恨计之失。留诗不忍写，苦泪渍纸笔[⑤]。(略)
此邦疑可老[⑥]，修竹带泉石[⑦]。

——《晓至巴河口迎子由》
(《苏轼诗集》卷二十，第1052页)

注释

①御史府：即御史台，是唐宋中央监察机关，主要监察大理寺和刑部的司法审判活动。

②"举动"句：喻囚徒拘押在监狱，行为举动受四壁限制。

③"幽幽"二句：幽幽，深远莫测。百尺井，指狱狭窄如坐井观天。无一席，无一张席子的地方，比喻很小的一块地方。

④隔墙闻歌呼：参照韩愈诗"隔墙闻欢呼"，欢，喧哗。歌呼，意为喧哗声。

⑤苦泪渍纸笔：苏轼料想自己必死狱中，故作二诗授狱卒梁成，拜托转交子由，故言苦泪渍(浸)湿纸和笔。

⑥疑可老：可以归老之处。

⑦泉石，指山水。

今译

去年被囚禁在御史台，一举一动触碰四壁。幽深如百尺深井，狭窄如坐井观天。听到隔壁审讯的喧闹声，自己悔恨无计可施。给子由留诗不忍写下，酸苦的眼泪浸湿了笔和纸。(略)黄州可作养老之地，这里竹林环绕着山水。

解析

元丰三年(1080年)五月二十七日，子由护送王润之及苏迨、苏过等家人二十余口到黄州。东坡先生闻讯一大早就到距黄州二十余里的巴河口迎接。自二月一日他同大儿子苏迈来到黄州，已有近四个月没有见到家人。此时，他站在巴河岸边，搜寻着江上过往的船帆，回想起去年被囚禁的悲凉情景百感交集。"乌台诗案"是苏东坡人生的分水岭，自此以后，虽然有几度回京的机会，但最后终被贬谪到天涯海角的儋州。所谓"此邦疑可老"的愿望，并未能实现。

语典

幸兹①废弃余，疲马解鞍驮②。全家占江驿③，绝境天为破④。
饥贫相乘除⑤，未见可吊贺⑥。淡然⑦无忧乐，苦语不成些⑧。

——《迁居临皋亭》

（《苏轼诗集》卷二十，第1054页）

注释

①“幸兹”句：兹，此。幸兹，幸运这次。废弃余，已遭贬谪之后。
②解鞍驮：语出孟郊诗“疲马思解鞍”。意为虽遭贬谪，却能从任上卸下担子。
③江驿：江边驿站。临皋亭，原名回车院，为长江边的驿站。
④“绝境”句：绝境，极美的自然环境。破，犹安排。天为破，上天安排。
⑤相乘除：相互抵消。
⑥“未见”句：既无可忧，亦无可喜。
⑦淡然：毫不在意的样子。
⑧些：句尾语调，乃楚人之声。

今译

幸好此次贬谪之后，我像疲马解下马鞍。全家住进了江边驿站，上天为我安排如此美境。饥饿贫穷与佳境相抵消，既无可忧亦无可喜。对于忧乐我已毫不在意，这些个苦也算不了什么。

解析

此诗于元丰三年（1080年）五月二十九日作于黄州。东坡先生被贬黄州之初，虽深感如“一蚁寄大磨”“针毡无稳坐”，但他对待忧患却十分淡然。淡然来源于辨证观物的“齐物”思想。譬如虽“废弃”，但却“解鞍驮”，虽“饥贫”，但却有“绝境”。正是这样两相抵消，使他的心境变得恬淡寡欲。难怪清乾隆著名学者纪晓岚评曰：“有几傲之气。”（参见张志烈等主编《苏轼全集校注》（诗集四），第2207页）这是一种境界，也是一种智慧。

语典

吾侪[①]流落岂天意，自坐迂阔[②]非人挤。

——《与子由同游寒溪西山》
（《苏轼诗集》卷二十，第1055页）

注释

①侪(chái)：同辈。
②迂阔：思想行为既不切实际又不符事理。

今译

我辈遭贬漂泊难道不是天意，是自己思想和行动迂腐疏阔，不是别人排挤。

解析

此诗于元丰三年(1080年)五月作于黄州。东坡先生遭受诗狱灭顶之灾，绝不怨天尤人。兄弟俩流落漂泊天涯，却道是“天意”。还说并非有人陷害排挤，只是从自身“迂阔”找病根。明清文人笔记评为“诗人忠厚之言”“东坡难得此和平之音”(参见张志烈等主编《苏轼全集校注》(诗集四)，第2210页)。这是平静后的洒脱，亦是宽容后的豁达。

语典

应笑谋生拙[①]，团团如磨驴[②]。

——《伯父送先人下第归蜀诗云(略)》其十四
(《苏轼诗集》卷二十一，第1102页)

注释

①谋生拙：谋生，谋求生计，规划生活。拙，笨，不灵巧。《墨子·鲁问》："利于人谓之巧，不利人谓之拙。"

②磨驴：拉磨之驴。

今译

应该笑我谋求生计如此笨拙，就像那拉磨的毛驴日夜团团转。

解析

本诗于元丰四年(1081年)十二月作于黄州。谋求生计，规划生活，既是智慧亦是人生的基本功夫。不谙人情世故谓之愚，撞到南墙不回头谓之蠢，不灵活变化谓之笨，不因势而动谓之拙。因一生之"愚""蠢""笨""拙"，故致使自己如同困顿窘迫的拉磨之驴。

语典

予今告子以散人[①]之道。夫禹之行水[②]，庖丁之投刀[③]，避众碍而散其智[④]者也。是故以至柔驰至刚，故石有时以泐[⑤]。以至刚遇至柔，故未尝见全牛也[⑥]。予能散也，物固不能缚[⑦]；不能散也，物固不能释[⑧]。

——《雪堂记》

（《苏轼文集》卷十二，第410页）

注释

①散人：散闲自在的人；或不受束缚，不为世用的人。

②禹之行水：禹，为夏后氏首领、夏朝开国君王。行水，犹言治水。

③庖丁之投刀：典出《庄子·养生主》。庖丁解牛，意为名丁的厨工把整个牛体开剥分割。

④散其智：散，排遣。排除小聪明，顺应自然规律，不加以人为干扰，因势利导地处理事情。

⑤“是故以至柔”二句：至柔谓水，至刚谓石。泐（lè），石头被水冲击而成的纹理，石头依其纹理而裂开。

⑥“以至刚”二句：至刚谓刀，至柔谓肉。此二句指庖丁解牛，善于以无厚之刀刃入有间之肯綮（綮qìng。筋骨结合的地方），得牛之脉理。

⑦缚：拘束。

⑧释：放开，放下。

今译

我今天告诉您做散人的秘诀。大禹疏于洪水，庖丁操刀解牛，都是避开众多阻碍而排除小聪明，因势利导处理事情。因此用柔软的东西对付最硬的东西，坚硬的石头也会依其纹理裂开。用最硬的东西对付最柔的东西，因此庖丁说他的眼里看不见完整的牛。如果我能做到闲散，就不受外物的束缚；我做不到闲散，所以对于外物不能释怀。

解析

元丰五年（1082年）正月，东坡先生在东坡躬耕地避风处修建了一座五间的草堂。因为草堂是在大雪中建成的，先生又在正厅四壁画满雪景，故命名为“雪堂”。全文运用主客对答的方式表现作者是做“散人”还是做“拘人”，是在“藩内”还是在“藩外”，是在雪之“凹”处还是“凸”处，是“逃世之事”还是“逃世之机”等心理矛盾冲突。并借客者之口，悟出“散人之道”：所谓“散人”，因为“物固不能缚”，即不被物欲所束缚的人；所谓“拘人”，因为“物固不能释”，即被物欲束缚而不能放下的人。

语典

夫势利不足以为藩[①]也，名誉不足以为藩也，阴阳[②]不足以为藩也，人道[③]不足以为藩也。所以藩予者，特智[④]也尔。

智存诸内，发而为言，则言有谓[⑤]也；形而为行，则行有谓也，使之欲嘿[⑥]不欲嘿，欲息[⑦]不欲息，如醉者之恚[⑧]言，如狂者之妄行，虽掩其口，执其臂，犹且喑呜局蹙[⑨]之不已，则藩之于人，抑[⑩]又固矣。

——《雪堂记》

（《苏轼文集》卷十二，第411页）

注释

①藩：藩篱：本义指竹木编成的篱笆或栅栏。《现代汉语词典》解释，篱笆，比喻对事物的限制。

②阴阳：指天地之道。

③人道：指社会道德、伦理、规范。

④智：聪明、见识。

⑤有谓：有用意，有所指。

⑥嘿：闭口不言，同“默”。

⑦息：停止，停息。

⑧恚（huì）：怨恨。

⑨“犹且”句：喑（yīn）呜，吞声悲咽。局蹙（cù），抵赖窘迫，气量狭隘。

⑩抑：或是。

今译

权势利禄不足以称为藩篱，名声美誉不足以称为藩篱，天地之道不足以称为藩篱，人世伦理道德不足以称为藩篱。能够牢笼我的，不过是聪明罢了。

聪明存在于内心，从口中发出就成为语言，语言就一定有所用意，表现为行动，行动就一定有所目的。它使您想沉默又不能沉默，想停止又不能停止，如同醉汉的怒骂，如同狂徒的胡作非为。即使是捂住您的嘴巴，拽住您的胳膊，您还气量狭隘地唔哩哇啦地闹个不停，这说明“智”这一藩篱对于人的影响还是非常顽固的。

解析

东坡先生写于元丰五年（1082年）二月的《雪堂记》，既反映了作者在来黄州的三年时间里内心激烈的矛盾冲突，同时也表现了作者对“乌台诗案”所引发的人生挫折的深刻反省。先生认为，致使他陷入“狂愚冒犯”“固宜伏斧”罪孽的不是“势利”“名誉”“阴阳”“人道”，而是“特智”。所谓“特智”，就是特别聪明。越是聪明，危险越大。三国时魏国文学家李康在《运命论》中说：“木秀于林，风必摧之；堆出于岸，流必湍之；行高于人，众必非之。”因为过于聪明，反被聪明所误，也易遭人嫉妒，被人陷害。故而先生在元丰六年（1083年）八月，为小妾朝云所生遁儿满月写的《洗儿戏作》诗中辛辣而自嘲地叹道：“人皆养子望聪明，我被聪明误一生。惟愿孩儿愚且鲁，无灾无难到公卿。”

语典

吾非逃世[①]之事，而逃世之机[②]。

——《雪堂记》
（《苏轼文集》卷十二，第412页）

注释

①逃世：逃避人世。
②机：心计，机巧，机诈。

今译

我并不是逃避人世间的事务，而是逃避人世间机巧与机诈。

解析

自"乌台诗案"以后，东坡先生被贬至当时"山水清远"的小郡黄州。为了寻求精神的解脱，他选择安国禅寺，归诚佛僧，自号"东坡居士"。但是，他没有成为纯粹的佛教徒。他效仿陶渊明向往田园生活，躬耕东坡。但是，他也终没有成为出世的隐士。这是为什么？从本章句可找到答案：吾非逃世之事，而是逃世之机。可以这样讲，这两句话，可视为先生自"乌台诗案"后三次被贬逐，凡十二年谪居生活的人生宣言书。就是这一富有旺盛生命力和济世精神的宣言，为我们解开了朝廷尽管明令禁止他"签书公事"，他却仍然痴情地忧国忧民之谜。正是这种"入世情结"，他为他的第二故乡黄州、惠州、儋州乡亲做了许多善事，遗爱千古。

语典

但顾平生所存，名义[①]至重，不知今日所犯，为已见绝于圣贤，不得复为君子乎？抑[②]虽有罪不可赦，而犹[③]可改也。

——《黄州上文潞公[④]书》

(《苏轼文集》卷四十八，第1379页)

注释

①名义：名声与道义。语出《韩非子·诡使》："所以劝民也；而好名义不进仕者，世谓之'烈士'。"(李亚东译注《韩非子》，第603页)

②抑：文言发语词。

③犹：仍然。

④文潞公：文彦博(1006—1097年)，字宽夫，号伊叟。汾州介休(今山西介休)人。北宋时期著名政治家、书法家。天圣五年(1027年)进士及第。庆历七年(1047年)即拜参知政事。神宗时，反对王安石变法。哲宗元祐元年，因司马光荐，拜平章军国重事。元祐五年(1090年)再次致仕。绍圣四年(1097年)卒，年九十二岁，追复太师，谥号忠烈。

今译

但看我平生所倚重的是名誉，不知道今日所犯下的罪过，已造成与圣贤断绝，不能再成为君子吗？虽然，有罪不可赦免，而仍然可以悔改呀。

解析

元丰五年(1082年)四月，东坡先生被贬黄州后的第二个年头，收到文彦博老太师"书教一通"，对于文潞公来信表达的"恩礼有加"，让他"伏读洒然"。他油然感到自己虽为"不肖之躯"，"犹可以洗濯磨治，复入于道德之场"，仍然可以追随文潞公这般贤哲。本章句就是在这种再造之恩的心情下，表达自己虽处仅以身免的穷陋小郡，仍然对自己的人生抱有"名义至重""重为君子"的热切希望。正是这种"齐宠辱、忘得丧"，随缘自适、改往修来的精神，使他在谪居黄州的五年间，从挫折的阴影下变成一个更加旷达超然的苏东坡。

语典

自到黄州，即属岸[①]。人日伺舟驭消耗[②]，忽领手教[③]，顿解忧悬。（略）

某寓一僧舍，随僧蔬食，甚自幸也。感恩念咎[④]之外，灰心杜口[⑤]，不曾看谒[⑥]人。所云出入，盖往村寺沐浴，及寻溪傍谷钓鱼采药，聊以自娱耳。

——《与王定国[⑦]四十一首》之一

（《苏轼文集》卷五十二，第1513页）

注释

①属岸：属，有管辖关系的，归属，属于。属于黄州岸界（地区为界）。

②消耗：此指消息。

③手教：手书，对来信的敬称。

④念咎：反省过失。

⑤杜口：闭口，谓不言。

⑥谒（yè）：拜见。

⑦王定国：王巩，字定国，莘县（今属山东）人。北宋著名诗人、画家。哲宗绍圣中（1094年）王巩在蕲州（今湖北蕲春）任职，何官职不可知。

今译

我自到黄州，即归属于黄州口岸。正月初七守候驾舟人的消息，忽然接到你的亲笔手书，顿时化解了我忧虑悬挂的心。（略）

我寓居在一个寺庙里，随着僧人吃素食淡饭，这是很大的幸运。我每日除感恩皇上反省过失之外，心如死灰闭口不语，不曾和外人接触。你问我每日出入干什么，大多是寺庙里去沐浴，小溪边钓鱼山谷里采草药，姑且以此自我愉悦。

解析

从对本章句“寓一僧舍”的文字判断，东坡先生此信是寓居定惠院时所作。先生于元丰三年（1080年）二月一日抵黄州贬所，王定国之“手教”，大约在二至五月之间，可以认定王定国是东坡先生来黄州后第一个来信问候的友人。不过，先生所谓“人日伺舟”一句使笔者产生疑虑。因为“人日”是正月七日，而先生正月初一日在长子迈的护持下出京赴黄州，二月一日至贬所。先生所说的“人日伺舟”就难以解释，可能因传抄有误，因为“人日”这天他和儿子苏迈还在旅途之中。或者是先生在旅途中收到王定国的书信？从本章句还可以知道先生在定惠院这四个月的时间里，除“感恩念咎之外”，其余就是到黄州安国寺沐浴坐禅，潜心撰写《论语说》《易传》《书传》，每日完成抄写《汉书》的日课，闲暇“钓鱼采药，聊以自娱”。总之，初到黄州的东坡先生，其主要解决的问题是：收召魂魄（《黄州安国寺记》）。

语典

廪[①]入虽不继，痛自节俭，每日限用百五十，自月朔日[②]取钱四千五百足，系作三十块，挂在屋梁上，平明[③]以画杈子挑取一块，即藏去杈子，以大竹筒别贮用不尽者，可谓至俭。

——《与王定国[④]四十一首》之八

（《苏轼文集》卷五十二，第1518页）

注释

①廪(lǐn)："谷藏曰仓，米藏曰廪。"(《荀子·富国》注)此指俸禄。

②朔日：中国农历将每月第一天(即初一)定为朔日。

③平明：指天亮时。

④ 王定国：同上。

今译

朝廷发的粮米虽然难以接继，但我能狠心自我节俭，每日限用一百五十钱，每月初一取钱四千五百整，分为三十小袋，挂在屋梁。天亮用画杈子挑取一袋，于是就将画杈藏起来，用大竹筒收贮节余的钱，这可以算得上是最节俭的了。

解析

元丰三年(1080年)五月二十九日，先生胞弟子由用船将先生一家老小及家僮，合家二十余人送到巴河。从这一天起，先生一家就迁往长江北岸边的水驿临皋亭。人口增多，家大口阔，"廪入"自然难以为继。面对如此困境，只好"痛自节俭"。难怪先生给友人李公择的信中感叹道："仆行年五十，始知作活，大要是悭(悭(qiān)者，本义吝啬)尔。"先生每日用画杈从屋梁上挑钱过日子的做法，真正是"可谓至俭"！

语典

梦中了了醉中醒[①]。只渊明，是前生[②]。走遍人间，依旧却躬耕[③]。

——《江城子·陶渊明以正月五日游斜川(略)》

(《苏轼全集校注(词集)》卷一，第 344 页)

注释

①“梦中”句：了了，心思明白。此句谓平时糊涂，但在醉时和梦中才是明白清醒的。

②“只渊明”二句：只有陶渊明才是我的“前生”。前生，佛教指人的上一辈子。

③躬耕：亲自耕种。

今译

梦中是明白的，醉时是清醒的。只有陶渊明是我的前生。我走遍人世间，到头来仍然是亲自耕种。

解析

这首词东坡先生于元丰五年(1082 年)二月作于黄州。从该词之标题可知，先生这一年年初，在东坡附近盖了一座草庐。因成于大雪中，又绘雪于四壁，故榜曰东坡雪堂，并自号东坡居士。先生站在雪堂门前放眼一望：南边连着四望亭之后丘，西边与北山微泉相接。此时，他“慨然而叹”曰：“此亦斜川之游也!”意谓自己躬耕东坡雪堂之情景与陶渊明躬耕斜川之概况何其相似。先生产生这种比较和认同，正是他在晚年被放逐的苦难日子里，追求超然自适，获得精神自由，进行自我精神拯救的一种途径。于是，就有了中国诗歌史上的一种奇特现象：苏东坡和陶诗凡一百二十余首；陶渊明与柳宗元的书籍，成为他的“南迁二友”；陶渊明“外枯中膏，似淡而实美”的诗风，沁润了东坡的心灵；陶渊明的生活方式，成为了东坡先生诗化人生的审美追求。

语典

我虽穷苦不如人，要亦自是[1]民之一。

——《次韵孔毅父久旱已而甚雨三首》
（《苏轼诗集》卷二十一，第1122页）

注释

①自是：仍然是。

今译

我虽然穷困不如别人，但我仍然是普通百姓中的一员。

解析

本诗于元丰五年(1082年)六月作于黄州。东坡先生被贬黄州的前一二年间，“畏人默坐成痴钝”“吟诗我作忍饥声”，自是“穷苦”不堪。元丰五年，为了养活二十多口之家，他躬耕东坡，与渔樵杂处，与黄州乡亲建立起“同树连根”的感情，俨然把自己当作是黄州人。所谓“民之一”，是对自己身份的认同。曾经身为四品重臣，如今与百姓同一，这不仅是身份的改变，更是浴火重生后思想情感的蜕变。

语典

君是南山遗爱①守，我为剑外②思归客。(略)
独笑书生争底事③，曹公黄祖④俱飘忽。

——《满江红·寄鄂州朱使寿昌》
(《苏轼全集校注(词集)》卷一，第386页)

注释

①遗爱：《左传·昭公二十年》："子产卒，仲尼闻之，出涕曰：'古之遗爱也。'"为官有德政，留下恩泽，为人所思，称为遗爱。南山遗爱守，指居长江南岸鄂州太守朱寿昌。

②剑外：剑门关以南的地方，指今四川地区。东坡先生家乡在眉州，故称自己为"剑外思归客"。

③"独笑"句：所谓"书生"系指东汉末年文士祢衡。底事，什么事。争底事，关你什么。

④曹公黄祖：指三国时期的曹操，江夏太守黄祖。

今译

您是江南鄂州的遗爱太守，我是剑门关外思念归乡的客人。(略)书生何苦与这种人纠缠，权势人物如曹操和黄祖也都早已逝去。

解析

这首《满江红》词，由东坡先生于元丰五年(1082年)六、七月间作于黄州。该诗是寄赠给鄂州太守朱寿昌的。词的上片由"江汉西来"句，联想到友人朱寿昌的仕途经历和自己对家乡的思念。下片就"狂处士"祢衡的短暂人生，生发"真堪惜"之感慨。祢衡年少就有文采和辩才，但性格刚直高傲，不合于世。后被曹操设陷，假手黄祖将其杀掉，死时年仅二十六岁。从该词下片"独笑"句，可以看出先生对祢衡孤狂傲世而早逝，既惋惜又不以为然。先生通过对祢衡的评点，借历史人物以抒情，对自己"有违于世"的往事也产生了懊悔与内疚。

语典

努力莫怨天，我尔皆天民[1]。
行看花柳动，共享无边春。

——《大寒步至东坡赠巢三》
（《苏轼诗集》卷二十二，第1160页）

注释

①"我尔"句：尔，你。天民，上天之民。

今译

努力绝不怨天，我和你都是上天之民。且看春花柳丝已在飘动，你我共同享受无限春光。

解析

本诗于元丰六年（1083年）正月作于黄州。巢三，名谷，字元修，眉山人，曾举进士进京，后又学骑射，遂弃其旧学，久之，业成而不中第。为人行侠仗义，曾浪迹江淮。东坡先生谪居黄州，他客住雪堂，做起苏迨、苏过的家庭教师。大寒之际，巢谷"空床敛败絮，破灶郁生薪"，甘愿同苏东坡一起受苦，真乃侠胆义肠。后来东坡先生被贬到儋州，巢谷竟以七十二岁的高龄，拖着衰弱多病的身体，毅然从四川徒步去儋州看望苏东坡。当行至广东江门新会时，行囊和盘缠被盗贼偷走，终因旅途劳累一病不起死于异乡。先生与巢谷是同乡好友，休戚与共，此情此义，可歌可泣。他们即使在经受大磨难的岁月里，也不怨天尤人，始终对未来抱有期待。他们的政敌把"元祐党人"当作异类，而他们傲然回答：我尔皆天民。真乃砥节砺行，大义凛然。

语典

少年出仕，本有志于救人；晚节倦游，了无心于交物。蠢冥[①]多罪，忧患再罹[②]。飘然流行，靡[③]所归宿。仰止高真[④]之取，降于乔岳[⑤]之阳。稽首投诚，斋心[⑥]悔过。庶一念[⑦]之清净，洗千劫之尘劳[⑧]。妙用无方，先解缠身之网；灵光[⑨]所烛，幸逢出世之师。誓此余生，永依至道[⑩]。

——《醮北岳青词[⑪]》

（《苏轼文集》卷六十二，第1902页）

注释

①蠢冥：愚蠢冥顽。

②罹(lí)：遭受苦难和不幸。

③靡：此指"无"。

④高真：道教的教义。

⑤乔岳：高山。

⑥斋心：语出《列子·黄帝》："退而间居大庭之馆，斋心服形。"(王强模译注《列子全译》，第29页)斋心，素心。祛除杂念，使心神凝寂，表示内心不受俗物污染。

⑦庶一念：庶，谓但愿。一念，佛家语，指短暂的一个念头。

⑧洗千劫之尘劳：劫，古印度传说世界经历若千万年毁灭一次，重新再开始，这一周期为一"劫"。尘劳，佛教徒谓世俗事务的烦恼。

⑨灵光：人固有之佛性。

⑩至道：佛、道谓极精深微妙之道理或道术。

⑪谯北岳青祠：谯(qiáo)，指祈祷神灵的祭礼。北岳，即恒山，在河北曲阳县西北。青词，道士斋谯，上奏天神之表章。因以朱笔写于青藤纸上，故称青词。

今译

我年轻时出外为官，原本有志于拯救万民；晚年后倦于宦游，没有了与人交往的兴趣。因我愚蠢冥顽多有罪过，如今再次陷入忧患之中。飘然一身流落天涯，至今无所归宿。仰慕道教教义之洗礼，俯伏于北岳之南。虔诚地叩首礼拜，一片素心真诚悔过。但愿一念之间清净无垢，洗刷无数的世俗烦恼。山神的威力无与伦比，先解除缠绕我身的罗网，你的灵光烛照洞明，但愿牵引我与脱离尘俗的高人相逢。立誓仅以余生，永远恪守天道。

解析

本青词是绍圣元年(1094年)闰四月，东坡先生作于离开定州，贬迁英州的途中。这年四月，先生遭御史虞策、来之劭弹劾，落端明殿学士兼翰林侍读学士，依前左朝奉郎责知英州军州事，罢定州任。这时先生心里明白，又一轮的倒悬之祸将要降临到头上。风烛残年再遭贬逐，全家人厄运难逃。俗话说，人到情急处，见了菩萨就叩拜。于是仰止北岳恒山君神，祭奠了这篇青词。一则向君神"稽首投诚"，表达自己虔诚"斋心悔过"。二则乞求君神"灵光"再现，为他"先解缠身之网"。然而这位被民间广泛信仰法力无比的神祇，却斗不过年仅十八岁的幼稚小皇帝。六月，来之劭等人又诬告先生"讥斥先朝"，于是责授宁远军节度副使，惠州安置。二十五日抵当涂，告下落左承议郎，责授建昌军司马，惠州安置，不得签书公事。八月，章惇、蔡卞、张商英等再次攻击，告下落建昌军司马，贬宁远军节度副使，仍惠州安置(参见梅大圣《苏轼黄州诗文评注》，第238页)。这就是东坡先生的政敌们，为先生编织的"缠身之网"。看来，北岳君神是无法保佑东坡先生了。

语典

轼以忧患之余，稽首洗心[①]，皈命真寂[②]。自惟尘缘[③]深重，恐此志不遂。(略)

书《庄子·养生主》一篇，致自励[④]之意，敢有废坠[⑤]，真圣殛之[⑥]。

——《题虔州祥符宫[⑦]签》

(《苏轼文集》卷七十一，第2266页)

注释

①稽首洗心：稽首，跪拜礼，跪下并拱手至地，头也至地。洗心，比喻除去恶念或杂念。

②皈命真寂：皈(guī)命，皈，指归依。皈命，犹皈心，一切归于命运。真寂，佛道用语。佛谓之涅槃，后指僧人死亡。

③尘缘：佛教色、声、香、味、触、法六尘为尘缘。因六尘乃是心的所缘，能染污心性，故称尘缘。

④自励：勉励自己。

⑤废坠：因懈怠而中止。

⑥真圣殛之：真圣，指佛祖。殛，诛杀。

⑦虔州祥符宫：虔州，今江西赣州。祥符宫，虔州道观名。

今译

苏轼以忧患之余悸，叩首跪拜，洗心革面，皈依真寂。自思尘缘深重，恐此心不能遂愿。(略)

我书写《庄子·养生主》一篇，以表达我自励之意志，如果敢有懈怠而半道停止，请真圣予以诛杀。

解析

本文为东坡先生于绍圣元年(1094年)八月二十三日，作于南迁虔州的途中。正是这一年，年轻皇帝哲宗开始恢复熙宁新法，召用新党诸人。章惇任尚书左仆射兼门下侍郎。三月，李清臣、邓润甫等攻罢苏辙。四月，先生遭御史虞策、来之劭弹劾，落端明殿学士兼翰林侍读学士，依前左朝奉郎知英州军州事，被罢定州任。六月，来之劭等言苏轼“讥斥先朝”，责授宁远军节度副使，惠州安置。直至后来落左承议郎，责授建昌军司马，惠州安置。先生此次南迁进入虔州境内，尽管前路凶险未卜，但他仍抱“不怨天，不尤人”的心态，面对更大的灾难。归心佛道的先生，见佛就拜，并在虔州祥符宫稽首问签。说来也灵，签文劝诫他“执心既坚固，自励勤修学”。有感“真圣”的教诲，于是他手书《庄子·养生主》一篇，以表自励之志。并发誓“敢有废坠，真圣殛之”。大概是他为了在佛祖面前的这句誓言，在后来岭海七年流放的苦难磨砺中，他始终没有“废坠”自己，终于徽宗建中靖国元年(1101年)，先生以六十六岁的高龄全身北归。

语典

我生涉世本为口，一官久已轻莼鲈[①]。
人间何者非梦幻，南来万里真良图[②]。

——《四月十一日初食荔枝》
(《苏轼文集》卷三十九，第2122页)

注释

①莼鲈(chún lú)：莼菜，鲈鱼。轻莼鲈，有莼羹鲈脍成语，表意为味道鲜的莼菜羹、鲈鱼脍，媲喻为思乡的心情。指思乡辞官，赞美不追逐名利的意思。

②良图：美好图谋。

今译

我这辈子进入社会一来是为了谋生糊口，当官以来早有辞官归乡的念头。人世间有什么不是一场大梦，(但)万里南迁，实在是最好的图谋。

解析

绍圣二年(1095年)四月十一日，东坡先生作于贬所惠州。他第一次吃到四月先熟的广南火山(因地热而名)荔枝。于是，在对这可与"江鳐贝""河豚鱼"比美的"尤物"荔枝加以赞美之后，转而对人生大发感慨。元丰三年(1080年)二月，先生四十五岁，在《初到黄州》诗中曾有过"自笑平生为口忙"的调侃。如今六十岁被流放到岭南荒蛮之地，仍有"本为口"之叹。"为口忙""本为口"，语意双关，既是言因诜诜口祸而得罪远谪，又是说为谋生而奔波。但一句"南来万里真良图"，真切地体现了旷达乐观、超然自适的人生情怀。

语典

轼少时好议论古人，既老，涉世更变[①]，往往悔其言之过，故乐以此告君也。儒者之病，多空文而少实用。

——《与王庠[②]书》

（《苏轼文集》卷四十九，第1422页）

注释

①涉世变更：经历世事变化。

②王庠（xiáng）：字周彦，荣州（今四川荣县）人，苏轼侄婿（苏辙的女婿）。年十三即穷经史百家书传注之学，元祐党禁后，王庠以东坡先生兄弟为知己，不入学求仕，隐居乡里。

今译

我年轻时好议论古人，老了之后，经历世事变化，往往追悔以前的言论有些过头，所以乐意将此感受告诉你。文人的毛病，在于文章多空话而实用价值少。

解析

绍圣三年（1096年）六月，东坡先生谪居惠州，时年六十一岁。先生的侄女婿王庠致书差人至惠州问安，并带来不少药物。从四川至惠州，水陆万里之遥，来回近一年，可见王庠对先生之敬重。先生看了王庠所呈文字，赞其“皆有古作者风骨”。教导他记住孔子关于“辞达而已”的作文原则。鼓励他“勉守所学，以卒远业”。鉴于王庠所论汉高祖功臣周勃，先生以自己年轻时“议论古人”的教训，期望他多讲求实际少作些空文。先生在给晚辈期许的同时，还不忘自我反省，“悔其言之过”。究其“多空文而少实用”之根源，先生作答曰：儒者之病。

语典

不缘耕樵[①]得，饱食殊少味。
再拜请邦君[②]，愿受一廛[③]地。
知非笑昨梦，食力[④]免内愧。（略）

——《籴（dí）米》
（《苏轼诗集》卷四十一，第2254页）

注释

①“不缘”句：不缘，不由。耕樵，耕种，打柴。
②邦君：指地方长官。
③一廛：廛（chán），古代指一户平民所住的房屋，此指一块地。
④食力：靠劳动自食其力。

今译

不通过自己耕种打柴所得，（即使）吃饱了却感到特别乏味。再次请求成为地方长官，（我）愿意接受一块土地。知昨之非笑昨如梦，自食其力以免内心愧疚。

解析

此诗是绍圣四年（1097年），东坡先生刚到儋州不久后作。在诗中他写到，到儋州后日常生活所需都要到街市去买，这对于日趋困顿的先生来讲，既感到经济十分拮据，更觉非自食其力，即使吃饱了也感到乏味。为了“食力免内愧”，他像谪居黄州、惠州那样，拜请州官给他一块土地，他愿亲“抚耒耜”自耕自食。想当年先生身为杭州通判，“三年饮食穷芳鲜”，那是何等纷华靡丽。十年贬谪，人生观发生重大转变，具有“不缘耕樵得，饱食殊少味”的体悟。这种朴素的情感在古代士大夫中，实在是不可多得。

语典

平生多难非天意，此去残年[1]尽主恩。

——《次韵王郁林》

（《苏轼诗集》卷四十四，第 2385 页）

注释

①残年：余年。

今译

一生多灾多难并非是上天的安排，这一去余下的晚年尽力报答皇上的恩典。

解析

此诗是元符三年(1100 年)九月，东坡先生北归行至郁林(今广东玉林市)，次韵王姓郁林太守所作。尽管该诗开头称“晚途流落不堪言”，但他仍然坚持认为“平生多难非天意”，并一贯表达出“此去残年尽主恩”的忠君爱国思想。其豁达开朗、忠厚诚笃之胸襟，令人肃然起敬。

语典

梦中投井，及半而止。出入不能，本非住处。我今何为，自住此苦[①]？忽然梦觉，身在床上。不知向来[②]，本元[③]无井，不应复作，出入住想[④]。

——《答孔君颂》

（《苏轼文集》卷二十，第592页）

注释

①自住此苦：指自身住于此“出入不能”之苦境。

②向来：一向，以往一直。

③本元：原来。

④住想：停止念想。

今译

梦见掉到井里，掉到一半却停在半空不动。既出不来也下不去，这儿本来就不是停留的地方。我今天为什么这样呢，从此以后要吃苦头了。忽然从梦中醒来，才发现身在床上。不知道以往，原来没有井。希望不再有梦境这事发生，也再不空生一井，产生“出入不能”的念想。

解析

本颂词写作年代和写作地点不详。从本文内容判断，大约在谪居岭海凄苦的数年间。东坡先生描述的“梦中投井，及半而止”的情景，让人大惊失色，毛骨悚然。这是先生在惊恐万状、栗栗危惧，若将陨于深渊之际的挣扎；是对未来难以预料，如堕五里雾中的天问；是对“忽然梦觉”“不知向来”，是梦是幻，“我今何为”的自我拷问。先生非圣非佛，有如此念想合情合理。当然这一念间的不知所措，终于在超然旷达的东坡先生那里，自我化解，自我解脱。

语典

昔之君子，惟荆是师[①]。今之君子，惟温[②]是随。所随不同，其为随一也。老弟与温相知至深，始终无间，然多不随耳[③]。致此烦言[④]，盖始于此。然进退得丧，齐之久矣[⑤]，皆不足道。

——《与杨元素[⑥]十七首》之十七

（《苏轼文集》卷五十五，第1655页）

注释

①惟荆是师：荆，指王安石。元丰二年封荆国公，世称王荆公。师，取法。

②温：指司马光。逝后追赠温国公，世称司马温公。

③“始终无间”二句：无间，中间没有间隙，亲密无间。随，随声附和。

④烦言：气愤或不满的话。

⑤“然进退”二句：然进退得丧，源自庄子齐物论思想，即“天地与我并生，而万物与我为一”（陈鼓应注译《庄子今注今译》，第88页）。齐，齐一，同样。

⑥杨元素：杨绘，字元素，绵竹（今属四川）人。嘉祐元年（1056年）进士及第，官至翰林学士、御史中丞。触犯王安石，被贬为亳州（今安徽亳州市）知州。

今译

以前的君子们，只知道取法于王荆公。现在的君子们，只知道追随附和司马温公。他们彼此所追随的人虽然不同，其实一味随声附和的行为是一样的。老弟我和司马光宰相交情可算很深了，始终没有隔阂，然而许多时候我并不随声附和他。在这里说些不满烦心的话，都是出于对这种情况看不惯的原因。然而对于进退得失，我早就把它们看作一回事了，都不值得一提。

解析

此书是元祐二年（1087年）正月，东坡先生于京都开封作。这里所说的“惟荆是师”“惟温是随”，是指朝中有的大臣，在熙宁年间对王安石新法一味表示赞同。可是元祐年间又一味随声附和司马光全盘否定新法（尤其是免役法）。先生虽然与司马温公“相知至深，始终无间”，然而为“免役法”的存废，竟然在朝堂之上与有恩于自己的前辈发生激辩。先生在元祐三年（1088年）十月十七日的《乞郡札子》里对此澄清说：“臣与故相司马光，虽贤愚不同，而交契最厚。光即大用，臣亦骤迁，在于人情，岂肯异论？但以光所建差役一事，臣以为未便，不免力争。”他在给《与滕达道书》中还说：“此心耿耿，归于忧国。”“归于忧国”就是先生“多不随耳”的真正原因。

语典

今夫世之人，自谓智足以周身[①]，而不知祸藏于所伏者，几何不见卖于哭者哉[②]？其或不知周身之术，而以愚触死，则其为智，犹不若乌之始虚于弹[③]。

——《乌说》

（《苏轼文集》卷六十四，第 1993 页）

注释

①周身：此指保全自身。

②几何不见卖于哭者哉：几何，指多少。卖于哭者，佯装哭祭的人。

③乌之始虚于弹：乌，指乌鸦。虚于弹，躲避弹弓子弹。

今译

如今世人中，自己认为自己的智慧完全可以保全自身，却不知道灾祸已经隐藏在自己的身边，和那被佯装哭祭的人所骗的乌鸦有多少差别？他们不知道保全自身，而愚笨地撞到死路上，他们的智慧，还不如乌鸦一开始就懂得躲避弹弓的子弹。

解析

此文作年不详。从文中寓意判断，大约作于“乌台诗案”后，感叹自己“不知祸藏于所伏者”。先生在该文开头便说乌鸦观察人的行为最狡猾，一窥伺人的声音和动态有异常，立刻便飞走，即使是很迅速的弹弓子弹，也无法瞄准机会击中它们。先生认为有的人的智慧不如乌鸦的智慧，不懂得保全自身，“而以愚触死”。其内心的隐痛，溢于字里行间。该文浸透着血淋淋的无奈和悲哀，揭示了政敌小人甚于“卖于哭者”的阴险用心和鬼蜮伎俩。

语典

言发于心而冲[1]于口，吐之则逆人[2]，茹[3]之则逆余。以为宁逆人也，故卒[4]吐之。

——《思堂记》

（《苏轼文集·卷十一，第363页》）

注释

①冲：不顾一切，一直向前。
②逆人：违背人，得罪人。
③茹：吃
④卒：终于。

今译

心里有话就不顾一切脱口而出，说出来就得罪人，不说出来自己就憋得难受。我认为宁可得罪人，因此最终还是得说出来。

解析

该记于元丰元年（1078年）一月二十四日作于徐州。王水照、崔铭著《苏轼传》，对苏轼的个性特征作了这样的评点，说“他太直露，太坦率，太锋芒毕露，每遇不入眼的事情，总是‘如食中蝇，吐之乃已’”（《苏轼传》第44页）。三个“太”字把东坡先生“宁可逆人也，故卒吐之”的秉性刻画得淋漓尽致。当然，先生这种刚直不阿的品性，与他幼年时期母亲的教育分不开。母亲亲自教他诵读东汉名士《范滂传》，使他日后常以“忘躯犯颜之士”自居。制科考试，他又入“贤良方正直言极谏科”。既然负起“直言极谏”重任，“使某不言，谁当言者”（参见宋·朱弁《曲洧旧闻》）。同时，还应指出的是，先生“犯颜直谏”从未为个人恩怨和一己私利，都是强烈的忧国忧民之心使然。历史塑造了一个“遇事则发，不暇思也”的苏子瞻；老百姓爱戴“言发于心而冲于口”的苏东坡。

语典

能静而不忘警，能警而不用，得中道矣①，

——(《东坡易传·夬卦②》卷五，第81页)

注释

①“能静而不忘警”三句：静，指沉静。警，警惕。用，此指自用，即凭主观意图行事，自以为是。中道，中正之道。

②夬(guài)卦：《周易》第四十三卦，寓意要和平，不要冒险采用武力。

今译

能够沉静而不忘警惕，能够警惕而不自用，就算掌握了中正之道。

解析

《东坡易传》于元丰三年(1080年)至元丰五年(1082年)之间初成于黄州贬所。本文是先生对夬卦“九二”小象“有戎勿恤，得中道也”(戎：军事行动。恤：忧虑)爻辞的解说。先生以此推演出“能静”“能警”“不用”则可“得中道”。先生所谓“能静”，即能做到沉稳、冷静，不浮躁。“能警”，即能做到警觉、警惕、警醒。“不用”，即能不自以为是，刚愎自用。君子能达到这种修身养性的境界，实在是“得中道矣”。

语典

夫君子惟能释怨而收士[1]，故为之聪明者众，(略)我牵而縻之莫肯释[2]，则惧者众矣，虽其左右前后将无不可疑，故闻言不信[3]。

——(《东坡易传·夬卦[4]》卷五，第82页)

注释

①释怨而收士：释怨，指消除恩怨。收士，收罗贤士。

②我牵扯而縻之莫肯释：牵，指牵制。縻之，縻(mí)，谓捆，此指制约。释，宽释，释放。

③“虽其左右前后”两句：左右前后，指身边跟随的。闻言，听说的。

④ 夬(guài)卦：《周易》第四十三卦，寓意要和平，不要冒险采用武力。

今译

君子只要能消除恩怨广罗贤士，很多聪明机智的人才就会聚集拢来，(略)，我如果使用牵制、制约的方式使身边的人不能得到宽释而获得自由，那么因此而怨惧的人就会很多，即使是处于左右前后身边跟随的人，将没有一个是不可疑的，因此听到什么也不敢相信。

解析

《东坡易传》于元丰三年(1080年)至元丰五年(1082年)之间初成于黄州贬所。本文是先生对夬卦“九二”《象传》“闻言不信，聪不明也”爻辞的解说。并据此推演出“牵而縻”，则“左右前后将无不疑”，且“闻言不信”之义理。人格成熟的重要标志是宽容、忍让、和善。如果鼠肚鸡肠，莫能释怨，“左右前后”的追随者，都会先后离去。要想得人缘吗？就要“惟能释怨”，要让人“不可疑”吗？同样是“惟能释怨”。抛弃“牵而縻”的刁难手腕，宽释待人，就会使“惧者众”转变为“聪明者众”。

语典

在难思解，处安而恶扰者，物之情也[1]。夫欲毙所争而解交斗，惟不涉其党能之[2]。

——(《东坡易传·解卦[3]》卷四，第73-74页)

注释

①“在难思解”三句：解，此指解脱。扰，侵扰。情，常情。

②“夫欲毙所争”二句：毙，指消除。解，此指化解。惟，只。涉，涉及。党，指朋党，党争。

③解卦：《周易》第四十卦，寓意苦难的解除，束缚的解脱。

今译

处在危难时渴望解脱，处在安宁之中厌恶侵扰，这是事物之常情。要想消除彼此的纷争而和解双方的争斗，只有不牵涉双方朋党的人才能够做到。

解析

《东坡易传》是元丰三年(1080年)至元丰五年(1082年)之间，东坡先生初成于黄州贬所。本文分别是解卦彖辞和“上六”《象传》之解说。先生依据彖辞“动而免乎险，解”及“上六”《象传》“公用射隼(sǔn，鹰类)，以解悖(强暴)也”(参照李择非整理《周易》，第216页、第220页)的寓意，推演出欲毙所争而解交斗，惟不涉其党的义理。这一推理，是先生经“乌台诗案”无休无止党争困扰后的体悟。为什么北宋朝先后经历“庆历新政”与“熙宁变法”，国家不仅没有变得强盛，反而积重难返，直至最后走向灭亡，罪魁祸首即是“党争”。为什么“新党”一群小人始终对先生纠缠不放，正是李定之流把一场严肃的变革，转变为一己私利的小人之争斗。让先生和李定之流“毙所争而解交斗”，那是缘木求鱼，徒劳无益。

语典

浸[①]而后长，则今犹微也，微而忘贞则废矣[②]。山有企[③]天之意，而不可及[④]；阴有慕阳之志，而不可追。

——(《东坡易传·遯卦[⑤]》卷四，第62页)

注释

①浸：逐渐，浸惭。

②“则今犹微”二句：犹，指尚且。微，指微弱。贞，守正。废，废弃，覆灭。

③企：踮着脚看，企及(盼望达到，希望赶上)。

④及：从后面跟上。

⑤遯(dùn)卦：《周易》第三十三卦，寓意明哲保身，以退为进。

今译

渐渐发展而后才能逐步成长，而现在尚且还显微弱，处于微弱状态而忘记坚守正道就会覆灭。山有赶上天的意图，却是不可能达到的；阴有羡慕阳的志向，但是不可能赶上的。

解析

《东坡易传》于元丰三年(1080年)至元丰五年(1082年)之间作于黄州贬所。本文是《遯卦》彖辞和《象传》爻辞的解说。先生依据“小利贞，浸而长也，遯之时义大矣哉”“天下有山，遯。君子以远小人，不恶而严”等爻辞的寓意，推演出“微而忘贞则废矣”及“企天”、“慕阳”之“不可及”与“不可追”之义理。所谓“时义”，是指掌握时机的意义。所谓“遯”(遁)，“不是逃跑而是一种顺应形势的回避，是为更好的生存发展，所以亨通”。所谓“天下有山”，是指“天高山低，君子知道，为小人所伤害，都是由于小人器量狭窄，不能容人的缘故”(参见李择非整理《周易》第180页)。先生据此之寓意，指出“微而忘贞则废矣”。同时警示世人：所谓“山有企天”“阴有慕阳”，是“小人”对“天”和“阳”的企害。故，君子应适时远离小人，以退为进，这样才可保亨通。

语典

人惟有常，故其善恶可以外占而知[①]。无常之人，方其[②]善也，若可与有为；及其变也，冰解潦竭[③]，而吾受其羞[④]。故与是人遇者，去之吉，贞之吝[⑤]。善恶各有徒[⑥]，惟无常者无徒。故曰：不恒[⑦]其德，无所容也。

——(《东坡易传·恒卦[⑧]》卷四，第61页)

注释

①“人惟有常”二句：常，指常性。占，占卜，这里指判断。
②方其：用作第三人称，表示领属关系，相当于他(它)们。
③冰解潦竭：冰解，指冰融解。潦，积水，古同“涝”。潦竭，水枯竭。
④受其羞：受到他的羞辱。
⑤“故与是人”三句：是人，指这样的人。贞之，对之忠贞。吝，耻辱。
⑥徒：徒众。
⑦恒：长久。
⑧恒卦：《周易》第三十二卦，寓意坚守正道，趋善避恶。

今译

人只有保其常性，他的善恶才容易从外部得以判断，(让人)对他有所了解。没有常性的人，他们在表现好的时候，好像是一个可以与其有所作为的人，可是等到他发生变化的时候，就如同冰消融、水枯竭一般，使与其合作的人受到他的羞辱。因此与这样的人遇着时，离开他是吉利的，对他忠贞会有灾难。善恶各有自己的徒众，唯独没有常性的人没有同党。因此说，不坚持保持其良好的德性，没有人会包容接纳他。

解析

《东坡易传》由东坡先生于元丰三年(1080年)至元丰五年(1082年)之间，初作成于黄州贬所。本文是恒卦“九三”《象传》“不恒其德，无所容也”爻辞的解析。先生依据“九三”爻“没有恒心，躁动不安，自取其辱”“不能恒久保持他的美德，说明将不被人接纳”的寓意，推演出“善恶各有徒，惟无常者无徒”，故“不恒其德，无所容也”的人生哲理。《庄子·齐物论》有一个成语“朝三暮四”(陈鼓应注释《庄子今注今译·齐物论》，第76页)，比喻常常变卦，反复无常，变化多端，捉摸不透，乃至于居心叵测，人心险恶的人。与这种人共事，当然是“去之吉，贞之吝”。当然，这种人的结果是一辈子“无徒”，变成孤家寡人。故先生感慨地说：“不恒其稳，无所容也。”

语典

人之所以不能大相过[①]者，皆好行其所疑。疑谋勿成[②]，则凡所志皆卓然[③]光明，无可愧者。

——《东坡书传·虞书》

（《三苏全书·经部》第一册卷三，第467页）

注释

①相过：此谓互相往来。

②疑谋勿成：《论语·卫灵公》："道不同不相为谋。"据此义，志趣和意见有疑虑就不要勉强交往。

③卓然：卓越的样子。

今译

人与人之间之所以不能经常互相往来，都是喜好抱有所疑虑的态度。志趣和意见有疑虑就不要勉强交往，那么凡心之所向都应正大光明卓然天成，这样心中就没有愧疚。

解析

《东坡易传》是元丰三年（1080年）至元丰五年（1082年）之间，东坡先生于黄州贬所作，重订于惠州，最后完成于儋州。本文是先生对《尚书·大禹谟第三》"行贤勿贰，去邪勿疑，疑谋忽成，百志惟熙"的解说。禹的大臣益向禹进言说任用贤才不要三心二意，铲除邪恶不要犹豫不决，谋划尚有疑虑就不要勉强施行。这样，你心中的一切思想都会通明透亮。先生据此义推演出"凡所志皆卓然光明"，这样就"无可愧者"的交友义理。也就是说，人与人之间的交往，只有做到"卓然光明"，就不会"行其所疑"。心地光明，交友不疑，此乃交友之道。

语典

我本不违世，而世与我殊。
拙于林间鸠[①]，懒于冰底鱼。（略）

——《送岑著作》
（《苏轼诗集（全八册）》卷七，第329页）

注释

①鸠（jiū）：斑鸠、雉鸡等的统称。

今译

我本心不愿违背世俗常情，只是世故与我特别不合。我笨拙得像树林间不会营巢的鸠鸟，我闲静如（“懒者常似静”）鱼在冰下自藏。

解析

此诗于元祐初年作于开封。岑（cén）象求，字岩起，梓州（今四川三台县潼川镇）人，举进士。因任秘书省著作郎故名岑著作。岑离京回蜀地，先生题诗送别。诗中夸岑象求“夫子静且直”，同时也流露出自己“违世”的困惑，并以“林间鸠”不善经营巢窠（寓意为家），“冰底鱼”囿势以自藏而自嘲。

语典

某以虚名过实，士大夫不察，责望逾涯[①]，朽钝[②]不能副其求，复致纷纷。欲自致省静寡过之地，以全余年，不知果得此愿否？故人见爱以德[③]，不应更虚华粉饰[④]以重其不幸。

——《答李方叔[⑤]十七首》之十三

（《苏轼文集》卷五十三，第1580页）

注释

①责望逾涯：责望，指要求和期望。逾，谓超过。涯，限度。

②朽钝：衰朽愚拙。

③见爱以德：相互友爱以道德为基础。

④虚华粉饰：虚华，指浮华不实。粉饰，本意是涂饰表面，引申为刻意地掩盖或美化事物的缺点和错误。

⑤李方叔：李廌（zhì），字方叔。“苏门六君子”之一。

今译

我因虚名大于实际，士大夫不明白，对我的要求和期望超过了限度，而我衰朽愚拙不能符合他们的要求，便招致了许多麻烦。我想自己到一个省心安静少惹是非的地方以安度余年，不知是否能实现这个心愿？老朋友之间建立友谊应以道德为基础，不应该再用浮华不实的吹捧来重新让我遭遇不幸。

解析

本书于元祐二年（1087年）东坡先生作于京师开封。本章句中“复致纷纷”，是指元祐元年十二月至元祐二年正月间，先生因《试馆职策问》为台谏所言事。他认为其所以出现这种状况，是自己“虚名过实”，而士大夫“责望逾涯”。总之，先生一回到京师，总是“复致纷纷”。故乞求“省静寡过之地”，以安度晚年。他告诫弟子，交友之道在于“见爱以德”，决不可相互“虚华粉饰”，互相吹捧。先生的恩师欧阳修在《朋党论》中说得好：“大凡君子与君子以同道为朋，小人与小人以同利为朋。”（参见《古文观止》第672页）妙哉！“见爱以德”，实谓“同道为朋”也。

语典

功者人所趋[①]也，过者人所避[②]也。审[③]其趋避而其伪见矣。

——《观过斯仁矣》

（《苏轼文集》卷六，第174页）

注释

①趋：追求。

②避：躲避。

③审：考察。

今译

功利是人们所追求的，过失是人们所躲避的。考察一个人为了仁德而不避过失，不计功利，那么他是否真正具备仁德就一目了然了。

解析

该文于至和二年（1055年）作于成都。本文题目《观过斯仁矣》（"斯"，连词"那么""就"）是讲从人对待过失的态度，就可以知道他的仁德修养状况。儒家认为人有"趋功"与"避过"的本性，这是对的。当前某些行政机关执法趋权避责、趋利避力、趋功避过、趋乐避苦的现象比较普遍。从这个意义上讲，透过"其趋避"确实能观"其伪见矣"。

语典

然仆[①]以愚不闻过，故至黜辱[②]如此。若犹哀怜之，当痛加责让[③]，以感厉[④]其意，庶几[⑤]改往修来，以尽余生。今乃粉饰刻画[⑥]，是益其疾[⑦]也，愧悚[⑧]！愧悚！

——《答李方叔[⑨]十七首》之四

（《苏轼文集》卷五十三，第1577页）

注释

①仆：旧谦称“我”。

②黜辱：贬斥受辱。

③责让：斥责，谴责。

④感厉：感奋激励。

⑤庶几：或许可以。

⑥“今乃”句：粉饰，本意是涂饰表面，引申为刻意地掩盖或美化事物的缺点和错误。刻画，过分地夸奖标举。

⑦疾：弊病，缺点。

⑧愧悚(kuì sǒng)：惭愧惶恐。

⑨李方叔：李廌(zhì)，字方叔，华州(今陕西华县)人，一说阳翟(今河南禹县)人。元祐三年东坡先生知贡举，然李方叔落第。中年绝意仕进，定居颍昌府(今许昌市)。《宋史》有传。

今译

然而我却从愚笨的态度不正视自己的过失，所以招致如此贬斥之辱。如果先生还可怜爱护我，就应当对我痛加责备，以激励我的意志，这样或许可以启发我改正以往的错误，修己以图将来，从而度过余生。如今你却为我刻意粉饰辩解，这是增加我的错误，令人惭愧惶恐！

解析

此书大约为东坡先生贬谪黄州之后的元丰年间所作。李方叔是先生的弟子，为“苏门六君子”之一。先生曾在《答李方叔书》中指出，“仆细思所以得患祸者，皆由名过其实”，“深不愿人造作言语，务相粉饰，以益其疾”。本信中，先生又一次提出“粉饰刻画，是益其疾也”。并连续用两句“愧悚”，表达他内心的感受。先生其所如此“痛加责让”自己，目的是“改往修来”，以图“晚节功名”。

语典

以蝼蚁[①]之命，试雷霆之威，积其狂愚，岂可数赦？大则身首异处，破坏家门，小则削籍投荒[②]，流离道路。虽然，陛下必不为此、何也？臣天赋至愚，笃[③]于自信。(略)恃[④]此而言，所以不畏。(略)

臣之所惧者，讥刺[⑤]既众，怨仇实多，必将诋臣以深文[⑥]，中臣以危法[⑦]，使陛下虽欲赦臣而不可得，岂不殆[⑧]哉！死亡不辞，但恐天下以臣为戒，无复言[⑨]者。

——《上神宗皇帝书》

(《苏轼文集》卷二十五，第741页)

注释

①蝼蚁：蝼蛄(俗名土狗)和蚂蚁，比喻力量弱小。

②削籍投荒：削籍，谓革职。投荒，贬谪、流放至荒远之地。

③笃：坚定。

④恃：依赖，仗着。

⑤讥刺：讥讽刺激。

⑥“必将诋臣”句：诋，指毁谤，诋毁。深文，苛刻严峻的文字。

⑦中臣以危法：中(zhòng)，谓受到。危法，严酷之法。

⑧殆：危。

⑨无复言：再没人敢讲话。

今译

臣以蝼蚁之微命，胆敢挑战圣上雷霆之权威，累积过去的狂妄愚蠢之行为，怎么能得到多次赦免？重则身首异处，毁灭家族；轻则革职流放荒远地方，流离于往来途中。虽然，陛下不会如此处置，为什么？臣天生就十分愚鲁，有坚定的忠诚信念。(略)依仗圣上的皇恩臣才敢于诤谏，所以不感到恐惧。(略)

臣所惧怕的是，因为讥刺政令较多，结下怨仇的人也实在不少。这些人必定会用苛刻严峻的文字诋毁臣，运用严酷之法中伤臣，使陛下虽然想赦免臣而不可能办到，这岂不危险吗？不过，臣死亡不辞，只恐天下人以臣为戒，再也不敢讲真话了。

解析

熙宁二年(1069年)二月，东坡先生从凤翔签判任上卸职回朝，正好赶上王安石任参知政事(副宰相)，开始了轰轰烈烈的熙宁变法。五月，先生反对王安石用明经、策论取士之法，于是上《议学校贡举状》。十二月，批评朝廷以贱价购买浙江花灯，上疏《谏买浙灯状》。为了让先生远离神宗视线，王安石两次阻止神宗对苏轼的重用，将他安置为开封府判官。面对一片哗然的颂扬新法之声，先生以“危言危行，独立不回”(《杭州召回乞郡状》)的政治操守，于熙宁四年(1071年)二月，呈递了七千余言的《上神宗皇帝书》。先生劝谏神宗“结人心，厚风俗，存纪纲”，并对新法进行全面的批判。作为一个开封府八品判官，“以蝼蚁之命，试雷霆之威”，越级向皇帝上书议政，确实需要“忘躯犯颜”的大无畏精神。先生此举绝非粗心浮气之为，他的这篇著名表状，“是以思之经月，夜以继书，表成复毁，至于再三”的精心之作，透视出他强烈的“忧国忧民”的愿望和“使某不言，谁当言者”(宋·朱弁《曲洧旧闻》，第31页)的忠诚之心。先生心里明白，他的行为有可能“大则身首异处”“小则削籍投荒”，应该说他对此早有心理准备。果然八年后的元丰二年(1079年)，他的政敌们，以“深文”“危法”之手段，构陷“乌台诗案”，让他先后三次遭贬，“削籍投荒，流离道路”达十二年之久。人生有多少个十二载春秋，然而，这就是残酷的历史事实。此情此景，借用先生的话感叹：岂不殆哉！

语典

嗟呼！渊明不为五斗米一束带见乡里小儿[①]，而子瞻出仕三十余年，为狱吏所折困[②]，终不能悛[③]，以陷大难，乃欲以桑榆[④]之末景，自托于渊明，其谁肯信之！虽然子瞻之仕，其出处[⑤]、进退，犹可考也。后之君子，其必有以处[⑥]之矣。

——《自述》

（《苏东坡全集》第六集，第3229页）

注释

①"渊明不为五斗米"句：县令的官俸只够买五斗米。

②折困：折磨困辱。

③悛(quān)：悔改。

④桑榆：夕阳的余晖照在桑榆树梢上，借指落日晚景，比喻晚年。

⑤出处：古指出仕及退隐。

⑥以处：作出评价。

今译

唉！陶渊明不肯为五斗米俸禄束带官服拜见一个乡里小儿，而我苏轼做官已三十多年，这期间还被监狱的官吏折磨困辱，但终究不能悔改，以至于陷入大难之困境。于是想以晚年之衰朽，托比于陶渊明，有谁肯相信我的深意呢？虽然我苏轼为官，其出仕进退还是经得住稽考，后世的君子，一定会对此作出公正评价。

解析

本文约作于东坡先生被贬于岭海之后。苏东坡对陶渊明的服膺是在一定的历史时期形成的。元丰年间的"乌台诗案"、元祐年间的"蜀洛党争"，以及绍圣以后的"绍述"党锢，连番的打击使得他不得不急于寻找某种新的精神支柱，使他渴望能够借助某种力量排遣沉重的精神负累。于是，先生走进了陶渊明的精神世界。他从内心深处羡慕陶渊明归隐田园、"躬耕自资"、恬淡旷远的襟怀，"寄酒为迹"、孤傲高洁的品格，以及追求自由的人格魅力。然而，认为自己比陶渊明所不及的，是他永远也迈不出"解印辞官"这一步。在《自述》中他痛苦地与陶渊明作比较：陶渊明"不为五斗米一束带见乡里小儿"而弃官归田，而他自己"出仕三十年"且被"狱吏所折困"，他终无半点悔意。在我们看来，先生胜过陶渊明之处，正是在于"终不能悛"。因为先生始终把儒家"致君尧舜，匡世济时"的"兼济"思想扛在自己的肩上。这种深重的责任感，尽管受尽了"折困"，而仍不改忠君爱民的初心。既然如此，先生又为什么心慕陶渊明呢？其实，他是借陶渊明超凡脱俗、清新淡雅的诗风，来聊解他孤独寂寞的生活。凭借陶渊明隐逸的意趣、闲适的情调，来疗治他受伤的心灵，从而在艰难的贬谪日子里找到栖身的精神家园。先生担忧他"自托于渊明"，有多少人"肯信"他"身在江海，心在魏阙"的内心隐情？不过，他自信自己"其出处进退，犹可考"，并深信"后之君子"，对他大节不夺的人生作出公正的评价。

语典

百日归期恰及春[①]，余年乐事[②]最关身。(略)
却对酒杯疑是梦，试拈诗笔已如神。
此灾何必深追咎，窃禄[③]从来岂有因。

——《十二月二十八日，蒙恩责授检校水部员外郎黄州团练副使[④]，(略)》其一
(《苏轼诗集》卷十九，第1005页)

注释

①“百日”句：东坡先生从八月十八日入狱，至十二月二十八日出狱，计一百三十日，所谓“百日”，举其成数。

②乐事：乐于从事所做的事，此处指关心出狱后自己的去向和安置。

③窃禄：禄，指福运。窃禄，无功受禄。

④“蒙恩责授”句：检校，宋朝由皇帝临时下诏任命的非正式官职。员外郎，编外人员。团练副使，散官名，无实权，常用以安置被贬谪官员。

今译

囚禁百日出狱正逢新春，所剩晚年的安置最为要紧。(略)但是面对酒杯这一切似梦非梦，试着拿起写诗的笔仍然气爽神清。这次的灾祸何须追究责任，窃禄是招祸的根本原因。

解析

此诗于元丰二年(1079年)十二月末作。百日牢狱之无妄之灾和身心折磨，对于朝中颇富声望的封疆大吏来说，无疑是一种奇耻大辱。然而东坡先生刚刚跨出牢狱大门，便赋诗遣兴曰：“试拈诗笔已如神。”宋人笔记对此评曰：“殆是豪气未尽除。”更为令人惊异的是，对于这场飞来横祸，他没有怨天尤人，而是淡淡一句“何必深追究”予以了结。他反究自身，认为“百日”牢狱之“果”，其“因”在于“窃禄”。呜呼！这是何等宽广的胸襟！

语典

万斛羁愁都是雪[①]，一壶春酒若为汤[②]。

——《次韵乐著作送酒》

(《苏轼诗集》卷二十，第1043页)

注释

①"万斛"句：斛，古代旧量器名，一斛本为十斗，万斛，极言愁之多。羁愁，羁旅之人的愁思。那都是雪，以雪之无尽喻愁思悠长。

②若为汤：若为，那如果。汤，沸水。

今译

无尽的羁旅愁思像漫天飘雪，你送我一壶春酒有如沸汤浇雪。

解析

此诗于元丰三年(1080年)三月作于黄州。东坡先生谪居黄州五年间，得到先后三任太守和僚吏们的关怀和照顾。徐君猷给他送米送炭，乐著作给他送酒(这可能是先生来黄州后第一个给他送酒的人)。他感激太守的济助，有如"中流获济，实赖一壶之千金"。他感谢乐著作送酒，恰似沸汤融雪，化解了他心中的"万斛羁愁"。正是在黄州"知尊爱贤"的乡亲们及知心好友们的帮助和温暖下，他才以"一蓑烟雨任平生"的风骨，度过了穷年厄运的贬谪岁月。

语典

过眼荣枯[1]电与风，久长那得似花红。

——《吉祥寺僧求阁名》

(《苏轼诗集》(全八册)卷七，第 331 页)

注释

①荣枯：草木茂盛与枯萎。喻人世的盛衰、穷达。

今译

人世间的荣与枯，穷与达，像瞬息过眼的电闪与大风，哪能像花般地长久耀眼。

解析

此诗于熙宁五年(1072 年)三月作于杭州。东坡先生理案之余游杭州吉祥寺，寺僧向先生求一阁名。先生赋诗为阁取名“观空阁”。从诗中末句“观色观空色即空”可以看出，佛家“色空”观对他的影响较深，以至“乌台诗案”被谪黄州后，在安国寺焚香默坐，归诚佛僧，收召魂魄，深自省察，以期寻求佛学智慧，获得自我的精神救赎。

语典

近日士大夫皆有僭侈[1]无涯之心，动辄欲人以周、孔[2]誉之，自孟轲[3]以下者，皆怃然[4]不满也。此风殆[5]不可长。又仆[6]细思所以得患祸者，皆由名过其实，造物者[7]所不能堪，与无功而受千钟[8]者，其罪均也。深不愿人造作言语，务相粉饰[9]，以益其疾。

——《答李方叔[10]书》

（《苏轼文集》卷四十九，第1431页）

注释

①僭侈(jiàn chǐ)：僭，超越本分，侈，夸大，侈谈。奢侈过度，不顾实际情况而无限抬高自己。

②周、孔：指周公、孔子。

③孟轲：即孟子(约前372—约前289年)，名轲，字子舆，山东邹(今山东省邹城市)人。他是孔子之孙孔伋的再传弟子，战国中期伟大的思想家、教育家、政治家。儒家学派的代表人物，与孔子并称"孔孟"。后世追封孟子为"亚圣公"，尊称为"亚圣"。

④抚然：茫然自失的样子。

⑤殆：谓"必定"。

⑥仆：旧谦称"我"。

⑦造物者：指创造万物的神，指"上天"。

⑧千钟：优厚之俸禄。钟，古代量器名，六斛四斗为一钟。

⑨粉饰：本意是涂饰表面，引申为刻意地掩盖或美化事物的缺点和真相。

⑩李方叔：即李廌(zhì)，"苏门六君子"之一。

今译

近来士大夫都有一种侈谈夸大抬高自己的习气，动不动以周公、孔子自比，并对自孟子以下的前贤表现出茫然不屑的样子。这种坏风气绝对不能助长。又，我仔细思量自己之所以遭遇灾祸的原因，都是由名过其实引起的。连上天也不能容忍，与无功享受厚禄的人的罪一样。最不愿有人编造言词相互粉饰，以增加我的罪过。

解析

元祐元年(1086年)冬，东坡先生受翰林学士，知制诰。李方叔托专人呈长信，乞东坡先生为其父撰写墓志铭。先生以不曾专为人撰过这类文字而婉拒。对于弟子欲"得名世之士为诔文"事指出，一则父丧未葬"恐于礼未安"，二则"他日有名世者"撰诔文，未尝不可。更以"近日士大夫皆有僭侈无涯之心"事劝慰他，切莫"造作言语，务相粉饰"。足见先生与弟子感情笃厚，坦诚相见，堪称君子之交。

语典

方以类聚[①]，物以群分，有聚必有党[②]，有党必有争。

——(《东坡易传·萃卦[③]》卷五，第84页)

注释

①方以类聚：方，此为“种”。类，很多相似事物的综合。

②党：此指朋党，即结成利益的集团。

③萃卦：《周易》第四十五卦，寓意要齐心协力。

今译

纷繁的人与事以相似者聚合在一起，同类的物质分别聚合一群，有聚集必定有朋党，有朋党必定有争斗。

解析

《东坡易传》于元丰三年(1080年)至元丰五年(1082年)之间初成于黄州贬所。本文是先生对萃卦彖辞“观其所聚，而天地万物之情可见矣”小结语的解说。是先生对“萃卦”象征聚集寓意的推理。先生通过“乌台诗案”的经历，深切地感受到朋党之祸对于朝廷和仕者的危害。前后历经五十多年的新旧党争，让他痛彻地认识到“有聚必有党，有党必有争”的朋党，是寄附在封建朝廷肌体上的毒瘤，表露出尔虞我诈、卑鄙肮脏的政治生态丑象。故先生认为“萃卦”，是争斗最为激烈的卦象。

语典

咎与誉[1]，人之所不能免也，出乎咎必入乎誉，脱乎誉必罹[2]乎咎，咎所以致罪而誉所以致疑也，甚矣，无咎无誉之难也。

——(《东坡易传·坤卦[3]》卷一，第9页)

注释

①咎与誉：咎，指过失，罪过。誉，赞誉。

②罹(lí)：受，遭遇。

③坤卦：是《易经》六十四卦之第二卦。坤为地，乾是天。坤，表现出柔顺坚贞的品质。

今译

过失与赞誉，是人所不能避免的。避免过失必然获得赞誉，脱离赞誉就容易招致祸患，而赞誉是导致猜疑的原因。太厉害了，没有祸患也没有赞誉，实在是太难做到。

解析

东坡先生于元丰三年(1080年)至元丰五年(1082年)之间，在黄州贬所初成了《东坡易传》。本文是对《坤下坤上》"六四"爻辞所作的解说。先生根据"六四，括囊，无咎无誉"爻辞，推论其义理，发出"无咎无誉之难也"的感悟。梁启超先生曾经说过，"天下惟庸者无咎无誉"。先生对"六四"爻辞颇有感触，在"熙宁变法"之中，他以"忘躯犯颜之士(东汉名士范滂)自居"，危言危行，独立不回，与新党作倔强的争辩。想让他沉默吗？这做不到。因为他曾说过"使某不言，谁当言者"。为此，他自坐迂阔，触动时忌，陷入"必罹乎咎"的境地。所以先生情不自禁地发出"无咎无誉之难也"的喟叹。

语典

比[①]，以无所不比为比；而同人[②]，以有所不同为同。故君子以类族辨物[③]。

——(《东坡易传·同人卦》卷二，第 28 页)

注释

①比：指“比卦”，为《周易》第八卦。“比”的本意，主要指“亲比”的意思，比卦，一般指人或物之间的密切关系。

②同人：指“同人卦”，为《周易》第十三卦。同人卦的卦辞说：“在郊外中与人聚首，亨通顺利，利于涉越江河巨流”。同人，意味着与众人合作奋斗。

③类族辨物：类族，指天生万物，各类殊分，于殊分之族中，而类聚其所同，这就是“异中求同”的方法。辨物，辨析其物，在“同中求异”的方法。

今译

比卦的“比”，指“对所有亲比”为比；同人卦的“同”，指“以有所不同”为同。因此，君子以殊分类聚来辨别事物，以达异中求同。

解析

东坡先生于元丰三年(1080 年)至元丰五年(1082 年)之间，在贬所黄州初步作成了《东坡易传》，本文是对其中同人卦之《象传》曰：“天与火，同人，君子以类族辨物”象辞所作的解析。先生将“比卦”的“亲比”与“同人卦”的“同人”作了比较。他认为“比卦”的“亲比”，是“以无所不比为比”。但是，儒家认为，“君子周而不比，小人比而不周”(《论语·注释·译文·赏析》“为政篇”，第 32 页)。这里的“比”含有结党营私之义，“同”意为用道义团结人。如“六三”爻辞“比之匪人，不亦伤乎”，大意是相亲相辅于不应当亲近的人(参见李择非整理《周易》，第 54 页)。而“同人卦”之“同人”，强调“以有所不同”，即在殊分类聚中，达到“异中求同”，在辨识事物中，达到“同中求异”。先生对所谓“同”，作出“有所不同为同”的界定，是对传统“异同观”的一种突破与创新，是先生于“乌台诗案”以后，从正反两方面的社会实践中悟出的为人处世的哲理。这一哲思对于促进社会与世界和谐有着重大的现实意义。

语典

天道[①]好还，莫适后先。人事喜复，无常倚伏[②]。前之所是，事定而偷[③]；今之所是，后当焉如。呜呼！祸不在先，亦不在天，还隐其心，有万其全。

——《罪言[④]》

(《苏轼文集》卷六十四，第1982页)

注释

①天道好还：天道，指自然界运作永恒的变化规律。好，常常会。还，报应。旧指天可主持公道，善恶终有报应。

②无常倚伏：无常，指宇宙一切现象变化没有恒常的存在，一切现象都是迁流变动。按照佛教的教义，一切现象没有不是刹那生灭的。倚，依托。伏，隐藏。倚伏，意谓互相依存，互相转化。

③偷：此指变换。

④罪言：言不当其位而进言，自谦冒昧之意。

今译

天道常常会善恶回还，不论在先在后。世间的人与事喜好往复，祸福变化不定相互转化。先前是肯定的，但事定之后却有了变化；今天是肯定的，将来当如何评价呢？

啊！灾祸不在先前因缘，也不在天意，还是隐灭内心的欲念，才能够万事保全。

解析

此文作年不详。本章句意在阐释"无常"之义理。无常是宇宙人生一切现象的真理。也就是说宇宙世间的一切事物没有一样是静态的，即是动态的，所以就是"无常"。因此，世间一切现象，乃至万事万物，都只是时间性的存在而已，无一不刹那发生变化。无常对人生具有积极的激励意义，明白此道，能使我们精进不懈，改变现状，带给人生无限的转机，重新燃起无限的希望。在世间的所有事物中，变化无常的莫过于人的心思。因此，先生指出，只有"还隐其心"，即隐灭内心的欲念，才能够万事保全。

语典

爱心之偏，其辞溢妍；恶心之厚，其辞溢丑①。惟仁人之言，爱恶两捐②，广大恬愉③，上通于天。

——《罪言④》

（《苏轼文集》卷六十四，第1982页）

注释

①“爱心之偏”四句：“其辞溢妍”与“其辞溢丑”，语出《庄子·人间世》“夫两喜必多溢美之言，两恶必多溢恶之言”（陈鼓应注译《庄子今注今译》，第145页）。溢，水满外，引申为过分。妍（yán），美丽。溢妍，过分夸奖吹嘘的话。恶（wù），讨厌，憎恨。溢丑，过分丑陋，恶劣的语言。

②捐：抛弃。

③恬愉：快乐，欢悦。

④罪言：言不当其位而进言，自谦冒昧之意。

今译

偏心之爱，多溢美之辞；过分的厌恶，多丑陋之言。惟那有德行人的言语，才能抛弃过分的爱与恶，表现出无限的欢悦，以至通达于上天的旨意。

解析

本文写作年代不详。依文意推测，大约写于嘉祐初年，东坡先生给神宗皇帝两次上书之后。所谓“罪言”，指不在其位的进言。先生此时年仅二十六岁，还未正式登上政治舞台，故应为“不当其位”。他遵照庄子“两喜两怒之方”必“溢美”或“溢恶”的思想，指出过分的“爱”与“恶”，必定有过分的“溢妍”之辞或过分的“溢丑”之言。还是庄子看得很清楚，“凡溢之类妄”，即凡是过分的言语或行动，都是荒诞不经的狂妄之举。只有像“仁人”那样，抛弃偏心的“爱”与“恶”，才会“恬愉”合理，才会符合天意人情。

语典

天欲全之，则必折其萌芽，挫其锋芒，使其知所悔①。天欲亡之，以美利诱之以得志，使之有功以骄士，玩于寇仇，而侮其民人，至于亡国杀身而不悟者，天绝之也②。

——《士燮③论》

（《苏轼文集》卷三，第89页）

注释

①“天欲全之”四句：天，这里指神格化的最高之神。萌芽，指事物的开端。挫，摧折。锋芒，这里借指事物的尖端或突起部分。悔，懊恼追悔。

②“以美利诱之”六句：得志，这里指名利欲望得到满足。玩，轻视。寇仇，仇敌。侮，欺负，轻慢。绝，穷尽，灭绝。

③士燮（xiè）：春秋时期晋国大夫。

今译

上天想要成就一个人，就一定让他在开端受点挫折，以挫败他踌躇满志的锋芒，使他知道对过去有所懊恼追悔。上天要想灭亡一个人，就用美色和利益诱惑他，使他得到欲望的满足，让他居其功以对士人骄横，对敌人轻视，而且欺侮他的百姓，最终直至国家灭亡，自身被杀而不醒悟，这是上天要灭绝他。

解析

按张志烈等主编《苏轼全集校注》（文集一）注，此文疑作于熙宁（1068—1077年）后期。东坡先生《士燮论》，是对公元前575年（周简王十一年）晋国和楚国为争夺中原霸主，在鄢陵（今河南省鄢陵县）发生的战争进行的论说。这场战争以晋军的胜利而结束，标志着楚国对中原争霸走向颓势。晋国虽然借此战重整霸业，但其对中原诸侯的控制力也逐渐减弱。经过鄢陵之战，楚国司马子反伤目，后为令尹子重所逼，畏罪自杀。先生通观司马子反之死，慨叹“有功以骄士，玩于寇仇”者，其结果必定是“亡国杀身”。

语典

无官一身轻，有子万事足。(略)但令强筋骨，可以耕衍沃[1]。(略)
长留五车书，要使九子[2]读。箪瓢[3]有内乐，转冕无流瞩[4]。(略)
早谋二顷田，莫待八州督[5]。

——《借前韵贺子由生第四孙斗老》
(《苏轼诗集》卷四十二，第2303页)

注释

①衍沃：平美之地。

②九子：指苏轼与苏辙共九孙男。

③箪瓢：典出《论语·雍也》："一箪食，一瓢饮，在陋巷，人不堪其忧，回也不改其乐。"瓢，用葫芦干壳做成的勺。

④"轩冕"句：轩冕，卿大夫之轩车和冕服，意指官位爵禄。流瞩，转动双眸观看。

⑤八州督：东坡先生曾历任密、徐、湖、登、杭、颍、扬、定等八州知州。

今译

身无官衔一身轻快，家有后嗣万事满足。(略)让其筋骨强壮，能够耕种平旷土地。(略)永远留下五车诗书，要让九个孙儿诵读。安贫乐道确有内心安乐，高官厚禄无须流连瞩目。(略)早早谋划二顷良田，切莫等待做州郡的都督。

解析

此诗是绍圣五年(1098年)正月，东坡先生借前诗(即子由《浴罢》)韵，祝贺子由喜添第四孙(苏辙以《易》卦名为四孙取名为大壮、泰、临、复)。元丰六年七月二十七日，先生之小妾朝云生子遁儿(小名干儿)。遁儿满月时，他作《洗儿戏作》诗曰："人皆养老望聪明，我被聪明误一生，惟愿孩儿愚且鲁，无灾无难到公卿。"这显然是因为自己身受诗案之祸所发出的无奈哀词。事隔十五年后，先生又为孙儿大发感慨，不过前后的愿望略有转变。前者期待儿子将来能位列公卿之位，只不过祈求"无灾无难"。后者明确表明"无官一身轻"的人生态度，寄望于"但令强筋骨，可以耕衍沃"。不过，他强调要"长留五车书，要使九子读"。让他们成为安贫守道、"箪瓢有内乐"的"复圣"颜回那样的仁人。

语典

某垂老再被严谴[①]，皆愚自取，无足言者，事皆已往，譬之坠甑[②]，无可追。计从来奉养陋薄[③]，廪入[④]虽微，亦可供粗粝[⑤]。

——《与参寥子[⑥]二十一首》十三

（《苏轼文集》卷六十一，第1863页）

注释

①严谴：严厉谴责。

②坠甑（zhuì zèng）：甑，古代蒸饭的一种瓦器。坠甑，语出《后汉书·郭泰传》："甑已破矣，视之何益。"（范晔《后汉书》第三卷，第1169页）比喻事情已经过去，不作无益的惋惜。

③陋薄：粗劣微薄。

④廪入：为官所得俸米。

⑤粗粝：粝，糙米。粗粝：粗劣的食物。

⑥参寥子：道潜，本姓何，字参寥，赐号妙总大师。北宋著名诗僧。於潜（今属浙江临安）浮村人。

今译

我到垂老之年又被严厉谴责，这些都是我咎由自取，没什么值得说的。事情已经过去，譬如瓦甑坠地，不可追回。想我从来生活清贫，官俸虽然微薄，但也够吃些粗粮。

解析

本书信约绍圣元年（1094年）五月，东坡先生作于南迁途中。参寥大师本名昙潜，先生为其更名为道潜。道潜文学造诣极高，其诗清丽可爱，超群脱俗，为宋诗僧之翘楚。先生于徐州初次见道潜，元丰三年（1080年），四十五岁的东坡先生因"乌台诗案"被贬黄州。道潜因收有先生讥讽文字而不申报被调查审问，后被责令还俗。这一年道潜三十八岁。元丰六年（1083年），道潜不远数千里来黄州，陪伴先生一年多。元祐四年（1089年）先生知杭州，道潜卜居西湖智果精舍，与先生唱和往还。先生贬至岭南，道潜"默祷于佛，令亟还中州"。他本人想渡海相访，先生相劝"皆不可处"。由此可见，二人交游深厚。本章句"譬之坠甑"，这是先生"譬如原本不仕"之后，自譬自喻的另一自解自救之语。其"厄穷至此，委命而已"的真意蕴含其中，耐人寻味。

语典

寄傲[1]疑今是，求荣[2]感昨非。

——《归去来集字十首并引》其十

（《苏轼诗集》卷四十三，第2356页）

注释

①寄傲：寄托旷放高傲的情怀。

②求荣：求取虚荣。

今译

寄托旷放高傲的情怀不明白如今是否是对的，求取虚荣深感昨天是错的。

解析

此诗约作于先生被贬谪岭海期间。这是东坡先生喜读陶渊明《归去来辞》，以集其字的方式写成的十首诗之一。先生曾对友人孔毅父集古人句成诗以赠提出批评，认为集句非大方家所为。然他却集渊明诗之字作《归去来辞》五律十首。纪晓岚评说："此亦借事消闲。"还有人评说："以集字成诗者，创之，盖自公始。"总的来看，这十首五律均是对人生的认真反思。如"涉世恨形役""矫首独傲世""富贵良非愿""矫首倦人事"等，而这最后一首则是对前九首"今是""昨非"的一个小结。从"今是"之"疑"，还可以窥见诗人在反思过程中的矛盾心理。静心自省，是先生谪居生活中的一个主要内容，他深谙陶渊明"实迷途其未远，觉今是而昨非"之真谛，而先生对"今是"质"疑"，自是忧深思远，守经达权，独立人格之体现。

语典

可以言而不言，不可以言而言，虽贤人君子有不能免[①]也。

——《南华长老题名记》

（《苏轼文集》卷十二，第393页）

注释

①“贤人君子”句：贤人君子，指有才有德的人。免，去掉，免除。

今译

应该讲出来却不讲出来，不该讲出来却讲出来，即使是有才有德的人，也不能免除这种弊病。

解析

该文为建中靖国元年(1101年)正月一日，东坡先生南归途经韶州(今广东韶关市)，为南华长老所撰。先生指出，连贤人君子都很难处理好“可以言”与“不可以言”的关系。由此看来，“言”者乃“思”，“思”者为“念”，说到底都是心中有念想使然。只有“一念正真”，方能得其“中道”。

语典

吾平生多难，常以身试之，凡免我于厄[①]者，皆平日可畏[②]也；挤[③]我于险者，皆异时[④]可喜人也。吾是以知刚[⑤]者之必仁，佞[⑥]者之必不仁焉。

——《刚说》

（《苏轼文集》卷十，第 338 页）

注释

①厄：厄运，困苦，灾难。

②畏：此指敬服、敬畏。

③挤：推。

④异时：不同时候。

⑤刚：坚定，坚强。

⑥佞(nìng)：惯用花言巧语谄媚人。

今译

我平生经历许多灾难，经常以自身的遭遇检验这个道理。凡是帮助我免于厄运的人，都是平日刚直令人可畏的人；凡是排挤我陷入危险境地的人，都是从前觉得和蔼可亲的人。我知道那些刚直的人一定是守仁德的人，那些邪佞之人一定是不讲仁义的人。

解析

建中靖国元年(1101 年)二月，东坡先生自海南北归至虔州(今江西省赣州市)作此文。先生推崇孙君介夫为“刚者”，列举了两件事：一是“抗丞相(王安石)不肯为条例司者”，二是“以一言活十二人于必死”。前者是孙君介夫不为名利所动，后者是为正义坚守大道，故先生评价孙君介夫“真可谓刚者也”。先生经历了十二年贬谪磨难，对“刚者”“佞者”的德性有着切肤之感。前者使他免于厄运，后者陷他于危险境地。苏门“四学士”之一的张耒在该文的跋中评价说：“苏公行己，可谓刚矣。傲睨雄暴，轻视忧患；高视千古，气盖一世。当与孔北海并躯。”(参见张志烈等主编《苏轼全集校注》(文集二)，第 1060 页)张耒将恩师比做孔子十九世孙，东汉末年“建安七子”之一，为人刚直不阿的孔融(字文举)。先生为孙君介夫作《刚说》，可谓惺惺相惜，志同道合。

语典

河之鱼，有豚[①]其名者。游于桥间，而触其柱，不知远去。怒其柱之触己也，则张颊植鬣[②]，怒腹而浮于水，久之莫动。飞鸢过而所攫之，磔其腹而食之[③]。好游而不知止，因游以触物，而不知罪己[④]，乃妄肆其忿[⑤]，至于磔腹而死，可悲也夫！

——《二鱼说·河之鱼》

（《苏轼文集》（第五册）卷六十四，第1993页）

注释

①豚（tún）：即河豚鱼。俗称“气泡鱼”。体背灰褐，腹面白色，生殖腺及血液有剧毒。

②张颊植鬣：颊，鱼头的两侧部分。鬣，鱼的唇须。

③“飞鸢”二句：鸢（yuān），老鹰。攫（jué），抓。磔（zhé），把肢体分裂。

④罪己：引咎自责。

⑤忿（fèn）：同“愤”。

今译

河里有一种鱼，名字叫做河豚。它常在桥下游来游去，经常撞在桥墩柱上，还不知道离开这个地方。不仅如此，它反而大怒埋怨是桥墩撞了它，于是就气得鱼鳃炸开，唇须树直，腹部鼓胀着浮在水面上，久久一动也不动。老鹰由这里飞过轻易地把它抓获，撕碎它的肚皮把它给吃了。河豚好游水而不知道该停止的时候就应该停止，因为好游而碰了壁，却不知道应该责备自己，竟然胡乱发怒，以至于被剖腹而死，实在是可悲呀！

解析

本文作年不详。这应该算是一篇幽默风趣，且又极富哲思的寓言小品。看似在写河豚“因游以触物，而不知罪己”，实质上是在借河豚来讽喻某些不吸取教训的人。显然，在这些人中当然也包括先生。譬如，他在《答李昭玘（qǐ）》中，也曾责备自己“每念处世穷困，所向辄值墙谷”。他在《答李端叔书》中也曾检讨自己“每纷然诵说古今，考论是非”“譬之候虫时鸟，自鸣自己”，但遇到不平之时，仍然是“使我不言，谁当言者”的一腔豪气，结果又被御史台的那帮窥探者所算计。《河之鱼》的寓言给我们的启示是：在人生的历程中应该做到“游而知止”（“游”在这里指的是游宦、游历）。“知止”，即对目标、归宿有明确了解，“触物罪己”（当违背事物规律时能引咎自责）。《大学》说，“大学之道，（略）在止于至善”“知止而后有定”（参见《四书五经·大学》，第1页）。曾国藩有句名言：“人生之善止，可防危境出现，不因功名而贪欲，不因感极而求妄。”善哉斯言！知利之止，知欲之止，乃人生之至慧。

语典

海之鱼，有乌贼[1]其名者。呴[2]水，而水乌戏于岸间。惧物之窥己也，则呴水以蔽物。海乌疑而视之，知其鱼也而攫[3]之。呜呼！徒之自蔽以求全[4]，不知灭迹以杜疑[5]，为识者所窥[6]，哀哉！

——《二鱼说·海之鱼》

(《苏轼文集》(第五册)卷六十四，第1993页)

注释

①乌贼：又称墨鱼。乌贼遇到强敌时会以“喷墨”作为逃生的手段并伺机离开，故称之为“乌贼”。

②呴(xǔ)：吐水。《庄子·天运》：“泉涸，鱼相与处于陆，相呴以湿，相濡以沫。”(参见李双译注《庄子白话今译》，第198页)

③攫(jué)：鸟用爪迅速抓取。

④“徒之”句：徒，谓“空”。蔽，遮掩。

⑤杜疑：杜绝怀疑。

⑥窥：偷看。

今译

海里有一种鱼，名字叫乌贼的。在水面上吹气泡，而海鸟在岸边戏水。乌贼害怕海鸟发现自己，就吐出水泡来遮蔽自己。海鸟看见水泡对它产生怀疑，便注意观察，知道那里有鱼便将它捕捉。唉！只知道用遮掩的方式保全自己，不知道用消除踪迹的办法杜绝对方起疑，结果被能识破自己遮掩伎俩的看破，实在可悲呀！

解析

本文作年不详。本篇同《河之鱼》一样，是一篇风趣幽默，且极富哲理的寓言小品。看似在写海鱼欲盖弥彰的拙劣伎俩，实际是披露那些自作聪明、弄巧成拙，结果适得其反的某些人的可笑行径。《二鱼说》的故事，当是先生贬谪生涯的人生体悟，是他从挫折人生中总结出的为人处世之道。此道简而言之四个字：知止、杜疑。违背此道，就会像他在惠州给自己的亲戚王庠的书信中所说：某仕不知止，临老窜逐，罪垢增积，玷污亲友。

语典

人之有祸福成败，盛襄得失，穷达荣辱，兴亡治乱，莫非命也。知之由命，则事虽毫铢之微，皆素定也[①]。一遇之，而理不可以苟免[②]，势不可以力回，岂非命欤[③]？岂非素定欤？

——《渔樵闲话录》

(《苏轼文集·佚文汇编》卷七，第2611页)

注释

①“则事”二句：毫铢，指极轻微的分量。毫，铢均是微小的重量单位。十丝为一毫，十毫为一厘。二十四铢等于旧制一两。素，预先。

②苟免：苟且免于损害。

③欤(yú)：文言助词，表示疑问、感叹、反诘等语气。

今译

人都有祸患、福分、成功、失败；兴盛、衰落、获得、丧失；穷困、发达、荣宠、屈辱；兴旺、败亡、安定、劝乱，难道不是命吗？知道这是由命所安排的，那么事情虽然微小，都是预先被安排好的。一遇到其中某种境地，虽说在理但不可以苟且免除，其大势不可以以力回转，这难道不是命吗？难道不是被预先安排好的吗？

解析

本文作年不详(此文传世已久，而又未敢断定为东坡先生所作)。所谓《渔樵闲话》中的渔父，历来被赋予“圣者”与“道”的色彩。屈原《楚辞》中的“渔父”、《庄子·杂篇·渔父》中的“渔父”都被尊称为“圣者”和“悟道”的先知。有人说“渔”的代表人物是东汉的严子陵，他一生不仕，垂钓终老。“樵”的代表人物是汉武帝时的大臣朱买臣，他早年出身贫寒，靠卖薪度日。北宋儒家五子之一的邵雍，学贯易理，儒道兼通，他毕生试图将儒的人本与道家的天道贯通起来。他写的一部奇书《渔樵问答》论述天地万物、阴阳化育和生命道德的奥妙的哲理。东坡先生正是运用“千载得失是非，尽付渔樵一话而已”的虚拟手法，用隐逸的人物表现“心存乎先王之道”“辄语及朝政故事”。显然，先生通过一渔一樵的“闲话”，隐晦地表达了自己对朝政时弊，世间人事的针砭。并认为“今之所谈，果有毫铢可补于见闻，亦足以发也”。从这一点判断，该文应该是作于先生被贬谪岭海之后。

关于“命”的哲学意蕴，儒释道各家虽议论不同，但结论基本一致。儒家孔子认为，“死生有命，富贵在天”“不知命无以为君子也”。当然，孔子还强调“知天命，尽人事”。道家认为宇宙一切都是大道所支配，万事万物的运动变化，都是由大道运化所预定，一切都在定数之中。故老庄提出“知其无可奈何而安之若命”的顺应自然观。佛家提出“因果”观，认为一切事物都是由过去的“因”所注定，也就是说一切都是命中注定，而且无为法与有无法都具有因果规律。先生借“渔父”之口谈“命”，同样在诠释儒道释三家关于“命”，是“理不可以苟免，势不可以力回”，而且是“素定的一种天命禀赋”。

语典

世常传云："欲人不知，莫若不为。"此谓既为之也，安得[1]人之不知。夫至隐而密者，莫若中冓[2]之事，岂欲人之知耶，然而不能使人不知，以此知凡事而不循理[3]者，虽毛发之细不可为也。(略)

床箦[4]之事，至隐密也，尚且暴扬于外，而况明目张口，公然为不道之事，宜何如哉！隐衷潜虑[5]，倾人害物，而谓人不知，诚自欺也。人其可欺乎？世有为是者，不可不戒。

——《渔樵闲话录》下篇

(《苏轼文集·佚文汇编》卷七，第2614页)

注释

①安得：哪里能够。

②冓(gòu)：指宫室深密处，通"媾"。媾，合也，指交合，交配。

③循理：遵循道理或规律。

④床箦(zé)：床和垫在床上的竹席，泛指床铺。

⑤隐衷潜虑：隐衷，指隐藏真情。潜虑，隐藏暗算。

今译

世人常常流传这样的话："要想人不知，除非己莫为。"这意思是说既然做了，哪能够让人不知道。世上最隐秘的事，莫若男女交欢之事，这事哪能让别人知道呢？然而(这种事)没有让人不知道的。由此可知，凡是不遵循常理的事，即使细小如毛发也不能去做。(略)

男女交欢的床席之事，是非常隐秘的，尚且在社会上曝光，更何况明目张胆、毫不避人地做不公道的事，又怎么能让世人不知道呢？那些隐藏真情、偷偷暗算、陷害别人的人，自以为别人不知道，这只是自欺欺人罢了，世人是可以欺瞒得了的吗？世上做这种事的人，不能不引以为戒。

解析

本文作年不详(此文传世已久，而又未敢断定为东坡先生所作)。《渔樵闲话录》是先生借渔父老人与樵夫老人的对话，隐晦地表达对朝政时弊、世事人心的针砭。先生在这里奉劝世人"凡事不循理者，虽毛发之细不可为也"。诚哉此言！"毛发之细"的龉龊(yǔ chuò)卑劣的事都不能做，何况贪污、走私、窃密、谋杀等弥天大罪还能染指吗？犯下如此滔天大罪还想让人不知，这岂不是"自欺"？先生问道："人其可欺乎？"故警示世人"不可不戒"！

明　辨

辨其所从生，而推之至于其所终极，是之谓明。

导读

“明辨”，语出《中庸》：“博学之，审问之，慎思之，明辨之，笃行之。”明辨者，在于择善，在于辨别事物的是非真伪。东坡先生对“明辨”的诠释是：“辨其所从生，而推之至于其所终极，是之谓明。”辨析事物所产生的来龙去脉，进而推断预测出其最终的结果，这就叫做明辨。他视明辨为“穷理”，即穷究事物之道理，目的是：“得事之真，见物之情。”即能获得事物本质的真相，看透事物本原的情状。如果“原其始不要其终，知其一不知其二，见其偏不见其全，”就会“利害相夺，华实相乱，乌能得事之真，见物之情也哉”。只是追索事物的初始而不探知它的终结，只知其一不知其二，只看到它的片面而看不到它的全貌，那么利益和弊害就会相互消除，花朵与果实就会相互紊乱，哪里能够得到事物的真实，看到事物的情性？

先生指出：“天下之患，莫大于不知其然而然。”认为“视不及远非明，听不择善非聪”。故他一生无论是治学、撰文、从政、治军，以及膳食、养生等，都执著地“穷理尽性”“循万物之理”。他以绝世超伦的睿智，通幽洞微的卓识，对世事人情不倦地穷其事理，以图“得事之真，见物之情”。

他以中庸思想作为自己毕生政治活动的基石。他指出：“不知中庸，则其道必穷。”主张“执其两端而用其中”，力图“求其分义，务适厥中”。还说：“夫无守于中者，不有所畏则有所忽。忽者常失于太早；既失之，又惩而矫之，则终身未尝及事之会。”其大意是说，那些激进者“失于太早”，超越了客观条件；而那些不思变革者，“失于太后”，落后于客观事物的发展。当出现“过”与“不及”的局面时，又盲目地予以“矫之”，则“终身”不能守中庸之道。

他提出“不信于革之日，而信于已革之日”的思想作为衡量变革成败的标准。他认为“天下独患柔弱而不振，怠惰而不肃，苟且偷安而不知长久之计”。认为“当今之所宜先者，莫如破庸人之论，以开功名之门，而后天下可为也”。

他继承儒家的“同异观”，鲜明地提出“君子有所不同为同”“和而不同谓之和”“惟同必睽，知睽必同”。并认为“君子之所患者，庶言同而已”。对于天下其所以“睽而不合者”，其原因在于“以我求详也”。大意是说，天下之所以相对而不能合作，是因为以我为中心，求全于我的原因。“惟同必睽”“知睽必同”的“同异观”，历史和现实，国际和国内的许多事物及重大事件，严肃地证明了东坡先生这一“同异观”是放之四海而皆准的真理。那种偏执地、盲目地追求绝对的“同一”“单一”，漠视“差异”“多元”的做法，势必会引起更大更严重的乖离和冲突。只有尊重“多元”、承认“差异”，才会出现“睽而同”的和谐局面。由此说明，东坡先生的“同异观”对于建立和谐社会与和谐世界，有着重大的现实意义。

他机智而幽默地探寻“有钟谁为撞，有撞谁撞之？三合而后鸣，闻所闻为五”。以及“若言琴上有琴声，放在匣中何不鸣？若言声在指头上，何不于君指上听”。先生对“钟声”与“琴声”之问，阐明同一哲理：人世间万事万物之间都有内在的联系，一事一物的发生和变化，决不是偶然和孤立的。

其他，先生还提出了许多“穷理尽性”的探究。如“物壮则老，否终必倾”；“详于大，必略于小”；“大小出于相形，忧喜因于相遇”以及“名卒不能伤实，故名轻而实重”等人生哲理。通过先生的明辨穷理，帮助我们“辨其所以生，推其所终极”，从而有可能做到“得事之真，见物之情”。

语典

辨其所从生，而推之至于其所终极，是之谓明[1]。

——《中庸论中》

（《苏轼文集》卷二，第61页）

注释

①“辨其”三句：生，此处指最初的缘由。至于，古义为甚至，表示对事物进行补充说明或处理。终极，道家术语，最后的终点，顶端。明，明辨。

今译

辨析事物所产生的来龙去脉，进而推断预测出其最终的结果，这就叫做明辨。

解析

东坡先生所撰《中庸论》分上、中、下三篇。是先生于嘉祐六年（1061年）应“贤良方正能直言极谏”制科考试之前一年循例呈进之二十五篇论文之一，供录取时作参考。先生在这里就“明”的重要性进行了阐述。他认为，欲达于“明”，务必“辨其所从生”，即辨析事物所产生的来龙去脉，进而还应“推之至于其所终极”，即推断预测出其最终的结果，这样方谓之“明”。

语典

穷理尽性[1]，然后得事之真，见物之情。以之事天则天成，以之事地则地平，以之治人则人安。

——《乃言底可绩》

（《苏轼文集》卷六，第165页）

注释

①穷理尽性：语出《易·说卦》，原本义彻底推究事物的道理，透彻了解人的本性，后泛指穷究事理。

今译

穷究事理，竭尽了解人性，然后才能获得事物本质的真相，看透事物本来的情状。用穷究事理的精神去侍奉上天，上天成全风调雨顺；去侍奉大地，大地清平丰裕；去治理百姓，百姓就会生活安定。

解析

本文约于至和二年(1055年)作于成都。时年，年仅二十岁的苏轼在父苏洵的带领下与弟苏辙第一次游成都，初谒户部侍郎，移镇西蜀的张方平。方平一见，以国士待之。此文盖苏轼谒张方平时所进之论文。先生在文中认为，君子对事物要“原始要终”，溯其本原，究其终结。要能做到知其始，了其终，就务必“穷理尽性”。所谓“穷理尽性”，就是要透彻了解天地、万物和人发展变化的必然规律。只有做到这一步，方可“天成”“地平”“人安”。这就是天、地、人的“三才之道”。

语典

君子之于事物也，原其始不要其终[①]，知其一不知其二，见其偏不见其全，则利害相夺[②]，华实相乱[③]，乌[④]能得事之真，见物之情也哉！

——《乃言底可绩》

（《苏轼文集》卷六，第165页）

注释

①原其始不要其终：语出《周易·系辞下传》："原始要终。"其意为：追索事物的初始终结从而探索矛盾运动的本质。现意为只是追索事物的初始而不探知它的终结。

②夺：剥夺，消除。

③华实相乱：比喻外表与实质不符。

④乌：文言疑词哪，何。

今译

君子对于各种事物，如果只是追索其初始而不探究其终结，只知其一不知其二，只看到它的片面而看不到它的全貌，那么利益和弊害就会相互消除，外表与实质不相符合，哪里能够得到事物的真实，看到事物的情态？

解析

本文作于至和二年（1055年）三月，时年东坡先生二十二岁，与弟苏辙随父赴京秋试，途经成都，再次拜访以户部侍郎移镇成都的名人张方平。该文是谒张方平时所进的文章之一。本章句是围绕《周易》"原始要终"展开的议论。先生认为，君子认识事物要知其始并知其终，知其一还应知其二，要全面掌握该事物的本质规定性。否则，就会以害伤利，华而不实，就会得不到事物的真实面貌，看不清事物的本质情态。

语典

天下之患，莫大于不知其然而然[1]，不知其然而然者，是拱手[2]而待乱也。

——《策略一》

（《苏轼文集》卷八，第226页）

注释

①“莫大于”句：然，谓如此，这样。不知其然，不知为什么如此。而然，默认如此。

②拱手：双手合抱举前，这里表示无所作为。

今译

天下最大的危害，没有比不知道为什么是这样而反正就是这样还要危害大。不知为什么会是这样而默认就是这样，这是拱手等待动乱的发生。

解析

本文作于嘉祐六年（1061年）八月，东坡先生时年二十六岁，应贤良方正直言极谏科，该文为向皇帝呈献的《进策》之一。本章句的核心思想是：先生认为面对国家“水旱盗贼”“乱臣割据”“权臣专制”“四夷交侵”等乱象，群臣们大多数是“不知其然而然”。正因为是这样的状况，所以就有“拱手而待乱”的危害。这种“不知为什么如此，任其如此”的态度，不仅存在古今官场，在古今的普通人当中，不也是如此听之任之，习以为常吗？探究“知其然”，进而追问“知其所以然”，乃是人们务必掌握的基本思维方式和认识事物的基本方法。

语典

视不及远非明，听不择善非聪[1]。

——《东坡书传·太甲中》
（《三苏全书》卷七，第27页）

注释

①“视不及远”二句：明，指清楚明白。聪，聪慧灵敏。

今译

观察事物，视野不远就不能够清楚明白；听取意见，不择其善言就不能够聪慧灵敏。

解析

《东坡书传》作于元丰三年（1080年）至元丰五年（1082年）之间，该书初成于黄州，重订于惠州，成书于儋州。本章句是先生对《尚书·太甲中》“视远惟明，听德惟聪”的解说。伊尹勉励太甲以成汤为榜样，注重修德，永不懈怠。能看到远处，才是视觉锐利；能听从善言，才算听觉灵敏。先生依据伊尹之言，推演出“视”应“及远”，“听”应“择善”的处世为人之义理。唯有如此，才能使自己既“明”且“聪”，合起来就是“聪明”二字。

语典

循万物之理，无往而不自得，谓之顺[1]。执柔而不争，无往而不见纳，谓之入[2]。

——(《东坡易传·说卦传[3]》

(《苏轼文集》卷九，第148页)

注释

①“循万物之理”三句：循，指遵循，依照沿袭。自得，自觉得到收获。顺，趋向同一个方向，与“逆”相对，此指顺利，合乎心意。

②“执柔而不争”三句：执柔，谓持宽柔之道。纳，接纳。入，与之相适应，入道。

③说卦传：记述八经卦所象征的事物，以及阐述六十四卦卦序排列原理和各卦的属性意义。

今译

遵循万事万物之道理，无论走到哪里都不会没有收获，这称之为“顺”。把握宽容柔和之道，无论走到哪里没有不能被接纳的，这称之为“入”。

解析

本文是先生对“乾健也；坤，顺也”等文辞的解说。庄子曰：“判天地之美，析万物之理，察古人之全。”(参见李双泽注《庄子白话今译·天下》，第479页)大意是说，能评判天地的美好，分析万物的道理，考察古人的全貌，这样就算是与“神明”相接近，也就能无处而不感到自得。所谓“自得”，是儒家的正学，它反对知行分离的空谈，要求人们在求学问中，要保持“独立、主动、实践”的精神，这样就会顺畅、顺利。如果脱离“学问思辨行”，却自以为自得者，实际上是自失、自迷，这就是“逆”。遵循万物之理，是从理论上把握大方向，在实践中还应学会“执柔而不争。”的处世之道。老子曰：“天之道，利而不害。圣人之道，为而不争”(任继愈译著《老子新解》第八十一章，第235页)老子还说：“以其不争，故天下莫能与之争。”(同上，第205页)因为不跟人争，所以天下没有人能争得赢他。于是，老子把“为而不争”称之为“不争之德”(同上，第210页)。从以上分析可以得知，先生在本章句中以道释儒，从理论与实践两个方面阐述了“为世”之道。

语典

和而不同谓之和。

——(《东坡易传·兑卦①》卷六，第108页)

注释

①兑卦：《周易》第五十八卦，象征喜悦、亨通顺利，利于坚守正道。

今译

和谐而又有所不同称之为和。

解析

《东坡易传》于元丰三年(1080年)至元丰五年(1082年)之间，东坡先生初成于黄州贬所。本文是对兑卦"九二"爻辞的解说。本章句语出《论语》："君子和而不同。"(《论语·注释·译文·赏析》，第286页)其大意是君子与人和谐相处，却不盲目附和。在先秦时代，"和"是一个非常重要的概念，它是指一种差别，多样性的统一，因而有利于"同"。比如烹调，使酸、甜、苦、辣、咸调和在一起，达到五味调和。譬如音乐，必须将宫、商、角、徵、羽配合在一起，达到五音和鸣。与孔子同时代的晏婴曾说："若以水济水，谁能食之？若琴瑟专一，谁能听之？"先生遵孔子之意蕴，将"君子和而不同"之语，推演为"和而不同谓之和"。前者重在"和谐"，强调和为贵；后者承认"差别"，尊重多元。先生将句子结构进行倒置，将"和"的概念进行了提升，其思想极富现代意义，对于建设和谐社会与建设和谐国际关系，有着极大的现实意义。

语典

同而异，晏平仲[1]所谓和也。

——(《东坡易传·睽卦[2]》卷四，第69页)

注释

①晏平仲：晏子(公元前578—前500年)，名婴，字仲，谥平。春秋时期著名政治家、思想家、外交家。历任齐灵公、庄公、景公三朝，辅政达40余年。

②睽卦：《周易》第三十八卦。睽，原意是目不相视，乖异、背离、对立等。寓意求同存异，共同进步。

今译

求同存异，这就是晏平仲所说的“和”。

解析

《东坡易传》于元丰三年(1080年)至元丰五年(1082年)之间，东坡先生初成于黄州贬所。本文是对睽卦大象“睽，君子以同而异”的解说。《象传》说：“上为火下为泽，互相违背，象征着乖离。君子应效法于此，求大同而存小异。”万事万物恰因不同才相互吸引，并且得以生化万物。所以君子与人相处讲究异中有同，同中求异，这样能够相互切磋，不断进步(参见李择非整理《周易》，第206页)。先生据此引申出“同而异”，乃是“晏平仲”所论说的“和”。昭公二十年十二月，齐景公从沛地打猎归来，向晏子问及“和与同异乎”？晏子以“和如羹汤”为例，说味道太淡就增加调料，味道太浓就加水冲淡。“君臣亦然”，国君所认为行而其中有不行的，臣下指出不行的而使行的部分更加完备，国君认为不行而其中有行的，臣下指出行的部分而去掉不行。因此政事平和而不肯违背礼仪，百姓没有争夺之心。而梁丘据(春秋时期齐国的大夫)的所谓“和”是“国君认为行的，他也认为行。国君认为不行的，他也认为不行。这如同用清水去调剂清水，谁能吃它呢？如同琴瑟老弹一个音调，谁去听它呢”(参见杨伯峻等译《白话左传》，第383页)。晏平仲所谓“和”，正是“睽而同”，即“和而不同”。

语典

君子和而不同，小人同而不和[①]。和和如羹，同如济水[②]。

——《上神宗皇帝书》

（《苏轼文集》卷二十五，第741页）

注释

①“君子和而不同”二句：语出《论语·子路》：“子曰：‘君子和而不同，小人同而不和。’”大意是君子与人和谐相处，却不盲目附和而趋同；小人则盲目附和趋同，而不能和谐相处（《论语·注释·译文·赏析》，第286页）。

②“和和如羹”二句：语出《左传·昭公二十年》。和，指的是一种有差别的，多样性统一，因而有别于“同”。如烹鱼油，以不同的食材和多种佐料相和，产生美味。同如济水，如果以水煮水，谁让食之？所谓“同”，也不应是这样。

今译

君子团结而不同流合污，小人同流合污而不团结。君子的“和”如同调和羹汤，不能混同于水中加水。

解析

熙宁四年（1071年）二月，东坡先生进《上神宗皇帝书》，劝谏神宗“结人心，厚风俗，存纪纲”，并全面地对新法进行批判。本章句是先生关于“存纪纲”的谏言。先生认为，如果使大臣们“言无不同，意无不合，更唱迭和，何者非贤”。故，先生尊崇儒家“和而不同”的思想，希望君臣之间可以像晏子论君臣关系那样“君言可，臣献否以成其可；君言否，臣献其可以去其否”，真正形成君臣“和而不同”的和谐关系。

语典

人苟惟同之知，若是必睽[①]，人苟知睽之足以有为[②]，若是必同。(略)

自其睽而同者言之，则天地睽而其事同，故其用也大[③]。

——(《东坡易传·睽卦[④]》卷四，第69页)

注释

①"人苟惟"二句：苟，指如果。惟，只。若是，如此，这样。睽(kuí)，背离，违背，不合。

②"人苟知睽之"句：有为，道家哲学，指有作为。

③"自其睽"三句：睽而为，知道有不合而又求相同(一致)。用，功用。

④睽卦：《周易》第三十八卦。睽，原意是目不相视，乖异，背离，对立等。寓意求同存异，共同进步。

今译

人如果只知道要求"同"，这样其结果必定是"异"(不合)；人如果懂得即使有差异也完全可以有所作为，这样一定可以求"同"。

从事物虽有差异而可求相同而言，那么天地虽然有差异，但所行之事却是相同的，因此其功用是博大的。

解析

《东坡易传》于元丰三年(1080年)至元丰五年(1082年)之间初成于黄州贬所。本文是对睽卦彖辞"天地睽而其事同，男女睽而其志通也，万物睽而其事类也。睽之时用大矣哉"的解说。其大意是，天和地相乖离，但生育万物的事理是相同的。男人和女人是不一样的，但交感求合的情志是相通的。天下万物的形态各异，但禀受天地阴阳之气的原理是一样的。有差异时有待趋合的程度应该是多么广大啊！先生据此彖辞之寓意，在本章句中总结出"惟同必睽""知睽必同"的"同异观"。历史和现实，国际和国内的许多事物及重大事件，严肃地证明了东坡先生这一"同异观"是放之四海而皆准的真理。那种偏执地、盲目地追求绝对的"同一""单一"，漠视"差异""多元"的做法，势必引起更大更严重的乖离和冲突。只有尊重"多元"，承认"差异"，才会出现"睽而同"的和谐局面。由此说明，东坡先生的"同异观"对于建立和谐社会与和谐世界，有着重大的现实意义。

语典

人惟好同而恶异，是以为睽[①]，故美者必婉，恶者未必狠，从我而来者未必忠，拒我而逸者未必贰[②]。以其难致而舍之，则从我者皆吾疾[③]也，是相率而入于咎尔[④]，故见恶人，所以辟[⑤]咎也。

——(《东坡易传·睽卦[⑥]》卷四，第70页)

注释

①“人惟好同”二句：惟，意谓“只”。睽(kuí)，背离，违背，对立。

②“故美者”四句：婉，指和顺。逸，逃避。贰，背叛，二心。

③疾：痛苦，引申为憎恶、痛恨。

④“是相率”句：相率，指“相继”。咎，灾祸。

⑤辟：通“避”，回避，躲避。

⑥睽卦：《周易》第三十八卦。睽，原意是目不对视，乖异、背离、对立等。寓意求同存异，共同进步。

今译

人都喜欢别人的观点与自己相同而厌恶与自己不同，所以就产生了背离与对立。因此美好的未必和顺，丑恶的未必狠毒，顺从我而前来的未必忠诚，拒绝我而逃走的未必有二心。因为难以招致而舍弃他，那么顺从我的都是我憎恶的，从而相继而进入灾祸，所以见自己所厌恶的人，能够避免过失。

解析

《东坡易传》为元丰三年(1080年)至元丰五年(1082年)之间，东坡先生初成于黄州贬所。本文是睽卦“初九”《象传》爻辞的解说。先生依照该《象传》关于“遇见恶人，是为了避免灾祸的方法”及“能见敌人说明正邪之间也能求同存异，以此避咎也”(参见李择非整理《周易》，第207页)的寓意，推理出“人惟好同而恶异，是以为睽”的为人处世之哲理。先生对“好同而恶异”弊端的剖析可谓深刻。因为“好同而恶异”，所以对“美者”“恶者”“从我”“拒我”者都产生颠倒是非的判断。而“见恶人”，却可以规避灾祸。其原因是，能见“恶人”，说明正邪之间可以求同存异。能够求同存异，岂不化险为夷，因祸得福。

语典

夫两穷而后相遇者，不约而交相信，是以危而无咎也[①]。

天下所以睽而不合者，以我求之详也[②]。夫苟求之详，则孰[③]为不可疑者？

——(《东坡易传·睽卦[④]》卷四，第70-71页)

注释

①“不约而交相信”二句：约，指誓约。咎，过失，灾祸。

②“天下所以睽”二句：睽，指背离、对立。详，细密，完备。

③孰：谁，哪个。

④睽卦：《周易》第三十八卦。睽，原意是目不对视，乖异、背离，寓意求同存异，共同进步。

今译

两个人在困窘之后相遇，不用誓约而相交信任，因此虽然有危机却没有灾祸。

天下之所以相对立而不能合作，是因为以我为中心求全于我的原因。如果求全责备，那么有谁不是可疑的人呢？

解析

《东坡易传》为元丰三年(1080年)至元丰五年(1082年)之间，东坡先生初成于黄州贬所。本文是睽卦“初九”《象传》爻辞的解说。先生从“九四”《象传》“彼此以诚相待，虽有危险而无过错”及“上九”小象“只有开诚布公，消除猜疑，才能恢复本来干净的面目”的寓意推演出“两穷”而“相遇”，则“不约而交相信”以及“求之详”则“孰为不可疑者”之为人处世的人生哲理。有道是“患难见真情”，凡是能共患者，不用誓约而能相互信任。“求之详”，即求全责备，是“睽而不合”的原因。《汉书》(下)中有言：“水至清则无鱼，人至察则无徒。”(《东方朔传》第三十五，第1234页)所谓“至察”，即“求之详”，已到了苛求的地步。世界上一切事物包括相对的和绝对的两个方面，在相对中包含绝对，绝对存在于相对之中，两者是辩证的统一。“求之详”像“至察”一样，则适得其反，其结果是“孰为不可疑者”？故必然成为孤家寡人。

语典

苟[1]不能自力于难而安于易，以同乎不正，则吝[2]矣。

——(《东坡易传·同人卦[3]》卷二，第28页)

注释

①苟：如果，假使。
②吝：遗憾，麻烦，艰难。
③同人卦：意谓同人合作奋斗。

今译

如果不能够自己努力渡过难关，而安于容易达到的结果，采用不正当的手段追逐目标，就会遇到麻烦感到遗憾。

解析

东坡先生于元丰三年(1080年)至元丰五年(1082年)之间，于贬所黄州初成《东坡易传》。本文是对其中同人卦“六二”《象传》爻辞所作的解说。“六二”爻辞曰：“同人于宗，吝。”意为只在宗族内部去聚合人气，是褊狭的，会导致遗憾。先生据此推演出“同乎不正，则吝矣”的义理，指出为达到目的，不应寻求不正派的力量，如果这样就会遇到艰难，且为此终身遗憾。而只有“自力于难”而不“安于易”，才能够达到自己既定的目标。

语典

邪正不相攻，是非之相稽，非君子之所患[①]。君子之所患者，庶言[②]同而已。考同者莫若绎，古者谓紬绎[③]，紬绎者必求其端，究其所终。

——《庶言同则绎》

（《苏轼文集》卷六，第171页）

注释

①"邪正"三句：邪正，正面与反面。是非，正确与错误。稽，考核。患，忧虑。

②庶言：众人的言论。

③"考同者"二句：绎，抽丝，引申为探究深思。紬(chōu)，引出。

今译

邪恶与正义交锋，正确与错误比较，这并非是君子所忧虑的。君子所忧虑的是众人意见完全一致罢了。考察一致的意见没有比抽丝般地找到头绪，然后探求源头更好的方法了。古人把这称为紬绎，紬绎就是抽丝，一定先寻找它的丝头，然后探究它的终结。

解析

《庶言同则绎》语出《尚书·君陈》。东坡先生在本文中所议论的中心话题是"庶言同"，即如何对待群众意见一致的局面。君子不忧虑"邪正""是非"之"相攻""相稽"，反而忧虑"庶言同而已"。按照常人的观点，群众意见完全一致这是求之不得的事情，而古代圣贤者他们所忧虑的倒是庶言"同"。这说明古代圣贤有着客观辨证的同异观。作为一位领导者，在众人的意见面前，大量地让正与反、是与非正面交锋、比较，而不被"言利者"或"言害者"所左右。他们把考察"庶言同"的方法比做"紬绎"，即"求其端""究其终"。这意思是说，对待群众的意见，应像剥蚕抽丝般地辨识他们的出发点和最终的目的。把出发点和最终目的看清了，真伪也就一目了然。

语典

庶言之所在也，必得我师焉[①]，夫言有同异，则听者有所考；言其利也，必有为利之道；言其害也，必有致害之理。反复论辩廷议，而众决之；长者必伸，短者必屈焉；真者必遂，伪者必窒焉[②]。

——《庶言同则绎[③]》

（《苏轼文集》卷六，第171页）

注释

①“庶言”二句：庶，众多。师，此指效法。焉，文言助词。

②“长者必伸”四句：伸，伸张。屈，理亏。遂，顺，如意。窒，阻塞不通。

③绎（yì）：抽丝，引申为探究深思。

今译

在众人的言论中，一定能有让我效法的建议。言论有同有异，对于听者应有所考证。说有利的，一定有获利的道理；说有害的，一定有致害的理由。让双方在朝廷上反复论辩，由众人裁决。理长的一定气壮；理短的一定辞穷，讲真话的一定顺心遂意；讲假话的一定瞠目结舌。

解析

本文《庶言同则绎》，语出《尚书·君陈》。原文为：“有废有兴，出入自尔师虞，庶言同则绎。”大意是，有废除，有兴办，要反复和众人商量，众人的意见相同，又要探究深思，然后施行。东坡先生秉承《尚书》的旨意，对“庶言”的“同异”进行了细致的分析。首先，对于“言其利”“言其害”，理“长”者，理“短”者，言“真”者，言“伪”者，都应抱着“必得我师”的态度认真听取。其次，对于“言有同异”，以及“长”“短”“真”“伪”者，还应允许他们反复论辩把话讲透，最后“听者”还必须“有所考”。尤其是“众言同”的情况下，听者务必冷静探究，认真分辨出真伪，这就是对待“庶言同则绎”的正确态度。

语典

方本[①]异也而以类故聚，此同之生于异也；物群[②]则其势不得不分，此异之生于同也。

——(《东坡易传·系辞[③]上》卷七，第120页)

注释

①方本：原本。

②群：聚合。

③系辞：总论《易经》大义，系辞引用了不少孔子的论述，是以后儒家整理的，是先秦儒家认识论和方法论的集大成。

今译

原来事物存在差异，而以类别聚合在一起，这就是“异”中产生出“同”；事物聚合其发展趋势又不能不分，这就是“同”中产生“异”。

解析

《东坡易传》为元丰三年(1080年)至元丰五年(1082年)之间，东坡先生初作成于黄州贬所。本文是先生对《系辞上》“方以类聚，物以群分”小结语的解说。并依据此推演出“同”与“异”的辩证思考。同与异是自然界、科学、社会中的普遍现象。自然界中的一切都起源于宇宙大爆炸的最初状态，这时所有的一切都是相同的。但是由于所有物质分布在不同的时间和空间中，所以宇宙中的所有事物又都是不同的。这样便出现任何事物既相同又相异的矛盾现象。《周易》八卦图中的两个阴阳鱼图形几乎完全一样，但是颜色转折相反，是同与异较古老的体现。掌握了事物同异之辩，就会使我们多一份智慧。

语典

砺[1]，切磨己者也，舟楫，济己者也[2]，霖雨，泽民者也[3]，麴蘖、盐梅，和而不同也[3]。

——《东坡书传·说命下》

（《三苏全书·经部》（第三册）卷八，第55页）

注释

①砺：粗磨刀石。

②“舟楫”二句：舟楫，指船和桨。济，渡，过河。

③“霖雨”二句：霖雨，甘霖之雨。泽民，恩泽百姓。

④“麴蘖”二句：麴蘖（qū niè），指酒曲。盐梅（盐和梅子，盐味咸，梅味酸，均为调味所需）和而不同，语出《论语·子路》。本义指和睦地相处，但不随便附和，此指以麴蘖、盐梅入羹，不同的佐料，促进羹汤的味道和美。

今译

砺，是用来磨炼自己的，舟楫，是用来渡河的，甘霖之雨，恩泽百姓。麴蘖、盐梅，促使羹汤味道和美。

解析

东坡先生于元丰三年（1080年）至元丰五年（1082年）之间，于贬所黄州初写成了《东坡易传》。本文是先生对《尚书·说命下》“若作酒醴，尔惟麴蘖；若作和羹，尔惟盐梅”命辞的解说。这段命辞的大意是：如果我要作甜酒，你就好像是麴和蘖；如果我要作羹汤，你就好像是盐和梅。这段命辞表明殷高宗武丁，向傅说虚心求教的态度。盐和梅调和，舟和楫配合，比喻辅佐的贤臣。先生在本章句中，首先列举“砺”“舟楫”“霖雨”的功用，然后道出“麴蘖、盐梅”（喻指贤臣）“和而不同“的功能。先生为武丁向傅说诚恳求教的命辞作注释，其含义当是以古鉴今。

语典

有钟谁为撞？有撞谁撞之？三合而后鸣，闻所闻为五[①]。
阙[②]一不可得，汝[③]则安能闻？汝闻竟安在？耳视目可听[④]。
当之所闻者，鸣寂[⑤]寂时鸣。

——《法云寺钟铭并叙》
（《苏轼文集》卷十九，第561页）

注释

①“闻所闻”句：闻到了所闻到的，即听钟人和听到的声音等五要素。
②阙（quē）：古代用作“缺”字。
③汝：你。
④耳视目可听：佛经认为眼、耳、鼻、舌、身、意六根互通，故耳可视目可听。
⑤寂：静，没有声音。

今译

有了大钟拿什么做撞木？有了撞木谁来撞它，三者合一钟才会鸣响，听钟的人和钟被撞后的声音这五者具备，缺少一样也不行。你怎么能听到钟声呢？你听到的钟声在什么地方？耳朵可以看眼睛可以听。你所听到的，是鸣响时的寂静和寂静时的响声。

解析

元祐元年（1086年）四月，京城法云寺万斤大钟铸成，东坡居士为之铭。元丰五年（1082年）闰六月，先生在黄州曾写过一首著名的哲理诗《琴诗》：“若言琴上有琴声，放在匣内何不鸣？若言声在指头上，何不于君指上听？”八年以后，元祐元年哲宗朝，先生为翰林学士知制诰，又写了这首《法云寺钟铭》。一诗一铭，异曲同工，都阐述同一哲理：乐曲与钟声各为一个整体，而整体都是由若干相互影响、相互制约的要素构成的。有关要素同时也是相互依存，缺一不可的。唯物辩证法认为，普遍联系的根本内容，就是事物内部和事物之间的矛盾双方的联系。也就是说正是在相关要素协同配合下，才有可能产生美妙的乐曲和悠远娴静的钟声。如果我们明白了这一道理，就知道人世间万事万物之间都有内在的联系。一事一物的发生和变化，决不是偶然和孤立的。东坡先生这是从残酷的“乌台诗案”炼狱中悟出的哲理。有了这种认识境界，为人处世就会更加清醒和理智。

语典

达与不达[①]者语，譬如与无舌人说味。问蜜何如[②]。可云蜜甜。问甜何如，甜不可说。我说蜜甜，而无舌人终身不晓。

——《跋赤溪山主[③]颂》

（《苏轼文集》卷六十六，第2059页）

注释

①达与不达：达，通达事理，见识高远。不达，则相反。

②何如：如何，怎么样。

③赤溪山主：即赵棠。曹州济阳人。弃官隐居番禺。

今译

通达事理的人与不通达事理的人说经论道，就像有舌头的人与无舌头的人说味。没舌头的人问蜜是什么味道，我可以回答说蜜是甜的。他问甜是什么样子，我无法说清甜味是什么样子，这样无舌人一辈子都不会清楚蜜的甜味是什么。

解析

该文是熙宁九年(1076年)正月十五日，东坡先生于密州作。文章用有舌人与无舌人论味道比喻“达与不达者”谈经论道。意指说话不看对象，对不讲道理的人讲道理，如同对牛弹琴，徒劳无功，白费口舌。由“与无舌人说味”，我们联想到先生的《日喻说》，“有目者”向“眇者”说“日”，即有眼睛的人向双目失明的人说太阳是什么样子。这两篇文章回答一个共同的主题：“达与不达者语”，即使有巧妙的比喻推导，这都是隔靴搔痒，无济于事，甚至会发生“问东说西，指空说地”，出现“互相欺谩”的现象。只有通过亲口尝一尝，亲眼看一看，从实践中才能了解事物的真相。由此推论，此文所批判的是打着变法旗号的所谓“新进”人物，如李定、舒亶之流。他们如同无舌人问“味”，双目失明者说“日”，对于客观真理只能是“终身不晓”。

语典

是故[①]临义而思利，则义必不果[②]；临战而思生，则战必不力。若夫穷达得丧[③]，死生祸福，则吾有命[④]矣。

——《思堂记》

（《苏轼文集》卷十一，第363页）

注释

①是故：文言文为连词，因此，所以。

②果：指事情的结局或成效。

③"若夫"句：句首语气词，相当于"至于"，并无实际意思。穷达，困顿与显达。得丧，得到与失去。

④命：命运，天命。

今译

因此临到行义时而想到私利，那么所行的义不会有结果；面临战斗而想到偷生，那么打起仗来必定不会勇敢。至于人生的穷困与显达，得到与丧失，都是命中注定的。

解析

本记于元丰元年(1078年)一月二十四日作于徐州。前文提到，君子对于"善"与"不善"的态度，是出自于自然而然的意念决定。这种意念在《大学》里称为"诚"，是融入血液里的品质，而不是"临事而后思"所决定的。至于本章句所指的"临义"与"临战"，更不能"临事而后思"。否则，两者的结论是"必不果"和"必不力"。先生之所以主张"无思虑"，反对"临事而后思"，因为他认为人生"穷达得丧，死生祸福"乃由命运所决定。如果按宿命论的观点，人的死生祸福，是由某种神秘力量促成的，人只能服从上天的安排，听天由命。按照唯物观，"命"指生命、"运"即经验历程，事物由定数与变化决定，即"三分命，七分运"。也就是说命运由先天和后天组成，前者不可改变，后者掌握在自己手中。正所谓"谋事在人，成事在天"。只有努力上进，正确判断人生的选择才能把握自己的命运。

语典

乐天[1]作庐山草堂，盖亦烧丹也。欲成而炉鼎[2]败。明日，忠州刺史除书到[3]。乃知世间、出世间[4]事不两立也。

仆[5]有此志久矣，而终无成者，亦以世间事未败故也。今日真败矣。《书》曰："民之所欲，天必从之。"信而有征[6]。

——《事不能两立》

（《苏轼文集》卷七十三，第2379页）

注释

①乐天：白居易（772—846年），字乐天，号香山居士，又号醉吟先生。唐代伟大的现实主义诗人。

②炉鼎：炉灶与鼎罐，炼丹用具。

③"忠州刺史除书到"句：忠州，故治在今重庆忠县。刺史，隋、唐刺史即太守。除书，拜官授职的文书。

④世间、出世间：按佛法认为，世间就是烦恼，出世间就是出烦恼。

⑤仆：旧谦称"我"。

⑥信而有征：信，确实。征，征验，证据。可靠而有证据。

今译

白居易在庐山筑草堂，也在这里烧炼丹砂。想要炼成功时炉灶鼎罐破败。第二天，忠州刺史的授官文书送到。由此才知世间、出世间两者不可同时相存。

我久有出世的志向，但终究没有实现，也是因为人世间事还未毁败的原因，如今真的失败了。《尚书·泰誓》曰："百姓的愿望，上天必定顺从。"这话真是可信，在我身上得到了验证。

解析

本文由东坡先生于绍圣元年（1094年）十月二十二日作于惠州贬所。白居易因写讽喻作品而得罪当权者，被贬江州（江西九江）司马。"司马"一职在隋唐为州府佐吏，位在别驾、长史之下。白居易被贬江州司马，为闲散官员。于是他由"兼济天下"转为"独善其身"，一边挂着闲职，一边在庐山盖起草堂。走上了"宦途自此心长别，世事从今口不言"（《重题》其四）的"吏隐"之路。所谓"吏隐"，指不以利禄萦心，居官位而犹如隐者。没料炉鼎刚设，突然"忠州刺史"授职文书打破了他"出世间"的梦想。先生一向敬慕白乐天，以他忠州东坡之名，为黄州躬耕地之名。他不仅做不到白居易那样的吏隐，至死心都在"魏阙"。不过经过岭海七个年头的贬谪，他意识到"世间事"已彻底"真败"，他的"归田"心愿指日可待。

语典

夫惟忧患之至，而后诚明之辨乃可以见[①]。

——《中庸论上》

（《苏轼文集》卷二，第 60 页）

注释

①“夫惟忧患”二句：惟，只。至，到。辨，分别。

今译

只有忧患到来，真诚和贤明的区别才可以显现得出来。

解析

此篇文论是嘉祐五年（1060 年）东坡先生应制科试所进的，为录取作参考的进论之一。所引章句意在说明，“诚”和“明”的分辨只有在困苦患难的考验面前才能显现出来。先生在文中列举一例予以佐证。孔子在陈国、蔡国传道受到围困，向子路、子贡征求对策。子贡希望孔子降低自己的政治主张，子路不满意孔子的做法。这两个人并非不懂得道德，但他们还没有达到以修养道德为乐的境界。子路能够在卫国赴难一死，却不能够不对陈、蔡对孔子的做法生气。所以孔子率领弟子周游列国，不仅是了解认识天下，还希望通过周游传道，让他们把道德修养当成乐事。贤明却不能至诚，那么只能同处安宁，而不能同处忧患，所以“君子安可以不诚哉”！

语典

自诚明谓之性，自明诚谓之教[①]。诚则明矣，明则诚矣。

——《〈中庸〉论上》

(《苏轼文集》卷二，第60页)

注释

①“自诚”二句：自，由也(朱熹集注)。诚，诚实。明，明了。性，品性，人性。教，教育。

今译

由内心真诚而明晓道理，这就叫人的本性；由明晓道理而达到内心真诚，这就叫教化。内心真诚就会明晓道理，明晓道理也就会变得真诚。

解析

《中庸》乃孔子之孙，受业于曾子、传道于孟子的子思(名伋)所作，是孔门传授心法的经典。东坡先生所撰《中庸论》上中下三篇，是“应制科试所上进卷”(所谓“制科”天子之命为制，是由皇帝亲自出题，亲自面试，是朝廷选拔特殊人才非常规的考试)。写作时间最迟不晚于仁宗嘉祐六年(1061年)，时先生年仅二十六岁。当三苏父子再次进京还朝之时，正是“二程”(程颢、程颐)洛学几乎主宰了北宋整个学术界的狂热时期。二程将《大学》《中庸》两篇文献从《礼记》抽出单独进行阐释解说。于是“学者纷起，论著杂陈”，如范仲淹、司马光、欧阳修等重臣硕儒，对此都有过著述。据朱熹《中庸章句》所指，二程的引述，把《中庸》要义纳入“天命”“性理”之中。就在这一片热烈的争鸣风潮中，年轻学子苏轼勇敢地站出来，发出了独具个人见解的声音。他在《中庸论上》中开宗明义地指出：昔之儒者的议论“鄙滞而不通”“汗漫而不可考”，后之儒者，“自耻其不能，则从而和之曰然”，故而表现出“相欺以为高，相习以为深”的混乱局面。苏轼对《中庸》以唯物史论，用情本观所进行的阐释，与持唯心观的二程学说大异其趣。不过先生的文论只是应制的进论，并未将二程当作驳论的主要对象。只是后来在政治生活中，程颐与苏轼结怨。而作为理学的传承人与代表人的朱熹，为彰明理学，排斥异端，对苏轼蜀学展开了全面的攻讦，企图彻底清除苏学的影响。然在东坡先生去世近百年之后，朱熹被他的政治对手胡纮弹劾有“六大罪状”，讥讽他“平日窃取《中庸》《大学》之书，以欺惑斯世者也”(以上参见林冠群《苏轼儒学与程朱理学的比较》)。

“诚”与“明”是《中庸》心性哲学的基本思想，也是实现中庸之道的根本条件。由真诚变为聪明，叫天性使然；由聪明变为真诚，叫教化使然。“诚”与“明”互为促进，相辅相成。

语典

嗟夫[①]！余天下之无思虑[②]者也。遇事则发，不暇思[③]也。未发而思之，则未至。已发而思之，则无及。以此终身，不知所思。

——《思堂记》

（《苏轼文集》卷十一，第363页）

注释

①嗟夫：表示感叹的语气词，相当于“哎”“唉”一类的词。
②无思虑：清心寡欲，宁静淡泊，游于物外的道家思想。
③不暇思：指不经过思考探求，立刻做出反应。

今译

唉！我是天下无欲无虑的人。遇事就发言，不假思索。如果事情还未发生就思虑它，想也是白想。事情已经发生再去思虑，就已经来不及了。我终身如此，从不枉费心思。

解析

元丰元年(1078年)一月二十四日，建安(即宋建州，今福建省浦城)人章楶(jié)，字质夫，在公堂之西建了一座厅堂，取名叫“思堂”。他说：“凡吾之所为，必思而后行。”于是，请东坡先生为此堂写篇记文。先生在记文中，就“思”字大发议论。他认为自己是“天下之无思虑者”，其个性为“遇事则发，不暇思也”。说实话，这八个字基本上概括了他自己的个性特征。正是这种“不知所思”的脾气，使他在仕途中惹出了许多麻烦。也正是这“不暇思”的秉性，塑造了独具个性的苏东坡。

语典

毫末[1]之木，有合抱[2]之资；滥觞[3]之水，有稽天[4]之势。

——《惟圣罔念作狂惟狂克念作圣》

(《苏轼文集》卷六，第170页)

注释

①毫末：毫毛的末端，比喻极其细微。

②合抱：指两臂环抱，多形容树身粗大。

③滥觞(làn shāng)：指江河发源处水很小，仅可浮起酒杯。

④稽天：至于天际，形容势大。

今译

细如毫发的树苗，具有长成合抱粗大树的资质；仅能浮起酒杯的浅流，具有汇成水天相接的大河之势。

解析

本文作年不详。标题《惟圣罔念作狂惟狂克念作圣》语出《尚书·多方》。意思是，圣贤不思考就会变成狂夫，狂夫能够思考就能变成圣贤。为阐释这一相互转化的主题，东坡先生开篇以"毫末之木"和"滥觞之水"作比喻，说明两者都有朝向相反方向转化的可能。文末得出"圣狂之相去，殆不容发矣"，即圣贤和狂夫之间的差距，恐怕是微乎其微的结论。文章首尾呼应，主题鲜明，进一步回应了《孟子·告子章句下》"人皆可以为尧舜"的命题。为人们立志向善，自我完善，树立了自信和志气。

语典

孟子曰："物之不齐，物之情也。巨屦[①]小屦同价，人岂为之哉！"孟子亦自忘此言，为菽粟[②]如水火之论。金不可贱如土，犹土之不可贵如金也。尧之民比屋可封，桀之民比屋可诛[③]，若信此说，则尧时诸侯满天下，桀时大辟[④]遍四海也。

——(《仇池笔记·论金土同价》，第231页)

注释

①屦(jù)：古代用麻葛制成的鞋。

②菽粟：菽(shū)，豆的总称。粟(sù)，古代泛称谷，北方称"小米"。

③"比屋可封"二句：比屋可封，比屋，一屋挨一屋，意思是在唐、虞时代，贤人很多，差不多每家都有可受封爵的德行。后比喻社会安定，民俗淳朴。比屋可诛，诛，杀戮。家家都有可杀戮之人，世风日下，恶人众多。

④大辟：中国古代五刑之一。商、周、春秋、战国等时期死刑的通称。

今译

孟子说："各类物品质量和用途不一致，这是物之常情。特大鞋与小鞋同一个价，鞋匠还肯干吗？"孟子也自己忘掉这句话，就有谷物像水火一样充足的论点。黄金不能比黄土不值钱，如同黄土不可贵如黄金。唐尧的庶民家家都有贤人可封爵，夏桀的庶民家家有恶人可诛杀，如果相信这种说法，那么尧帝时所封的诸侯就满天下，夏桀时处以死刑的就遍布四海。

解析

本文作年不详。"黄金与土同价"，这是南齐王朝(479—502年)开国君主萧道成的宏愿，是针对前朝南宋币制弊端提出的设想。不过钱贵货贱，倒霉的照旧是百姓。黄金与黄土不可同价，菽粟与水火不可同论，因为孟子有言："物之不齐，物之情也。"唐尧的庶民"比屋可封"，这是彰显教化的功效，是施政者良好的愿望。夏桀的庶民"比屋可诛"，这只能说是世风日下，而非人都该诛。先生以孟子之哲言提示世人：花有别样红、百里不同风，应该讲求实事求是，不可一概而论。

语典

火之所以盛[①]者，风也，火盛而风出焉；家之所以正[②]者，我也，家正而我与[③]焉。

——(《东坡易传·家人卦[④]》卷四，第68页)

注释

①盛：炽烈。
②正：端正。
③与：施与。
④家人卦：《周易》第三十七卦，论述治家之道。

今译

火之所以炽烈旺盛，是因为有风助，火旺盛显示出风势的威力；家风之所以端正，是因为由我来当家，家风端正凸显出我对振兴家道的施予。

解析

《东坡易传》为元丰三年(1080年)至元丰五年(1082年)之间，东坡先生于黄州贬所作。本文是对家人卦之《象传》爻辞的解说。先生依据《象传》“燃烧的火生成了风，象征‘家庭’。以风吹火，火随风生，有治家之道，称作风火家人”(参见李择非整理《周易》，第200页)的寓意，推理出“火盛而风出”与“家正而我与”的处世义理。先生在这里特别强调家风之“正”及“我”(家长)在家庭管理中的作用。家风端正，家庭亦和睦，社会亦和谐，天下亦安定。

语典

水不润[①]下，则不能生物，故水以润下为德；火不炎[②]上则不能熟物，故火以炎上为德；木曰曲直，谓其能从绳墨也，木不曲直则不能栋宇，故木以曲直为德[③]。金曰从革，谓其能就熔范也，金不变化则不能成器，故金以从革为德[④]；土无所不用，不可以一德名，而其德盛于稼穑[⑤]。

——《东坡书传·洪范》

（《三苏全书·经部》（第二册）卷十，第77页）

注释

①润：滋润。

②炎：热，燃烧。

③“木曰曲直”四句：曲直，谓弯曲平直。绳墨，木工打直线的墨线。栋宇，栋，指房屋的脊檩(lǐn)。宇，屋檐，泛指房屋。

④“金曰从革”四句：革，改变。金具有能柔能刚的特性。熔范，熔铸的模具。器，器具。

⑤稼穑：农事的总称。春耕为稼，秋收为穑，即播种与收获，泛指农业劳动或农作物，庄稼。

今译

水如果不能向下滋润，就不能生长作物，所以水以润下为其品性；火不向上燃烧就不能煮熟食物，所以火以向上燃烧为其品性；木能够弯曲平直，能听从墨线打直，木如果不能弯曲平直就不能做房屋，所以木以弯曲平直为其品性；金爰(yuán)于听从改变，能依就模具，所以金以能改变为其品性；土的作用更大，不能用一种品性概括它，而它的最大的品性在于能生长庄稼。

解析

《东坡书传》为元丰三年(1080年)至元丰五年(1082年)之间，东坡先生于黄州初成，重订于惠州，书成于儋州。本文是先生对《尚书·洪范》“水曰润下，火曰炎上，木曰曲直，金曰从革，土爰稼穑”五行生数的解说。水火木金土“五行”，是中国古代的一种物质观，认为大自然由五种要素所构成。宇宙万物，都由水火木金土五种基本物质的运动和变化所产生。“德”的意思，直视“所行之路”的方向，遵循本性、本心，顺乎自然便是德。顺应自然、社会和人类客观规律去做事便是德。德是道的具体体现，是能够看到的心行。儒家认为“五行”对应仁义礼智信“五德”，构成大自然基本物质的水火木金土，各有其本性和品行，都有着利于人类的美德。用现在时兴的语言形容，它们都有着利于人类的正能量。儒学博大精深，将“五行”对应“五德”，水主智、火主礼、木主仁、金主义、土主信。《礼记·礼运》曰：“人者，其天地之德，阴阳之交，鬼神之会，五行之秀气也。(略)故人者，天地之心也，五行之端也。”(西汉戴德、戴圣著《礼记》，第342页)人是以纵向降生于世的，以此区别于横向降生的动物。这是人与生俱来已具备灵性、具备高等意识的明显特征。从以上意义讲，人应比水火木金土“五行”更具有其特性。同样，人不可以一德名，而其德盛于“天地之心”，即仁义理智信。

语典

名之[①]必可言，言之必可行，是谓大。
如天地之有信，可恃[②]以安也。

——《东坡书传·咸有一德》
(《三苏全书·经部》(第二册)卷七，第33页)

注释

①名之：名，这里指美好的名声，名与实相符。
②恃：依赖。

今译

名与实相符一定可以言说，言语说过的一定要实行，这才可以称之为伟大。
君主要像天地一样讲诚信，这样百姓才可以依赖而得享安宁。

解析

《东坡易传》为元丰三年(1080年)至元丰五年(1082年)之间，东坡先生初作成于黄州贬所。本文是先生对《尚书·咸有一德》"'大哉，王言'，又曰：'一哉！王心'"(大意是"伟大啊！君王的话。又说，纯一啊！君王的心。")即伊尹对太甲训诫的第三段部分文辞的解说。"名之必可言"，讲的是"名必与之符实"。颜之推在其《名实篇》中说："名之与实，犹形之与影也。德艺周厚，则名必善焉；容色姝丽，则影必美焉。今不修身而求令名于世者，犹貌甚恶而责妍影于镜也。"这里强调的是"名"犹"形"，"实"犹"影"，"名"与"实"必须相符。不坚持"修身"，而想浪得"令名"，就像丑恶的面容却想让镜子里映出妍丽的影像一样荒唐。只有名与实符，且能言行如一，这才堪称"伟大"。英国诗人、政论家约翰·弥尔顿说得好："只有做出伟大事业的，或者教人怎样做出伟大事业的，或是用适当的庄严风格来描述这些大事业的人们，才配得上'伟大人物'这个称号。"弥尔顿所指的"伟大人物"，正是先生所言说的"言之必可行"的君子。

语典

故夫革，不信于革之日，而信于已革之日。以其始之不信，是以知悔[①]者革之所不能免也，特有以亡[②]之尔。

——(《东坡易传·革卦[③]》卷五，第91页)

注释

①悔：此指失误。
②亡(wú)：即消除。
③革卦：《周易》第四十九卦，寓意改革、革新。

今译

所以说到改革，不会在改革之日就能得到信任，而是要等到改革完成之后才能得到信任。因为开始时得不到信任，所以知道有小的失误，这是改革所不能避免的，特别应有消除不利因素的措施。

解析

《东坡易传》为元丰三年(1080年)至元丰五年(1082年)之间，东坡先生作于黄州贬所。本文是先生对革卦《象传》"已日乃孚，革而信之"的解说。先生据此寓意推演出革"信于已革之日"的义理。"'革'的制成改变了兽皮的性质，这就是'变革'。易家从这一皮革质地的改变引申出哲学意义，得出了革卦的结论。"(参见李择非整理《周易》，第263页)"革卦"倡导的"革德"就是要认真谋划，取信于民，要稳妥适宜，少走弯路。先生在本章句中明确提出把"信于已革之日"的思想，作为衡量改革成败的标准。也就是说，改革是否利好，不在于开始的口号多么诱惑人，而在于改革之后产生何种利好的实效。另外，先生还明确指出"是以知悔者革之所不能免"，即出现小的失误，这是改革过程中难以避免的。这种务实、宽容的态度，当是谪居黄州期间，通过反躬自省后对新法的重新评价。

语典

予素不解棋。(略)儿子过乃粗能者，儋守张中日从之戏，予以隅[1]坐，竟日不以为厌也。
胜固欣然[2]，败亦可喜。
优哉游哉，聊复尔耳[3]。

——《观棋并引》
(《苏轼诗集》卷四十二，第2310页)

注释

①隅(yú)：角落。
②欣然：非常高兴、愉快。
③"优哉"二句：优哉游哉，意谓悠闲自得的样子。聊复，姑且。尔，如此。耳，而已，罢了。聊复尔耳意谓姑且如此罢了。

今译

胜了固然高兴，败了也应欢喜。优游而又自得，姑且如此罢了。

解析

此诗为绍圣五年(1098年)，东坡先生于儋州作。"自尔欲学，然终不解也。"闲而无事，儿子过与郡守张中对弈，他"隅坐"一旁，"竟日不以为厌也"。不同的人有不同的棋道。梦得弈棋之趣在于"搏击三秋兵""雁行布阵""虎穴得子"。郎瑛的弈棋之道在于"虎穴得子人皆惊，静算江山千里近"。此皆有"博击""布阵""静算江山"及你死我活之硝烟血腥气。而东坡先生别有一番情趣。他认为弈棋如同王之诗云"莫将我事扰真情，且可随缘道我赢"，"胜固欣然，败亦可喜"。本来是一场"戏事"，何必为一粒子进退闹得面红耳赤而扰乱了"真情"？这是先生以庄学"齐物""逍遥"思想为指归，在日常游戏中感悟到的人生趣味。

语典

天下之至信者[1]，唯水而已。(略)唯其不自为形，而因物以赋形[2]，是故千变万化而有必然之理[3]。

——《滟滪堆赋并叙》

(《苏轼文集》卷一，第2页)

注释

①至信者：最大的诚信，最有一定之规律。

②“唯其不自为形”二句：自己没有固定形态。因物以赋形，按照外物的形态而决定它的形态。

③“是故千变万化”句：水在偶然的千变万化之中蕴含着必然的规律。

今译

普天下最讲诚信的，只有水罢了。(略)正因为它自己没有固定的形态，而是以外物的形态决定自己的形态，所以在千变万化之中蕴含着必然的规律。

解析

本赋于嘉祐四年(1095年)十一月作于夔州(治所在今重庆奉节)。这篇赋是东坡先生服母丧毕，与父苏洵、弟苏辙及兄弟俩的家眷离蜀取长江水路进京时，途经三峡，亲眼得见瞿塘峡口之滟滪堆巨石有感，写下对水的感悟。先生在该赋中的“不自为形”“因物以赋形”句，语出《孙子·虚实》“水无常形”。又南朝齐、梁间画家、绘画理论家谢赫在《古画品录》中提出的“应物象形”“随类赋采”。先生写这篇赋时年仅二十四岁，还未走上政治舞台。此时的他满脑子是经、史、子、集经典，他虽在写“水”，实质是在论“文”。其父苏洵曾在《仲兄字文甫说》中说：“今夫风水之相遭乎大泽之陂也，纡馀委蛇(shé)，(略)此亦天下之至文也。”先生在《文说》中亦云：“吾文如万斛泉流，不择地而出，(略)随物赋形而不可知也。所可知者，常行于所当行，常止于所不可不止。”后来他在《画水记》《答谢民师书》中也以此论书喻文。这些大概得益于先生对滟滪堆的实地观察。除此以外，水之“德”更是君子修德之比照。君子立德也应像水一样“不自为形”(即孔子在《子张篇》中所要求的“绝四——毋意、毋必、毋固、毋我”。即应杜绝四种弊病：不要主观猜疑，不要钻死胡同，不要固执、不要以自我为中心)，而应“因物以赋形(即要尊重客观实际(物)，实事求是地作出判断和决策(赋形))。也就是从实际对象出发，探求事物的内部联系及其发展规律性，作出正确的判断和决策。

语典

人众者胜天，天定[1]亦胜人。

——《用前韵再和孙志举》

（《苏轼诗集》卷四十五，第2440页）

注释

① 天定：天命之定数。

今译

发挥众人的智慧和力量能胜过“天算”；天理之定数（天算）也能胜过“人算”。

解析

此诗为建中靖国元年（1101年）二月，东坡先生于北归途中的虔州（江西赣州）作。这两句诗的出处是《史记·伍子胥列传》：“（申包胥）使人谓子胥曰：‘（略）人众者胜天，天定亦能破人。’”（李翰文主编《史记全本》，第1238页）要了解这段话的本意，就应该了解春秋时期伍子胥为报杀父兄之仇，以吴国军力攻打楚国，竟掘楚平王之墓鞭尸的历史。楚国大夫申包胥，求秦救楚，并派人谓伍子胥曰：“吾闻之，人众者胜天，天定亦能破人。（略）”其意是，我听说有的人依仗人多势众逆天而行一时得逞。但当天下安定下来，那些倒行逆施的人一定会遭到天的报应。东坡先生借用申包胥的典故，劝勉晚辈既要自信，不要被命运所压倒，又要遵循天道和人道的规律（定数），做人做事要顺其自然，不能倒行逆施。

语典

才大古难用，论高常近迂[①]。(略)
知经几成败，得见真贤愚[②]。

——《送范纯粹守庆州》
(《苏轼诗集》卷二十六，第1396页)

注释

①"论高"句：论高，高深宏论。迂，迂腐，不合时宜。
②贤愚：贤，德才兼备者，愚，笨拙，不谙人情世事。

今译

才能大的人自古难以适用，宏论高谈常常近乎迂腐。(略)
只有经历几次成功与失败，才能分辨谁是真正的贤能谁是真正的愚笨。

解析

本文于元丰八年(1085年)十二月作于汴京。"才大"者往往"论高"，不合时宜；不谙人情世事者，亦往往难以适用。这既是对历代文人命运的总结，也是对自己人生的自我反思。但历史是公正的，经过几度兴废成败，大浪淘沙，终于还原了历史本来面貌，分辨出贤愚清浊。

语典

人生初甚乐，譬若枰[①]上棋。

纵横[②]听汝手，聚散[③]岂吾知。

——《送司勋子才丈赴梓州》

（《苏轼诗集》卷四十八，第2602页）

注释

①枰(píng)：棋盘。

②纵横：字面义指竖和横。其特殊含义，是指战国时期的“合纵”与“连横”的谋略。战国时七国争霸，齐、燕、楚、韩、赵、魏六国联合抗秦，谓之“合纵”；秦国以个个击破的策略分化六国谓之“连横”。此处意为人生穷达成败。

③聚散：聚合与分散。

今译

人在年轻时是快乐无忧的，譬如在棋盘上下棋，成功与失败全在于你自己，聚合与分散自己哪里能够料到。

解析

此诗收入补编，人名、事迹、年代无考。东坡先生是为送子才员外郎赴梓州(治今四川三台县)而作。诗的大意为：人生如棋，棋如人生。说人生如棋，是因为人生之路像棋子要一步步地走，没有人能一步即胜，一步登天。人生须谨慎，如果一念失足，就像下棋一着不慎，满盘皆输，一败涂地。说棋如人生，是说棋局有胜有负，人生有成功与失败。东坡先生观棋说：“胜固欣然，败亦可喜。”他主张奕棋要有一颗平常心，不在胜负而在于身心愉悦。人生成功固然欣慰，失败也不能气馁，像流行歌曲唱的：“只不过重头再来。”

语典

人有悲欢离合，月有阴晴圆缺，此事古难全。但愿人长久，千里共婵娟①。

——《水调歌头·丙辰中秋，(略)怀子由》

(《苏轼全集校注》(词集)卷一，第161页)

注释

①婵娟：此指月色明媚。

今译

人有悲欢离合的遭遇，月有阴晴圆缺的变化，这种事情自古就难以周全。但愿世上的人们平安健康，虽然相隔千里，却能共享娟丽明月的光辉。

解析

这是东坡先生于熙宁九年(1076年)八月十五日中秋节，在密州怀念子由弟所写的《水调歌头》下片的末尾五句。先生与弟子由分别已整整五年，面对一轮明月，词人展开丰富的想象与思考。词的上片巧妙地描写作者仰望"天上宫阙"，"我欲乘风归去"的内心渴望。充分表达先生"身在江湖，心在魏阙"执著的入世精神。下片词人用"不应有恨"四字，笔锋一转，写出先生对别离痛苦的独特感受。他告诉子由弟也告诉自己"人有悲欢离合，月有阴晴圆缺"，这是自古以来的常态，何须有"恨"。这既是一种智者的自我宽慰，也是无可奈何的叹息。末尾词人终究从矛盾心理中走了出来，提出了一种"千里共婵娟"，憧憬未来，积极奋发的美好图景。充分显示词人精神境界的博大与丰富，豁达与乐观。我国近、现代享有国际声誉的著名学者王国维，在其《人间词话》卷下中评说："东坡之《水调歌头》，格调千古，不能以常调论也。"清光绪年间著名词家陈廷焯在《白雨斋词话》卷一《东坡词别有天地》中评说："词至东坡，一洗绮罗香泽之态，寄慨无端，别有天地。《水调歌头》(略)尤为绝构。"(以上参见张志烈等主编《苏轼全集校注》(词集)，第166页)

语典

昔周之衰，有老聃[①]、庄周[②]、列御寇[③]之徒，更为虚无淡泊之言，而治其猖狂浮游之说，纷纭颠倒，而卒[④]归于无有。由其道者，荡然莫得其当，是以忘乎富贵之乐，而齐乎死生之分[⑤]，此不得志于天下，高世远举[⑥]之人，所以放心而无忧。虽非圣人之道，而其用意，固亦无恶于天下。

——《韩非论》

（《苏轼文集》卷四，第102页）

注释

①老聃(dān)(前571—前471年)：姓李名耳，字聃，别名李伯阳、老子。我国古代伟大的哲学家、思想家、道家学派创始人，存世有《道德经》(又称《老子》)。

②庄周(前369—前286年，一说公元前275年)：姓庄，名周，字子休，战国中期著名的思想家、哲学家。创立了庄学，是老子之后，道家学派的代表人物，二人并称老庄。他的代表作品有《庄子》(亦称《南华经》)。

③列御寇：列子(约前450—375年)，名御寇，战国时期道家学派著名代表人物，著名的思想家、寓言家和文学家。著有《列子》(本人与弟子合著)，属于早期黄老道家的经典著作。其中《愚公移山》《杞人忧天》等脍炙人口的寓言家喻户晓。

④卒：终了。

⑤“由其”四句：由其，谓遵由。荡然，放纵。当(dàng)，合宜。齐，同等，相同。

⑥高世远举：远离世俗。

今译

从前周朝衰落，有老子、庄子、列子一类的人，更替着发表虚无淡泊的言论，并且推行他们猖狂浮游的学说，纷纷杂乱，颠倒是非，而最终归于无有。遵由他们的理论，因此忘掉富贵的快乐，而将死生等同无有分别，这是在世上不得志，远离世俗的人，放纵肆意而达到无忧虑的做法。虽然这不是圣人之道，但他们的用意，本来也无害于天下。

解析

该文论系嘉祐五年(1060年)，东坡先生时年二十五岁，应制科试前所呈的进卷之一。所谓制科，是皇帝为选拔特殊人才，由自己命题，亲自面试的特殊考试。先生的《韩非论》，其一表明年轻而未入仕途的苏轼，其政治思想是儒家传统之道的维护者，而对老庄道家学说采取排斥态度。文中对老庄学说所用贬词刻薄，如“猖狂浮游”“纷纷颠倒”等，甚至茫然慨叹：“夫无有，岂诚足以治天下哉!”这与四十五岁被贬黄州后对老庄学说的看法泾渭分明。究其原因，此时的苏轼怀着“奋厉有当世志”的理想，一心想获得功名，实现“致君尧舜”“齐家治国平天下”的理想，所以视等富贵，齐生死，归无为的老庄哲学为“异端邪说”。其二，先生明确指出，老庄之道虽与孔子之道有异，但“其用意，固亦无恶于天下”。“自老聃之死百余年”，出现了商鞅、韩非之徒，“得其所以轻天下而齐万物之术，是以敢为残忍而无疑”。这些刑名之学用于秦国，终于出现陈胜、吴广之动乱，秦国三世而亡。为此他得出结论“庄老之后，其祸为申(申不害，法家代表人物之一)、韩”。明代学者方岳贡在《古文渊鉴》中，评东坡先生《韩非论》说：“申、韩得其一说为治，长公独以为本之虚无，尤千古绝识。”(参见张志烈等主编《苏轼全集校注》(文集一)，第349页)

语典

自孔子没，诸子各以所闻著书、而皆不得其源流，故其言无有统要[①]，若孟子，（略）其道始于至粗，而极于至精。充乎天地，放乎四海，而毫厘[②]有所必计。至宽而不可犯，至密而不可乐，此其中必有所守[③]，而后世或未之见也。

——《孟子论》

（《苏轼文集》卷三，第96页）

注释

①“自孔子”四句：没（mò），同“殁”，死。源流，指事物的起源和发展。统，总括，全面。要，重要。

②“其道始于”四句：粗，谓粗略。精，精细。毫厘，两个很小的计量单位，极言数量之小。

③“至宽”三句：宽，谓范围广。密，精细。守，守经（固守经典之义）。

④ 孟子：孟子（约前372—289年），名轲，或字子舆，邹（今山东邹城市）人。他是孔子之孙孔伋的再传弟子，是战国时期伟大的思想家、教育家，儒家学派的代表人物，与孔子并称“孔孟”。

今译

自从孔子去世，众多儒者各凭自己所听到的著书立说，但都不了解儒家之道的源与流，所以他们的言论都不够全面和严谨。像孟子，（略）他的学说从最粗略的命题开始，而最后达到问题精细的极致。他的思想充满天地，放至四海，对极细微的问题都有一定考量。虽然极为宽广但没有违反大道，虽然极为精细但绝不乐于悠闲，这其中必定有他固守经典之义的意思，而后世有的人没有看出来。

解析

本论为先生于嘉祐六年（1061年）应制科试时所进卷之一。汉唐经学家，均视孟子不过为儒家一子，而“辨孟”之思潮，自中唐发端，至北宋时，非议孟子蔚然成风。自宋以后的程朱理学，方尊孟子为亚圣。北宋司马光、何涉、张俞、苏轼等人对孟子的辨疑，当然与王安石崇拜孟子有关联，这其中难免有党争的阴影。苏轼也曾有过辨孟之语，主要在《论语说》，共有八条。他认为老子、庄子、杨朱、墨子与孟子一样，都对孔有所继承，但以孟子之学最近于孔子。按他的说法，“与孟子辨，辨而胜，则达于孔子矣”。先生将“达于孔子”之途径，“必与孟子辨”，这足以证明先生对孟子的极高评价。故与其说是辨孟，不如说是尊孟。“苏门四学士”的晁补之，对这一点深为了解，他说苏轼“尝自谓学出于孟子”。从本章句所录，先生认为孟子之道“充乎天地，放乎四海”“至宽而不可犯”“至密而不可乐”。他批评其他诸子对孔子之学说“不得其源流”，故著书“无有统要”。唯孟子则“毫厘有所必计”，故而有上述尊孟之语言。

语典

取之以仁义①，守之以仁义者，周也。取之以诈力②，守之以诈力者，秦也。以秦之所以取取之，以周之所以守守之者，汉也。仁义诈力杂用以取天下者，此孔明之所以失也。

——《诸葛亮③论》

（《苏轼文论》卷四，第 112 页）

注释

①仁义：本意为仁爱与正义。与理、智、信合称为“五常”。

②诈力：欺诈与武力。

③诸葛亮：字孔明（181—234 年），号卧龙，三国时期蜀汉丞相，杰出的政治家、军事家。在世被封为武乡侯，死后追谥忠武侯。诸葛亮一生“鞠躬尽瘁，死而后已”，是中国传统文化忠臣与智者的代表人物。

今译

运用仁义夺取天下，运用仁义守住天下的，是周朝。运用欺诈和武力夺取天下，运用欺诈和武力守住天下的，是秦朝。运用秦朝夺取天下的手段取得天下，运用周朝守卫天下的办法守住天下的，是汉朝。仁义诈力杂用而夺取天下，这是诸葛亮的失误。

解析

此文论是嘉祐五年（1060 年）东坡先生应制科试前呈上的试卷之一，时年先生二十五岁。明代学者茅坤在其著《读书后》评此文“行文好”，但“所罪孔明之取刘璋与其不能行间丕、植一节，愚未敢信”。清代学者储欣亦云：“坡公千古通儒，而责备孔明处，似乎迂阔。”两人的评论都认为先生对诸葛亮未能抓住曹氏兄弟间的矛盾，而运用“数十万金，使其大臣骨肉内自相残，然后举兵而伐之”（以上参见张志烈等主编《苏轼全集校注》（文集一），第 383-384 页）的批评，是“庸人呓语”，书生“迂阔”。茅坤与储欣的评论有其道理。岂不说先生对孔明的责备如何，单就对周、秦、汉夺取天下的手段而言，似乎稍有偏颇。因为通过举兵取天下，怎么分得清哪为“仁义”，哪为“诈力”？当然先生对诸葛亮的“信义”和军事才能给予了赞扬，如《八阵碛》诗曰：“惟余八阵图，千古壮夔峡。”

语典

夫邪正之不同也，不啻若黑白[①]。(略)天下之所疑者，邪正之间也。其情则邪，而其迹若正者有之矣。其情以为正，而不知其义以陷入邪者有之矣[②]。

——《学士院试春秋定天下之邪正论》
(《苏轼文集》卷二，第172页)

注释

①“夫邪正”二句：邪正，邪恶与正直。不啻(chì)，如同。
②“其情以为”二句：情，指表面。迹，行迹，指行义。义，合宜的道德，此处指道义。

今译

邪恶与正直的不同，如同黑与白那样分明。(略)天下所感到疑惑和可怕的是，介乎邪和正之间的人和事。有的其表面似乎邪恶，但其行为似乎又是正派的现象有之；有的其表面看似正派，但不知道义之真谛而陷入邪恶的现象也是有的。

解析

此文论为治平三年(1066年)二月四日作于汴京(开封)，东坡先生时年三十一岁。他从凤翔任满还朝，英宗闻其名，召他入学士院。所谓《春秋》即《春秋经》，中国古代儒家典籍“六经”之一，为第一部华夏民族编年史兼历史散文集，相传为孔子修订。《春秋》以用词造句“微言大义”成为独特文风，被称为“春秋笔法”。这部一万六千多字的史书，对鲁隐公元年(前722年)到鲁哀公十四年(前481年)二百四十余年的重大历史事件，以周礼为规范进行邪正之评判。东坡先生肯定了《春秋》“以为有礼则生，无礼则死”，“定天下之邪正，莫盖于《春秋》”的判断。同时又指出天下“邪”与“正”，常受“情”伪，“义”误的蒙蔽，故先生强调，“此《春秋》之所以叮咛反覆其间也”。

语典

夫投规于矩[①]，虽公输[②]不能使之合。何则？方圆者殊也。杂宫以羽[③]，虽师旷[④]不能使之一。何则？缓急者异也。对辩以讷[⑤]，遇刚以柔，虽君子不能以无争。何则？所性所操[⑥]之不同也。

——《与叶进叔书》

（《苏轼文集》卷四十九，第1421页）

注释

①“夫投规于矩”：规，指画圆形之工具，即圆规。矩，画方形之工具。

②公输：指战国初期晋国人公输盘（前507—444年），公输是姓，盘为名，也写作“公输班”。能造奇巧的器械，有人说他就是鲁班。（参见吴龙辉译注《墨子白话今译》，第253页）

③“杂宫以羽”：宫，指古代五音之一，相当于简谱“1”。羽，古代五音之一，相当于简谱“6”。

④师旷（前572—532年）：字子野，山西洪洞人，春秋晋国首席乐师。他生而无目，故自称盲臣、瞑臣，博学多才，尤精音乐，善弹琴、辨音力极强。（参见李维琦《白话国语》，第304页）

⑤“对辩以讷”：辩，指有口才，善言辞。

⑥ 所性所操：性，指性情。操，此指操守。

今译

把圆规投放在方矩当中，即使是公输盘也不能使它们相契合。为什么呢？因为方与圆的形状不一样。把羽调杂入宫调，虽然是师旷也不能使它们合拍。为什么呢？因为节奏的缓急不一样。将木讷对应善辩，用柔弱对待刚强，虽然是君子也不能不发生矛盾。为什么呢？因为他们的性情和操守不相同。

解析

嘉祐二年（1057年），东坡先生二十二岁。四月，因丁母忧，他同弟子由在父苏洵的率领下赴丧返川。在家守丧期间，七月之秋，先生给叶进叔（生平不详）书。本章句先生用生动的比喻，阐释有人说他交友“不能把臂服膺以示无间”的内在原因。大意是说，先生不能与朋友拉住胳臂作倾心谈状以表示亲密无间。为了回答这个问题，先生用“投规于矩”“杂宫以羽”“对辩以讷”“遇刚以柔”的比喻，说明他们之间虽然是“公输”“师旷”“君子”也不能“合”“一”，不能“无争”。根本原因在哪里？原因在于他们之间“所性所操之不同也”。说到这里，有些人的质疑应该得到释怀，先生与某些人“不能把臂”的原因，就在于性情和操行不一样。

语典

物壮则老[①]。

否终必倾[②]。

——《贺正启[③]四首》之一

(《苏轼文集》卷四十七，第1354页)

注释

①物壮则老：语出《老子·三十章》："果而勿强，物壮则老。"(任继愈译著《老子新译》，第126页)成功了不要逞强。事物壮大了，必然走向衰老。

②否终必倾：语出《周易·否卦》："否终则倾。"(李择非整理《周易》，第77页)否(闭塞不通)达到极点时，必然倾覆。本章句"必倾"，意指逆转。

③贺正启：正，指正旦，亦称元旦，即农历正月初一。正旦将临，依古制，臣僚上贺表、贺启，向宰执、监司致贺。启，官信曰启。

今译

事物壮大了，就会走向衰老。

事情坏到了极点，必定赢来逆转。

解析

此启约于元祐年间，东坡先生出知杭州、颍州，或定州时所作。"物壮则老"引自《老子》。其大意是事物壮盛到了极点就会衰朽。"否极必倾"引自《周易》。其大意是指事情坏到极点，必定会逆转向好。这说明物盛必衰，否极泰来，这是不可违背的自然规律。对于人来说，对于前者应该保持警惕，对于后者，则应该树立信心。在事物处于"壮"和"终"的关键时期，保持头脑清醒，因势利导，化消极因素为积极因素，将事物朝向好的方面转化。

语典

地之美者，同于生物，不同于所生。惟荒瘠斥卤①之地，弥望皆黄茅白苇②，此则王氏③之同也。

——《答张文潜④县丞书》

（《苏轼文集》卷四十九，第1427页）

注释

①斥卤：盐碱地。

②“弥望皆黄茅白苇”：弥望，谓满眼。黄茅白苇，连片生长的黄色茅草或白色芦苇，形容单调齐一的情景。

③王氏：指王安石。

④张文潜：即张耒，号柯山，北宋文学家，为苏门四学士之一。

今译

优良的土地，共同之处在于能生长各种植物，而不同的地方在于所生长的植物不一样。只有那荒芜贫瘠的盐碱之地，放眼望去都是黄茅白苇，这就是王氏所要求的“同”。

解析

元丰八年(1085年)十二月，东坡先生辞登州任以礼部郎中召还京师，任起居舍人。这个时期张耒先生在安徽、河南等地做了十多年县尉、县丞一类的地方官。元祐元年(1086年)，大臣范纯仁举荐张耒参加太学士院考试，由翰林学士东坡先生命题，结果黄庭坚、晁补之、张耒同被拔擢。张耒被任为秘书省正字，直至起居舍人。元祐三年，秦观被召到京师任太学博士，任校正秘书，至此，“苏门四学士”终于齐聚京城，共受恩师薰沐，成为北宋文坛盛事。宋哲宗亲政，元祐党人被贬，苏门弟子受到牵连。绍圣四年(1097年)张耒贬黄州酒税监督，元符二年(1099年)晋升为黄州通判。由于举哀悼念东坡先生而触怒朝廷，崇宁元年(1102年)张耒被贬为房州(今湖北房县)别驾，黄州安置。由此，他在黄州先后住了七八年。先生在给张文潜书中，提出“文如其为人”的论点，批评王安石之文，“患在好使人同己”。王安石编撰《三经新义》与《字说》，颁行天下传习，为取士之标准。先生对此讥为“荒瘠斥卤之地，弥望皆黄茅白苇”。

语典

予昔在岐下[①]，闻汧阳[②]猪肉至美，遣人置之。使者醉，猪夜逸[③]，置他猪以偿[④]，吾不知也。而与客皆大诧[⑤]，以为非他产所及。已而事败，客皆大惭[⑥]。

——《跋王氏华严经[⑦]解》

（《苏轼文集》卷六十六，第 2060 页）

注释

①予昔在岐下：予，同“余”，我。岐下，陕西凤翔。嘉祐六年至八年(1061—1063 年)，东坡先生曾任凤翔府签判。

②汧(qiān)阳：县名，故址在今陕西千阳。

③逸：此为逃跑。

④偿：补偿。

⑤诧(chà)：惊讶。

⑥惭：羞愧。

⑦王氏华严经：王氏，指王安石。《华严经》，佛经名，全名为《大方广佛华严经》。

今译

我过去在凤翔的时候，听说汧阳的猪肉味道最鲜美，于是派人到那里去购买。受命去办此事的人喝醉了酒，猪夜里逃跑了，他就买其它的猪顶替，这件事我一点儿也不知道。赴宴的客人吃后非常惊讶，认为不是汧阳产的猪绝对没有这么鲜美的味道。过后事情终于败露了，客人们得知实情后都感到非常惭愧。

解析

本文是元丰八年(1085 年)十一月，东坡先生告下以礼部郎中从登州召回京师后所作。先生撰写这篇跋文的起因是王安石作了《华严经解》，先生的友人宋保国将此书送给他看，并声称王安石对于佛经的认识已经达到了极高境界。先生认为《华严经》共有八十多卷，王安石仅仅解释了一卷，怎么能说对全经有极深的了解并达到非凡的境界呢？于是先生运用他擅长的引喻设譬的手法，以汧阳猪的真伪事例，讽刺王安石的“经解”只是还没有败露罢了。“置他猪以偿”的事情，在我们的生活中时有发生。诚如明代学者王圣俞在其《苏长公小品》中，对这种社会现象评论说：“人情蔽惑，每每如此。”(参见曾枣庄主编《苏文汇评》，第 457 页)

语典

少时所居书堂[①]前，有竹柏杂花丛生满庭，众鸟巢[②]其上。武阳君[③]恶杀生，儿童俾仆，皆不得捕取鸟雀。数年间，皆巢于低枝，共鷇[④]可俯而窥。又有桐花凤，四五日翔集[⑤]其间。此鸟羽毛至为珍异难见，而能训扰[⑥]，殊不畏人。闾里[⑦]间见之，以为异事。此无他，不忮[⑧]之诚信于异类也。

有野老[⑨]言，鸟雀巢去人太远，则其子有蛇鼠狐狸鸱鸢[⑩]之忧，人既不杀，则自近人者，欲免此患也。由是观之，异时鸟雀巢不敢近人者，以人为甚于蛇鼠之类也，苛政猛于虎[⑪]，信哉！

——《记先夫人不残鸟雀》

(《苏轼文集》卷七十三，第2374页)

注释

①书堂：书房。

②巢：鸟搭的窝。

③武阳君：苏轼母程氏。追封武阳君。

④鷇(kòu)：待母哺食的幼鸟。颜师古注引项昭曰："凡鸟哺子而活者鷇。"(《汉语大字典》(第三册)，第2168页)

⑤翔集：众鸟飞翔而后集于一处。语出《论语·乡党》："色斯举矣，翔而后集。"(《论语·注释·译文·赏析》，第222页)

⑥训扰：顺服；驯伏。

⑦闾里：此指邻里。

⑧忮：违逆。

⑨野老：乡里老人。

⑩鸱鸢：鸱(zhī)，鹞鹰。鸢(yuān)，俗名老鹰。

⑪苛政猛于虎：语出戴德、戴圣编纂《礼记·檀弓下》。繁重的徭役和赋役比老虎还厉害。

今译

我在少年时，所居住的书房前，种有翠竹松柏以及一些花草，郁郁葱葱地长满庭院里，许多鸟在上面做窝。我的母亲对杀生行为很痛恨，嘱咐家里的小孩、奴婢及仆人，都不能捕捉鸟雀。若干年后，鸟雀们都将鸟窝筑在花木的低枝上，低下头去鸟窝里哺育的小鸟都可以偷偷地看得到。这种鸟的羽毛最为珍贵很难见得到的，但(这种鸟)却能不受干扰地待在那儿，而且特别不怕人。邻居的人见到这种现象，都认为是奇怪的事。(其实)这没有其他的原因，不外乎是人对这些鸟雀的诚实守信罢了。

有乡间老人说，鸟雀的窝离人很远，其小鸟就一定有被蛇、鼠、狐狸、老鹰残食的忧患。人既然不杀鸟雀，(它们)自然亲近人，是想免去这种忧患。由此看来，那时鸟雀的窝不敢靠近人，是因为人比蛇鼠之类的动物更凶残。"苛政猛于虎"之说，我是相信的。

解析

本文作年不详。东坡先生的母亲严令家人及佣人"皆不得捕取鸟雀"，使"翔集其间"的鸟雀，"殊不畏人"，出现了人与鸟和谐相处的景象，致使鸟雀敢于把鸟窝做到"低枝"之下，行人低头可以见到待哺的幼鸟，这是多么温馨的场面。乡间老人之语发人深省，鸟雀的窝离人很远，是因为担心蛇、鼠、狐狸、老鹰的残害。之所以鸟雀的窝敢建在离人很近的地方，是因为"人既不杀"。先生由此感慨叹道，原来鸟雀不敢近人，是因为人比蛇鼠之类的动物还要凶残。孔子说"苛政猛于虎"，信如斯言。武阳君程夫人不残鸟雀，这是人对自然的宗教性敬畏慈悯态度，是"德及禽兽，泽及草木"的恻隐之心。《论语·述而》曰："子钓而不纲，弋不射宿。"(《论语·注释·译文·赏析》，第155页)其意是说，孔子钓鱼，但不用网去捕鱼；射鸟，但不射宿在鸟窝的鸟。这表达了儒家对自然现象的超自然的认识，以及"取之有时，用之有节"的忠厚仁德与精神境界。

语典

而名卒不能伤实，故名轻而实重[①]。不以实伤名，故天下不争，名轻实重，故天下趋于实。

——《正统论·总论一》

（《苏轼文集》卷四，第120页）

注释

①"而名卒不能"二句：名，指人或事物的称谓，用来指称的符号，即名称。卒，终究。伤，伤害。实，实际，实际存在的事实。

今译

名终究不能损害实，所以看轻名称而看重实际。不以实损害名，所以天下不发生争论。看轻其名看重其实，所以天下就有重实的趋向。

解析

此论系至和二年(1055年)，东坡先生作于眉山。《正统论》分为总论一、辩论二、辩论三等三个篇章。该文论是先生二十岁还未走出眉山老家前所写的习作。论辩对象：章子。论题：何谓正统(靠仁德传下的天下称为正统，靠武力夺取的天下为霸统)。名与实，是一对古老的哲学范畴。孔子曰："名不正则言不顺。"(《论语·子路》)本章句释义仅从人事入题，借以阐述先生"名"不能损害"实"，并提出"名轻实重"的主张。明代著名哲学家王守仁在《传习录》中亦说得好："名与实对，务实之心重一分，则务名之心轻一分。"这些言论对我们的启示是，鄙视名不符实、华而不实，追求名副其实、求真务实。

语典

夫详[1]于小，必略[2]于大，其文[3]密者，其实必疏[4]。

——《上[5]初即位论治国之道·刑政》

（《苏轼文集》卷四，第134页）

注释

①详：详细，详尽。

②略：忽略。

③文：纹理，花纹。此指表现形式、外表。

④ 其实必疏：实，实质内容。疏，空虚，粗疏。

⑤上：指哲宗皇帝。

今译

对于小事详尽，必定对于大事忽略，那些外表文饰精致的东西，其实质内容必定粗疏空虚。

解析

该文论系元丰八年(1085年)五月，东坡先生受命离开黄州并获准寄住常州后，因自己不能签书公事，代理时任宰相的吕申公向少年皇帝哲宗进谏，阐述治国之道的文章。《尉缭子·十二陵》曰："智在于治大。"《韩非子·喻老》曰："不为小害善，故有大名。"这些都是讲要抓大事，不要被小事所干扰。先生把善抓国家大事，不图外表形式，务求实效作为治国之道，对于今天的管理者们是一种有益的启示。

语典

方今天下何病哉！其始不立，其卒不成，惟其不成，是以厌之而愈不立也[①]。(略) 不知其所以不成者，罪在于不立也。苟立而成矣[②]。

——《思治论》

(《苏轼文集》卷四，第 115 页)

注释

①"方今"五句：病，此指缺点，通病、弊病。立，立志，订立目标。卒，终了。厌，厌恶。

②"罪在"二句：罪，过失。苟，如果。

今译

当今天下的弊病是什么呢？他们开始不确立目标计划，最终没有成功。只因为没有成功，所以厌恶它而越发不愿确立目标计划。(略) 不知道他们之所以不成功，在于没有解决好"立"的问题。如果解决好了"立"的问题，就有可能成功。

解析

嘉祐六年(1061 年)八月，东坡先生以"贤良方正能直言极谏科"考入第三等(一、二等虚设)。接着被任命为大理评事签书凤翔府(今陕西凤翔)判官。同年十一月先生离京赴任，开始了从政生涯。两年以后，即嘉祐八年(1063 年)，先生在凤翔任上作《思治论》，以作为制科考所呈《进策》试卷的补充。《思治论》以"立"为全文的中心论点，充分表现了先生的政治抱负与真知灼见。所选章句，突出了先生对这一时期国家治理的主张，主要是反对目前守旧，力主变革图新。该文一开头便指出："方今天下何病哉?"他认为问题的症结在于"其始不立"，即开始没有立下宏图大志，确立可行的变革目标和计划。他提出"苟立而成"的立论，为后文的展开设立了逻辑起点。《思治论》是一篇著名的政治论文，不仅对北宋嘉祐至熙宁年间治理国家之"三患"有着独到的见解，对于现今的改革发展，亦有一定的借鉴意义。

语典

凡今之所谓新政者，听其始之议论，岂不甚美而可乐哉。然而布出于天下，而卒不知其所终。何则？其规摹不先定也①。

——《思治论》

（《苏轼文集》卷四，第116页）

注释

①“然而布出”四句：布，发布。卒，终了。规摹，规划，筹谋。

今译

凡是现在的所谓新政，听他们开始的议论，难道不是非常美好而且让人高兴的吗？然而发布天下后，最终不知结果如何。为什么呢？因为预先未确立好规划和制定好措施。

解析

本论于嘉祐八年（1063年）九月至十一月，东坡先生作于凤翔府（治所在今陕西省凤翔县）签判任上。老子曰：“信言不美，美言不信。善者不辨，辨者不善。”（陈鼓应注译《老子今注今译》（八十一章），第349页）真实的话不一定华美，华美的话不一定真实。凡是好的东西无须辩说不休，凡辩说不休的不一定为好。而所谓“新政者”，他们开始的议论可谓“甚美而可乐”。遗憾的是最终却不知有什么结果。何则如此？先生曰：“其规摹不先定也。”

语典

财之不丰，兵之不强，吏之不择[1]，此三者，存亡之所从出，而天下之大事也。

——《思治论》

（《苏轼文集》卷四，第117页）

注释

①“财之不丰”三句：丰，盛，多。强，与“弱”相对，指强大。择，挑选，任贤使能。

今译

国家财政不丰盛，兵力不强大，官吏不择优，这样三件事情，是国家存亡的关键所在，是天下的大事情。

解析

本论于嘉祐八年(1063年)九月至十一月，东坡先生作于凤翔府(治所在今陕西省凤翔县)签判任上。东坡先生《思治论》的核心内容，就是对“今世有三患”展开议论。首先是“常患无财”，他说“五六十年”来，虽然朝廷几度“变政易令”，但“财终不丰”。其次是“常患无兵”，西羌、北虏之变，边陲不宁，五六十年间，朝廷同样是几度“变政易令”但仍“兵终不强”。再次“常患无吏”，五六十年间，朝廷仍然是几度“变政易令”，而“吏终不可择”。如此“三患”恶性循环，结果是“其始不立，其卒不成，惟其不成，是以厌之而愈不立也”。先生抓住了“三患”，乃“存亡之所从出，而天下之大事”，反复论说，以理服人，实乃振聋发聩之论。

语典

用舍系于好恶，而废兴决于众寡[1]。故万全之利，以小不便而废者有之矣；百世之患，以小利而不顾者有之矣。

——《思治论》

（《苏轼文集》卷四，第117页）

注释

①"用舍"二句：用舍，取舍，指运用和不被运用。好恶，喜好和厌恶。废兴，盛衰，兴亡。众寡，多或少。

今译

用和不用取决于感情的好恶，废弃和兴起取决于人数的多少。所以本来有万全之利，却因小小的一点不便而废弃不用的有，本来有百世的祸患，因为有小小的一点好处而不顾长远后果（而用之）的也有。

解析

本论是嘉祐八年（1063年）九月至十一月，东坡先生作于凤翔府（治所在今陕西省凤翔县）签判任上。孔子曰："君子之于天下也，无适也，无莫也，义之与比。"君子对于天下的人和事情的处理，没有专门的规定一定要这样做，也没有专门的规定不能这样做，而是看怎样适合客观实际。如何算合适呢？孔子又说"不以其道得之，不处也""不以其道得之，不去之"（以上分别参见《论语·注释·译文·赏析》，第74页、第70页）。无论富贵贫贱以及其他一切遭遇，凡不符合大道的不与相处或绝不去。这说明圣人以大道作取舍的唯一标准。可"新政者"们以"好恶"决定"用舍"，以"众寡"决定"废兴"。虽然有"万全之利"，却以"小不便"而废弃；虽有"万世之患"，却因"小利"而不顾后果。仔细思量新政中"青苗法"的强制推行，岂不是农民的"万世之患"。但是"新政者"们，以百分之二十的年利率贷给农民以充实国库，实质是官府辗转强发高利贷，收取高息的苛政。这同圣人的取舍之道相比岂不天壤之别，冰炭之乖矣！

语典

是故不可以无术[①]。其术非难知而难听，非难听而难行，非难行而难收[②]。

——《思治论》

（《苏轼文集》卷四，第117页）

注释

①术：办法、策略。
②收：收束，控制。

今译

因此不能没有办法策略。这种办法策略并不难以听懂而是难以听从，并不难以听从而是难以执行，并不是难以执行而是难以调节控制。

解析

本论为嘉祐八年(1063年)九月至十一月，东坡先生作于凤翔府(治所在今陕西省凤翔县)签判任上。东坡先生对于贯彻策略，提出了一个符合规律的四个环节，即知、听、行、收。这同现代管理科学的管理过程颇相似。现代管理的基本过程为目标、计划、组织、指挥、控制、考核等。简化为三个环节：计划、组织、控制。有趣的是，先生的四个环节基本构成了一个连续封闭的回路。其中"收"的管理手段，是达成有效管理的重要一环。

语典

天下之事，不可以力胜。力不可胜，则莫若从众[①]。从众者，非从众多之口，而从其所不言而同然[②]者，是真从众也。

——《思治论》

（《苏轼文集》卷四，第 118 页）

注释

①从众：听从众人。

②同然：犹相同。

今译

天下的事，不能靠武力取胜。武力不能取胜，就不如从众。所谓从众，不是听从众人口头的拥护，而是要听从那些口头上不说而心里和你想法相同的人，这才是真正的从众。

解析

本论为嘉祐八年（1063 年）九月至十一月，东坡先生作于凤翔府（治所在今陕西省凤翔县）签判任上。清代学者储欣评《思治论》曰："'从众者，非从其口，而从众之所不言而同然。'尤精。"（张志烈等主编《苏轼全集校注》（文集一），第 401 页）此言信然。东坡先生认为，要想在天下办成一件事，"不可以力胜"，而要依靠众人之力。依靠众人并非是仅是口头表态，而是要心"同然"。只有听从内心真心拥护的大多数人，才是真正的"从众"。

语典

发之以勇，守之以专，达之以强[1]。

——《思治论》

（《苏轼文集》卷四，第119页）

注释

①“发之”三句：发，此处为发动。勇，有胆量，勇往直前。守，坚守保持。专，专一不易。达，达成。强，刚健强力，坚强。

今译

以勇往直前的必胜信心发动，以专一不变的守恒坚守，以强者无敌的精神达成（目标）。

解析

本论为嘉祐八年（1063年）九月至十一月，东坡先生作于凤翔府（治所在今陕西省凤翔县）签判任上。如果用现代管理学的概念来解读东坡先生这三句话，可以看作是实现目标的三个环节，即“发”（开端）、“守”（中间）、“达”（结果）。而每个环节相应的管理品质为“勇”“专”“强”。如果落实好了这三个环节，实现既定目标就有比较充分的把握。

语 典

方今之势，苟不能涤荡振刷[①]，而卓然[②]有所立，未见其可也。

——《策略一》

(《苏轼文集》卷八，第 227 页)

注 释

①涤荡振刷：涤荡，指涤除、打扫。振刷，振刷精神，奋起图新。

②卓然：高超、卓绝的样子。

今 译

当今形势，如果不能振作精神，奋起图新，高超卓绝地有所变革创立，是绝对不可以的。

解 析

本策论是嘉祐五年(1060 年)，东坡先生应“贤良方正能直言极谏”制科考试前所上的进卷之一。从上述章句可以看出，东坡先生早年就有变革图新的志向。从他在《进策》的首策中，对“当今之势”的估计和立志创新的精神，足可以看出先生的政治主张和忧国忧民的情怀。决不是某些人误认为的他是一个顽固的守旧派，或者什么两面派。从《进策》二十五篇可以看出，他和王安石一样，都是希图国家富强，朝廷稳定，但在如何图变上两者产生了重大分歧。通读先生的《进策》《进论》，一个敢于“涤荡振刷”“卓然有所立”的年轻英俊的变革者形象“卓然”站立在我们的眼前。

语典

夫天下将兴，其积必有源[1]。天下将亡，其发必有门[2]。圣人者，唯[3]知其门而塞之。

——《策断一》

（《苏轼文集》卷九，第281页）

注释

①源：源头。
②门：此指漏洞。
③唯：同“惟”，思考。

今译

天下将要兴旺起来，它的积累必定从源头开始。天下将要灭亡，它的发生必定可以找到漏洞。才德兼备之人，能知道这一漏洞并将它堵塞住。

解析

本策论是嘉祐五年(1060年)，东坡先生应“贤良方正能直言极谏”制科考试前所上的进卷之一。东汉时期的哲学家王充在《论衡·状留篇》中说：“故夫河冰结合，非一日之寒；积土成山，非斯须之作。”其含义是，形成一项事物，需要长期积累的，不是一天两天可以完成的，任何事物的发生都有其潜在的、长期存在的因素，不是突然之间就可以形成的。东坡先生秉承这一“河冰结合”“积土成山”思想论述天下“兴”“亡”，必定是“积必有源”“发必有门”。何止是天下“兴”“亡”如此，世间任何事物的实虚变化、人生任何祸福的出现，又何尝不是有“源”，有“门”呢？

语典

千钧[①]之牛，制于三尺之章，弭耳[②]而下之，曾不如狙猿之奋掷[③]于山林，此其故何也？权[④]在人也。

——《策断一》

（《苏轼文集》卷九，第282页）

注释

①千钧：三十斤为一钧，千钧即三万斤。常用于形容物体之重或力量之大。

②弭耳：指驯服、安顺貌。

③"曾不如"句：曾，谓"竟"，简直。狙猿(jū yuán)，猿猴。奋，振奋。掷，腾跃。

④权：权柄，此指主动权。

今译

有千钧之力的壮牛，受制于三尺小童，牵着它的耳朵让它低下头来，简直不如奋力腾跃在山林中的猿猴。这是什么缘故呢？因为主动权在人手中。

解析

本策论是嘉祐五年(1060年)，东坡先生应"贤良方正能直言极谏"制科考试前所上的进卷之一。清代学者施补华在《岘佣说诗》中说："人所不能比喻者，东坡能比喻；人所不能形容者，东坡能形容。比喻之后，再用比喻；形容不尽，再加形容。"先生善用明喻、暗喻、借喻、博喻、曲喻等从不同的角度和侧面描写事物。本章句用"千钧之牛，制于三尺之童"的明喻，说明无论你自己多么强大，只要"权在人手"，也只能"弭耳而之下"，俯首就范，画地为牢。

语典

天下有治平[1]之名，而无治平之实，有可忧之势，而无可忧之形，此其有未测[2]也。

——《策略一》

（《苏轼文集》卷八，第226页）

注释

①治平：政治清平。
②未测：不可预测。

今译

天下有政治清平的虚名，而没有政治清平的实质，有令人忧虑的潜在危险，而没有值得忧虑的具体表现，这必然存在着不可预测的风险。

解析

本策论是嘉祐五年（1060年），东坡先生应“贤良方正能直言极谏”制科考试前所上的进卷之一。东坡先生时年二十六岁，虽然还未正式登上政治舞台，但在给仁宗皇帝的《进策》答辩试卷中，借助应制科之机，阐述了自己的政治主张，力劝仁宗皇帝改革弊政，励精图治。要对当前政治现状的“名”和“实”了然于胸。对“无可忧之形”之“未测”的潜在危机有所警惕。这种对时局的独到而深刻的剖析，受到了仁宗皇帝的大力赞赏。

语典

居今之势，而欲纳天下于至治[①]，非大有所矫拂[②]于世俗，不可以有成也。何者？天下独患柔弱而不振，怠惰而不肃[③]，苟且偷安而不知长久之计。

——《策略三》

（《苏轼文集》卷八，第233页）

注释

①“居今”二句：居，处于。至治，大治。

②矫拂：矫，纠正，把弯曲的弄直。拂，拭，掸去，此指变革。

③肃：认真，整肃。

今译

处于当今的形势，而要想把国家纳入到大治，不大力对现时平庸的社会习俗进行变革，就不可能成功的。为什么呢？一个国家最害怕懦弱不振，松懈懒惰而不整肃，苟且偷安而不考虑长远大计。

解析

嘉祐六年（1061年）八月，时年二十六岁的苏轼，应贤良方正直言极谏策问，向皇帝敬献《进策》《进论》各二十五篇。《策略三》是其中一篇策问答卷。东坡先生在制科考试的《进策》中，始终展现出“奋厉有为当世”，“涤荡振刷，而卓然有所立”的变革者风貌。他认为国家要实现“至治”，首先要“矫拂于世俗”，提振人的变革斗志，整肃“柔弱”“怠惰”“苟且偷安”的无所作为的弊端。他的这些主张，对于当时北宋熙宁年间的大势确有针对性和补益性。

语典

虽得贤人千万，一日百变法。天下益[①]不可治。岁复一岁，而终无以大慰天下之望[②]，岂不亦甚可异哉！

——《策略三》

（《苏轼文集》卷八，第233页）

注释

①益：更加。

②“而终无”句：慰，抚慰。望，希望，盼望。

今译

即使得到数以千万计的贤才，但一天之内上百次地改变法令，只能使天下更加难以治理。年复一年，最终难以抚慰天下百姓的期盼，这岂不是非常可惜的吗！

解析

本文是嘉祐六年（1061年）八月，时年二十六岁的苏轼，应贤良方正直言极谏策问所呈的进策。东坡先生在《策略三》的前面提到“天下之所以不大治者，失在于任人”。这里他继续展开议论，认为“虽得贤人千万”，但如果“一日百变法”，天下更加不易治理好。此议无疑是针对王安石变法展开的。因为“熙宁新法”几乎对北宋朝的政治、经济、军事、法律、科试等都进行了大刀阔斧的全面变革。一时之间朝野震惊，舆论汹汹。从此针对新法，新旧两派展开了近二十余年的论辩。

语典

则夫当今之所宜[1]先者，莫如破庸人[2]之论，以开功名之门，而后天下可为也。

——《策略四》

（《苏轼文集》卷八，第235页）

注释

①宜：适合，适当。
②庸人：指平常的人，见识浅陋、没有作为的人。

今译

当今最紧迫最适合做的事情，就是要破除平庸之谬论，大开士民建功立业之门，这样天下就大有可为了。

解析

本文作于嘉祐六年（1061年）八月。明代散文家茅坤在《苏文忠公文钞》中评论该文云："破庸俗之论，有奇气。"清代学者浦起龙在《古文眉诠》中说："此举振举'立之'之气魄，务使功名鼓舞，如病痿者之思起，而后能有立。然欲开功名，必先破庸论，而破之正所以开之，故局逆而意串。精神在一个'开'字。"（参见张志烈等主编《苏轼全集校注》（文集二），第797-798页）二位前贤一语中的。凡打拼天下且有可为者，先得"破"，破这也不可能，那也不可能的庸人之观念。后得"开"，开吸引人才，鼓励建功立业之门。用现今的流行语说，就是不破不立。抓住了这两个环节，就有可能开创一个改革开放，共创共赢的新局面。

语典

且夫人君之所恃以为天下者[①]，天下皆为，而己不为。夫使天下皆为而己不为者，开其利害之端，而辨其荣辱之等[②]，使之踊跃奔走，比为我役而不辞，夫是以坐而收其功也[③]。

——《策略四》

（《苏轼文集》卷八，第235页）

注释

①“且夫”句：且夫，表示下文是更进一步的议论。恃，仗着。
②“开其利害”二句：端，端详。等，等级。
③“比为我役”二句：比，和。役，使用。坐，坐等。

今译

君主之所倚仗着百姓而拥有天下，让天下人都有作为，而自己不必亲力亲为。只要向群众讲清利与害的端详，辨别荣与辱的区别，使群众踊跃行动，愿意为我所用而不推辞躲避，这样就可坐等收获天下大治的成果。

解析

本文作于嘉祐六年(1061年)八月。东坡先生在本章句中阐释了如何管理天下的问题。作为恃有天下者，如何做到“天下皆为，而己不为”，这是需要领导气度与领导艺术的基本修养。其中的奥秘在于运用“利”与“害”，“荣”与“辱”作为管理工具，大力调动群众的积极性，使其为己“踊跃奔走”。“坐而收其功”可谓清爽，然而，只有具有“坐”的智慧和技巧，才能收获其“功”。说到底管理者的修炼，冰冻三尺非一日之寒。

语典

古之所谓中庸者，尽万物之理而不过，故亦曰皇极[1]。夫极，尽也[2]。后之所谓中庸者，循循焉为众人之所能为，斯以为中庸矣[3]。

——《策略四》

(《苏轼文集》卷八，第 236 页)

注释

①“古之所谓”三句：中庸，中不偏、庸不易。指人生不偏离目标。又指中正，平和。过，超出，过度。亦，又。皇极，帝王统治天下的准则。凡立事当用大中之道。

② 夫极，尽也：极，最高点。尽，尽头。

③“循循”二句：循循，徘徊不前貌。斯，这。

今译

古代所谓中庸之道，充分认识万物的规律而不超越其度，因此又称之为皇极。极，就是极端，尽头。后来所谓中庸之人，徘徊不前，只做些人人所能做的事，这是把平庸当成了中庸。

解析

本文作于嘉祐六年(1061 年)八月。在所引章句中，东坡先生论述的是“中庸”和“庸人”的区别，仍然属于“破庸俗之论”。先生指出，所谓中庸，既要深入掌握事物的规律(此属于认识论)，又要在行动中注意“度”的把握，做到不偏不倚，中正平和(此属于实践论)。所谓平庸之人，不思进取，碌碌无为，萎靡不振之辈。孔子和孟子认为这种人就是“言不顾行，行不顾言”“同乎流俗，合乎污世”的“乡原”(参见李双译注《孟子白话今译》，第 348 页)。即这是与世俗同流，与凡庸合污的所谓“老好人”。由此可以看出，先生在熙宁变法前，确实是一位以中庸之道作为做人准则，不甘平庸的进取之士。

语典

天下之患，非经营①祸乱之足忧，而养安②无事之可畏。

——《策略五》

(《苏轼文集》卷八，第238页)

注释

①经营：此指周旋。
②养安：休养安闲，闲散享乐。

今译

天下的忧患，并非周旋动乱足以让人担忧，实质上长期休养安闲无所事事而产生的潜伏的危机才是最可怕的。

解析

本文作于嘉祐六年(1061年)八月。清代学者储欣评析该文说："创业守成之说，千古不刊(不容易更改变动)。"(参见张志烈等主编《苏轼全集校注》(文集二)，第805页)东坡先生在本段文字中，确实是把"守成"之难作为"天下之患"的大事。他例举了西汉初年的历史，汉高祖刘邦创立基业的时候突然发生事变，韩信、英布拥兵自重，伺机叛乱。虽然刘邦平定了他们，使刘汉王朝延续了十几代，但"王莽一竖子，不用寸兵尺铁"，轻而易举地篡夺了刘氏天下。这就是因"养安无事"，闲散享乐而产生的"可畏""远患"。

语典

孔子曰："过犹不及"。学者因是以谓"中者，过与不及之间之谓也[①]"。陋哉，斯言也[②]！聩者之言，不粗则微[③]，何也？耳之官废[④]，则粗微之制不在我也。听者之言无粗微，岂复择粗微之间而后言乎？中则极，极则中[⑤]，中极一物也。学者知此，则几矣[⑥]。

——《论语说·先进篇》

（《三苏全书·经部》(第三册)卷下，第219页）

注释

①"孔子曰"四句：过犹不及，指过头与不及是相同的。中者，过与不及两者之间。

②陋哉，斯言也：这种解释浅陋啊！

③"聩者"二句：聩(kuì)，聋。不粗则微，不是粗声就是细声。

④耳之官废：耳朵这个听觉器官废了。

⑤中则极，极则中：依上文意，对聋者不粗不细等于大，大也等于不粗不细。

⑥则几矣：就很少了啊！

今译

孔子说："过头如同不及。"学者因此说"中者，过与不及之间的意思。"这种解释浅陋啊！(譬如)对聋子说话，不是粗声就是细声，这是什么原因？因为聋子的耳朵器官已废弃了，那么对于声音粗细的控制不在我。听者对于语言无粗细的感受，怎么可以选择粗细之间而后再说话呢？(对于聋人)不粗不细他认为是大，大也认为是不粗不细，不粗不细与大形同一样。学者明白这个道理的，实在是不多了啊！

解析

《论语说》原本为元丰三年(1080年)至元丰五年(1082年)之间，东坡先生作于黄州贬所。但现在辑佚，仅存一百三十余条。本文是先生对《论语·先进篇》"子曰：'过犹不及。'"原文的解释。孔子与他的学生子贡，在讨论颛(zhuān)孙师和卜商两个人的做人风格时，孔子认为两个人都美中不足。颛孙师失之过分，卜商的表现失之保守，两人的不足不分高下，因为"过犹不及"。然而后世学者认为"过犹不及"乃为"中"。先生对此种解释，运用"聩者之言"作为譬喻，指出"中则极，极则中，中、极一物也"。从这里我们理解先生的意思是："过"与"不及"都存偏颇，但它们有失于"中"却是一致的。

语典

恶紫，谓其夺朱也[①]；恶莠，谓其乱苗也[②]；恶乡原[③]，谓其乱德也。孟子忧之，故曰："君子反经[④]而已矣。"君子之所贵，必其可传，可继者也，是以谓经。

——《塈谗说殄行[⑤]》

（《苏轼文集》卷六，第165页）

注释

①"恶紫"二句：恶(wù)紫夺朱，语出《论语·阳货篇》。意为厌恶用紫色取代红色。古人认为紫是杂色，红是正色。原指厌恶以邪代正，后喻以邪胜正，以异端充正理。

②"恶莠"二句：莠，草名。乱，混淆。

③乡原：语出《论语·阳货》。"原"同"愿"，乡愿，指乡里中言行不一，伪善欺世的人。今多作"伪君子"之代称。

④反经："反"同"返"，归于常道。

⑤ 塈谗说殄行：塈(xì)，谓疾，(厌恶，憎恨)。殄(tiǎn)，绝。题目大意是，厌恶谗说绝行。

今译

厌恶紫色，是说它取代红色；厌恶莠苗，是说它混淆禾苗；厌恶伪君子，是说他扰乱了道德。孟子对此感到忧虑，因此说："君子就是要返回到正道常规上。"君子所看重的，一定是可以垂范后世，可以传承的道德行为。

解析

该文作年不详。本文的核心内容是对伪君子(乡愿)谗说绝行的厌恶，对"君子反(返)经"的肯定。先生认为在道德沦丧的末世，奸邪之人以侥幸的骗局求得升迁。齐桓公身边三个近臣正是这样的人。这三个小人(竖刁、易牙、开方)用毁伤自身，杀害儿子，舍弃亲情的不合人之常情的绝行，骗得齐桓公的信任。齐桓公不听管仲的劝告，终于导致齐国叛乱。这就是"恶紫夺朱""恶莠乱苗""乡原乱德"的真实写照。先生希望"君子反经"，坚持正道，乖巧的人就不能投机钻营，有才能的人也可以尽量发挥才干，这样，天下也就达到大治了。

语典

人之难知也，江海不足以喻其深，山谷不足以配其险，浮云不足以比其变。扬雄[①]有言："有人则作之，无人则辍[②]之。"夫苟见其作，但不见其辍，虽盗跖为伯夷可也[③]。

——《观过斯知仁矣》

（《苏轼文集》卷六，第174页）

注释

①扬雄（公元前53—公元18年）：西汉文学家、学者。他是司马相如之后西汉最著名的辞赋家。

②辍（chuò）：停止、中止。

③"虽盗跖"句：盗跖，原名展雄，又名柳下跖，在先秦古籍中被称为"盗跖"，传说春秋末期之大盗。伯夷，商孤竹君之子，古代高尚守节之典型。

今译

人是非常难了解的。江海无法比喻人心的深不可测，山谷不能比喻人心的阴暗险恶，浮云不能比喻人心的变化无常。扬雄说过："有人总是在人面前做点好事，人不在面前就停止做好事。"如果只看见一个人做好事，但看不见他做坏事，那么即使像盗跖这样的大盗，也会被当作高尚守节的伯夷。

解析

此文作于至和二年（1055年），时东坡先生在父亲的带领下去成都拜见名人张方平，以此文呈递请益。文章的题目《观过斯知仁矣》，语出《论语·里仁》。原文是"人之过也，各于其党。观过，斯知仁矣"（参见《论语·注释·译文·赏析》，第72页）。大意是，人的过错，按照各自的情况而有不同的类别，观察一个人所犯的过失，就可以知道这个人是哪一类的人（仁通"人"）。先生在文中进一步阐述了他对"观人"之难的感叹：其一，"人之难知"；其二，容易被"有人则作之，无人则辍之"的变术所迷惑，所以对盗跖与伯夷的区别也分辨不清了。

语典

彼[①]其观人也，亦多术矣。委之以利，以观其节[②]；乘之以猝，以观其量[③]；伺之以独，以观其守[④]；惧之以敌，以观其气[⑤]。

——《观过斯知仁矣》

（《苏轼文集》卷六，第174页）

注释

①彼：他，指善于观察人的人。

②“委之”二句：委，任。节，节操。

③“乘之”二句：乘，就着。猝，突然。量，胆量。

④“伺之”二句：伺，观察。独，只有一个。守，操守。

⑤“惧之”二句：惧，使……害怕。气，勇气。

今译

善于观察人的人，他们观察人的方法有多种：让人面对利诱，来观察他的节操；让人面对突发事件，来观察他的胆量；让人处于没有人监督的环境，来观察他的操守；让人面对强敌，来观察他的勇气。

解析

此文作于至和二年（1055年），时东坡先生在父亲的带领下去成都拜见名人张方平，以此文呈递请益。本文题目《观过斯知仁矣》，语出《论语·里仁》。东坡先生认为，《礼记》中“与仁同功，其仁未可知也。与仁同过，其仁未可知”大意是说，从成功、错误与仁的关系，就可以知道这个人是否真正有仁德。这句话是为《论语》之义作注解的，故而就有观人之术的议论。先生谓古人观人大致是从“利”“量”“守”“气”等四种情况下作出判断。首先是利益的诱惑，儒家伦理标准认为，“君子喻于义，小人喻于利”（《论语·里仁篇》）。还说：“贫与贱，是人之所恶也，不以其道得之，不去也。”（《论语·里仁》）其次是突发事件，儒家伦理认为“见义不为，无勇也”（《论语·为政篇》）“临大节而不可夺也”（《论语·泰伯》）。又次是慎独，孔子强调“内省而不疚于道”（择自《庄子·让王篇》）。最后是面对强敌，孔子强调“君子不忧不惧”（《论语·颜渊篇》）。上述四种观人之术，对于当今用人，考察人也有一定的参照作用。

语典

《易》者，圣人所以[1]尽人情之变。（略）

自孔子没[2]，学者惑乎异端之说，（略），流而入于卜筮[3]之事，甚可悯[4]也。

——《问供养三德为善》

（《苏轼文集》卷六，第182页）

注释

①所以：此指所用，用来。

②没：同"殁"（mò），死。

③卜筮（shì）：古代民间预测吉凶，用龟甲称卜，用蓍草称筮，合称卜筮。

④悯：哀怜。

今译

《周易》，圣人所用来穷究世事人情的变化。（略）自孔子去世之后，学者们被异端邪说所迷惑，（略）把本来是阐明世间万物变化规律的《周易》，变成了求神问卜的旧卦书，这真让人感到叹惜。

解析

此文于嘉祐二年（1057年）二月作于京都汴梁（开封），东坡先生时年二十二岁。《周易》即《易经》，是儒家重要经典之一，相传为伏羲、周文王所作，其中《十翼》，相传为孔子所撰。研究《周易》的"易学"以宋代为盛，对《周易》释译有不同流派。而《东坡易传》"推阐理势，言简意明""多切人事，其文辞博辨，足资启发"，正合《周易》之本义。故先生对那些"流而入于卜筮"之学，发出"甚可悯"之哀叹。

语典

家人之道，宽则伤义，猛则伤恩，然则是无适而可乎[①]？曰：君子以言有物而行有恒至矣。言之有物也，行之有恒也，虽有悍妇暴子弟[②]，莫敢不肃然[③]，而未尝废恩[④]也，此所以为至[⑤]也。

——（《东坡易传·家人卦[⑥]》卷四，第68页）

注释

①然则是无适而可乎：然则，表示"既然这样"。无适而可乎，没有适合而行得通的方法吗？
②悍妇暴子弟：悍妇，指泼妇，凶悍之妻。暴子弟，凶暴的子女。
③肃然：形容十分恭敬的样子。
④废恩：有损恩德。
⑤至：最好。
⑥家人卦：《周易》第三十七卦，论述治家之道。

今译

与家人相处之道，宽松就伤害道义，严苛就伤害恩情。既然这样就没有适合而行得通的方法吗？回答说：君子要做到言谈有真凭实据，而坚守家风要持之以恒，这是最有效的方法。言说有凭有据，管教持之以恒，虽然有凶悍的妻子、凶暴的子女，也都十分恭敬，同时也没有损害恩德，所以这是最好的治家之道。

解析

《东坡易传》是元丰三年（1080年）至元丰五年（1082年）之间，东坡先生作于黄州贬所。本文是家人卦"初九"《象传》爻辞的解说。先生依据该爻辞关于"在家庭中凡事防患于未然，就不会有悔恨出现"的寓意，推演出家庭之道在于"君子笃于亲"，君子要用诚意对待亲人。曾子曰："君子所贵乎道者三：动容貌，斯远暴慢矣；正颜色，斯近信矣；出辞气，斯远鄙倍矣。"大意是，君子应当重视的道德有三个方面：使容貌真诚谦和，就不会粗暴怠慢；使脸色正派庄重，就接近诚信；言辞合理得体，才能远离鄙陋粗野的错误。综之，孔子的"笃于亲"，曾子的"道者三"，东坡先生的"言有物而行有恒"，皆为中华家政文化的宝贵遗产，以此治家，就会出现"家和万事兴"的和谐气象。

语典

火遇其所附，则一炬可以传天下[①]；明得其所寄，则一耳目可以尽天下[②]，天下之续者[③]，明者众多。

——(《东坡易传·离卦[④]》卷三，第56页)

注释

①“火得其所附”二句：附，指附着。炬，火炬。

②“明得其所寄”二句：明，指清楚，明晰。耳目，指视听，了解。尽，穷尽。

③续者：继承的人。

④离卦：《周易》第三十卦，寓意熊熊大火，象征光辉灿烂。

今译

火得到可以附着之物，一只火炬传遍天下；明晰如果可以寄托其物，便是一个人的耳目也可以穷尽天下事物。天下能够继承我的耳目的人很多。

解析

《东坡易传》由东坡先生于元丰三年(1080年)至元丰五年(1082年)之间，初作成于黄州贬所。本文是对离卦大象的解说。先生依据该《象传》“离，大人以继明照于四方”，即“火要依附于薪柴，火有所附，则一炬可以传千万，薪火相传，后继有人”(参见李择非整理《周易》，第165页)的寓意，推演出“一炬可以传天下”“一耳目可以尽天下”之义理。其前提是前者必“得其所附”，后者必“得其所寄”。并且要薪火相传，“继者”，即继承的人，以“众多”为佳。

语典

小大出于相形①，忧喜因于相遇②。

——《飓风赋并叙》
（《苏轼文集》卷一，第19页）

注释

①相形：相互比较，互相衬托显现。
②相遇：主客体相碰到。

今译

小和大是与一定的参照物相互比较的结果，忧和喜是由相遇的不同情景造成的情感表达。

解析

此赋作于绍圣四年(1097年)至元符三年(1100年)，东坡先生谪居儋州期间。南宋吕祖谦编辑的《宋文鉴》卷十收入此文，谓为东坡先生第三子，有"小东坡"之誉的苏过所作。无论是父是子，没有亲历"惊鸟疾呼，怖兽辟易"之飓风，是不可能写出这等海立云垂，徜徉恣肆的《飓风赋》的。文中指出"大小""忧喜"的界定，是在"相形"与"相遇"的比较中得出的，这种判断事物的客观方法，为我们增加了人生智慧。

语典

天下之物，不能感人之心，而人心自感于物也。天下之事，不能移[①]人之情，而人情[②]自移于事也。

——《渔樵闲话录》

（《苏轼文集》第六册，佚文汇编卷七，第2611页）

注释

①移：改变。

②人情：指人的感情表现，人的常情。

今译

天下的事物，本身并不能感动人心，而是人心自己被事物所感动。天下的事物，本身并不能改变人的情感，而是人的情感自身被事物所改变。

解析

本文作年不详。东坡先生在本章句中表达的思想是，“移人之情”的不是“物”，而是“人之心”。如同先生在《答毕仲举书》中云：“美恶在我，何与于物。”人的一切喜、怒、忧、思、悲、恐、惊等情感，皆发自人自身的情志，而与外物没有多大关联。

语典

以为礼[①]者，圣人之所独尊[②]，而天下之事最难成者也。

礼者，本也。“礼以养人[③]为本。”

——《礼以养人为本论》

(《苏轼文集》卷二，第 201 页)

注释

①礼：本义，举行仪礼，祭神求福。同本义，指社会生活中因道德观念和风俗习惯而形成的仪节、行为准则等社会规范。

②独尊：独居首位，特别尊崇。

③养人：教育、培养。

今译

作为礼，圣人对此独具首位，特别尊崇。而且是天下最不容易做好的事情。礼，作为典章制度和道德规范，是国家和社会的根本。它的根本宗旨是教育和规范人的道德行为。

解析

此篇文论亦是嘉祐六年(1061 年)八月十七日，东坡先生应制科试所作的试卷。“礼以养人为本”，语出《汉书·礼乐志》。先生针对当时“礼废乐坠”而“相与咨嗟发愤而卒于无成者”的现状，指出礼乐不能振兴的原因在于议论过于宽泛，疑虑过分，“未尝有一人果断而决之”。先生在文中大声疾呼：“礼者，本也。”为何难以贯彻执行？是因为礼“和平简易，而天下常以为缓。”不是不可为，而是因“易”而“缓”，他认为“此天下之公患也”。

“礼者，本也。”昔日之“礼”，乃当今之文明建设。为什么数十年来国家对此提倡推广，但仍收效不显。究其原因，国人认为礼仪礼节是小事，有点毛病“死不了人”，所以没有把它当成提高公民素养之“本”来抓。还是先生说的对，因为“不显”，故“反不足重”，一个“缓”字，几乎拖垮了国家形象。如果对于不文明行为，以法律为准绳，施以“悍药毒石，以博去其疾”，公民道德素质提升，“庶乎有日矣”。

语典

《传》有之："天时不如地利，地利不如人和。"此言形势[①]之不如德也。而吴起[②]亦云："在德不在险。"太史公[③]以为形势虽强，要以仁义为本。

——《形势不如德论》

（《苏轼文集》卷二，第47页）

注释

①形势：这里指地理状况，即地势，地形险要。

②吴起（前440—前381年）：中国战国初期军事家、兵家代表人物，后世将他与孙武并称"孙吴"，其军事著作又合称《孙吴兵法》。

③太史公：是西汉武帝时期设立的官职名称，位在丞相之上。此指《史记》作者司马迁。

今译

《孟子》说："天时不如地利，地利不如人和。"这里说的是地形险要不如人的道德素养重要。而且吴起也曾说过，作战取胜的关键在人的道德意志而不在地势险要。太史公认为地形虽然很险要，但要以仁爱和正义作为根本。

解析

此论于嘉祐六年（1061年）八月十七日应制科试作于汴京（开封）。东坡先生以秦、汉两朝的兴衰事例为论据，说明"形势不如德"的论点。他指出"秦之取天下，非天下心服而臣之也。较之以富，搏之以力，而犹不服，又以诈囚其君，虏其将，然后仅得之"。秦国靠富裕较量，靠武力进攻，用欺诈等手段，虽天下仍旧不服，但最后得到了天下。汉朝取天下，"皆不本于仁义"，而是"不得不以关中之固而临之"。秦、汉两朝，终因"德衰而地之形势不能自救也"。东坡先生，针对秦、汉兴衰之历史，引用儒家亚圣孟子、兵家代表人物吴起、史学家太史公司马迁，关于"形势不如德"的名言，阐明仁政德治是国家长治久安之本。

语典

坐而治政，奔走而执事[①]，此足以为君臣矣。
杖履以为安，饮食以为养[②]，此足以为父子矣。
生以居于室，死以葬于野，此足以为夫妇矣。
安居以为党[③]，急难以相救，此足以为朋友矣。

——《物不以苟合论》
（《苏轼文集》卷二，第 41 页）

注释

①“坐而”二句：治政，治理政务。执事，执掌主管其事。
②“杖履”二句：杖履，老者所用的手杖和鞋子，此指对父辈的尊重。养，养老。
③党：古代地方组织，以五百家为一党，一万二千五百家为乡，合而称为乡党。

今译

（上级）坐下议论（决策）政事，（下级）奔忙着执掌（执行）具体事务，这就可以成为正常的上下级关系。

尊敬长辈作为安恤，侍奉长辈作为赡养，这就可以成为复合孝道的父子关系。

活着同居一室，死后同葬于草野，这就可以成为真正的夫妻。

安居乐业成为乡党，有了急切的患难彼此相救，这就足够成为朋友。

解析

本论于嘉祐元年（1056 年）八月作于开封。东坡先生以“物不可以苟合”之道，界定了君臣（上下级）、父子、夫妇、朋友等符合古代礼制关系的含义。君臣（上下）之间各司其职，上级的主要职责是决策、计划，下级的主要职责是执行，这样才有一个和谐而有效的管理机制。父子之间讲“安”和“养”，夫妇之间讲“共室”与“同葬”，朋友之间讲“急难相救”。违背这些道义，即为“苟合”。凡“苟合”者，必违天道、人道，其结果是大逆不道。

语典

日行天下，南北异宜。赫然[1]而炎非其虐，穆然[2]而温非其慈。且今之温[3]者，昔之炎[4]者也。

——《秋阳赋》

（《苏轼文集》卷一，第10页）

注释

①赫然：惊讶、震怒的样子。
②穆然：温和的样子。
③温：温和。
④炎：灼热。

今译

太阳在天上运行，南北各地有不同的感受。非常炎热不是太阳虐待我们，很温暖不是太阳对我们慈祥。况且今天温暖的太阳，正是过去炎热的太阳。

解析

此赋由东坡先生于元祐六年(1091年)十一月作于颍州。该赋模拟汉赋对话的形式，表现不同境遇的人对于秋阳的不同感触。既有农民因长夏久涝，使“稻方秀而泥蟠”，忽见秋阳的无比庆幸和喜悦。又有作者“夜违湿而五迁，昼燎衣而三易”，即晚上为了避开雨漏五次移动，白天为了烘干衣服须更换三次的亲身经历。最后作者告诉人们，太阳在天上运行，无论“赫然而炎”，还是“穆然而温”，以及“今日之温者”与“昔之炎者”，都是同一个太阳。人们之所以冬日为可爱，夏日为可畏，其畏爱喜怒，是“轻愠易喜”的心态使然。

语典

人能碎千金之璧，不能无失声于破釜[①]；能搏猛虎，不能无变色于蜂虿[②]。此不一之患[③]也。

——《黠鼠赋》

（《苏轼文集》卷一，第9页）

注释

①釜(fǔ)：古代的炊具，即现在的锅。

②虿(chài)：蝎子一类的毒虫，蜂虿：蜂与蝎子，泛指小毒虫。

③患：害病。

今译

人能有碎千金之璧的胆量，却不能被锅砸破而不失声惊叫；人能有搏击猛虎的勇气，却不能为蜂虿所咬而不惊惶失色。原因就在于不能专心致志。

解析

此赋作于何年难定，或说是东坡先生于元祐六年(1091年)八月作于汴京，或说是先生少年时代所写的一篇咏物赋。该赋描写一只狡诈的老鼠利用人的疏忽而逃脱的小故事，说明人受老鼠的欺骗是因为"不一于汝，而二于物"，即不能使自己始终专心致志，而是常受外物干扰。故而在突发事件中，杯弓蛇影，惊惶失色。最有智慧的人类，如果专于一，便能搏猛虎、役万物，如果心分神散，就难免于"失声于破釜""变色于蜂虿"，甚至于被一只"黠鼠"所欺骗。该赋寓意深刻，发人深省，妙趣横生，让人忍俊不禁。

语典

些小白鬓①何用染，几人得见星星点②。(略)婚嫁事稀年冉冉③，知有渐，千钧重担从头减④。

——《渔家傲·赠曹光州》

(《苏轼全集校注》(词集)卷一，第384页)

注释

①鬓：脸旁靠近耳朵的头发。

②星星点：指白发。

③"婚嫁事稀"句：指子女男婚女嫁之事已办完毕。年冉冉，慢慢地年岁变老。

④"知有渐"二句：谓知道人生肩上的负担重于千斤，只能是渐渐地，一步一步地减轻。

今译

有点白发不必去染，有多少人能等到白发满头。(略)儿女们的婚嫁大事已经办完，而我的年岁也慢慢变老。人生肩上的责任重于千钧，我知道这会逐渐地，一步步地减轻。

解析

此词是东坡先生于元丰五年(1082年)夏，赠给子由弟女婿曹焕之父曹九章(时为光州太守)的词。词的上片劝曹九章太守，莫用"些小白鬓"而自叹其老。下片乃以女儿"婚嫁事稀"相慰，因为毕竟人生"千钧重担从头减"。可见先生其身心无挂碍，其情质朴真诚。

语典

不论尊卑，不计强弱[①]，理[②]之所在则成，理所不在则不成可必也。

——《拟进士对御试策并引状词》

（《苏轼文集》卷九，第303页）

注释

①“不论”二句：尊卑，尊贵卑贱。强弱，强大弱小。

②理：事物的规律，是非得失的标准。

今译

不论尊贵卑贱，不管强大弱小，谁有理就能成事，谁没有理就必然不能成事。

解析

本试策是熙宁三年(1070年)三月，东坡先生作于京师。在本篇的前文，已经提出“成事在理不在势，服人以诚不以言”的立论。本章句进而指出，在“道”“理”面前，“不论尊贵，不计强弱”，即以“道”论事，以“理”服人。先生还直言不讳地向仁宗皇帝指出：“今陛下使农民举息，与商贾争利，岂理也哉？而何怪其不成乎!”这分明是对王安石所推行的“青苗法”的有力驳斥。《老子·第十六章》载：“天乃道，道乃久，殁身不殆。”符合自然，才能符合“道”，符合“道”，才能长久，终身不遭危险。先生“理”在“事”成，“理”亏“事”败的预言，在新法推行二十多年后就得到应验。

语典

母子天性，自然冥契[1]，如磁石针[2]，不谋而合。

——《朱寿昌梁武忏赞偈并叙》
（《苏轼文集》卷二十二，第 644 页）

注释

①冥契：暗相投合，默契。
②磁石针：磁石与铁针。

今译

母子之亲乃天然本性，冥冥之中自然契合，就像磁石与铁针，不用外力两者即可粘合在一起。

解析

本赞偈约于元丰三年(1080 年)作于黄州。朱寿昌先后做过岳州(今湖南岳阳市)、邵州(今山西垣曲县新城镇)、阆州(今四川省阆中市)、鄂州(今湖北鄂州市)的太守，曾为寻母辞去官职，终于在母子分离五十余年后，在同州(今陕西大荔县)找到母亲。从此，朱寿昌以孝闻名天下。宋神宗得知朱寿昌孝行，令官复原职。宋代名公巨卿如苏轼、王安石等均以诗文赞其美事。他的孝行被载入《古代二十四孝》。

语典

风俗之变，法制随之。譬如江河之徙移[1]，顺其所欲行而治之，则易为功；强其所不欲行而复之，则难为力[2]。

——《议学校贡举法》
（《苏轼文集》卷二十五，第723页）

注释

①徙（xǐ）移：迁移，多指河流改道。
②难为力：《周礼》："事功曰劳，治功曰力。"难为力，难以收治功之效。

今译

社会风俗发生变化，法律和制度随之而改变。譬如江河之改道，顺着水的流向而治理它，就容易成功；强迫它改变流向逆行，就难以取得功效。

解析

本文于熙宁二年（1069年）五月作于开封。王安石准备以经义策问代替诗赋明经，兴学校而废科举。神宗皇帝莫衷一是，群臣缄默不语。"独殿中丞、直史馆、判官告院苏轼"上状反对。先生认为，任何法律制度的改变，必须要遵循"风俗之变"的规律。学校贡举之"废兴"，同样应因势而动。"顺其所欲""则易为功""强其所不欲""则难为力"。"强"则"废"，"顺"则"兴"。"虽暴君不能废""虽圣人不能复"。神宗皇帝阅罢奏状，真有豁然开朗之感，心想祖父仁宗"两宰相"评语实属英明，观"两书一状"，苏轼确实是难得的人才。

语典

(参寥子[①])举手而示苏子曰："拱此而揖人[②]，人莫不喜。戟此而詈人[③]，人莫不怒。同是手也，而喜怒异，世未有非之者也。子诚知拱、戟之皆幻[④]，则喜怒虽存而根亡[⑤]。"

——《后怪石供》

(《苏轼文集》卷六十四，第1987页)

注释

①参寥子：宋僧道潜，於潜(今浙江临安县)人，别号参寥子，善诗，与东坡先生、秦观为诗友。

②拱此而揖人：拱，指两手抱拳上举，以表敬意。揖，古代的拱手礼。

③戟此而詈人：戟此，戟手，伸出食指指人，以其似戟。詈(lì)，骂，责骂。

④幻：不真实的、短暂的。

⑤根亡：根本不存在。

今译

参寥子举起手向苏东坡演示说："两手抱拳向人行拱手礼，没有不喜欢的。用手指着骂人，没有人不恼怒。同样的是这双手，但引起的喜和怒却大不相同，而世人没有不是这样的感受。您如果真正知道拱手作揖与戟指骂人都是虚幻的假象，那么喜怒即使存在过而实际根本不存在。"

解析

该文为元丰六年(1083年)，东坡先生于黄州贬所作。先生在文中说，先以怪石供佛印，后又以怪石供参寥子。这些怪石是先生自己在赤壁岸边拾得的，但大多数是用饼向黄州小伢换来的。为此，先生调侃佛印，我以饼换怪石，以可食换无用，您在怪石上刻字。参寥子说："供者，幻者。受者，亦幻也。刻其言者，亦幻也。夫幻何适而不可。"接着就演示了以手拱此揖人，以指戟此骂人都是虚幻的假象，而且根本不存在。诚然如佛教认为"空"不是空无所有、虚无消极，而是要人放下成见、偏见，放下执著(钻牛角尖)，放下贪婪、嗔怒、痴迷等，让心灵获得自由、宁静和平和。佛学认为，一切现象都是因缘和合而成的，都是变化无常的，是暂有的，不实在的，故说是"空"。本章句所谓"皆幻""根亡"，即是佛学"空"的基本含义。

语典

予偶问(庭式)之："哀生于爱，爱生于色。子娶盲女，与之偕老，义也。爱从何生，哀从何出乎?"庭式曰："吾知丧吾妻而已。有目亦吾妻也，无目亦吾妻也。吾若缘色而生爱，缘爱而生哀，色衰爱驰，吾哀亦忘。则凡扬袂倚市，目挑而心招者①，皆可以为妻也耶?"予深感其言，曰："子功名富贵人也。"

——《书刘庭式②事》

(《苏轼文集》卷六十六，第2051页)

注释

①"则凡扬袂倚市"二句：袂(mèi)，指衣袖。扬袂，举起袖子。倚市，靠在街市边。目挑心招，语出《史记·货殖列传》(李翰文主编《史记全本》，第2329页)，形容女子诱人之情态。

②刘庭式：字得之，宋代齐州人。举进士。《宋史》有传。东坡先生知守密州时，刘庭式为通判。

今译

我曾偶然问刘庭式："妻子去世哀痛是由于爱之深，之所以爱她是因为她容颜美丽。你娶盲女，并与她白头偕老，堪称义举。不过，你的爱从何而生，哀痛从何而出?"刘庭式说："我只知道自己失去妻子罢了，她眼睛不瞎是我的妻子，眼睛瞎了也是我的妻子。我如果因为她漂亮才爱她，因为爱她而她去世就感到悲哀，那么当她容颜衰减时我就会不爱她，她去世了我也不会感到悲哀。那些凡是倚靠在街头卖弄风骚，用目光挑逗用心思招揽男子的女人，岂不都可以成为人妻吗?"我被他的这段话所感动，说："你是一个能够获得功名富贵的人。"

解析

该文为元丰六年(1083年)七月十五日，东坡先生于黄州贬所作。刘庭式在未考中进士之前，曾与"乡人之女"有了婚约，但尚未送聘礼定亲。后来，刘庭式高中了进士，那女子却因病而致双目失明。虽然有许多人劝刘庭式毁婚约，但他最终还是娶这位盲女为妻。婚后，夫妻十分恩爱。刘庭式调任密州时，把盲妻接到任所。不幸的是盲妻在密州去世，刘庭世十分悲痛，并一直不再续弦。东坡先生有感于刘庭式遵约守信，写了这篇感言。随着苏文的赞扬，刘庭式的事迹逐渐传开。沈括还在《梦溪笔谈》中，根据先生的这篇文章转述了刘庭式的事迹。《宋史》、明代《明一统志》卷二十二《山东布政司·人物》、清代《钦定续通志》等史书均有记载。刘庭式以高风亮节、不弃糟糠、卓异之行而名标青史。

语典

孔子之圣[①]，见于行事，至此为无疑也。(略)

吾是以知孔子之欲治列国之君臣，使如《春秋》[②]之法者，至于老且死而不忘也。

——《论孔子[③]》

(《苏轼文集》卷五，第150页)

注释

①“圣，通也”。(《说文》)“睿作圣”。(《书·洪范》)，称所谓人格最高尚的、智慧最高超的人。

②《春秋》：即《春秋经》，中国古代儒家典籍“六经”之一。孔子修订的鲁国编年史，是一部蕴含着作者深刻政治思想的政治著作。司马迁对《春秋》极为推崇：“夫春秋上明三王之道，下辨人事之纪，(略)故春秋者，礼义之大宗也。”

③孔子(前551—前479年)：名丘，字仲尼，中国伟大的思想家、教育家、政治家，儒家学派的创始人。

今译

孔子的圣明，见证于他的行事，直到现在是没有怀疑的。(略)

我因此知道孔子是想治理各国的君臣，让他们合乎《春秋》的大法，甚至到老以至死还念念不忘。

解析

本文作年不详。东坡先生对孔子的评价，仅从上述章句，可以看出他对儒家及其创始人孔子的服膺。虽然历来学者都认为他是集儒释道禅之大成者，但是以儒为宗是他一辈子的坚守。早年他立下“致君尧舜”的宏愿，一辈子对事功向往追求，甚至在遭受地狱式的被贬谪的日子里，仍谨守儒家之道把国家的安危与百姓的疾苦放在心里。“不得签书公事”的紧箍咒并未能让他放下入世的情怀，明知不可为而为之，尽心尽力地为当地百姓做善事。这种自强不息的布道精神，多么像他的偶像——“至于老且死而不忘”的孔子。孔子的圣明“至此为无疑”，苏轼尊孔崇儒难道不也同样是“至此为无疑”吗？

语典

春秋以来用舍进退未有如范蠡[①]之全者也，而不足于此，吾是以累叹而深悲焉。

——《论范蠡》

（《苏轼文集》卷五，第154页）

注释

①范蠡(lǐ，前536—前448年)：春秋末期著名的政治家、军事家，后被称为“商圣”。传说他帮助勾践兴越灭吴，功成名就后急流勇退，泛舟于五湖。其间三次经商或为巨富，三散家财，后代许多生意人称之为财神。

今译

春秋以来用世舍世进取退隐没有像范蠡那样做得圆满的人。却有这样的不足，我因此对他屡次叹息而深感惋惜。

解析

本文作年不详。范蠡是中国古代历史上一位传奇人物。他忠义为国，审时度势，急流勇退，弃官从商，避开了政治漩涡以保身的故事，历来学者评价不一。司马迁将勾践与范蠡并列，被当成主明臣忠的典型歌颂。西汉经学家刘向评曰：“通乎盛衰之时，明乎成败之端，察乎治乱之纪，审乎人情知所去就。”韩愈认为范蠡是有违人臣人节，“为人谋而不忠”的典型。东坡同样认为范蠡是自春秋以来，用舍进藏处理最全面的典范。但是他认为有“不足之处，即‘好货’”，“聚敛积实”。意思是范蠡喜爱钱财，聚敛财富，心里始终不能放弃尘世。窃认为先生这种评说实在是有些偏颇。实际上范蠡“以义合，以义退的人生决策”，是明智而正确的抉择。用现代眼光来看，是他独立人格的体现，是他“人”的自我意识的觉醒，是他没有以“一死报君王”，挑战了儒家愚忠伦理。他没有像陶渊明那样退隐田园而彻底与世隔绝。他三徙成名，累积巨万，在务农经商方面实现了自身价值。东坡先生在谪居岭南期间大量和陶诗，诗中多次表露出学陶而未能归隐的歉疚。正因为他“羡陶”而不能“随陶”，故而他对于范蠡“退政经商”的排斥就不奇怪了。

躬 行

古今之事，非知之难，言之亦易，难在成之而已。

导读

《论语·述而》曰："躬行君子，则吾未之有得。"孔子谦虚地说，(做一个)身体力行的君子，那我还没有做到。这里可以看出孔子为人的谦和，以及做学问笃行践履的儒家精神。

先生对于躬行践履有他独到的见解。他认为："古今之事，非知之难，言之亦易，难在成之而已。"又说："论事易，作事难；作事易，成事难。"先生把"古今之事"分为三个环节：知—行—成。知易行难，行易成难。这表明他十分强调笃行，而且还应"惧以始终"，不能半途而废，力求最终成功。先生不仅强调"论必作，作必成"，而且他还主张"器欲常用，体欲常劳，天下欲常事事"。并指出"智贵乎早决，勇贵乎必为"，并大胆提出"天之命""有以胜"，故"君子不以废志"的人生命题。这是挑战命运的宣言书，是对人的尊严和价值的肯定。

他提出人们在躬行践履之中，应该清醒地认识到"苟不可得而强求者，非徒不得而已，后必有患"。要求"君子度可成则行""可则进，否则退"，如果盲目行动，明知"势不可往者，非徒往而无获，亦将来而失其故也"。形势不利于前进时，不仅白白前进而没有成效，也是丧失前景的原因。这说明一个道理：天下之事，不可力胜。"慎重则必成，轻发则多败。"

先生特别重视对时机的把握，他提出"难得者时""苟得其时，有义有用，焉往而不为大"。抓住时机，"顺物之势"，然后"思而后行，有出无反"，必定能"始于微而终于著者"。

他还提醒人们切忌头脑发热，急于求成。如果"求速成之功，而倦于迟久""其终将不胜弊"。贪图急于求成，而厌倦于长久奋斗，最终将会出现非常严重的弊端。一切想有所作为的人们，应该记住"将欲有为也，其始必先有所甚难"，要充满信心迈开第一步，这样"其终也至于久远而不废"。先生告诫后人："良臣自要经三折，老将何妨败两甄。"只要杜绝"苟可以为而止"的毛病，"正心而求其理，未有不得也"。

东坡先生于元丰七年(1084年)四月二日离开黄州诏移汝州，九日与长子苏迈夜游石钟山，进行实地考察，揭开了石钟山得名之谜。后撰著名的考察性游记《石钟山记》。本文体现了先生躬行践履之举以及深邃的哲学思想，被后世传为佳话。

"欲结千年实，先摧二月花。"有耕耘，才有收获。唯有躬行践履，才会让生命绽放出夺目的光彩。

语典

古今之事，非知之难，言之亦易，难在成之而已。

——《乞相度①开石门河状》

（《苏轼文集》卷三十二，第908页）

注释

① 乞相度：乞，指向人讨、求。相度，宋公文用语，意为考虑、分析，观察估量。

今译

自古至今的事情，并非难在知道，口头说说也容易，难就难在把这件事情办成功罢了。

解析

该状于元祐六年(1091年)三月作于杭州。先生所讲的"知"与"成"，实质是中国哲学中关于"知"与"行"、"认识"与"实践"关系的表述。宋明理学的代表人物朱熹强调"知难行易，知先行后"。传统知行观认为"非知之艰，行之维艰"。"不闻不若闻之，闻之不若见之，见之不若知之，知之不若行之。"(王森译释《荀子白话今译·儒效》，第65页)最后做到知行合一。先生明确指出"非知难"，而"难在成"。这是针对"言之易""难在成"的现状所阐发的感慨。

语典

君子度[1]可成则行，未尝[2]无得也，故其行也，日有所见[3]，日可见之行也。

——(《东坡易传·乾卦[4]》卷一，第7页)

注释

①度：估计，预测。
②尝：曾经。
③见(xiàn)古同“现”，出现，显露。
④乾卦：乾为天，象征着自强不息，一往无前的奋斗精神。

今译

君子通过仔细估量预测，目标可能实现就行动，这样做未曾没有收获的。因而他的行动趋向目标，逐渐有所显现，这就是《周易》上说的“日可见之行也”。

解析

东坡先生于元丰三年(1080年)至元丰五年(1082年)之间，在黄州贬所初成《东坡易传》。本文是对乾卦“上九”爻辞“君子以成德为行，日可见之行也”所作的解释。《周易》强调的是“德”与“行”的关系。先生在此基础上对“日可见之行也”进行注解。他强调“度”与“行”的关系。突出对行动计划与目标的可行性、可能性的调查研究，即先生所指“度可成”的估量预测。事实证明，这样做无疑是正确的。正因为对其目标与行动计划进行了科学的“度”，其效应必定“日有所见”。用现代科学管理的法则衡量，所谓“度可成则行”的原则，对于实施目标管理必定大有裨益。

语典

可[1]则进，否[2]则退，其吉也，不亦宜[3]乎。

——(《东坡易传·豫卦[4]》卷二，第34页)

注释

①可：许可。

②否：不顺，困厄。

③宜：适合，适宜。

④豫卦：为《易经》第十六卦。意味着“凡事豫则立，不豫则废”。因为早作了预备，故感到欢悦和安适。

今译

条件允许进的时候就进，条件不顺的时候就退，事情就会吉利，这样不也是适宜的吗？

解析

《东坡易传》由东坡先生于元丰三年(1080年)至元丰五年(1082年)作于黄州贬所。本文是对豫卦“六五”爻辞的解说。“可则进，否则退”，这一思想符合东汉历史学家班固在其《汉书》中的名言“实事求是”的主张。春秋管仲在《管子·心术上》亦有言：“言不得过实，实不得延名。”(参见赵守正译注《白话管子》，第524页)这里强调的“实”，正是先生在该文中所说的，处理好“可”与“否”的关系。是“进”或“退”，不是靠拍脑袋轻率决定的，而是依据对客观条件的“可”与“否”的判断而决定的。唯有如此，才能“宜”且“吉”。

语典

思而后行，有出无反[1]。

——《赐新除知枢密院安焘[2]辞免恩命(略)》

(《苏轼文集》卷四十三，第1245页)

注释

①反：本义为相反，与“正”相对。此作“回”，后多作“返”。

②枢密院安焘：枢密院，官署名称，主要掌管军政机要与边防事务，与中书省并称“二府”，同为最高国务机关。安焘，字厚御，河南开封人，北宋嘉祐四年(1059年)进士，北宋名臣。

今译

思考成熟后才行动，既然行动了就不能放弃。

解析

该敕文是东坡先生于元祐二年(1087年)六月二十四日，在京为翰林学士兼侍读任时为皇帝草拟的诏书。《论语·公冶长》载：“季文子三思而后行。”(《论语·注释·译文·赏析》，第103页)早于孔子几十年的季文子，举事皆三思之后乃行，正因为如此谨慎，故“常寡过咎”。既然事至“三思”，且开始行动，就应坚心守志，义无反顾，“有出无反”，在所不辞。

语典

呜呼！士[1]以功名为贵，然论事易，作事难；作事易，成事难。使天下士皆如言[2]，论必作，作必成者，其功名岂少哉！

——《荐诚禅院五百罗汉记》

（《苏轼文集》卷十二，第393页）

注释

①士：旧时指读书人。

②言：指荐诚禅院应言和尚。

今译

读书人把功名看得很重，然而论事容易做事难，做事容易但把事做成功难。假如天下的读书人都能像应言和尚一样，说了就一定要做，做了一定把它做成功，那他所获得的功业和名声岂能算少吗？

解析

本文于元丰八年(1085年)二月作于南都(今河南省商丘市)。话说这应言和尚与东坡先生颇有一段机缘。先生为徐州太守时，黄河在澶州决口，徐州危在旦夕。应言和尚进言，挖开清冷口水道，使泛滥的洪水进入黄河古道流入大海。官吏们反对他的建议，但应言据理力争，结果按他所说的办法实施果有灵验。先生从徐州调到湖州，在北宋陪都南京应天府(河南商丘)见到了应言。应言告诉先生，他在郓州(今山东东平县)创立了一座寺院，并建造了一座十三层，高一百二十尺的铁塔，名曰"荐诚寺"。如今他又准备在杭州造五百罗汉像运到荐诚寺，估计需资金五百万钱，当朝丞相潞公文彦博以下，都成了他的施主。六年过后，先生从黄州迁到汝州，经过应天府再次见到应言大和尚，他告诉先生，五百罗汉像已经造成，请先生为他写一篇记。于是先生感慨万千，对应言大和尚"论必作，作必成""言必行，行必果"(《论语·子路》)的实干精神予以褒奖。我们应该记住这位平凡的应言和尚，并像他那样说了必做，既做必成。如此这般，我们"其功名岂少哉"！

语典

君子之动，见胜而后往，故胜在往前，不能必胜而往，宜其为咎[①]也。

——(《东坡易传·夬卦[②]》卷五，第81页)

注释

①咎：祸患。

②夬(guài)卦：《周易》第四十三卦，寓意要和平，不要冒险采取武力。

今译

君子的行动，要在预见到有成功的把握后才前往，所以说胜利与否，往往在前往之前就能判断出来，不能有必胜的把握而贸然前往，其遇到的祸患也是必然的。

解析

《东坡易传》为元丰三年(1080年)至元丰五年(1082年)之间，东坡先生初作成于黄州贬所。本文是先生对夬卦“初九”《象传》“不胜而往，咎也”的解说。先生以此推演出“不能必胜而往，宜其为咎也”的处世之义理。孙子在预测战争胜负时指出：“知彼知己者，百战不殆；不知彼而知己，一胜一负；不知彼，不知己，每战必殆。”(黄朴民注释《白话孙子兵法·谋攻篇》，第32页)孙子的“谋攻”战略，明确指出对敌我双方的了解程度是决定战争胜负的关键。先生在《晁错论》中亦说：“能前知其当然，事至不惧，而徐为之图。”能够事先预测到事态的必然趋势，才能在事变发生时不惊慌、不畏惧，从容地筹划对待，妥善处理。本章句所谓“见胜而后往”之“见胜”者，就是“能前知其当然”。能够对形势的判断“知其当然”，故能“必胜”。

语典

穷理尽性以至于命[①]，岂徒然哉，将以致用[③]也。譬之于水，知其所以浮，知其所以沉，尽水之变而皆有以应之，精义[③]者也；知其所以浮沉而与之为一，不知其为水，入神[④]者也；与水为一，不知其为水，未有不善游者也，而况以操舟乎，此之谓致用也。

故善游者之操舟也，其心闲，其体舒，是何故？则用利而身安也。事至于身安，则物莫吾测，而德崇矣[⑤]。

——(《东坡易传·系辞传[⑥]下》卷八，第138页)

注释

①“穷理尽性”句：穷理尽性，指彻底推究事物的道理、透彻了解人类的心体自性。泛指穷究事理。以至于命，以达到改变人类命运的目的，使人类行动与自然规律能够和谐平衡，生生不息。

②致用：用作付诸实践之意，如学以致用。

③精义：精辟微妙的义理。

④入神：指对眼前的事物注意力高度集中，从而达到深入精妙了解的境地。

⑤“则物莫”二句：测，指推测。崇，高。

⑥系辞传：总论《易经》大义，解释卦义辞的意义及卦象爻位，所用的方法及揲(shé)蓍(shī)求卦的过程。

今译

穷究事物的道理及心体自性，由此达到对自然规律的把握，这哪里仅仅是徒劳的经历，而是将要在实践中加以运用。譬如在水中游泳，知道其所以浮，知其所以沉的道理，穷尽水的种种变化而且都有办法予以应对，这就是掌握了精辟微妙的“精义”；知道其所以沉浮的道理并与水合而为一，不再知道它是水，这就是“入神”。与水合而为一，不再知道它是水，这样的人没有不善于游泳的，更何况是用这种方法来操纵船呢，这就称之为“致用”。

因此善于游泳的人去行船，其心是安闲的，其身体是舒坦的，这是什么原因？就是对事物原理的运用使人获利，由此导致身体的安适。事情顺利以至身体安适，那么，事物没有不被我辈推测的，而我辈的德业也会得到提高。

解析

《东坡易传》为元丰三年(1080年)至元丰五年(1082年)之间，东坡先生初成于黄州贬所。本文是先生对系辞下“精义入神，以致用也；利用安身，以崇德也”文辞的解说。先生在本文中主要是讲“致用”的道理。所谓“致用”，尽其所以，付诸实用之意。如何达到能够“致用”呢？其一是了解事物的“精义”；其二是达到与该事物“入神”的境界。先生对此用游泳作比喻，说明当能“尽水之变”而且又能“皆以应之”，就算掌握了游泳的“精义”。当能“不知其为水”时，就已经进入出神入化的境界。至此，“与水为一”“未有不善游者”，这就是“致用”。掌握“精义”—“入神”—“致用”这一学以致用的流程，就是先生所言的“穷理尽性以至于命”。

语 典

夫所贵于立者，以其规摹①先定也。古之君子，先定其规摹，而后从事，故其应也有候，而其成也有形②。

——《思治论》

（《苏轼文集》卷四，第116页）

注 释

①规摹：规划，筹谋。

②“故其”二句：应，应天顺人。候，征兆。形，显现。

今 译

做事的可贵之处在于预先确立目标，并对它预先制定好规划和措施。古代的君子，先制定好规划和措施，而后依此行事，所以能应天顺人有好的征兆，这件事的成功也就显现在前了。

解 析

本论于嘉祐八年（1063年）作于凤翔府签判任上。“凡事预则立，不预则废”，这是《中庸》中的名言。它指出“预”和“立”的因果关系。孔子说：“人无近忧，必有远虑。”（《论语·卫灵公》）这是说开始“不预”，必有“废”之“远虑”。东坡先生认为“立”者，是“用力省而成功速”的事情。为了说明“立”的可贵，先生引用春秋时期郑国贤相子产的话作为理论支撑。子产用农业生产回答子太叔关于治理国家的经验。他说：“思其始而图其终。”“不思而行，如农之无畔（田地的界限）也。”子产认为不思而行，就和农田里没有田埂一样混乱无序，“其始虽勤，而终必弃之”。接着，先生又举富人营造房屋，必定预先计划好“用材”“役夫”“某日而成”的例子，运用“喻证证明”的手法，说明“先定其规摹”的重要性。清代学者浦起龙在所著《古文眉诠》中评论说：“‘立’字全管，‘成’字轻绰。定规模就是‘立’。”（参见张志烈等主编《苏轼全集校注》（文集一），第401页）所论可谓鞭辟入里，至当不易。

语典

慎重则必成，轻发[1]则多败，此理之必然也。(略)

慎重者始若怯，终必勇。轻发者始若勇，终必怯。

——《拟进士对御试策并引状词》

(《苏轼文集》卷九，第304页)

注释

①轻发：轻率行动。

今译

办事谨慎认真就必定能成功，轻率行动大多数会失败，这是必然如此的道理。(略)

办事谨慎认真的人开始好像很胆怯，但最终必定勇毅。凡轻率行动的人，开始好像很勇敢，但最终必定是胆怯。

解析

本试策于熙宁三年(1070年)三月作于京师。清代学者储欣读该文后评曰："一疏不入至再，再疏不入，至借答策为策书。有臣如此，忍负之耶?"(参见张志烈等主编《苏轼全集校注》(文集二)，第960页)。东坡先生为了表达对王安石变法的看法，于熙宁三年(1070年)三月，作《拟进士对御试策》，熙宁四年(1071年)二月作《上神宗皇帝书》，三月复作《再上皇帝书》。先生反复上书，意在说明"青苗之政、助役之法，均输之策"等都是"卒然轻发"之举。他认为，这种"轻发"者，"譬如乘车，驭骏马，冒险夜行，而仆夫又从后鞭之，岂不殆哉"。这意思恰如《世说新语》之典故："盲人骑瞎马，夜半临深池。"真个是履冰临渊，岌岌可危。

语典

夫圣人之所为详[①]于其始者，非为其始之不足以成，而忧[②]其终之易败也。非为其始之不足以得，而忧其终之易失也。非为其始之不足以合，而忧其终之易散也。天下之事，如是足以[③]成矣，如是足以得矣，如是足以合矣。

——《物不可以苟合论》

（《苏轼文集》卷二，第 41 页）

注释

①详：周密，详尽。

②忧：忧虑。

③足以：完全可以。

今译

圣人所做的事情开始就有非常详尽周密的思虑，并非是他开始不能够成功，而是忧虑他最终容易衰败。并非是他开始不能够得到，而是忧虑他最终容易失去。并非是他开始不能够聚合，而是忧虑他最终容易离散。天下的事情，只有像这样就完全可以成功，像这样就完全可以得到，像这样就完全可以聚合。

解析

此篇文论大约于嘉祐元年(1058 年)八月作于汴京。东坡先生时年二十一岁，在父亲的陪伴、指导下，同弟弟子由全心准备大考的冲刺。《物不可以苟合论》是兄弟俩踏上社会前的心理调适和自我警示。如同文中所言，人生开始就应有详实周密的人生规划。这样做主要是忧虑最终“易败”“易失”“易散”。诚如《周易·既济》曰：“君子以思患而豫防之。”(参见李择非整理《周易》，第 338 页)《左传·襄公十一年》指出，“居安思危，思则备，有备无患”(参见杨伯峻等译(白话左传)第 229 页)。所选章句，正是表明东坡先生“有备无患”的人生态度。

语典

其成之也难，故其败之也不易。其得之也重，故其失之也不轻[①]。其合之也迟，故其散之也不速[②]。

——《物不可以苟合论》

（《苏轼文集》卷二，第41页）

注释

①“其得之”二句：重，谓慎重。轻，轻易。

②“其合之”二句：合，三口相同为合。散，由聚集而分离。

今译

他的成功是艰难曲折的，所以衰败也就不那么容易。他得到时非常慎重，所以失去就不会轻易。他聚合迟久不分，所以离散就不会疾速。

解析

此论大约于嘉祐元年（1056年）八月作于汴京。当时，三苏父子寄居京城兴国寺。兄弟二人正潜心为即将到来的举人、进士及殿试策问考试作精心准备。这篇《物不可以苟合论》表达了他们对待应试和未来仕途的基本思想和态度。欧阳修、宋祁等在《新唐书·魏征传》中说：“思所以危则安矣，思所以乱则治矣，思所以亡则存矣。”这里讲的是治国理政的三种矛盾关系：“危”与“安”与“存”。东坡先生在该论中也深刻地阐释了人生旅途中三种矛盾关系，即“成”与“败”、“得”与“失”、“合”与“散”。同时，进一步推论了“成之难”必“败之也不易”，“得之重”必“失之也不轻”，“合之迟”必“散之也不速”等事物变化的基本规律。这种人生体验，对后来人必有很大的启示。

语典

昔者圣人[①]之将欲有为也，其始必先有所甚难，而其终也至于[②]久远而不废。

——《物不可以苟合[③]论》

(《苏轼文集》卷二，第41页)

注释

①圣人："才德全尽谓之圣"。

②至于：此指达到。

③苟合：轻率地凑合。

今译

从前圣人打算有所作为，开始一定会遇到很多的困难，也正是因为如此他们最后才能达到长久而不是半途而废。

解析

这篇文论约于嘉祐元年(1056年)八月作于汴京。当时，他父子三人寄居汴京兴国寺。兄弟俩准备九月于景德寺举办的举人考试及嘉祐二年(1057年)初的进士试。在此期间先生撰《物不可以苟合论》，说明兄弟俩对于即将开始的举人、进士及殿试策问等大考颇有心理准备。《周易·既济》曰："君子以思患而豫防之。"(参见李择非整理《周易》，第338页)《墨子·七患》有言："心无备虑，不可以应卒(猝，突然事变)。"(参见吴龙辉等译注《墨子白话今译》，第16页)他们充分地认识到事物不可能轻而易举地苟且凑合。

语典

难得者时[①]。

——《谢宣召再入学士院二首》其一
（《苏轼文集》卷二十三，第681页）

注释

①时：机会，时机。

今译

最难得的是时机。

解析

元祐六年(1091年)二月二十八日，朝廷下诏，以翰林学士承旨从杭州召东坡先生还京。所谓“翰林学士承旨”为正三品官，是翰林学士院的主官，别称翰长、学士院长，在禁中职掌制、诰、诏、令撰述主事。因为先生对于朝中的党争仍心有余悸，所以他实在不愿回京。从元祐四年(1089年)七月三日到杭州知军州事至今，“出守江湖”已有一年零五个月。如今年已五十六岁，“惊华发之半空”“本缘衰病”，叹“未有捐躯之会”。正是在圣上“眷待有加”，而自己却“衰迟无用”之际，故仰天大呼“难得者时”矣！

语典

苟当其时，有义有用，焉往而不为大[①]，故曰“时义”[②]，又曰“时用”[③]，又直曰“时”者，皆适遇其及之而已[④]。

——(《东坡易传·豫卦[⑤]》卷二，第33页)

注释

①“苟当其时”三句：时，得其时机。义，意义。用，作用，大，古为“太”，也作“泰”。此指吉利。

②时义：掌握时间的意义。

③时用：掌握时间的作用。

④皆适遇其及之而已：适遇，指恰逢其时。及之，把握住。而已，罢了。

⑤豫卦：意指“凡事预则立，不预则废”。因为早已作了预备，故感欢悦和安适。

今译

如果与当时的时势合流，就会具有意义和作用，向哪里去而不吉利呢。所以称之为“时义”，又称之为“时用”，或者直接称之为“时”，都是表示恰逢其时并能把握时机罢了。

解析

本文是东坡先生于元丰三年(1080年)至元丰五年(1082年)之间，为在黄州贬所作的《东坡易传》豫卦“豫之时义大矣哉”之卦辞所作的解说。卦辞指出，“圣人能顺应时机行动，所以赏罚清正公平，百姓心悦诚服。(略)这就是豫之时义”(参见李择非整理《周易》，第94页)。古人曰：“机不可失，时不再来。”(参见《旧五代史晋书·安重荣传》)这里说的是时机稍纵即逝。东坡先生在《代侯公说项羽辞》中亦曰：“来而不可失者，时也；蹈而不可失者，机也。”时者，一切事物变化发展的过程；机者，事物发生的枢纽，如转机、契机，其过程与契机都“不可失”。这就是《豫卦》“时义”“时用”的真谛。

语典

以晦[1]观明，以静观动，则凡吉凶祸福之至，如长短黑白，陈[2]乎吾前，是以动静如此果也。介于石[3]，果[4]于静；不终日，果于动也。

——(《东坡易传·豫卦[5]》卷二，第33页)

注释

①晦：昏暗不明。
②陈：摆设。
③介于石：介，指“坚”，坚如石头。
④果：果断。
⑤豫卦：意味着“凡事预则立，不预则废”。因为早已作了预备，故感到欢悦和安适。

今译

从暗处去观察明处的事物，从静处去观察运动的事物，那么，凡是吉凶祸福到来，就如同长短黑白一样，明显地摆放在我的面前，因此选择动或静观察事物的结果是不一样的。坚如石头，果断地选择静观；不能保持一天的，果断地选择行动。

解析

本文是东坡先生于元丰三年(1080年)至元丰五年(1082年)之间，为在黄州所作的《东坡易传》中豫卦“六二”爻辞所作的解说。该卦“六二”爻辞曰：“介于石，不终日，贞吉。”大意是“像石头一样坚定不移，持续一整天，占卜可获吉祥”。为什么会获得吉祥呢？是“坚持行为中正，不走邪路的缘故”(参见李择非整理《周易·豫卦》，第95页)。先生据此推演“行为中正”之义理，即“以晦观明，以静观动”。这句哲理给我们的启示是：观察事物，要看到事物的另一面，且要有“心闲”“中虚”的解脱心态，即“心空饱新得，境熟梦余想”(《和陶归园田居》其二)的心绪，这样才有条件储纳宇宙万物，并对事物有独到“新得”。先生曾说：“人能摄心，一念专静，便有无量感应。”(《书孙元忠所书严华经后》)只有“静观”，才能使所有神妙天机都会顿时显现出来，才能预见未来的“吉凶祸福”的“往来屈伸”。记住观察事物“至静而明”的义理，那么，事物的“长短黑白”，就会不期而遇地“陈乎吾前”。

语典

惧以终始，犹可以无咎[1]。

吾心和易，则可以穷究万物之虑也[2]。

——(《东坡易传·系辞传[3]下》卷八，第144页)

注释

①咎：祸患。

②“吾心和易”二句：和易，指温和平易。穷究，深入探究。虑，此指疑虑。

③系辞传：总论《易经》大义，解释卦义辞的意义及卦象爻位，所用的方法及揲(shé)蓍(shī)求卦的过程。

今译

从始至终心怀忧惧，就可以免除祸患。

我的心温和平易，就可以穷究万物的疑虑。

解析

《东坡易传》为元丰三年(1080年)至元丰五年(1082年)之间，东坡先生初成于黄州贬所。本文是先生分别对系辞传“惧以始终，其要无咎”及“能说诸心，能研诸侯之虑”文辞的解说。《左传·哀公二十五年》曰：“慎始而敬终，终以不困。”(杨伯峻等译《白话左传》，第485页)这里指出“始”不慎，“终”必困。《中庸》曰：“君子戒慎乎，其所不睹，恐惧于其所不闻。”(梁海归译注《大学·中庸》，第72页)君子在别人眼睛看不到的地方谨慎检点，在别人耳朵听不到的地方也是怀着恐惧心理而加以防范。这里强调的是在别人“所不睹”“所不闻”的地方，君子却显得特别“戒慎”和“恐惧”。正是君子具有这种“欲善终，必善始”的戒备思想，所以才有“吾心和易”的心态。由于心态温和平易，故而能“穷究万物之虑”。

语典

盖疑言不听，故确论必行[1]；大功可成，故众患[2]可远。

——《明君可与为忠言赋》

（《苏轼文集》卷一，第24页）

注释

①“盖疑言”二句：疑言，可疑之言。确论，正确的结论。

②众患：众人的顾虑。

今译

可疑之言不听，故而能得出正确的结论；因为大功可以告成，所以众人的顾虑自会消失。

解析

所选文字出自《明君可与为忠言赋》，是东坡先生早年应科举之习作。先生的这段言论，指出耳边之言有两种，一曰“疑言”，二曰“确论”。何谓“疑言”？是指虚假之言，诋毁谄谀之言，荒诞无稽之言，道听途说的不经之谈等。何谓“确论”？即指千真万确，可靠可信，实事求是，经得起检验的结论。君子能分辨这两种言论，一则靠“虚己以求”，二则靠“审乎情伪”。唯有如此，才不会“自辱于善道”。

语典

求速成之功，而倦[①]于迟久，故其欲成也止于其足以成，欲得也止于其足以得，欲合也止于其足以合。而其甚者[②]，又不能待[③]其足。其始不详，其终将不胜弊[④]。呜呼，此天下治乱、享国长短之所从出欤[⑤]？

——《物不可以苟合论》

（《苏轼文集》卷二，第41页）

注释

①倦：疲乏。此处指厌倦。

②甚者：指更为严重或突出。

③待：等到。

④不胜弊：不胜，谓非常。弊，弊害。

⑤欤：文言助词，此处表疑问。

今译

贪求快速成功，而厌倦于长久奋斗，所以他想成功也就止步于可以成功，想得到也就止步于可以得到，想圆满也就止步于可以圆满。这其中更为严重的是，不能够等到条件充足。因为他开始没有周密详尽的规划，他最终将会遇到非常严重的弊害。哎！这就是天下治或乱、国家太平时间长或短的根本原因吗？

解析

此文大约于嘉祐元年（1056年）八月作于汴梁（开封），是时，东坡先生与弟子由在父亲的陪伴下，为迎接大考作准备。本篇《物不可以苟合论》正是兄弟俩这一时期的主导思想。正是这种“不可以苟合”的精神，让他兄弟俩双双进士及第，并一时名扬京城。《论语·子路篇》曰：“无欲速，无见小利。欲速，则不达；见小利，则大事不成。”孔子指出，不要图快，不要只顾小利。图快，就不能达到目的；贪图小利，就办不成大事。先生正是沿着这一思路，严肃指出“求速成”，且“倦于迟久”，又不能等待条件成熟，“终将不胜弊”，出现不可估量的弊端。

语典

天下之祸，莫大于苟可以为而止[①]。

——《物不可以苟合论》

（《苏轼文集》卷二，第41页）

注释

①“莫大于”句：苟，随便。止，放弃。

今译

天下之祸端，没有比可以做但却随便放弃不做更大的灾害了。

解析

本论于嘉祐元年(1056年)八月作于开封。东坡先生“苟可以为而止”是为“天下之祸”的立论，源于孔子的思想。《论语·宪问篇》载，子路在石门过了一夜，第二天清晨进城时，守城门的人问道：“你从哪儿来的?”子路说：“从孔家。”守门人说：“是知其不可为而为之者吗?”就是那位明知做不成却偏要坚持去做的人吗？从这里可以看出，孔子为圣人，其伟大精神就在这里，这是做人的大道理。人要有一点锲而不舍的追求精神，许多事情都是经过艰苦奋斗而得来的。看门人的一句平常话，却表现出了孔子孜孜不倦的执著精神。先生在被贬的十二年间，正是以这种“明知不可为而为之”的责任感、使命感，尽心尽力地帮助当地的官员，做了许多有利于民生福祉的善事。处于竞争激烈的市场经济环境中的人们，为了生存与发展，不正应具备“知其不可为而为之”的拼搏精神，而牢记先生关于“天下之祸，莫大于苟可以为而止”的醒世箴言吗?

语典

夫天以日运，故健①；日月以日行，故明；水以日流，故不竭②；人之四肢以日动，故无疾③。

——《御试制科策一道并策问》

(《苏轼文集》卷九，第291页)

注释

①健：刚强，劲健。

②竭：尽，用尽。枯竭，干涸。

③疾：病，身体不舒适。

今译

天以太阳运行，所以刚强，劲健；太阳与月亮每天交替行空，所以人间光明普照；河水日夜流淌，所以河流从不枯竭；人的四肢每天运动，所以没有疾病。

解析

嘉祐六年(1061年)八月二十五日，东坡先生与弟苏辙、著作郎王介同试贤良方正能直言极谏科，《策问》即是先生对策仁宗皇帝的制策稿。所选章句的立意出自《周易》乾卦“天行健，君子以自强不息”。大意是乾卦如天道运行，刚强劲健。“乾之德，也就是前之德、先之德，亦即敢为天下先之德。”(李择非整理《周易》)由“日运”，联想到“水流”，又联系到“四肢以日动”。由于日、月、水的不息运动，故而“健”“明”“不竭”。依此推理“人”的“日动”，所以就“无疾”。由此可以窥见，先生在嘉祐年间的哲学思想和政治主张，是以“变”为核心的。这一思想与后来对政治环境的变化，对疾风暴雨式的新法采取排斥态度的“无为”观念形成鲜明对照。该章句从“天道”讲到“人道”，对人类的养生，亦提供了理论支撑。

语典

夫智贵乎早决，勇贵乎必为。早决者无后悔，必为者无弃功。

——《代侯公[①]说项羽辞》

（《苏轼文集》卷六十四，第1973页）

注释

①侯公：汉初人。刘邦使说项羽，终汉王太公得归。事见《汉书·高帝纪第一上》，第17页。

今译

计谋能够取胜贵在及早决断，勇武能够制敌贵在坚定行动。及时决断就不会后悔，坚定行动就不会功亏一篑。

解析

此文作年不详，约为先生嘉祐初年在京城，习文练笔，以备科场之用的文章。侯公说项，事见《汉书·高帝纪》："汉谴陆贾说羽，请太公，羽弗听。汉复使侯公说羽，（略）割洪沟以西为汉，以东为楚。九月，归太公。"寥寥四十四字，东坡先生却"遂探其事情以补之"，竟演绎成洋洋洒洒数千言。先生思若泉涌，雄辩强据，一气呵成，斐然成章。全文不仅据理以争，且能以情动人。情理交攻，故能撼项王之心。同时，不少哲思义理，如"智"贵在"早决"，"勇"贵在"必为"等，给后世留下许多启迪。

语典

见易而轻犯之，遇难而退，虽有智者不能善其后，故曰不续终[①]也。

君子慎静其身而辨物居方，以待其会[②]。

——(《东坡易传·未济卦[③]》卷六，第118页)

注释

①不续终：有始无终。

②"君子慎静"二句：慎静，指谨慎沉静。辨物居方，辨别众物，使之各得其所。会，机会。

③未济卦：《周易》第六十四卦，象征未完成，预示着新的起点。

今译

看到事情容易就轻易地行动，遇到困难就退却，即使有智慧的人也不能妥善处理后续事务，所以说"有始无终"。

君子应该谨慎沉静从而分辨事物的性质，以等待同类相聚。

解析

《东坡易传》为元丰三年(1080年)至元丰五年(1082年)之间，东坡先生初作成于黄州贬所。本文是先生分别对未济卦·《彖传》和《象传》爻辞的解说，并依此推演出上述章句之义理。老子曰："慎终如始，则无败事。"如果在结束时的慎重能像开始一样，就不会失败。西汉学者戴圣在其《礼记》中指出："举大事必慎其终始。""未济卦"寓意"未成功，未完成，未停止"。预示着"新的起点"(参见李择非整理《周易》，第341页)。正因为如此，在新的征程中，应该特别重视"慎其终""善其后"。切忌看到事情容易就轻举妄动，当遇到困难就退却放弃。君子应该谨慎沉静，以等待机会，克难奋进，砥砺前行。

语典

止与静相近而不同，方其动而止之[①]，则静之始也；方其静而止之，则动之先也。故曰：时[②]止则止，时行则行，动静不失其时[③]，其道光明。

——(《东坡易传·艮卦[④]》卷五，第97页)

注释

①“止与静”二句：止，指停止。静，沉静。方其，当它。

②时：时势。

③其时：应有的时机。

④艮(gèn)卦：《周易》第五十二卦，“艮”就是停止的意思，象征山，寓意当行则行，当止则止。

今译

停止与沉静相似却不相同，正当它运动的时候而使它停止，这就是静的开始；正当它沉静的时候而使它停止，这就是动的前兆。所以说，时势要求停止就停止，时势要求行动就行动，运动与静止不丧失应有的时机，这样前途就一片光明。

解析

《东坡易传》为元丰三年(1080年)至元丰五年(1082年)之间，东坡先生初成于黄州贬所。本文是先生对艮卦·《彖传》爻辞的解说。先生据此寓意阐释出“动静不失其时”的处世之哲理。荀子曰：“时诎(qū，弯曲)则诎，时伸则伸。”(参见王森译释《荀子白话今译》，第60页)这里讲的是，君子应根据时势的变化伸曲得当。《吕氏春秋·孝行览·首时》有言：“事之难易，不在小大，务在知时。”(谷声应译注《吕氏春秋白话今译》，第186页)这里强调的是，事情的难与易，不在于事大事小，而在于知道抓住时机。故司马迁说：“与时迁移，应物变化。”(李翰文主编《史记全本·太史公自序》，第2339页)司马迁强调应与时势相随发展，与事物相应变化。东坡先生在《贺吴副枢启》中亦云：“贤者之处世，皆以得时为难。”上述贤达所论，集中表达的共同主张是：“处世”，应知“得时”，做到“时止则止，时行则行”。

语典

节者，事之会也，君子见吉凶之几，发而中其会，谓之节[①]。

无节者不识事之会，或失则早，或失则莫[②]也

——（《东坡易传·节卦[③]》卷六，第111页）

注释

①“节者”五句：节，喻关节、关键，能起决定性作用的环节。会，时机，机会。几，苗头，预兆。

②莫：古词“暮”，此指“时迟”。

③节卦：《周易》第六十卦，象征节制，含有止的含义。

今译

所谓“节”，指的是事物的关节点。君子能够预见吉凶的苗头，针对其中抓住关键所在，称之为“节”。

不会抓住关键点的人，不能辨识事务的时机，或失之过早，或失之过迟。

解析

《东坡易传》为东坡先生于元丰三年（1080年）至元丰五年（1082年）之间，初成于黄州贬所。本文是先生对节卦“九二”《象传》爻辞的解说。先生依据该爻辞的“固执一节，节而不通，仅能节内，不能节外，会丧失时机”（参见李择非整理《周易》，第322页）的寓意，推演出“节者，事之会”的处世之义理。《吕世春秋》曰：“一引其纪，万目皆起，一引其纲，万目皆张。”（参见谷声应译注《吕氏春秋白话今译》，第334页）这里讲的是“纲举目张”的道理。唐代文学家韩愈在其《进学解》中说：“万山磅礴必有主峰，龙衮九章但挈一领。”绘画磅礴万山，必突出“主峰”，穿“龙衮九章”皇袍只须提起“一领”。由此可知，先生所说的事之“节”者，就是“万目”之“纲”；就是一衣之“领”；也就是当今人们常说的“节点”，即一事的关节点，或关键时机。

语典

穷[①]而后变，则有变之形[②]，及其未穷而变，则无变之名，此其所以为恒[③]也。

如待其穷而后变，则生物无类[④]矣。

——(《东坡易传·恒卦[⑤]》卷四，第60页)

注释

①穷：当事物发展到极点时，即不可再超过的最高界限。

②形：形迹。

③恒：恒规(常规)。

④无类：无幸存者。

⑤恒卦：《周易》第三十二卦，寓意坚守正道，趋美避恶。

今译

当事物发展到不可再超过的极限时才发生变化，就会有变化的形迹；在还未达到极限之前而发生变化，就没有变化的名义，这是之所以成为常规的原因。

如果等待到极限而后才发生变化，那么一切生物就无法幸存下来。

解析

《东坡易传》为元丰三年(1080年)至元丰五年(1082年)之间，东坡先生初成于黄州贬所。本文是先生对恒卦彖辞“天地之道，恒久而不已也”的解析。先生依据彖辞“日月长存久照，四时变化永不停止，这两种恒道相互作用，周而复始，循环无穷”(参见李择非整理《周易》，第175页)的寓意，推演出“未穷而变，则无变之名”，此乃“所以为恒”的法则。同时还强调，如果“待其穷而后变”，即事物发展到极点时才变化，一切生物就无几幸存了。先生如此极言“穷而后变”之害，给世人以极大的警示。

语典

立于无难之地，以观难之所在，势之可否，见可而后赴之，是以往则得中[①]也。(略)

夫势不可往者，非徒往[②]而无获，亦将来而失其故也。何则[③]？险难在前，不虑可否而轻以身赴之，苟前不得进，则必有议吾后者矣。

——(《东坡易传·蹇卦[④]》卷四，第71-72页)

注释

①得中(zhòng)：意为达到目的。

②徒往：白白地前往。

③何则：为什么。

④蹇卦：《周易》第三十九卦，寓意要克服前途的艰难险阻。

今译

立足于没有风险的地方以观察风险之所在、其形势是否有利，发现形势尚可而后才前进，因此前进就能达到目的。(略)

形势不利于前进时，不仅白白前进而没有收获，也是丧失未来前景的原因。为什么呢？风险在前，不深思熟虑可否前进而轻易前进，如果不能继续前进而轻率冒险前进，那么后来的事实必定会证明我是错误的。

解析

《东坡易传》为元丰三年(1080年)至元丰五年(1082年)之间，东坡先生初成于黄州贬所。本文是先生分别对蹇卦彖辞和“六四”小象作的解说。先生依据彖辞“见险而能止，知矣哉”，“六四”《象传》“往蹇来连”，即往来皆难爻辞的寓意，推演出“见可而后赴”“苟前不得进，则必有议吾后者”的哲理。蹇卦之“蹇”，是跛足的意思，“引申为蹇驴或驽马，均用以表示不顺利的由来”。《易经》特意列出蹇卦，正是透过蹇卦、险阻，对事物发展的艰难路途的一种清醒认识(参见李择非整理《周易》，第211页)。如同先生在本章句所提醒的，“势不可往者，非徒往而无获，亦将来而失其故也”。形势不利于前进而冒险前行，不仅难以达到目的，而且还会丧失未来前景。所以要加强蹇德的修养，认清客观形势，分析利弊得失，作出准确判断，“见可而后赴之”，从而不畏难险，勇往直前。

语典

良医自要经三折[①]，老将何妨败两甄[②]。

——《次韵郑介夫二首》其二
（《苏轼诗集》卷四十四，第 2406 页）

注释

①"良医"句：语出先秦左丘明《左传·定公十三年》："三折肱知为良医。"(参见杨伯峻等译《白话左传》，第 443 页)意谓久病成良医。

②甄(zhēn)：古代军阵的圆形阵列。

今译

自己要有几次断臂的经历才能成为好医生，一位老将军被打败两阵又何妨。

解析

此诗于元符三年(1100 年)十一月作于英州(今广东英德)，是东坡先生次韵曾以绘图方式上书言新法祸民的郑介夫的诗。这两句诗是说实践出真知。先生引《左传》之名言，说明只有亲自经历过几次断臂的痛苦和治疗，才能成为医术高明的专家。一位身经百战的老将军，不妨吃几次败仗，因为失败乃成功之母。郑介夫之所以底气十足地以绘图方式上书言新法祸民，就是因为他耳闻目睹了新法祸民的种种乱象。正是他的惊人之举，才促使神宗皇帝下决心叫停"青苗法"的推行。

语典

凡人之情，一举而无功则疑，再则倦，三则去之矣[①]。

——《治思论》

（《苏轼文集》卷四，第115页）

注释

①“一举”三句：疑，猜度，怀疑。倦，倦怠。去，除掉，此指放弃。

今译

一般人的心态，做什么事一旦没有成功就开始怀疑，再去做就倦怠，第三次就放弃了。

解析

本论于嘉祐八年（1063年），东坡先生作于凤翔府签判任上。东坡先生对一般人想做事但都很难成功的原因进行了准确的分析。他认为这些人的心态表现为三种特征：疑、倦、去。这是缺乏奋发有为志向、百折不挠意志的人的通病。凡是想干实事，并想干成事的人们，都应严防被这三种病毒所感染。

语典

天下之事，不可以力胜，力不可胜，则莫若从众[①]。从众者，非从众多之口，而从其所不言而同然者[②]，是真从众也。

众多之口，非果众也，特闻于吾耳而接于吾前，未有非其私说者也[③]。于吾为众，于天下为寡。彼众之所不言而同然者，众多之口举[④]不乐也。以众多之口所不乐，而弃众之所不言而同然，则乐者寡而不乐者众矣。古之人常以从众得天下之心，而世之君子常以从众之失之。不知夫古之人，其所从者，非从其口，而从其所同然也。

——《论语说·子罕篇》

(《三苏全书·经部》(第三册)，第208-209页)

注释

①“天下之事”四句：力胜，靠力量取胜。从众，依从众人的意志而改变个人的意志和行为。

②不言而同然者：同然，指口头上虽不说，但心里和你有相同的想法。

③“众多之口”四句：果，指果然，当真。私说，自私的话。

④举：副词，皆，都。

今译

天下的事情，不可依靠武力取胜，武力不可取胜，那就没有什么比从众更好。所谓从众，不是听从众人的口头拥护，而是要听从那些口头虽不说，但心里和你有相同想法的众人，这才是真正的从众。

众人口头上的拥护实在不算是众，他们特想表现在外表，把话传到我的耳朵里，但这并不是他们私下说的话。对于我来说他们是众，对于天下人来说他们是寡。听从那些口头不说但心里和你想的一样的人，口头拥护你的所谓众人都不高兴。听从口头拥护心里不乐的众人，而抛弃口头不说心里却和你想的一样的众人，那么高兴的人少不高兴的人多了。古代的人，常常因为从众而得天下民心，而当世的君子常常以从众而失掉民心。不知道古代的人，所听从的不是听从口头上说的，而是听从心里和自己想法相同的人。

解析

《论语说》为元丰三年(1080年)至元丰五年(1082年)之间，东坡先生作于黄州贬所。本文又见于卷四《思治论》，为四川大学卿三祥先生辑录(参见曾枣庄、舒大刚主编《三苏全传·经部·论语说》卷上，第163页)。《思治论》作于嘉祐八年(1063年)，先生时年二十八岁，任凤翔签判。《论语说》是十七年后，先生时年四十五岁，作为逐客被贬于黄州时所作。按卿三祥先生所辑录，先生本文是对《论语·子罕篇》“俭，吾从众，(略)虽违众，吾从下”的解说。孔子对用丝绸代替麻布织礼帽，表示从众。对于只是“升堂后拜”这种高傲不逊的表现，表示“从下”。于是先生展开推演，鲜明地指出“从众者，非从众多之口”，即不是听从众人的口头表态，而是要“从其所不言而同然者”，即口头未曾“闻于吾耳而接于吾前”，但内心里与我的观点“同然”一致，这才是真正的从众。在我们的现实生活中，有些管理者把“从众多之口”当成是“群众的心声”，进而标榜自己“群众观念强”。殊不知，他们依从的是“众多之口”而已，并不是“真从众也”。

语典

志者，无求无作①，志于心而已。孟子所谓心勿亡②。据者，可求可作之谓也，依者，未尝须臾③离。而游者，出入可也。君子志于道④，则物莫能留；而游于艺⑤，则道德有自生矣。

——《论语说·述而篇》

（《三苏全书·经部》（第三册），第199页）

注释

①无求无作：无求，此指无欲求。无作，不事造作。

②心勿忘：语出《孟子·公孙丑上》："心勿忘，勿助长也。"（参见李双译注《孟子白话今译》第60页）意谓心里应铭刻不忘，但不能急于事功，人为地加速培育它。

③须臾：片刻之间。

④志于道：以道为志向。

⑤游于艺：艺，指礼、乐、书、数、射、御六种技艺。悠游于六种技艺的学习和实践中。

今译

一个有志向的人，无欲求，不要造作，有志于内心的修养而已。即孟子所称之为"心勿忘"。"据者"，执著追求并力行操作的意思。"依者"，依靠，一刻也不离开。而"游者"自由地畅游于出入之间。君子以道为志向，那么外物的诱惑就不会让他滞留；而游于艺，则道德修养就会自然形成。

解析

《论语说》为元丰三年（1080年）至元丰五年（1082年）之间，东坡先生作于黄州贬所，现仅存一百三十余篇。本文是先生对《论语·述而篇》"子曰：'志于道，据于德，依于仁，游于艺。'"所作的解说。孔子为培养教育人，其教学方针列举了道、德、仁、艺等四个方面。前三项的目的是为了提高弟子们的精神境界和思想品格。后一项"游于艺"，是为了培养弟子的工作能力和生活情趣。先生通过注释，对四门课程的教学内核进行了剖析。他指出，"志者"，在于"志于心"。要做到"志于心"，就应该"无求无作"。"据者"，因为是自我修炼，就必须"可求可作"，不断地追求。"依者"，对于"仁"德的实践，其"依"的概念，就是片刻也不能停止。"游者"，是悠游于礼、乐、书、数、射、御等六种技艺。对于技艺的学习应该进得去（学习理论），出得来（能够理论联系实际），故而谓之"出入可"。由此可见，先生对于儒学的理解可谓得其真谛矣！

语典

苏子曰："道可致而不可求"[①]。"何谓致?"孙武曰："善战者致人，不致于人。"[②]子夏曰："百工居肆以成其事，君子学以致其道。"[③]莫之求而自至，斯以为致也欤[④]?

夫没[⑤]者，岂苟然哉，必将有利于水之道者。日与水居，则十五而得其道。生不识水，则虽壮，见舟而畏之。(略)

故凡不学[⑥]而务求道，皆北方之学没者也。

——《日喻》

(《苏轼文集》卷六十四，第1981页)

注释

①"道可致而不可求"句：道，此指事物的规律。致，掌握。求，作"意揣"解。不学而强求其得。

②"善战者致人，不致于人"：语出《孙子兵法·虚实篇》："故善战者，致人而不致于人。"(黄朴民注译《白话孙子兵法》，第72页)

③"子夏曰"三句：语出《论语·子张篇》。百工，各种手艺工匠。肆，指作坊。

④"莫之求而自至"二句：意为道不能用空言以求，须从实学以求。所谓"莫之求"，即指空言。所谓"致"者，至也。能学则自至(参见张志烈等主编《苏轼全集校注》(文集九)，第7124页)。斯，此指这样。致，掌握。欤(yú)，文言助词，表示反诘的语气。

⑤没：此指隐在水中。

⑥学：作"身习"解，亦为实践。

今译

苏子说："事物的规律可以掌握而无法得到。"什么叫做掌握?孙武说："善于指挥作战的人，总是能够调动敌人，而不被敌人所调动。"子夏说："各种技艺工匠在作坊里成就自己的手艺，君子通过学习与实践才能掌握事物的规律。"不是只务虚而是从实际中探求，这样才算掌握。

会潜水的人，难道是随便就会的吗?他必定有掌握水的规律和方法。整天和水在一起打交道，那么十五岁就能掌握水的习性。生下来就不习水性，即使到了壮年，看见船就会害怕。(略)

所以凡是不通过学习与实践而强求能掌握事物规律，这些都像北方只学习理论却想成为会潜水的人一样不可能。

解析

该文为元丰元年(1078年)十月十二日，东坡先生于徐州作。《日喻》是一篇著名的善于运用形象比喻阐释哲理的议论文。"以讥讽近日科场之士，但务求进，不务积学，故留空言无所得，以讥讽朝廷更改科场新法不便也。"大意是以一个盲人识日的生动事例来作比喻，说明认识事物规律，必须要亲自观察与实践，才能掌握事物的全貌及其本质。缺乏实践经验，仅靠第二手材料，或者道听途说作出判断，都会陷入盲目的怪圈。本文强调深入实地调查，获得直接经验的重要性，启迪人们脚踏实地地从事认知活动。"凡不学而务求道"，必将会是"盲人骑瞎马，夜半临深池"。

语典

鼓之舞之谓之振[①]，振民使不惰[②]，育德使不竭[③]。

——(《东坡易传·蛊卦[④]》卷二，第37页)

注释

①“鼓之舞之”句：鼓，此指鼓动。舞，此指舞动。振，振奋。
②惰：怠惰。
③竭：衰竭。
④蛊卦：《周易》第十八卦，意味着抵制各种乱人心智的蛊惑。

今译

鼓动舞动称之为振奋人心，让百姓受到振奋使其不会怠惰，培育美德使其斗志不至于衰竭。

解析

《东坡易传》为东坡先生于元丰三年(1080年)至元丰五年(1082年)于黄州贬所作。先生据蛊卦《象传》“君子以振民育德”推演出更为具体明确的义理。他对“振民育德”作了进一步论述。他指出所谓“振民”，其目的是鼓动民众振奋起精神，不泄气怠惰。所谓“育德”，其目的是鼓动民众振奋斗志，使之精神饱满永不衰竭。先生对每一爻辞的解析，无不与人与事的哲理有机地联系起来，从而使古老的《周易》文化为人生，为现实服务。

语典

器欲常用，体欲常劳，天下欲常事事[①]。

治生安，安生乐，乐生偷[②]，而衰乱之萌[③]起矣。蛊之灾非一日之故也，必世而后见[④]。

——(《东坡易传·蛊卦》卷二，第36页)

注释

①事事：第一个“事”为动名词，即做事。

②偷：苟且，偷生苟活。

③萌：发生。

④必世而后见：世，一个时代，有时特指三十年。见(xiàn)，古同“现”，出现，显现。

今译

器皿需要经常使用，身体需要经常劳作，天下需要不断地变革。

天下大治导致安定，安定容易导致喜乐，喜乐容易导致得过且过偷生苟活的状态，从而衰败、动乱的危机就会发生。蛊所造成的灾难绝非一朝一夕的，其恶果几十年后必定显现出来。

解析

《东坡易传》由东坡先生于元丰三年(1080年)至元丰五年(1082年)之间作于黄州贬所。先生依据蛊卦《象辞》爻辞“习于太平，安逸日久，滋长惰性，蛊由此生”之意，推演出“治生安，安生乐，乐生偷，而衰乱之萌起矣”的义理。充分表达了先生“物未有穷而不变者”(《东坡易传》卷四，第60页)的宇宙生成论的哲学观。这一“变”的观念旨在说明：变是永恒的，绝对的，“恒”却只是暂时的，相对的。并“将道的本质规定为运动”(参见冷成金著《苏轼的哲学观与文艺观》，第51页、第56页)。“常用”“常劳”“常事事”，正是“变是永恒的”哲学思想的具体体现。

语典

器久不用而虫生之，谓之蛊[1]；人久宴溺[2]而疾生之，谓之蛊；天下久安无为而弊生之，谓之蛊。《易》曰蛊者，事也。夫蛊非事也，以天下为无事而不事事[3]，则后将不胜[4]事矣，此蛊之所以为事也，而昧者[5]乃以事为蛊，则失之矣。

——（《东坡易传·蛊卦》卷二，第36页）

注释

①蛊（gǔ）：传说古之时神秘的巫术，把许多毒虫放在器皿里使之互相吞食，最后剩下不死的毒虫叫蛊，用来放在食物里害人。

②宴溺：沉溺宴乐。

③事事：第一个“事”为动名词，即做事。

④胜：尽，完。

⑤昧者：不明白的人。

今译

器皿长久不使用而导致生虫，这称之为蛊；人长久地沉溺于宴乐而导致生病，这也称之为蛊；天下长治久安，主政者无所作为而导致出现弊端，这也称之为蛊。《周易》中说，蛊这个东西，就是事。但蛊的本义并不是事。认为天下无事，因而无所事事，那么以后的事情将会没完没了，这是将蛊称之为事的原因。而不明白事理的人将事情视为“蛊”，就失去了其本质的含义了。

解析

《东坡易传》为东坡先生于元丰三年（1080年）至元丰五年（1082年）之间成于黄州贬所。本文是蛊卦《彖传》爻辞的解说。先生根据爻辞“习于太平，安逸日久，滋生惰性，蛊由此生”（参见李择非整理《周易》，第104页）的含义，推演出有别于《周易》对“蛊”的解释。《周易》对“蛊”的界定为“事”。先生认为“以天下为无事而不事事”这种认识和态度，才是“事”的本质含义。因为以为天下真的已经太平无事，故而主政者无所事事，那么以后的麻烦事会层出不穷，这种作为才是“蛊”之实义。透过先生对《蛊卦》的释义，不难看出，先生自“乌台诗案”以后，在黄州城东那座定惠院小庙里，在黄州号称唐宋祖庭的安国寺里，通过“焚香默坐，深自省察”，他对新法的认识和“诗案”的起因，有了新的认识。同时，由先生提出“天下久安无为而弊生之，谓之蛊”的看法，可以断定，在“乌台诗案”之后，先生那种改革弊政、励精图治的思想与同嘉祐六年（1061年）八月，应贤良方正直言极谏策问时，献给仁宗皇帝的《进策》《进论》各二十五篇的变革思想是一样坚定的。先生自我反省、自我超越的精神令后人感佩不已。

语典

始于微而终于著者[①]。

——(《东坡易传·坤卦[②]》卷一，第8页)

注释

①“始于”句：微，指微弱。著，昭著，明显。

②坤卦：是《易经》六十四卦之第二卦。坤为地，乾是天，坤德表现为柔顺坚贞的品质。

今译

开始虽然微弱而最终有可能显著。

解析

东坡先生于元丰三年(1080年)至元丰五年(1082年)之间，在黄州贬所完成了《东坡易传》。本文是对坤卦“初六”爻辞“履霜，坚冰至”所作的解析。该《象传》曰：“履霜坚冰，阴始凝也，驯致其道，至坚冰也。”《象传》说：“当踩到地面上的薄霜，便可知道结坚冰的寒冬快要到来，是指阴气开始凝聚，按自然规律，冰雪寒冬将至了。”先生从“履霜，坚冰至”的爻辞，悟出“始于微而终于著”之哲理，这是从认识论角度道出“霜”至“冰”，从“微”至“著”的客观规律。起于细微，成于昭著，始而微弱，终而显著，推而思忖，“冰冻三尺，非一日之寒”等哲思，对于人修身养性当有很大的启迪。

语典

夫物非刚者能刚，惟柔者能刚耳。蓄而不发，及其极①也，发之必决②，故曰沉潜刚克③。

——(《东坡易传·坤卦》卷一，第9页)

注释

①极：顶端，达到极点。

②决：果决。

③沉潜刚克：沉潜，指深沉不露。刚克，以刚强取胜。

今译

事物并非是刚猛的才能达到刚强，只有柔和的才能达到真正的刚强。蓄积而不轻发，致其达到极点，其发必然是决定性的，所以说深沉不露才能以刚强取胜。

解析

东坡先生于元丰三年(1080年)至元丰五年(1082年)之间，在黄州贬所初成《东坡易传》。本文是对《乾下乾上》"上六"之《文言》"坤至柔而动也刚"所作的解析。《周易》"上六"之《文言》指出，大地的德性是极为柔顺的，但变动时则显示出刚强。先生据此推演出义理：惟柔者能刚耳。虽曰之为"柔"，但一当"蓄而不发，及其极也"，必能"沉潜刚克"。"柔顺"乃坤之美德，它能包容万物并使其生长光大，它秉承天的意志而顺时运行。故先生推崇《周易》之哲理：非刚者能刚，惟柔者能刚耳。有道是"齿刚舌柔，刚者不如柔者久，柔可克刚"。

语典

苟[①]不可得而强求焉，非徒[②]不得而已，后必有患[③]。

——(《东坡易传·屯卦[④]》卷一，第11页)

注释

①苟：如果。

②徒：只，仅仅。

③患：灾祸。

④屯卦："屯"的本义，即幼草曲折生根发芽之状引申而来。大意为，在宇宙的屯养时期，万物初生，发育亨通，顺利而贞正(参见李择非整理《周易》，第24页)。

今译

如果不应属于自己而去强求，那么不仅仅是得不到而已，将来还一定会有灾祸。

解析

东坡先生于元丰三年(1080年)至元丰五年(1082年)之间，在黄州贬所初成《东坡易传》。本文是对屯卦"六三"爻辞所作的解说。《周易》屯卦"六三"象传说，于附近的山中逐鹿而没有掌管山泽的虞人引导，是贪恋追逐禽兽。君子放弃追逐，继续前追会有忧患，说明穷追不舍必致困顿(李择非整理《周易》，第27页)。先生从"贪恋追逐"及"往吝"爻辞，推演出不可得而强求，后必有患之义理。"贪恋"者，贪婪、得到了还想要。先生在此补充一句，他想要得到的，实质是"不可得"东西，故谓"强求"。显然，凡"强求"者，逃避不了"后患"的报应。

语典

见险而不废①其进，斯②有功矣。

——(《东坡易传·需卦③·彖④辞》卷一，第14页)

注释

①废：停止。

②斯：这，这个。

③需卦："需"的意思是等待。

④彖(tuàn)：《易经》的专用术语"彖辞"，即指"总括之辞""小结"，即小结一卦之辞。

今译

遇到危险而不停止前进，这样就可以获得成功。

解析

东坡先生于元丰三年(1080年)至元丰五年(1082年)之间，在黄州贬所初成《东坡易传》。本文是对需卦《彖传》："利涉大川，往有功也"所作的解说。该《彖传》说："需卦的需是要等待的意思。因为前方有艰难险阻，如要做到刚强健实而不陷入危险，那就自然不会招致路困途穷。""只要坚守正道，就可获得吉祥。"先生依据该《彖传》"需要等待"("等待"是为了条件成熟)，并"坚守正道"("坚守"则前途光明亨通)，这样"就可获得吉祥"等彖辞，推演出人生至理：见险而不废。即遇到困难而不气馁，不放弃，终会有可能获得成功。人生需要"等待"，需要"坚守"，等待时机成熟，坚守人生正道，就可以建立至伟功业。

语典

二人同心，其利断金①，同心之言，其臭如兰②。

——(《东坡易传·同人卦③》卷二，第28-29页)

注释

①其利断金：意指同心协力的两个人，他们的力量足以把坚硬的金属折断。

②其臭如兰："臭"同"嗅"。意谓同心同德的人的意见，给人的感觉就像嗅到芬芳的兰花香味。

③同人卦：同人意味着合作奋斗，为《周易》第十三卦。

今译

两个人如果能同心同德，其力量就可以折断金属；两个人同心同德之言语，给人的感觉就像嗅到芬芳的兰花香味一样悦人。

解析

本文为东坡先生于元丰三年(1080年)至元丰五年(1082年)，作于贬所黄州。本章句是《东坡易传》对同人卦"九五"爻辞的解说。所谓"同心"，即思想或认识一致，做到同心同德。三国东吴的创立者孙权说："能用众力，则无敌于天下矣；能用众智，则无畏于圣人矣。"这里赞美"众力""众智"的伟大作用。《孙子·谋攻》篇指出："上下同欲者胜。"所谓"同欲"，指同一愿望。上下有着共同的愿望，就能战胜一切困难而夺取胜利。"同心之力""同心之言"，利可断金，芬芳如兰。为了一个共同目标，同心同德，就可创造伟大的奇迹。

语典

乐而受之谓之甘[①]。
见于未然之谓知[②]。

——(《东坡易传·临卦[③]》卷二，第38页)

注释

①乐而受之谓之甘：乐，快乐，此谓喜欢。甘，甘甜，此为美好。
②见于未然之谓知：未然，指还没有成为事实。知，古同“智”。
③临卦：为《周易》第十九卦，意味着审时度势。

今译

因喜欢而接受就称之为甘甜。能够预见尚未发现的事物称之为智。

解析

《东坡易传》为东坡先生于元丰三年(1080年)至元丰五年(1082年)之间，作于黄州贬所。所引章句分别是临卦“六三”“甘临”，“六四”“至临”爻辞的解说。前者意为“用甜言蜜语监临百姓”，因为甘甜，所以乐于接受。后者意为“至意为到达”，因能预测前景，因此称之为智慧。先生对两爻短语推演出的精辟义理对现实生活有着极强的指导意义。他让我们懂得，“乐而爱”，即热爱某事物，就会感到快乐。正如有句流行语所说的：如果你热爱你的工作，工作就是天堂；如果你厌倦你的工作，工作就是地狱。“六四”爻辞的解说，可以运用到对市场的预测。事情发生之前不用占卜就能知道，这就是“未卜先知”成语的意思，形容有预见性。运用在市场调查与预测中是指对事物的发展进行科学的预测和评估，避免在它所产生的结果面前束手无策，陷入被动局面。这种能力，我们称之为智慧。

语典

夫势之必不能拒[①]也，则君子以不拒为大[②]。

——(《东坡易传·噬嗑卦[③]》卷三，第41页)

注释

①夫势之必不能拒也：势，指时势，形势。拒，此指拒绝，抵制。

②大：此指重大，重要。

③噬嗑(shì hé)卦：《周易》第二十一卦，寓意要重视法制，知法守法。

今译

时势是必定不能抵制的，那么君子最重要的是顺势而为。

解析

《东坡易传》为东坡先生于元丰三年(1080年)至元丰五年(1082年)之间，作于黄州贬所。本文是对噬嗑卦“六三”爻辞的解说。先生依据“六三”爻辞“像咬嚼坚硬的腊肉中毒，小有不适，却没有祸害”的寓意，推演出“因势”的义理。有道是“天与弗取，反受其咎；时至不行，反受其殃”(参见李翰文主编《史记全本》(第三册)卷九十三，第1699页)。上天赐予的时机如果不抓住，反倒会受到上天的惩罚；时机到了不采取行动，反倒要招致祸殃。这正是：天不可违，时不可失，“君子以不拒为大”。

语典

物有畛而理无方[1]，穷天下之辩，不足以尽一物之理。达者寓物[2]以发其辩，则一物之变，可以尽南山之竹[3]。学者观物之极，而游于物之表，则何求而不得。故轮扁行年七十而老于斫轮，庖丁自技而进乎道[4]，由此其选也。

——《书黄道辅[5]品茶要录后》

（《苏轼文集》卷六十六，第 2067 页）

注释

①“物有畛而理无方”：畛(zhěn)，界限，范围。方，本为量词，此作计量。

②寓物：寄于物。

③尽南山之竹：砍尽终南山的竹子。

④“故轮扁”二句：轮扁，制造车轮的人，名扁。斫(zhuó)，大锄，引申为用刀、斧等砍。轮，车轮。斫车轮有奥妙的技术，所以轮扁七十岁了还在斫轮(陈鼓应注译《庄子今注今译·天道》，第 415 页)。

庖丁，一说名叫丁的庖人，一说即厨师。庖丁解牛已接近道，已经超过技术了(陈鼓应注释《庄子今注今译·养生主》，第 116 页)。

⑤黄道辅：黄儒，字道辅，建安人。熙宁六年进士。

今译

世界上的事物是有限的，但其规律和道理却是无限的，穷尽天下之辩才，不能够道尽一事物的深邃之理。通达事理的人，善于用把道理蕴含在事物之中的方式来阐发他的观点，但是要把一种事物的变化说清楚，真是可以用尽终南山竹子所做的竹简。学者观察事物最本质的内部规律，而又能自由地观察事物外部的形式构成，像这样对事物进行了解和把握为什么做不到呢？因此轮扁到了七十岁还在斫车轮，庖丁钻研解牛的技术不断精进，接近自然之道。正因如此，他们才选择了斫轮和解牛的职业。

解析

本文作年未详。先生在该文中说，黄道辅有广博的知识，学问精深，淡于名利，是唐代茶圣陆羽以来最精于论茶道的人。他所写的《品茶要录》一书，其十篇，内容清楚详尽，精微深奥。如果不是进入了至静之境，摒除了各种杂念的有道之士，怎么能够观察事物如此地详尽，从而达到轮扁和庖丁“进乎道”的境界？先生强调进入这种境界，必须应做到“观物之极”“游于物之表”，即对事物进行由表及里，去伪存真，穷理尽性，触类旁通的思维过程。这一思想对于我们观察、认识事物，有着极大的启示。

语典

仆[1]居东坡，作陂[2]种稻，有田五十亩，身耕妻蚕，聊以卒岁[3]。昨日一牛病几死，牛医不识其状，而老妻[4]识之，曰："此牛发豆斑疮也，法当以青蒿粥啖[5]之。"用其言而效。勿谓仆谪居之后，一向便作村舍翁，老妻犹解接黑牡丹[6]也。

——《与章子厚[7]二首》之一

（《苏轼文集》卷五十五，第1639页）

注释

①仆：旧谦称"我"。

②陂（bēi）：此指池塘。

③卒岁：度过岁月。

④老妻：指王闰之。

⑤啖（dàn）：吃，此指喂。

⑥黑牡丹：戏称水牛。先生《墨花》诗："独有狂居士，求为黑牡丹。"

⑦章子厚：章惇，字子厚，浦成（今福建南平市浦城县）人。嘉祐二年（1057年）与苏轼同科进士。官至宰相，元符三年（1100年）罢相。大观三年（1109年）赠观文殿大学士、太师，追封魏国公。

今译

我住在东坡，开水塘以利种水稻，有田五十亩。我自己耕种妻子养蚕，姑且度日。昨天一头牛差点病死，兽医看不出它的症状，而老妻看出来了，说："这头牛发豆斑疮，办法是用青蒿粥喂它。"按她说的做果然见效。不要说我谪居之后，一向便当自己是乡里的老头，老妻还懂医牛病呢！

解析

此书是元丰五年（1082年）二月，东坡先生作于黄州贬所。从本章句"有田五十亩，身耕妻蚕"，"老妻犹解接黑牡丹"等场景看，昔日名动京城，为朝廷封疆大吏的东坡先生，如今竟真的成了"村舍翁"了。诚然，此非先生一人之遭遇，乃中国古代众多名儒硕彦的共同命运。帝王之贬，贬出了"唐宋八大家"；"乌台诗案"，从御史台监狱走出了世界"第二个千年英雄"苏东坡。更为有趣的是，先生之老妻王闰之用"青蒿粥"，治好了家里水牛的"豆斑疮"病。此"青蒿"是否是中国科学家屠呦呦于2015年10月8日，获得诺贝尔生物或医学奖的"青蒿素"？若为一物，王闰之也应受到嘉奖。

语典

自到此，惟以书史为乐，比从仕废学，少免荒唐也。

近于侧左得荒地数十亩，买牛一具，躬耕其中。今岁旱，米贵甚。近日方得雨，日夜垦辟[①]，欲种麦，虽劳苦却亦有味。邻曲[②]相逢欣欢，欲自号鏖糟陂里陶靖节[③]，如何？

——《与王定国四十一首》之十三

（《苏轼文集》卷五十二，第1520页）

注释

①垦辟：开垦。

②邻曲：邻居。

③"鏖糟陂里陶靖节"：鏖糟（áo zāo），肮脏的意思。陂（bēi），此指山坡。陶靖节，陶渊明，字元亮，又名潜，世称靖节先生，号五柳先生，浔阳（今江西省九江市星子县）人，东晋著名文学家、田园诗人、辞赋家、散文家。

今译

我自到黄州，只有从书史中寻找乐趣。比起因做官而荒废了学习，多少能免于荒唐离谱。

最近于左边求得荒地数十亩，买一头牛，亲自耕种其中。今年遇旱，米价很贵。近几天才下雨，于是日夜开垦，打算种麦子，虽然辛苦但却也感到有味。邻居们碰见很高兴，我想把这坡地取名为肮脏山坡边的陶靖节。您觉得如何？

解析

元丰四年（1081年）二月，友人马梦得为东坡先生在郡府里请求到了黄州东门外故营地数十亩，以供先生自耕自种，缓解全家二十余口人的饥饿。刚开始先生打算把这坡地号称为"鏖糟陂里陶靖节"，其意很明显，先生是以陶渊明自称。后来，先生又仿唐朝诗人白居易在忠州（今重庆市忠县）坡东的山坡上种花，故亦将自己躬耕之地命名为"东坡"。后来又在坡地边盖起了雪堂，从此，先生自号"东坡居士"。在躬耕的三年时间里，先生既"以书史为乐"，且以"躬耕其中"而觉"有味"。用他自己的话说，俨然成了黄州一识字农夫。

语典

某[1]见在东坡，作陂[2]种稻，劳苦之中，亦自有乐事。有屋五间，果菜十数畦[3]，桑百余本[4]，身耕妻蚕，聊以卒岁[5]也。

——《与李公择[6]十七首》之九

（《苏轼文集》卷五十一，第1499页）

注释

①某：自称之词。指代“我”或本名。旧时谦虚的用法。

②作陂(bēi)：此指田岸。

③畦(qí)：田园中分成的小区。

④本：此为量词：株、棵。

⑤卒岁：度过岁月。

⑥李公择：李常(1027—1090年)，字公择，建昌县(今江西永修西北)人，皇祐元年(1049年)进士，官至御史中丞。《宋史》有传。

今译

我眼下在东坡，作田岸种稻子，在劳累困苦中，却也苦中有乐。作室五间，果树蔬菜有十数块地，桑树百余棵。我种地，妻养蚕，姑且度过岁月。

解析

本书信为东坡先生撰于雪堂筑成之后，即元丰五年(1082年)左右。先生为了解决全家二十余人的衣食生计，经友人马正卿代为向郡首请得城东废弃的旧营地约五十余亩。经过全家人的辛劳和友人帮助，总算做到“聊以卒岁”。尽管“垦辟之劳，筋力殆尽”(《东坡八首》)，但是“劳苦之中，亦自有乐事”。昔日之“封疆大吏”，今日却过着“身耕娄蚕”的日子，这是文人之悲哀，更是赵氏朝廷之耻辱。

语典

农夫告我言，勿使苗叶昌。(略)
君欲富饼饵[①]，要须纵牛羊[②]。(略)
再拜谢苦言，得饱不敢忘。

——《东坡八首并叙》其五
(《苏轼诗集》卷二十一，第1081页)

注释

①饼饵：指饼类食物。
②纵牛羊：为防麦苗疯长，让牛羊践踩，令其稍疏。

今译

农民告诉我说，不要让麦苗疯长。你要想多收些粮食，必须要让牛羊踩踏。多多感谢苦口之言，将来吃饱肚子也不会忘记你们。

解析

本诗作于元丰四年(1081年)十月。为了解决全家二十余人的吃饭问题，东坡先生率领家人，在乡亲和友人的帮助下，在东坡开始自耕自食的农事活动。透过《东坡八首》诗作，一位头戴斗笠，脚穿芒鞋的识字农夫，与黄州老农夫倾心交谈农事的画面跃然眼前。通过躬耕不仅解决全家“得饱”的问题，而且与乡亲建立起“四海皆弟昆”的深厚情感。

语典

投种[①]则获，不炊[②]而熟。(《丹石砚铭》)

匪[③]以玩物，维[④]以观德。(《端砚铭》)

——(《苏轼文集》卷十九，第551-552页)

注释

①种：种子。

②炊：烧火做饭。

③匪：不是。

④维：表示判断，相当于"乃""是"。

今译

(在丹石砚里)，只要播下种子就会有收获。

(对于端砚)，我并不是把它当做玩赏之物，而是通过这方砚台观察他的道德修养。

解析

《丹石砚铭》为东坡先生于元丰五年(1082年)春作于黄州。此砚是唐垌(dònq)家中所藏。先生被贬至黄州，唐垌赠砚。另一篇《端砚铭》乃赴儋州途中寓住临高县时所撰。先生视砚为"田"，故谓"投种则获"。先生"与墨为人"，故言"维以观德"。先生一生访砚、藏砚、刻砚、赏砚，乐之终身不厌。先生与砚或游心寓意，或托砚咏志，或劝勉讽喻，实在是他潇洒性情，旷达人生的真实写照。

语典

闻之古人，士无贤愚，惟其所遇。盖乐毅去燕[①]，不复一战；而范蠡[②]去越，亦终不能有所为。

——《谢欧阳内翰[③]书》

（《苏轼文集》卷四十九，第1424页）

注释

①乐毅去燕：乐毅，字永霸，中山灵寿（今河北灵寿西北）人，战国后期杰出的军事家，拜燕上将军，辅佐燕昭王振兴燕国。燕昭王去世，继为燕惠王。齐国田单施反间计，惠王用骑劫代乐毅为将领。乐毅惧诛，出奔赵国，赵封之于观津。后齐国用计大破骑劫，惠王深悔之。

②范蠡（lǐ）：字少伯，春秋时期楚国宛地三户邑（今河南淅川县）人。春秋末期著名政治家、军事家、道家和经济学家。后被人尊称为“商圣”。辅佐越国勾践兴越灭吴。功成名就后急流勇退，弃政经商。

③欧阳内翰：即欧阳修（1007—1072年），字永叔，号醉翁、六一居士，吉州永丰（今江西省吉安市永丰县）人，北宋著名政治家、文学家，官至翰林学士、枢密副使、参知政事。谥号文忠，世称欧阳文忠公。内翰，唐宋时翰林为内翰。

今译

我听说古人，士无论贤能或愚笨，是否能建立功业完全在于他的时运。善战的乐毅离开燕国，未曾再打过大胜仗；而多谋的范蠡离开越国，也最终在政治上不能有所作为。

解析

嘉祐二年（1057年）三月八日，东坡先生与弟子由参加殿试双双及第。先生为表敬意，上书谢主考官欧阳修、副主考官梅尧臣等。先生以乐毅与范蠡之例，说明他们兄弟俩及第贡举，全是“惟其所遇”。有幸遇到了“必得天下奇士”的“内翰执事”欧阳文忠公。“遇”者，逢也（《说文》）。逢到了好世道，遇到了好伯乐，才会有英才辈出的局面。孟子谓成功三要素：天时、地利、人和。著名古文字学家、历史学家季羡林讲成功三要素：天资、勤奋、机遇。故“惟其所遇”，古今一理。

语典

孔子曰：名[①]不正，则言不顺；言不顺，则事不成；事不成，则刑罚不中；刑罚不中，则民无所措手足。故君子名之必可言也，言之必可信也。

——(《东坡易传·系辞传[②]下》卷八，第136页)

注释

①名：指人或事物的称谓，这里指做某事时用来作依据的名义。

②系辞传：总论《易经》大义，解释卦爻辞的意义及卦象爻位所用的方法及揲蓍求卦的过程。

今译

孔子说：名义不正当，就无法把道理说得通顺；道理说得不通顺，事情就难以成功；事情做不成，法律刑罚也不能运用得当；法律刑罚运用不当，便让百姓手足无措。因此君子一定要把事情的名义说得清楚明白，说出来的必定让人信服。

解析

《东坡易传》为元丰三年(1080年)至元丰五年(1082年)之间，东坡先生初成于黄州贬所。本文是先生对《系辞传下》“理财正辞，禁民为非曰义”文辞的解说。先生曾在《太常少卿赵瞻可户部侍郎制》中说：“先王之论理财也，必继之以正辞，名正而言顺，则财可得而理，民可得而正。”所谓“正辞”，即正确，正当的言辞。为人要“正名”，即要有一个正式的名分，名分正，事好办。做事也要“正名”，即要有一个正当的名义，名义正，事可成。所谓“君子名之必可言”，就是君子名分正式，执事名义正当。君子把事情的名义说得清楚明白，说出来的必定让人信服，这样，“言之必可信也”。

语典

有成而后有毁，有废而后有兴，是以知吉凶之生于相形①也。

——(《东坡易传·系辞②上》卷七，第120页)

注释

①相形：互相衬托，相互依存。

②系辞：总论《易经》大义，《系辞》是先秦儒家认识论和方法论之集大成。

今译

有成功就有失败，有废弃而后便有兴起，由此可以知道吉和凶的发生是相互转化的。

解析

《东坡易传》为元丰三年(1080年)至元丰五年(1082年)之间，东坡先生初成于黄州贬所。本文是先生对《系辞传上》"方以类聚，物以群分，吉凶生矣"小结语的解说。并以此推演出"成"与"毁"，"废"与"兴"，"吉"与"凶"之"相形"的义理。老子曰："将欲歙(xī)之，必固张之；将欲弱之，必固强之；将欲废之，必固兴之；将欲夺之，必固与之。"(任继愈译著《老子新译·三十六章》，第137页)将要收敛它，必须暂且扩张它，将要削弱它，必须暂且增强它；将要废毁它，必须暂且兴起它；将要夺取它，必须暂且拿给它。这充分表达了老子关于事物互相转化的辩证法思想。因此，当人生暂时处于任何一种境地时，都不要乱了方寸，应该以清醒的头脑予以应对。当"成功"时想到"毁败"；当"毁败"时也看到"成功"的希望。如此生生不息，就不会被任何一种意外发生的事件而被击垮。

语典

试，则养而无穷[①]；遂，则玩而不终[②]。

——(《东坡易传·震卦[③]》卷五，第95页)

注释

①试，则养而无穷：试，指尝试。养，培养。
②遂，则玩而不终：遂，指如意，满足。玩，轻忽懈怠。
③震卦：《周易》第五十一卦，寓意泰山崩于前而面不改色，镇定从容。

今译

尝试，就能促进自我培养训练，因而其收效是不可估量的；自已感到如意满足，就会助长轻忽懈怠的习惯，从而使人生难有好的结果。

解析

《东坡易传》为东坡先生于元丰三年(1080年)至元丰五年(1082年)之间初成于黄州贬所。本文是先生对震卦“初九”爻辞的解说。并依据“雷电袭来万物恐惧，然后戒惧慎行遂能谈笑自若，吉祥”(参见李择非整理《周易》，第276页)的寓意，推演出本章句之义理。尝试，是一种探索，一种对未知领域的求索。只有通过尝试，才可以在实践的过程中获得新的知识和经验，还能收获创新成果，并以此使自己得到成长。遂而安，满而足，盲目自信自满最终必定是轻慢懈怠，使人生留下遗憾。“试”者，即勇于尝试，就会得“无穷”之益；“遂”者，即轻易满足，就会遭“不终”之患。

语典

阶[①]者，有可升之道焉。我惟为阶，故人升之；我不为阶，而人何自升哉！

——（《东坡易传·升卦[②]》卷五，第87页）

注释

①阶：阶梯。

②升卦：《东坡易传》第四十六卦，寓意上升。

今译

阶梯，指的是有可以上升的途径。我只有成为阶梯，他人才能够上升。我不做阶梯，他人又何以获得上升的机会呢？

解析

《东坡易传》为元丰三年（1080年）至元丰五年（1082年）之间，东坡先生初成于黄州贬所。本文是先生对升卦“六五”《象传》“贞吉升阶，大得志也”（即坚守正道吉祥，登阶而上升）的解说。先生依此寓意推演出“我惟为阶，故人升之”的人生义理。“升卦”象征上升。“升”是力量聚集后积极的有所作为。升卦的特点是不仅强调因时而升，依势而升，以德而升，而且还应依“伯乐”而升，从某种意义上讲“伯乐”即“人梯”。先生在本章句中，提出“我惟为阶”的理念，是一种仁者情怀的体现。无论是他对“苏门四学士”“苏门六君子”的推举褒奖，还是对海南有史以来第一位北宋进士琼山县姜唐佐的授业，都得益于先生身为“人阶”的作用。“我惟为阶，故人升之”，这是古代贤哲之师道。“我不为阶，而人何自升哉”，这是古代为师者之师魂。

语典

天之命[①]也，有以胜之，人之志[②]也。君子不以命废志，故九五之志坚，则必有自天而陨[③]者，言人之至[④]者，天不能胜也。

——(《东坡易传·姤卦[⑤]》卷五，第83-84页)

注释

①天之命：由上天主宰的命运。
②志：此指意志或志向。
③陨：从天上降落。
④至：极致。
⑤姤(gòu)卦：《周易》第四十四卦，寓意当合则合，不当合则不合。

今译

天命，有可以战胜它的力量，这就是人的意志。君子不因为天命而使人的意志丧失掉，所以九五爻的意志坚定，就必定会有好运从天而降，这就说人的意志达到极致，就是上天也不能战胜他们。

解析

《东坡易传》为东坡先生于元丰三年(1080年)至元丰五年(1082年)之间，初成于黄州贬所。本文是先生对姤卦"九五"《象传》"有陨自天，志不舍命也"的解说。先生依据该《象传》"好运天而降，说明它的心志没有违背天命"的寓意，推演出"天之命也，有以胜之，人之志也"的人生哲理。古语曰："天命不违，亡者不可追。"又说："谋事在人，成事在天。"(语出罗贯中《三国演义》)这都是说明"天命"对"人事"的决定性作用。它否认人的主观能动性作用，体现的是历史唯心主义观点。然而，先生正解"九五"爻，大胆提出"天之命"，"有以胜"，故"君子不以废志"的人生命题。这是挑战命运的宣言书，是对人的尊严的维护和对人的价值和地位的肯定。何以胜？回答曰："人之志。"故先生有言："古之立大事者，不惟有超世之才，亦必有坚忍不拔之志。"明代画家郑板桥曰："千磨万击还坚劲，任尔东西南北风。"孙中山先生说得好："君志所向，一往无前，愈挫愈奋，再接再厉。"这些声音说出一个人生义理："天之命""有以胜""人之志""天不能胜"。

语典

其为祸福未可知也，存乎其人而已。

亦以顺物之势而已，以此获吉，夫何咎[①]之有。

——(《东坡易传·升卦[②]》卷五，第86-87页)

注释

①咎：祸患。

②升卦：《周易》第四十六卦，寓意上升。

今译

其结果是祸是福尚未可知，是祸是福在于其人自身而已。

顺应事物的形势而已，以此获得吉利的结果，哪里会有祸患呢?

解析

《东坡易传》为元丰三年(1080年)至元丰五年(1082年)之间，东坡先生初成于黄州贬所。本文是对升卦“九三”《象传》及“六四”《象传》爻辞的解说。先生依据“九二”《象传》“九二的诚信之美德，必定能获得神祇的保佑，带来吉利喜庆”及“六四”《象传》“有顺德，即顺从事物之理，可以顺利地上升”等推演出是福是祸两个条件：其一，“存乎其人”，要看这个人的品性及智慧如何；其二，“顺物之势”，即要遵循事物的规律。具备这两个条件，就能够“获吉”，能够避免灾祸。

语典

君子之益人[①]也，盖亦有无以予之，而人不胜其益者也[②]。

——(《东坡易传·损卦[③]》卷四，第75页)

注释

①益人：帮助人。
②"盖亦有"句：盖，文言文发语词。予，给予。不胜，不尽。
③损卦：《周易》第四十一卦，寓意不能随便损失。

今译

君子对人的帮助，也有什么都没有给予，但却让人受益无穷。

解析

《东坡易传》为元丰三年(1080年)至元丰五年(1082年)之间，东坡先生初成于黄州贬所。本文是先生对损卦《彖辞》小结语的解说。先生依据该《彖辞》"事物的减损增益，都是顺适其时而运的。时当益则益，时当损而损"(参见李择非整理《周易》，第222页)的寓意，推演出"无以予之，而人不胜其胜者"的处世哲理。这才是真正的"与时偕行"的增益。什么是"无以予之的"增益？譬如"身教重于言教"，"授人以渔"的传授。譬如给予一个经营好理念，一个创业的新点子，一则人生的正能量激励等。这些"给予"，无疑胜过以财物为增益的赠予。

语典

昔者子路问孔子所以为政之先？子曰："必也正名乎！"故《春秋》[①]之法，尤谨于正名，至于一鼎之微[②]而不敢忽焉，圣人之用意盖深如此。

——《论语说·子路篇》

（《三苏全传·经部》(第三册)，第228页）

注释

①《春秋》：即《春秋经》，中国古代儒家典籍"六经"之一。作为鲁国编年史，由孔子修订而成。《春秋》经书中用于记事的语言极为简练，然而几乎每个句子都暗含褒贬之意，被后人称为"春秋笔法"。

②一鼎之微：鼎，乃立国之重器，政权之象征。鼎上的文字很简约，堪称微言大义。

今译

从前子路问孔子什么是为政最重要的事情？孔子说："必定是正其名分！"所以《春秋》一书尤其谨慎地正名分，即便是鼎上简约的铭文也不敢有些许的疏忽，圣人的用意如此的深邃。

解析

《论语说》为元丰三年(1080年)至元丰五年(1082年)之间，东坡先生于黄州贬所作，现存仅一百三十余条。本文是先生对《论语·子路篇》子路问政的解释。"子曰：'必也正名乎！'"又曰："名不正，则言不顺；言不顺，则事不成；事不成，则礼乐不兴；礼乐不兴，则刑罚不中；刑罚不中，则民无所措手足。故君子名之必可言也，言之必可行也。君子于其言，无所苟而已矣！"孔子"正名"的意思是，名不正，说话就不顺理；说话不顺理，事情就办不成；事情办不成，国家的礼乐制度就建立不起来。国家的礼乐制度建立不起来，刑罚的执行就不恰当；刑罚执行不恰当，百姓就不知怎么办好。所以君子一定要定下一个名分，而且还能够说得明白，说出来一定能行得通。君子对于自己的言行，是从不苟且马虎的。先生依据孔子的教言，从《春秋》之法在于正名说起，阐明孔子"正名"之用意。在现实生活中，有不少"名不正，言不顺"的事情却畅行无阻，譬如房屋拆迁等事关民众生存的大事，往往伤害了百姓的根本利益。为什么有的官员不敢正名？因为一经正名他就"言不顺"，言不顺，他想一意妄行的事就办不成。所以，应该让某些行政人员，重新补一补"正名"之课。

语典

脚力尽时山更好，莫将有限趁无穷[①]。

——《登玲珑山》

(《苏轼诗集》卷十，第492页)

注释

①"莫将"句：有限，指人生。趁，追逐。无穷，指功名利禄。

今译

脚力耗尽时山顶风景最美好，切莫用有限的人生去追逐无尽的欲望。

解析

本诗于熙宁六年(1073年)八月作。要想观赏山顶最美的风景，就应不惜消耗自己的脚力。此与唐代诗人王之涣在《登鹳雀楼》诗中所吟"欲穷千里目，更上一层楼"之义相同。比喻要想扩大视野，实现更远大的目标，就要付出更大的辛劳。切不要让有限的人生空耗在难以穷尽的功名利禄之上。

语典

青云[1]岂易量他日，黄菊[2]犹应似去年。

——《与潘三失解后饮酒》

（《苏轼诗集》卷二十一，第1088页）

注释

①青云：喻职位晋升。

②黄菊：菊当以黄为正。菊性耐寒傲霜，花中四君子之一。

今译

怎么能轻易估量将来某一天不腾达向上，重要的是应保持黄菊那种高洁品格。

解析

本诗于元丰四年(1081年)九月作于黄州。诗中潘三即黄州友人潘彦明之弟，科举未中乡榜，即“失解”后，东坡先生借饮酒予以安慰。鼓励他来日方长，只要永葆高洁品质，他日定当平步青云。诚如王安石《游褒禅山记》中所言：“不患人之不能，而患意之不勉。”信念，理想，是使人苦斗的精神支柱和力量。只要信念不倒，他日定有收获。

语典

古来百巧[1]出穷人，搜罗假合乱天真[2]。

——《又一首答二犹子与王郎见和》

（《苏轼诗集》卷二十一，第1117页）

注释

①百巧：许多巧妙之物。

②“搜罗”句：假，借用，假借。合，结合，此指借用某物合成他物。乱，混淆。天真，指自然之真物。

今译

自古以来各种巧妙之物都出自贫穷人之手，（他们）寻找借用某物创造出新的物品，以至与自然之物难以区别。

解析

此诗于元丰五年(1082年)五月作于黄州。这首诗是东坡先生写给苏辙之子苏迟、苏适及其女婿王子立的。此诗告诉他们一个朴素的唯物主义真理：“古来百巧出穷人。”因为穷，要生存就要思变。正如陶行知先生所言：“生路是要勇气探出来、走出来、造出来的。”历史还告诉我们另一真理：卑贱者最聪明。《增广贤文》曰：“蒿草之下，或有兰草，茅茨之屋，或有侯王。”诚哉斯言，信哉斯言！

语典

欲结千年实[①]，先摧二月花[②]。
故教穷到骨，要使寿无涯。

——《次韵和王巩六首》其三
（《苏轼诗集》卷二十一，第1129页）

注释

①实：果实。
②"先摧"句：摧，当作催。二月花，经受早寒着意报春的迎春花朵。

今译

要想收获千年的果实，先当催发二月花开。即使我穷到极处，也要让生命永无止境。

解析

此诗于元丰五年（1082年）七月作于黄州。先开花后结果，这既是永恒的自然规律，也是一个亘古的哲学命题。其哲学启示是：有耕耘才有收获。前两句诗讲的是客观规律。后两句诗说的是人之品格，即孟子所言"故天将降大任于斯人也，必先苦其心智，劳其筋骨，饿其体肤，空伐其身，行弗乱其所为"。唯有如此，才会让生命绽放夺目光彩。

语典

上药无炮炙[①]，龁啮尽根柢[②]。
开心定魂魄[③]，忧恚[④]何足洗。
糜身辅吾生[⑤]，既食首重稽[⑥]。

——《小圃五咏·人参》
（《苏轼诗集》卷三十九，第2156页）

注释

①"上药"句：上药，上等药材，神农曰："上药养命，中药养性。"无炮炙，不须烘炒炼制。
②"龁啮"句：龁啮(hé niè)，用牙啃或咬。根柢，草木的根，柢，即根。
③"开心"句：据《神农本草经》："人参……安神，定魂魄……开心，益智。"
④忧恚(yōu huì)：忧愁怨恨。
⑤"糜身"句：糜，谓烂。指人参献出己之身躯。
⑥首重稽：稽首，古时行跪拜礼，为表深深敬意，故头至地。

今译

(人参)乃上等药物无须炮制，只用牙齿嚼咬其根部。能开心益智安神除邪，忧愁怨恨哪里值得洗刷。

(它)毁灭自身滋补我的身体，吃罢之后我当叩首重谢。

解析

此诗于绍圣二年(1095年)十二月作于惠州。东坡先生谪居惠州，生活日趋困顿，于是，他便向王参军借了半亩地辟为小圃种菜和药材。种菜自食，种药材既自养亦救民。此时的东坡先生虽已无权签署公事，但并没有放弃儒家的济世精神。他还向亲友写信，在内地求购药材，用以施给惠州乡亲。

语典

今世之士，所以相顾而莫肯为者，非其无有忠义慷慨[1]之志也，又非其才术谋虑[2]不若人也，患在苦其难成而复不立。

——《思治论》

（《苏轼文集》卷四，第115页）

注释

① 忠义慷慨：忠义，忠心和义气。慷慨，大方，不吝啬。

② 才术谋虑：才术，才学。谋虑，计划思虑。

今译

当今世上的士人，之所以你瞧着我，我瞧着你，而没有谁肯去实干，不是他们没有忠义慷慨的志向，也不是他们的才学谋略不如人，症结在于他们心有难以成功的阴影和不能从头再来的志气。

解析

这篇于嘉祐八年（1063年）作于风翔签判任上的《思治论》，真实地体现了年轻的东坡经世济民的责任感，医治"三患"（无财、无兵、无吏）的"忠义慷慨"之志。先生所谓"苦其难成"，"苦"在"今世之士相顾"观望，"难"在"莫肯"先为。"复不立"之"复"，是一种再接再厉，重头再来的拼搏精神。有了这种不认输的精神，人生目标的"立"，指日可待。

语典

刚不得柔以济之，则不能亨[1]；柔不附刚，则不能有所往。故柔之文[2]刚，刚者所以亨也；刚之文柔，柔者所以利往也。

——（《东坡易传·贲卦[3]》卷三，第42页）

注释

①“刚不得柔”二句：刚，与“柔”相对表示刚强、刚健、刚毅、刚决之义。柔，与“刚”相对，表示柔软、柔韧、柔顺、柔和等义。济，辅助，济助。亨，通达。

②文：此指文饰。

③贲(bì)卦：《周易》第二十二卦，“贲”就是饰，就是文，即所谓文饰的意思，寓意人们要注重外在的修饰，培养自己的审美意识。

今译

阳刚如果得不到阴柔来辅助，就不能通达；阴柔如果不依附阳刚，就不能有所前行。所以阴柔对阳刚的文饰，是阳刚所以通达的原因；阳刚对阴柔的文饰，是阴柔有利于前行的原因。

解析

《东坡易传》为东坡先生于元丰三年(1080年)至元丰五年(1082年)之间于黄州贬所作。本文是先生对于贲卦《彖传》爻辞“柔来而文刚，故亨。分刚上而文柔，故小利有攸往”的解读。该彖辞大意是“因为以阴柔之德来辅佐刚强，阴阳交饰而亨通畅达。刚强居上而用以文饰的阴柔处下位，所以有事外出将有小利”(参见李择非整理《周易》，第124页)之寓意，先生推演出“柔之文刚”，“刚之文柔”，两相“以享”而“利往”的义理。老子曰：“天下莫柔弱于水，而攻坚强者莫之能胜，以其无以易之。弱之胜强，柔之胜刚，天下莫不知，莫能行。”(陈鼓应注释《老子今注今译·第七十八章》，第339页)老子以水为例，说明以柔克刚的道理。本文强调能张能弛，能刚能柔，刚柔相济，是一种处世的人生智慧。春秋时期著名的政治家、外交家、齐国上大夫、历任三朝，辅政长达四十余载的晏子，面对强楚的蔑视与耻笑，为维护国家尊严不卑不亢，抗争到底的风骨可谓“刚”。而作为外交使者，对楚国权臣的贬低之辞进行“以柔克刚”的“反击”，可谓“柔”。正是他运用道家哲学思想，做到刚柔相济，挫败了楚王诬蔑齐人入楚为盗的阴谋，同时也表现出了晏子机智善辩的才能和外交家的风采。

语典

取其坚而可畏[①]。
取其居中而贵[②]。

——(《东坡易传·噬嗑卦[③]》卷三，第41页)

注释

①取其坚而可畏：坚，此指坚固，坚不可摧。畏，敬服。
②取其居中而贵：居中，犹言适中，不偏不倚。贵，珍贵。
③噬嗑(shì hé)卦：《周易》第二十一卦，寓意要重视法制，知法守法。

今译

在艰难中采取坚不可摧的态度，能令人敬服。
在处理人与事时选择不偏不倚的中正立场，而十分珍贵。

解析

《东坡易传》由东坡先生于元丰三年(1080年)至元丰五年(1082年)之间作于黄州贬所。所选章句是先生为“九四”“六五”爻辞所作的解说。“九四”爻辞的寓意是，“咬嚼干硬带骨的肉，吃到铜箭头，利于在艰难中坚正守固，吉祥”。先生对此推演为“取其坚而可畏”之义理。“六五”爻辞的寓意是“得黄金，利贞。无咎”。先生据此推演为“取其居中而贵”。上下章句给我们的人生有一定的启示：前者让我们懂得什么叫“坚忍可畏”；后者让我们明白“居中可贵”。以“坚忍可畏”的精神处危难，人生不会颓废；以“居中可贵”的方式处人事，人生就会吉祥。

语典

孔子曰："天之所助者，顺也；人之所助者，信也。履信[①]思乎顺，又以尚贤[②]也，是以自天佑[③]之，吉无不利。"

——(《东坡易传·大有卦[④]》卷二，第30页)

注释

①履信：履，指践踩，走过。此指履行。
②尚贤：尚，指崇尚，推崇。贤，有道德，有才能的人。
③天佑：上天保佑。
④大有卦：《周易》第十四卦。"大有"，预示前途光明。

今译

孔子说："上天所帮助的人，是善良和顺之人；人所帮助的人，是诚实守信的人。履行诺言，笃守信用，同时又尊重贤人，所以上天保佑，没有不吉利的。"

解析

本文取自东坡先生于元丰三年(1080年)至元丰五年(1082年)之间在黄州贬所作的《东坡易传》，该章句是对大有卦"上九"爻辞的解说。《大有卦》卦辞十分简洁，只有"元亨"二字。大意为"盛大富有，非常光明亨通"。"有"字本身兼具"丰收"之意(参见李择非整理《周易》，第83页)。先生依据"上九""自天祐之，吉无不利"的爻辞，推演出"吉无不利"之三个前提条件："顺""信""尚贤"。具有和顺、诚信、尚贤等美德的人，定当能得到"天之所助"，"人之所助"，理所当然吉祥而无所不利，有着光明远大的前途。

语典

物至于泰[1]极矣，不可以有加矣，故因天地之道而材成[2]之，即天地之宜而辅相[3]之。否[4]未有不自其已甚者始，故左右之使不失其中[5]，则泰可以常保也。

——(《东坡易传·泰卦[6]》卷二，第24-25页)

注释

①泰：通畅、平安、太平、安泰等。

②材成：材通“财”。财，通“裁”。财成，裁成，谓裁度以成之。

③辅相：辅助，帮助。

④否(pǐ)：不好，坏，恶(“否”和“泰”，前者是坏卦，后者是吉卦)。

⑤中：指中道。

⑥泰卦：泰卦意为万事通泰，表现为安宁、平安的意思，含义十分吉祥。

今译

事物发展到泰卦就达到极点了，不可以再有所增加了。因此要顺应天地之道而裁度以成之，即顺应天地的机宜以辅助它。

坏的结局没有不是自己从过分开始的，因此或左或右使其不要偏离中道，这样，安泰就可以长久保持了。

解析

本文取自东坡先生于元丰三年(1080年)至元丰五年(1082年)之间，在黄州贬所初成的《东坡易传》。该章句是对其中泰卦《象传》所作的解析。《象传》曰：“天地相互交合，象征着亨通太平。(略)应适当裁剪运用，掌握安排天地化生的规律，从而适度调节管理天下百姓。”(参见李择非整理《周易》，第69页)先生依据该《象传》之文辞推演出人生义理：其一，面对人事，应“因天地之道”，即效法天地交流感通法则，适度调节变化应对。其二，警惕“不失其中”，即遵循中庸之道，避免“自其已甚”(偏激、过头)而陷入“否”卦的陷阱，使其“泰”运“常保”。

语典

以言行化物[①]，故曰文明[②]。

——(《东坡易传·乾卦·象传》卷一，第7页)

注释

①化物：被外物所同化，不同的事物逐渐变得相近。

②文明：指社会表现出的较高发展阶段的状态。包含精神文明、物质文明。

今译

用言行来感化周边的事物，因此称为“文明”。

解析

东坡先生于元丰三年(1080年)至元丰五年(1082年)之间，在黄州贬所初成《东坡易传》，该章句是对“潜龙勿用”句爻辞所作的解说。东汉政论家、文学家王符，在其《潜夫论·德化》中指出：“务正己以为表，明礼义以为教。”(转引自李景法《廉政箴言精粹》，第69页)即要致力于端正自己以作为属下的表率，申明礼义道德对民众的教育。这里强调的是“正己”而“以为教”。西汉淮南王刘安在其《淮南子·缪称训》中说：“正身直行，众邪自息。”(同上，第80页)一身正气，直道而行，各种邪恶就会自行灭迹，这里强调的是以“正”息“邪”。正是这样“正己为教”“以正息邪”，并不断地“以言行化物”，方能促进人类“文明”的进步和发展。